Karl Acham
Analytische Geschichtsphilosophie

Karl Acham

Analytische Geschichtsphilosophie

Eine kritische Einführung

Verlag Karl Alber Freiburg/München

Literaturangaben im Text
nach folgendem Beispiel: (*2.85*, 53).
Die kursive Zahl *(2.85)*
verweist auf den Titel im Literaturverzeichnis,
die Zahl dahinter (53) ist die Seitenzahl.
Bei mehrbändigen Werken nennen römische Ziffern
den Band.

Alle Rechte vorbehalten — Printed in Germany
© Verlag Karl Alber GmbH Freiburg/München 1974
Satz und Druck: Herder Druck GmbH Freiburg i. Br.
ISBN 3-495-47238-X

Inhalt

Vorwort 9

Einleitung 18

I. Der Gegenstandsbereich historischer Interpretationen 45

   1. Zum Verhältnis von Tatsachen und Theorien 45

   2. Interpretationsebenen 65
      a) Zur kategorialen Verschiedenartigkeit von Interpretationen 65
      b) Zur Kritik metaphysischer Geschichtstheorien 76
      c) Über das Umschreiben der Historie 87
      d) Über den vermeintlichen Gegensatz von Nomothetik und Idiographie 93

   3. Rationale und nicht-rationale Deutungen 103

   4. Zur ontologischen Auszeichnung von Gegenstandsbereichen 118
      Vorbemerkungen 118
      a) Zur Behauptung des ideellen Charakters historisch relevanter Phänomene 121
      b) Intentionalität versus Kausalität 133
      c) Exkurs: Zur These des Physikalismus 140

II. Die Form historischer Erklärungen 151

1. Die Allgemeingültigkeit der Rechtfertigungslogik 152
   Vorbemerkungen 152
   a) Zum Charakter der „covering law theory" 160
   b) Mißdeutungen der „covering law theory" 174

2. Zu einigen Erklärungstypen 184
   a) Über kausale und funktionale Erklärungen 184
   b) Über einige angeblich genuin historische Erklärungstypen 195

3. Theoretischer Pluralismus und theoretischer Indifferentismus 205
   a) Der Aspektcharakter historischer Erklärungen 205
   b) Über Laisser-faire-Deutungen 212

4. Zum Historizismus-Problem 222

III. Die Pragmatik historischer Darstellungen 235

1. Zum Objektivitätsproblem 236

2. Wertungen als Basis und als Element historischer Darstellungen 243

3. Wertungen und Kognitivität 252
   Vorbemerkungen 252
   a) Variabilität und Kontinuität 263
   b) Kausalitäten und Werte 270

4. Die Historie im Kontext allgemeinerer gesellschaftswissenschaftlicher Fragestellungen 286
   Vorbemerkungen 286
   a) Kritische und wertfreie Wissenschaft 288
   b) Holismus und Individualismus 292
   c) Rationalistische und empiristische Vorurteile 306
   d) Vom Wert der Ideologiekritik 312

5. Fehldeutungen und Selbstmißverständnisse der historischen Tätigkeit 319
   a) Zum Argument des genetischen Fehlschlusses 319
   b) Über Determination und Freiheit 323

Schlußbemerkungen 337

Bibliographie 353

Personenregister 381

Sachregister 385

Einen Menschen..., der die Wissenschaft einem nicht aus ihr selbst (wie irrtümlich sie immer sein mag), sondern *von außen, ihr fremden, äußerlichen Interessen* entlehnten Standpunkt zu *akkommodieren* sucht, nenne ich „gemein".

Karl Marx, Das Kapital, 4. Band

Hingegen ist z. B. die Auffassung, daß die Geisteswissenschaften ‚ohnehin' unweigerlich zu einem Instrument der Ideologie werden müßten, praktisch der Versuch, jede Art von ideologischer Aggression im Bereich des Denkens zu befürworten. Eine solche Stellungnahme geht von der Voraussetzung aus, daß es auf diesem Gebiet keine Diskussion geben kann, denn zwischen Ideologien gibt es keine Diskussionen, es gibt keine Auseinandersetzung sachlicher Gründe, sondern nur einen Kampf, der alle Mittel, einschließlich des materiellen Drucks, zuläßt.

Leszek Kolakowski, Der Mensch ohne Alternative

Vorwort

Die vorliegende Arbeit bezieht sich vornehmlich auf jene Variante der zeitgenössischen Theorie der Geschichtswissenschaft, welche in der methodologischen Tradition der neopositivistischen und sprachanalytischen Philosophie steht und die namentlich in den drei letzten Dezennien im angelsächsischen Bereich intensive Bearbeitung erfahren hat. Gleichwohl werden sich die folgenden Untersuchungen weder allein auf diesen Bereich noch auch allein auf diese Variante der Geschichtsphilosophie beschränken, und das aus zwei Gründen. Einerseits kritisieren ja die Vertreter der analytischen Geschichtsphilosophie häufig die Vertreter anderer philosophischer Traditionen, deren Ansichten es gelegentlich kurz zu charakterisieren gilt; zum anderen liegt der vorliegenden Arbeit die Absicht zugrunde, nicht nur die immanent-analytische Kritik zu rekonstruieren, sondern auch auf gewisse Grenzen der bisher kultivierten analytischen Betrachtungsweise aufmerksam zu machen. Beides macht also eine Berücksichtigung von Positionen, welche zur analytischen Geschichtsphilosophie alternativ sind, nötig — ein Umstand, der es aber auch gestattet, Funktion und Stellenwert der analytischen Geschichtsphilosophie vor einem breiteren Hintergrund geschichtsphilosophischer Denkbemühungen besser zu erfassen, als dies auf der Grundlage einer rein monographischen Darstellung möglich wäre.
Es sei hier kurz darauf hingewiesen, was die vor-

liegende Arbeit nicht leisten will und was sie leisten möchte. In ihr werden nicht nach irgendwelchen klassifikatorischen Gesichtspunkten verschiedene Autoren in Schulen zusammengefaßt werden; in ihr soll auch nicht ein etwa nach chronologischen Gesichtspunkten geordneter Überblick über die einzelnen Vertreter der analytischen Geschichtsphilosophie vorgelegt werden; und schließlich soll hier nicht der Anschein erweckt werden, eine völlig neuartige Position im Lager der Geschichtsphilosophie zu vertreten. Die Absicht dieses Buches ist es vielmehr, unter Berücksichtigung der einleitend festgestellten Sachverhalte, eine Reihe von mehr oder weniger zusammenhängenden Themen aus der umfangreichen Literatur der analytischen Geschichtsphilosophie zu erörtern und dabei gelegentlich kritische Bewertungen gewisser Ideen vorzunehmen. Es mag hie und da der Fall sein, daß im Verlauf dieser Kritik auf Auffassungen von älteren Philosophen und Gesellschaftswissenschaftlern Bezug genommen wird, die dafür bekannt sind, bislang nicht eindeutig Konfirmiertes produziert zu haben. Aber abgesehen davon, daß dasselbe auch für eine Reihe von jüngeren Ansichten zur Theorie der Geschichte wie zur Theorie der Geschichtswissenschaft gilt, ist vor allem in Rechnung zu stellen, daß viele der einschlägigen zeitgenössischen Autoren die Prinzipien der Erkenntniserweiterung, der kausalen Fruchtbarkeit und der sozialen Relevanz mit Rücksicht auf ihre fachspezifischen Einsichten in einen oft sachlich ungemäßen Gegensatz zum Prinzip der Klarheit und Exaktheit stellen und diesem opfern. Dabei laufen sie aber häufig Gefahr, nicht auch nur annähernd so interessant zu sein wie bestimmte als altmodisch etikettierte Autoren. Dies verdient vor allem angesichts des Tatbestandes Beachtung, daß im Verlauf des Bemühens, der gelegentlich nachweisbaren Stagnation eines „perennierenden" Denkens hinsichtlich gesellschaftswissenschaftlicher Belange durch eine fortschreitende Subtilisierung bestehender Theorien zu entkommen, auch bei den zeitgenössischen Geschichtstheoretikern mitunter eine Tendenz zum Ausdruck kam, das Wesen der sozialen Theorien abgetrennt von der sozialen Wirklichkeit zu erörtern. Wie kam es zu einer derartigen — was den Bezug zu den realgeschichtlichen Sachverhalten betrifft — ahistorischen Geschichtstheorie? Die folgenden kurzen Bemerkungen sollen nur dazu dienen, das leitende regulative Prinzip, oder wenn man es so nennen will: die Metaphysik bestimmter Vertreter der gesellschaftswissenschaftlichen Methodologie, kurz zu charakterisieren; dabei müßte unter Hinweis auf die ihrer Tätigkeit korrespondierenden realgeschichtlichen Verhältnisse ausführlich eines gezeigt werden: daß und wie sehr theoretische Bemühungen auf diesem Gebiete, deren Bedingtheit durch realgeschichtliche Verhältnisse ignoriert wird, Gefahr laufen, zu einer geradezu ideologischen Superstruktur zu werden. Die zwei Jahrzehnte seit dem Ende des Zweiten Weltkrieges waren in weiten Teilen unserer Welt gekennzeichnet durch einen Prozeß fortschreitender Entpolitisierung und Entideologisierung. Im Anschluß an die mit den Mitteln des heißen und kalten Krieges geführten ideologischen Auseinandersetzungen erschien vorübergehend eine „Versachlichung" als das Gebot der Stunde, die der Hochstilisierung moralischer und sozialpolitischer Zielvorstellungen abhold war, wobei aus dem Scheitern der damit ursprünglich oft verknüpften langfristigen historischen Prophetien der Schluß gezogen wurde, daß ein Pragmatismus im Sinne einer den Aktualitäten des Tages zugewandten „Zielreduzierung" das einzig Rationale sei. Die Skepsis der „skeptischen Generation" verwandelte sich unversehens in ein Plädoyer für die Vorherrschaft technologischer und materieller Ideale. „In den fünfziger Jahren", so bemerkte kürzlich Wolfgang J. Mommsen, „beherrschte ein pragmatisches Denken, das in erster Linie den wirtschaftlichen und technologischen Problemen zugewandt war, völlig das Feld und drängte gesamtgesellschaftlich orientierte Denkweisen allgemein in den Hintergrund. Darauf vor allem beruht der relative Rückgang des historischen Denkens in jener Periode" *(2.55)*. Das Interesse an entwicklungsgeschichtlichen Zusammenhängen wich dem Wissen um das, was dem jeweiligen Heute nottat. Andererseits waren es die Erfahrungen von Gewalttätigkeiten auf der Basis eskalierter Emotionen, welche eine Politik der liberalen Mitte begünstigten, „die sich im wesentlichen mit systemkonformem Pragmatismus begnügte und daher an gesamtgesellschaftlichen Alternativentwürfen nicht nur uninteressiert war, sondern diese schlechterdings als totalitär betrachtete" (ebd.). Man sah sich einfach vor „Sachzwänge" gestellt, und es schien nicht geboten, Grundsatzentscheidungen zu treffen und sich vorgängig entsprechend und umfassend gesellschaftlich zu orientieren, und das heißt, seine Funktion und seinen Stellenwert sowohl mit Rücksicht auf seine soziale Bezugsgruppe als auch vor allem mit Rücksicht auf das Gesellschaftsganze zeitgeschichtlich und entwicklungsgeschichtlich zu überdenken. Es bedurfte einer gewissen Freistellung von elementaren Nöten und propagandistischen Verhexungen, um sich einmal die Frage stellen zu können, wie es denn überhaupt zu jenen „Sachzwängen" gekommen ist, auf welche man im Sinne eines allgemeinen Konsenses auf der Basis des pragmatischen Kompromisses einfach zu reagieren sich angewöhnt hatte.

Es läßt sich leicht denken, wie nach Maßgabe derartiger gesellschaftlicher Gegebenheiten eine ahistorisch-synchronistische Gesellschaftswissenschaft florieren konnte, die im besonderen in der empirischen Kleingruppenforschung ihr Paradigma erblickte; in ihr erhoffte man sich das ideale Instrument zur Lösung beliebiger gesellschaftlicher Probleme im Sinne einer universell verwendbaren sozialen Physik. Die Reduktion makrosoziologischer Analysen auf die Kleingruppenforschung oder gar auf eine individualanthropologisch orientierte Verhaltensforschung hatte zur Folge, daß Fragen etwa nach einem klassenspezifischen Verhalten und den ihm korrespondierenden Werthaltungen als mikrosoziologisch analysierbare Scheinprobleme dargestellt wurden. Werte und klassenspezifisches Verhalten als historisch gewordene Sachverhalte widersetzten sich zudem allzusehr den hohen Ansprüchen einer exakten Sozialwissenschaft: sie lassen sich bestenfalls in raum-zeitlich limitierten Quasi-Theorien erfassen, während eine transhistorisch anwendbare Verhaltensforschung als Grundwissenschaft des Sozialgeschehens Theorien zu entwickeln bemüht sein sollte, welche allgemeine, und das heißt räumlich und zeitlich invariante Geltung beanspruchen können. Im Rahmen einer derartigen Wissenschaftskonzeption, deren Vertreter ihren Stolz darauf gründen, nicht im Meer der historischen Variabilität zu versinken und sich nicht auf die Erörterung von als „metaphysisch" apostrophierten Gesetzmäßigkeiten der gesellschaftlichen Entwicklung einzulassen, kam es so häufig zu einer sonderbaren Hypostasierung: die Gesetzmäßigkeiten, welche zwischen den Elementen der sozialen Mikroverbände einer bestimmten Gegenwart bestehen, werden als „die" Gesetze der sozialen Mikrophysik aufgefaßt — so als wären etwa bestimmte mikrophysikalische Relationen gänzlich unabhängig von der Struktur und Entwicklung des jeweiligen elektromagnetischen Feldes, dem sie angehören. Dieser nomologischen Hypostasierung entsprachen mit Rücksicht auf das soziale Geschehen die oft sonderbaren Bestimmungen von „vernünftigem" oder „rationalem" Verhalten, welche uns zeigen können, daß auch dieses Reich der „Vernunft" nichts weiter ist als das idealisierte Reich einer bestimmten sozialen Gemeinschaft. Darüber hinaus zeigt sich häufig, daß oft eine bestimmte unter spezifischen historischen Gegebenheiten aktualisierte Form der Anwendung von Methoden der empirischen Kontrolle im Sozialbereich als „die" darauf bezügliche Norm der „kritischen Vernunft" oder der „rationalen Überprüfung" statuiert wird. Auch Karl R. Popper, dem wir hinsichtlich der Wissenschaftsmethodologie so viel verdanken, gibt in dieser Hinsicht nicht immer ein gutes Beispiel — denken wir etwa an die durch ihn vollzogene Depravierung von Plato, Aristoteles und Hegel im Lichte seiner offenbar als überhistorisch verstandenen Prinzipien des Kritizismus in seiner „Offenen Gesellschaft"; oder denken wir an die in seinem „Elend des Historizismus" vorliegenden Ausführungen zum logischen Zusammenhang von Epistemologie und Politik, aus welchen sich — der Absicht nach ebenfalls durchaus nicht auf psychologistischem oder soziologistischem Wege — sozialpolitische Maximen ableiten lassen sollen. Edward H. Carr, ein Historiker und sensibel für transhistorische Prätentionen von Methodologen, macht aus seinen Ansichten zur neo-liberalistischen Konzeption Poppers kein Hehl: „Er bleibt standhaft in seiner Verteidigung der Vernunft und will mit vergangenen oder gegenwärtigen Ausflügen in den Irrationalismus nichts zu tun haben. Aber wenn wir uns sein Rezept des ‚stückweisen Aufbaus' näher anschauen, sehen wir, wie begrenzt die Rolle ist, die er dabei der Vernunft zuweist. Wenn auch seine Definition des ‚stückweisen Aufbaus' nicht sehr präzis ist, so wird uns doch extra gesagt, daß die ‚Ziele' von der Kritik ausgenommen sind; und die mit Vorsicht gewählten Beispiele, die er uns für seine rechtmäßigen Aktivitäten gibt — ‚konstitutionelle Reform' und ‚eine Tendenz zu einem größeren Einkommensausgleich' —, zeigen deutlich, daß sein Wirkfeld eigentlich innerhalb unserer bestehenden Gesellschaft gesehen wird. In Professor Poppers Ordnungsschema ist der Status der Vernunft dem eines britischen Staatsbeamten ziemlich ähnlich, der dazu qualifiziert ist, die politischen Ziele der Regierung, die am Ruder ist, wahrzunehmen und womöglich sogar praktische Vorschläge zu ihrer Verbesserung zu machen, nicht aber dazu, ihre fundamentalen Voraussetzungen oder letzten Ziele in Frage zu stellen" (*2.12*, 152 f.).

Diese für ein Vorwort etwas umfangreichen Ausführungen sollten, wenn auch nur in skizzenhafter Form, ein Verständnis der realen Voraussetzungen jenes wiedererwachten historischen Bewußtseins bei gewissen Vertretern der zeitgenössischen Sozialwissenschaften und ihrer Philosophie vermitteln, denen sich auch der Autor des vorliegenden Buches verbunden fühlt. Die Besinnung auf entwicklungsgeschichtliche Sachverhalte — auf den genetisch-diachronen Zugang zu den gesellschaftlichen Phänomenen als den zum funktional-synchronen komplementären — bietet häufig die einzige Möglichkeit, jener Gefahr aus dem Wege zu gehen, der die Strukturalisten im weitesten Sinne wider bessere Absicht leicht unterliegen: nämlich — verlockt durch das erstrebenswerte Ideal raum-zeitlich invarianter Geltung von Hypothesen über soziale oder individuelle Verhaltens- oder Denkformen, aber abstinent gegenüber den genetischen Aspekten dieser sozialen Gebilde — die Strukturen des Ichs oder der sozialen Bezugsgruppe als diejenigen seiner geschichtlichen Stunde und seines geschichtlichen Ortes gut romantisch zum Strukturmerkmal des sozialen Universums aufzublähen. In Abwandlung eines bekannten Diktums von E. H. Carr mit Rücksicht auf das Wechselverhältnis von Soziologie und Historie könnte man sagen: Je geschichtsbewußter unsere Theorien über die soziale Welt und je theoretischer unsere Historie, um so besser für beide. Der Diskussionsverlauf in der analytischen Geschichtsphilosophie paraphrasiert über weite Strecken diese Einsicht.

Dieses Buch nimmt teilweise Bezug auf einige meiner einschlägigen Publikationen[1], ist aber letztlich hervorgegangen aus einer Lehrveranstaltung über Theorie der Geschichte und der Geschichtswissenschaft, welche ich im Sommersemester 1972 an der Universität Graz hielt. Den Teilnehmern an dieser Lehrveranstaltung möchte ich hier für eine Reihe kritischer und ergänzender Hinweise, die mir sehr von Nutzen waren, meinen herzlichsten Dank sagen. Des weiteren bin ich auch der Theodor-Körner-Stiftung zu Dank verpflichtet, die durch die Zuerkennung eines Förderungspreises die Realisierung der vorliegenden Arbeit unterstützte. Mein besonderer Dank gilt Herrn Dr. Meinolf Wewel vom Verlag Karl Alber, dessen Geduld es zuzuschreiben ist,

---

[1] Eine Ergänzung zu bestimmten in dieser Arbeit vorliegenden Erörterungen stellen einige Abhandlungen in meinem Buch „Vernunft und Engagement. Sozialphilosophische Untersuchungen", Wien: Europaverlag 1972, dar. Vgl. auch meinen Beitrag „Grundlagenprobleme der Geschichtswissenschaft", in: Enzyklopädie der geisteswissenschaftlichen Arbeitsmethoden, 10. Lieferung: Methoden der Geschichtswissenschaft und der Archäologie, München - Wien 1974, S. 1—76.

daß das Resultat meiner Arbeiten zur analytischen Geschichtsphilosophie diese Form annehmen konnte. Mit meinem Dank verknüpfe ich aber keine Verantwortlichkeit für die formalen oder inhaltlichen Mängel der vorliegenden Arbeit. Diese gehen allein auf mein Konto.

Graz, im September 1973 *Karl Acham*

Einleitung

1. Einleitend erscheint es als nützlich, jenen Rahmen zu kennzeichnen, innerhalb dessen sich die kritische Erörterung von Grundlagenproblemen der Geschichtswissenschaft vollziehen wird, wie sie sich den Hauptvertretern der analytischen Geschichtsphilosophie darstellen. Es sollen sonach einige — zum Teil vielleicht trivial scheinende — Präliminarien zum Verhältnis von Geschichte, Geschichtswissenschaft und Geschichtsphilosophie folgen.

Der Ausdruck „*Geschichte*" bezeichnet einerseits ein *Geschehen*, welches sich unabhängig vom betrachtenden Historiker vollzogen hat, andererseits die *Erforschung dieses Geschehens* (Geschichtswissenschaft, Historie), welche in Beschreibung und Erklärung ihren Ausdruck findet.

Eine historische Betrachtung kann jedem Geschehen gelten, gleichgültig ob es ideelle Sachverhalte beinhaltet oder nicht. So gibt es nicht nur eine Geschichte der Menschheit, sondern auch eine Geschichte der Tier- und Pflanzenwelt, eine Geschichte der Erde, eine Geschichte des Kosmos. Sprechen wir nun aber von *der* Geschichte schlechthin, so geben wir diesem Ausdruck einen engeren Sinn, wobei dessen Umfang durch die Fragestellung der Geschichtswissenschaft (Historie) mehrfach beschränkt ist. Die *Geschichtswissenschaft* wird im allgemeinen charakterisiert als die Erforschung der sozial relevanten Erfahrungen und Ziele sowie der dadurch gelenkten Handlungen von Individuen und Gruppen in der Vergangenheit. Sie beschreibt und erklärt dabei die Determinanten ihrer natürlichen und sozialen Umwelt, welche jeweils durch die Handlungen der vorhergehenden Generationen mitgeformt sind.

Entsprechend dem Doppelsinn des Ausdrucks „Geschichte" hat die *Geschichtsphilosophie* eine zweifache Aufgabe. Sie ist einerseits Philosophie des historischen Geschehens; als solche könnte sie *Theorie der historischen Entwicklung* bezeichnet werden. Sie ist andererseits Philosophie der historischen Forschung; als solche könnte sie *Theorie der Geschichtswissenschaft* genannt werden.

Das Interesse der Theorie der historischen Entwicklung richtet sich auf die Ursachen und das Ziel des historischen Prozesses. Die Frage nach den Ursachen und nach dem Endziel des historischen Prozesses ist nicht abtrennbar von der Frage nach der Gesetzmäßigkeit dieses Geschehens. So gliedert sich die Theorie der historischen Entwicklung im wesentlichen in die Lehre von den *Faktoren* (Ursachen), von dem *Gesetz* bzw. von den Gesetzmäßigkeiten und von dem *Sinn* (Ziel) des historischen Prozesses.

Versteht man unter Geschichte die Erforschung, d. h. die Beschreibung und Erklärung des historischen Geschehens, so wird die Geschichtsphilosophie als Theorie der Geschichtswissenschaft zur Lehre von den *Prinzipien des historischen Erkennens*. Nun gibt es einen wichtigen Teilbereich der Theorie der Geschichtswissenschaft, auf welchen sich die hier angestellten Erörterungen beziehen; man gibt diesem häufig die Bezeichnung „*analytische Geschichtsphilosophie*". Dieser geht es — diese Spezifizierung ist im Hinblick auf die Weite des Gegenstandsbereiches einer Theorie der Geschichtswissenschaft wesentlich — um eine Methodologie der *Rechtfertigung,* nicht um eine Methodologie der *Entdeckung* historischer Aussagen; es geht also nicht um eine Explikation von Forschungstechniken, welche der erkenntnismäßigen Sicherung jenes als „Quellenmaterial" zugänglichen Bereiches von Daten dienen, aus denen der praktizierende Historiker seine Fakten und Wirkungszusammenhänge rekonstruiert. So muß die analytische Geschichtsphilosophie als Logik der historischen Forschung (Geschichtslogik) unterschieden werden von der Kanonisierung bewährter Praktiken etwa auf dem Gebiet der Heraldik, Sphragistik, Diplomatik, Numismatik oder Epigraphik. Geht es im einen Fall um die *quaestio iuris,* so im anderen um die *quaestio facti.* Eine Methodologie der Geschichtswissenschaft im Sinne der analytischen Geschichtsphilosophie richtet sich dabei vor allem auf folgende Problembereiche: auf das Verhältnis der Geschichtswissenschaft zu anderen Formen empirischer Erkenntnis, auf die Probleme von Wahrheit und Objektivität in der Geschichtswissenschaft und auf Fragen der Beschreibung und Erklärung in der Geschichtswissenschaft.

Was die Klassifikation der Geschichtsphilosophie betrifft, so ist es heute auch üblich geworden, der *analytischen* Geschichtsphilosophie die *spekulative* gegenüberzustellen. Die spekulativen Systeme, so heißt es, versuchen eine allgemeine Theorie der Geschichtsentwicklung vom Anfang bis zum Ende des historischen Prozesses aufzustellen; sie suchen das die Geschichte leitende Entwicklungsgesetz, die für den sozialen Wandel konstitutiven Ursachen sowie den Zweck oder Sinn der Geschichte festzustellen. „Das analytische Unternehmen", so bemerkt Morton White, „ist insofern metahistorisch, als es das Bestreben darstellt, die Sprache der

gewöhnlichen Historiker zu beschreiben, während das spekulative Unternehmen insofern metahistorisch ist, als es über die Belange des gewöhnlichen Historikers, wahre singuläre Aussagen — sowohl kausaler als auch nicht kausaler Art — vorzulegen, hinausgeht in die Richtung einer Formulierung von Geschichtsgesetzen" (*1.55*, 181). Die analytische Geschichtsphilosophie steht in der Nachfolge jenes späten Historismus, welcher keinen teleologischen Richtungssinn mehr akzeptierte, der in Wilhelm Dilthey seinen namhaftesten Philosophen gefunden hatte und der durch Jacob Burckhardts Polemiken gegen „das kecke Antizipieren eines Weltplanes" bereits in gewisser Weise vorweggenommen worden war.
Nun darf aber eine derartige in bezug auf historische Entwicklungsgesetze kritische Auffassung nicht auf eine Restriktion historischer Hypothesen größerer Reichweite hinauslaufen. (Wir müssen hier klar sehen: Es geht nicht um die bloße Aneinanderreihung von Epochen bzw. historischen Phänotypen, sondern um deren Erklärung mit Rücksicht auf bestimmte in diesem Verlauf obwaltende soziale, ökonomische, psychologische Gesetzmäßigkeiten etc.) Was Hans Reichenbach in seinem Buch „The Rise of Scientific Philosophy" im Hinblick auf die Philosophen der Vergangenheit getan hat, muß mit Bezug auf jene Historiker und Geschichtsphilosophen, welche sich der Anstrengung unterzogen, historische Hypothesen und Extrapolationen auf der Grundlage bislang konstatierbarer Verlaufsformen des Geschichtsprozesses zu entwickeln, im Interesse des Erkenntnisfortschritts unterbleiben: nämlich der Vorwurf, durch übereilte und naive Verallgemeinerungen die Formulierung von Antworten versucht zu haben, obwohl die Zeit für „richtige", das heißt wissenschaftliche Antworten (und das heißt wiederum: Antworten im Sinne

der derzeit etablierten Wissenschaft), noch nicht gekommen war[2]. Die Tatsache, daß eine bestimmte systematische Wissenschaft noch nicht zu jener Perfektion entwickelt wurde, die in den theoretischen Naturwissenschaften als den Paradigmen gegenwärtiger wissenschaftlicher Tätigkeit bereits weitgehend erreicht ist, darf uns nicht dazu verführen, im Sinne eines dogmatischen Empirismus zur Erklärung allein des bislang schon Erklärbaren aufzurufen. In dieser Variante läuft der Empirismus Gefahr, zur Metaphysik eines durchgehenden Konservativismus herabzusinken und Antimetaphysik nur mehr als Verwerfung der metaphysischen Voraussetzungen anderer im Sinne eines bloß revozierenden *tu quoque* zu kultivieren. Zu deklarieren, es gebe nichts wissenschaftlich Relevantes außer dem, was bislang wissenschaftlich operationalisierbar ist, ist der absurden Behauptung analog, es gebe nichts in moralischem Verstande Relevantes außer dem, was nicht schon in den Texten des positiven Rechts zum Ausdruck komme. Schon Montesquieu sah deutlich die Gefahr eines konservativen Empirismus: „Zu behaupten, daß es kein Recht oder Unrecht gebe als das, was die positiven Gesetze befehlen oder verbieten, heißt soviel wie behaupten, ehe man den ersten Kreis gezogen habe, seien die Radien nicht gleich gewesen."[3]

Im Hinblick auf die Absicht des vorliegenden Buches, einen Überblick über die zeitgenössische Diskussion von Grundlagenproblemen der Geschichtswissenschaft aus der Sicht der analytischen Geschichtsphilosophie zu vermitteln, ist bereits an dieser Stelle eine Bemerkung vor-

---

[2] Vgl. Hans Reichenbach: The Rise of Scientific Philosophy, Berkeley 1951, S. 8.
[3] Vom Geist der Gesetze. In neuer Übertragung eingel. und hrsg. v. E. Forsthoff, 2 Bde., Tübingen 1951, Bd. 1, S. 10.

weg nötig. Angesichts der oftmals sehr unreflektiert geübten Praxis einer septischen Trennung der analytischen Geschichtsphilosophie (als eines Teilbereichs der Theorie der Geschichtswissenschaft) von der Theorie der historischen Entwicklung sei hier ausdrücklich auf den klassifikatorischen Charakter der Unterscheidung der beiden angeführten Forschungsrichtungen hingewiesen. Dies geschieht vor allem im Hinblick auf zwei bedeutsame Sachverhalte:

(a) Die Ansicht, wonach die analytische Geschichtsphilosophie als Teilbereich einer Theorie der Geschichtswissenschaft von dem abstrahieren könne, was als Theorie des historischen Prozesses bezeichnet wurde, ist irrig. Denn zunächst bringt ja schon jeder Historiker, sofern er nicht bloß deskriptiv tätiger Chronist sein will, in bezug auf sein Material bestimmte Annahmen mit. Er ist etwa hinsichtlich der Faktoren des Geschichtsprozesses, den er zu erforschen sucht, einer monokausalen oder einer plurifunktionalen Deutung zugetan; er ist etwa der Auffassung, daß ein strikt deterministisches Geschichtsgesetz wirksam sei oder aber eine Vielzahl von interferierenden Gesetzmäßigkeiten, welche im Hinblick auf den zukünftigen Geschichtsverlauf lediglich die Angabe von Trends zulassen; und er ist mit Rücksicht auf das Ziel des Geschichtsprozesses etwa der Auffassung, daß dieses sich unabhängig von der bewußten menschlichen Tätigkeit realisiere oder daß es allein das Resultat unserer kollektiven Willensanstrengung sei. Diesen Annahmen gemäß deutet der Historiker das in Betracht stehende Geschehen. Eine analytische Geschichtsphilosophie kann von solchen Annahmen nicht abstrahieren, will sie die Lehre von den Prinzipien des historischen Erkennens als ihren Gegenstand betrachten und wenigstens in der Lage sein, eine Typologie nomologischer Hypothesen vorzulegen, wie sie in historischen Aussagensystemen enthalten sind.

(b) Die analytische Geschichtsphilosophie wird darüber hinaus — erstarrt sie nicht selbst in einem kritiklosen Historismus — nicht nur ermitteln, wie das historische Erkennen derzeit verläuft (und bisher verlaufen ist), sondern sie wird auch Normen für dasselbe aufstellen; dabei kann nicht nur an die Normen des schlußfolgernden Denkens gedacht werden. Die analytische Geschichtsphilosophie kann dieser Aufgabe nur dadurch gerecht werden, daß sie von den Einsichten einer wohlverstandenen, empirisch fundierten Theorie der historischen Entwicklung Kenntnis nimmt. Im Wechselverhältnis von konstruktiven Annahmen und Vorschlägen einerseits und empirischer Kritik andererseits, das für alle Formen der wissenschaftlichen Tätigkeit gilt, kann sich eine analytische Geschichtsphilosophie nicht auf die Seite eines durch empirische Sachverhalte unberührbaren Rationalismus schlagen. Gewiß trifft die metaphorische Wendung des großen englischen Physikers Eddington auch auf die Geschichtswissenschaft und auf die metawissenschaftlichen Aussagenzusammenhänge der analytischen Geschichtsphilosophie selbst zu: Welche Fische man fängt, hängt davon ab, welche Netze man auswirft[4]. Die Anerkennung der Geltung dieser Metapher, welche auf die theoretische Präformation jeglicher Erfahrung — auch der historischen — aufmerksam macht, darf aber eben nicht dazu führen, den Versuchungen einer rationalistischen Metaphysik zu er-

---

[4] Vgl. dazu die auf Arthur Eddington: The Nature of the Physical World, Cambridge 1928, bezogenen Ausführungen von Stephen E. Toulmin: Einführung in die Philosophie der Wissenschaft (The Philosophy of Science. An Introduction, London 1953), dt. Göttingen o. J. (Kleine Vandenhoeck-Reihe, Bd. 308 S), S. 128 ff.

liegen. Denn Eddingtons Satz — und Eddington selbst hätte das nie bestritten — gewinnt seinen eigentlichen Sinn erst in der komplementären Ergänzung durch den folgenden aus Droysens „Historik": „... die Forschung ist nicht auf ein zufälliges *Finden* gestellt, sondern sie *sucht* etwas. Sie muß wissen, was sie suchen will; erst dann findet sie etwas. Man muß die Dinge richtig fragen, dann geben sie Antwort" *(2.24,* 35 f.). Es soll im folgenden bezüglich der Voraussetzungen ihrer Fragestellung kurz jene Szenerie der angelsächsischen Geschichtsphilosophie der drei letzten Jahrzehnte betrachtet werden, vor der die zeitgenössische analytische Geschichtsphilosophie gesehen werden muß.

2. Sowohl die englischen als auch die amerikanischen Historiker standen zu Beginn dieses Jahrhunderts noch zum größten Teil abseits von allen Erörterungen der theoretischen Voraussetzungen ihrer Tätigkeit. Für sie galt die Geschichtsschreibung Rankes als Paradigma der historiographischen Praxis und die namentlich im deutschen Raum ausgebildeten Regeln der sogenannten historischen Hilfswissenschaften wurden als unverrückbare Fundamente der historischen Erkenntnis angesehen[5]. Die methodologischen Raisonnements der Folgezeit bewegten sich in England in der Tradition des Empirismus, vor allem jener Variante, die auf John Stuart Mill zurückgeht; in den Vereinigten Staaten knüpfte die Theorie der Geschichtswissenschaft an Denkweisen der Philosophie des Pragmatismus an und zeigte sich dabei in besonderem Maße den einschlägigen Vorarbeiten von William James verbunden[6].

---

[5] Vgl. dazu etwa Henry Steele Commager: The American Mind. An Interpretation of American Thought and Character since the 1880's, New Haven ³1950.
[6] Vgl. John Stuart Mill *(1.38),* 6. Buch; William James: Pragma-

Im Hinblick auf die nach dem Zweiten Weltkrieg im angelsächsischen Sprachraum entwickelten geschichtsmethodologischen Auffassungen kann man nachweisen, daß sowohl die Grundüberzeugungen der sogenannten „pragmatischen Revolte" der amerikanischen Historiographie der dreißiger Jahre als auch die Denkweisen des englischen Empirismus in der Form, wie sie durch den Neopositivismus der Zwischenkriegszeit und der ihm nahestehenden Erkenntnis- und Wissenschaftstheoretiker aktualisiert wurden, im gesamten englischsprachigen Raum wirksam sind. So ist es zum einen das Problem der Objektivität historischer Darstellungen und die Frage nach der Bewertung historischer Zustände und Ereignisse, die im Einklang oder in der kritischen Auseinandersetzung mit den prominenten amerikanischen Historikern Carl Lotus Becker und Charles Austin Beard erörtert werden (vgl. *2.6, 2.5*). Andererseits sind es die in der Gegenwart fast über Gebühr im Vordergrund des methodologischen Interesses stehenden Fragen nach der Erklärung in der Geschichtswissenschaft und ihrer Rechtfertigung, die vor allem in der Nachfolge oder der Kritik der Auffassungen von Karl Raimund Popper und Carl Gustav Hempel entwickelt wurden (vgl. *1.46, 1.101, 1.103*).

Was ist aber nun der wesentliche Grundzug des analytischen Denkens mit Rücksicht auf die uns hier beschäftigende Thematik? Zu sagen, daß es der Grundzug analytischen Philosophierens ist, Ideen bzw. Ausdrücke und Aussagen einer klärenden Analyse zuzuführen, erscheint wohl als zu wenig. Aber in Anbetracht der Vielfalt und

---

tismus. Ein neuerer Name für alte Denkmethoden. Volkstümliche philosophische Vorlesungen (engl. 1907), Leipzig 1908; ders.: The Will to Believe, and other Essays in Popular Philosophy, new impr., London - New York 1912.

Divergenz der unter der Bezeichnung „analytische Geschichtsphilosophie" figurierenden Denkweisen, muß dies fürs erste genügen. Wir finden nämlich, um nur wenige Beispiele anzuführen, unter diesem Etikett Vertreter der Auffassung, wonach die Geschichtswissenschaft in erklärender Absicht konzipiert sei bzw. sein sollte (z. B. Morris R. Cohen, Karl R. Popper, Carl G. Hempel), solche, welche ihren Sinn darin erblicken, Deskription, erzählende Darstellung zu sein (z. B. Arthur C. Danto) und schließlich solche, welche zwischen derartigen Auffassungen zu vermitteln suchen (z. B. William Dray, Morton White); damit verknüpft ist einerseits die Auffassung, daß die Geschichtswissenschaft im gleichen Sinne wie alle anderen Wissenschaften deterministische oder statistische Gesetze — mindestens implizit — voraussetze, während dies von anderer Seite geleugnet oder doch in dieser Allgemeinheit bestritten wird. Wir finden unter dem Etikett „analytische Geschichtsphilosophie" ferner die Ansicht vertreten, wonach intentionale Erklärungen im Prinzip in kausale transformierbar sind (z. B. C. G. Hempel, Ernest Nagel), die wiederum zu der Auffassung konträr ist, wonach intentionale Deutungen *toto genere* von kausalen verschieden seien (z. B. Patrick Gardiner, Georg H. von Wright). Wir finden weiter auf der einen Seite die Ansicht vertreten, daß das Determinationsprinzip als heuristisches Prinzip auch in der Geschichtswissenschaft in Kraft sei (z. B. E. Nagel), während die andere in einer solchen Devise die Preisgabe des Prinzips der Willensfreiheit erblickt (z. B. Isaiah Berlin). Eine derartige Aufstellung ließe sich unter anderen Gesichtspunkten noch weiterführen. Hier soll dies vorläufig genügen.

Ein Gesichtspunkt erscheint aber doch wichtig, der eine Gemeinsamkeit unter den analytischen Geschichtsphilosophen betrifft: deren geradezu einhellige Ablehnung des Gedankens von grundlegenden Ursachen des Geschichtsprozesses, und damit verbunden: die Ablehnung der Annahme eines Gesetzes der historischen Entwicklung; schließlich das Ausbleiben einer Erörterung von Bedingungen des rationalen Diskurses von Werturteilen selbst bei denjenigen, welche es als unhintergehbare Tatsache betrachten, daß der Historiker nicht nur bewerten muß, sondern es stets schon im Verlauf seiner Beschreibungen und Erklärungen stillschweigend tut. Der Grund dafür liegt wohl in der Beschaffenheit jener Denktradition, der sich die Vertreter der analytischen Geschichtsphilosophie allgemein verpflichtet wissen. Dem Selbstverständnis der analytischen Philosophie hatte es lange Zeit entsprochen, die Funktion der Philosophie nicht im Erwerben neuer Wissensinhalte zu erblicken — dies sollte die Funktion der Einzelwissenschaften sein —, sondern in der Klärung und Artikulierung dessen, was an verbalisierten Ideen, Ausdrücken und Urteilen vorliegt. Konstitutiv für diese — nach der Rezeption der linguistischen Methode George Edward Moores und Ludwig Wittgensteins sowie der Ansichten Bertrand Russells über die Logik und die Techniken der Analyse — durch den logischen Positivismus herausgebildete Doktrin war die Annahme, daß jegliche Metaphysik als das Insgesamt unüberprüfbarer Aussagen sinnlos, und eine scharfe Grenze zwischen der Metaphysik auf der einen, der Logik und Mathematik sowie den empirischen Wissenschaften auf der anderen Seite zu ziehen sei. Was dabei unter anderem zur Metaphysik geschlagen wurde, waren die sprachlichen Manifestationen von Werthaltungen, was den eigentümlichen Effekt hatte, daß in der Folge Werturteilen kein Platz in wissenschaftlichen Aussagensystemen eingeräumt wurde und Fragen der

Ethik und Ästhetik als letztlich mit Geschmacksfragen identisch erschienen.

Doch die Antimetaphysik des logischen Positivismus war nicht ganz unmetaphysisch. Keine wissenschaftliche Theorie — auch nicht die „wissenschaftliche Weltauffassung" — kann ohne Fundamentalannahmen auskommen, von welchen gilt, daß sie im Rahmen dieser Theorie nicht überprüfbar sind. Über den Wert und die Bedeutsamkeit solcher Grundsätze entscheidet kein empiristisches Sinnkriterium, sondern allein die Antwort auf die Frage, ob solche Prinzipien etwa — gemäß den Erkenntniskriterien und dem darauf gegründeten Konsens der wissenschaftlich Tätigen — erkenntniserweiternd und erkenntnisintensivierend (und damit vielleicht auch, in einem bestimmten Verständnis dieses Ausdrucks, „lebensfördernd") sind. Eine so verstandene Metaphysik ist nicht zu betrachten als eine Art von „emotionalen Begleitvorstellungen", sondern vielmehr im Sinne der jeweils schon für die wissenschaftliche Tätigkeit vorausgesetzten regulativen Prinzipien. An Auffassungen, die diesem Tatbestand nicht Rechnung tragen und an bestimmten damit zusammenhängenden Restriktionen auf seiten der analytischen Geschichtsphilosophie, welche im Sinne der Antimetaphysik erfolgten und doch nicht frei von der inkriminierten Einstellung waren, wird im folgenden gelegentlich Kritik geübt werden.

Aber ein Hinweis ist vorweg noch nötig: Es läßt sich zeigen, daß sich in der ausgiebig betriebenen Selbstkritik von Vertretern des logischen Positivismus und in dessen Kritik von seiten ihm Nahestehender (z. B. Herbert Feigl, Viktor Kraft, Karl R. Popper, Paul K. Feyerabend, Hans Albert) in weit höherem Maße die grundlegende Verfahrensweise der analytischen Philosophie widerspiegelt, als es deren Gegnern recht ist, welche nach wie vor bemüht sind, gewisse partielle Verengungen des logischen Positivismus zum Ganzen der analytischen Philosophie zu hypostasieren. Deren zeitgenössischem Verständnis wissenschaftlicher Tätigkeit liegt die Einsicht zugrunde, daß wir niemals nur — wie noch im empiristischen Dogma des Positivismus vorausgesetzt — ‚reine' Sinnesdaten in einer ‚rein' beobachtenden Einstellung wahrnehmen. Sinneswahrnehmung oder Beobachtung ist immer selektiv und bedingt durch unsere Probleme und Gesichtspunkte bzw. Erwartungen. Mit Bezug auf die Geschichtswissenschaft heißt das: Die Inhalte abstrakter Begriffe, wie etwa „Autorität", „Gemeinwohl", „Integration", „politisches Gleichgewicht", „Klasse", „Konflikt", sind selbst Konstrukte und kondensieren spezifische gesellschaftliche Erwartungen, auch wenn sie oft als Namen betrachtet werden, die bestimmte ohnehin bekannte Sachverhalte bezeichnen. Diese Begriffe sind immer schon theoretische Begriffe. Sie sind, sosehr sie auch als problemlose *deskriptive* Terme betrachtet werden, konstitutive Ordnungsbegriffe, die in ihrem jeweiligen Gebrauch Analyse und Ergebnis determinieren. Denn diese Schlüsselbegriffe erweisen sich in ihrer *normativen* Funktion, die ihnen im politischen und historischen Diskurs zukommt, häufig als von der Interessenlage gesellschaftlich dominierender oder um Emanzipation kämpfender Individuen oder Schichten bestimmt. Die deskriptive Funktion eines derartigen Begriffs wird erst klar, wenn über die Pragmatik der jeweiligen wissenschaftlichen Tätigkeit, in deren Rahmen die Theorie auftritt, Klarheit herrscht.

Diesem neu erwachten Problembewußtsein entsprechend, wird denn auch dem Gesichtspunkt der Pragmatik historischer Tätigkeit im III. Kapitel der vorliegenden Arbeit besonders ausführlich Rechnung zu tragen sein.

3. Besieht man sich die Szenerie der englischen und amerikanischen Geschichtsphilosophie mit Rücksicht auf die einschlägigen Bestrebungen in Europa, so wird man unschwer konstatieren, daß nicht so sehr die idealistischen, wohl jedoch die materialistischen Traditionen, die für die europäische Geschichtsphilosophie bestimmend sind, unterrepräsentiert erscheinen. Hinsichtlich der Wirksamkeit idealistischer Traditionen sei vor allem Robin George Collingwoods „Idea of History" *(2.14)* erwähnt, welche Arbeit unter dem Einfluß Benedetto Croces stand, von dem aus sich wiederum eine Verbindung zu Dilthey und Hegel rekonstruieren läßt; in diesem Zusammenhang darf nicht unerwähnt bleiben, daß die im angelsächsischen Sprachraum sehr einflußreichen Arbeiten von William H. Walsh *(2.69)* und William H. Dray (vgl. vor allem *1.12*) — wenn auch in jeweils unterschiedlichem Maße — die Geschichtskonzeption Collingwoods mit der neopositivistischen Geschichtslogik zu synthetisieren bemüht sind. Ferner soll an dieser Stelle auf die beiden Studien von H. A. Hodges hingewiesen werden, welche dieser Wilhelm Dilthey widmete[7]. Was den historischen Materialismus anlangt, so sind Erörterungen aus dessen Perspektive im angelsächsischen Sprachraum innerhalb der Geschichtstheorie sehr selten; eher finden sich solche im Bereich der soziologischen Forschung, wie etwa in den Arbeiten von Charles Wright Mills, Alvin W. Gouldner, Irving Louis Horowitz. In diesem Zusammenhang sei aber doch

---

[7] Wilhelm Dilthey. An Introduction, London 1944; ders.: The Philosophy of Wilhelm Dilthey, London 1952. Vgl. auch H. N. Tuttle: Wilhelm Dilthey's Philosophy of Historical Understanding. A Critical Analysis, Leiden 1969.

wenigstens auf eine jüngst auch in deutscher Übersetzung erschienene Arbeit von Maurice Cornforth aufmerksam gemacht, welche eine marxistische Kritik an der neo-liberalistischen Geschichtskonzeption Karl Raimund Poppers darstellt *(2.16)*.
Im Vordergrund der zeitgenössischen angelsächsischen Geschichtsphilosophie steht die Logik und Sprachanalyse der Geschichtswissenschaft. Die „logischen Analytiker" betrachten sich gelegentlich als die einzigen Vertreter eines wissenschaftlichen Empirismus, wobei vielfach jede über die von ihnen praktizierte Behandlung geschichtsphilosophischer Probleme hinausgehende Erörterung (in einem sehr restriktiven Verständnis von „wissenschaftlicher Philosophie") als „spekulative Philosophie" gekennzeichnet wird. Als Folge der für das einschlägige analytische Unternehmen vorausgesetzten Trennung der Analyse der Sprache der Geschichtswerke von der Analyse der geschichtlichen Wirklichkeit laufen bestimmte Analytiker Gefahr, alte dualistische Traditionen zu perpetuieren. Dabei gälte es doch unter anderem auch für sie, zu sehen, in welchem Sinne und in welchem Maße sowohl die Sprache und das Denken der Historiker, wie auch die Sprache und das Denken derer, welche die Geschichtswerke in sprachlogischer Hinsicht analysieren, eine Funktion der realgeschichtlichen Verhältnisse sind. Und dies vor allem im Blick auf die prätendierte Objektivität der einschlägigen Bemühungen. Denn es ist eine falsche Annahme, die Objektivität von bestimmten Resultaten innerhalb eines Bereiches unserer intellektuellen Tätigkeiten durch das Geltendmachen von Autonomieansprüchen in bezug auf diesen gewährleisten zu können.
Eine unmittelbare Konsequenz der soeben skizzierten Auffassung für die Bestimmung des Wesens der Wissen-

schaft oder der Geschichtswissenschaft bestand darin, derartige definitorische oder, wie man meinte, „essentialistische" Bestimmungen als eine bloße Sache der Wortverwendung zu kennzeichnen: „Geschichte" sei bloß der Ausdruck, den wir auf das anwenden, was von Historikern produziert wird, und „Historiker" seien eben jene Leute, die sich so nennen. Gelegentlich wurde dazu ergänzend der Zusatz angebracht, daß es die Gruppe der Kenner oder Experten innerhalb einer Gruppe von Fachvertretern sei, die die Kriterien festlege, welchen die Mitglieder ihrer Gemeinschaft genügen müssen, um sich dieser zuzählen zu können. Nun wäre gegen derartige Feststellungen nichts einzuwenden, sofern mit ihnen das Bewußtsein davon gekoppelt ist, daß die jeweiligen Kriterien etwa für „Wissenschaftlichkeit" selbst historisch herausgebildet sind und nicht eine Kenner- oder Expertenmythologie mit dem Effekt kultiviert wird, daß zwar die Auf- bzw. Abwertung einer einzelwissenschaftlichen Tätigkeit durch Zu- oder Aberkennung ihrer wissenschaftlichen Dignität erfolgt, die vor- oder außerwissenschaftlichen Implikationen einer derartigen Zu- oder Aberkennung jedoch nicht bedacht werden. So waren es ja beispielsweise durchaus „psychologische" oder werthafte Implikationen, welche die Experten der medizinischen Wissenschaft bei ihrer Entscheidung leiteten, den Chiropraktikern und den Vertretern der Akupunktur die längste Zeit hindurch das Bürgerrecht für die medizinische Zitadelle vorzuenthalten. Daß diese vor- oder außerwirtschaftlichen Wertgesichtspunkte die Selektionskriterien determinierten, diese Selektionskriterien aber wiederum von eminenter Relevanz für die medizinische Praxis bzw. für die Pragmatik der medizinischen Tätigkeit waren, muß nicht besonders erwähnt werden. Für den hier interessierenden Zusammenhang soll der Hinweis genügen, daß auch von den meisten Vertretern der analytischen Geschichtsphilosophie — da diese einem rein deskriptiven Verständnis von Methodologie, gewissermaßen im Sinn einer empirisch betriebenen strukturellen Semantik, zugetan sind — zumeist sogenannte psychologische oder Wertgesichtspunkte mit Rücksicht auf die in Betracht stehenden Arbeiten von historiographischen Experten ausgeklammert werden; die faktisch vorliegenden Grundformen von Beschreibungen, Erklärungen und Bewertungen werden in all ihrer Vielfalt klassifiziert, nicht aber mit den für sie oft konstitutiven, als „kognitiv irrelevant" betrachteten werthaften Ordnungsprinzipien in Beziehung gebracht — mit Sachverhalten also, welche über den faktographischen Augenschein und seine Widerspiegelung hinausgehen.

Der Überzeugung, die Sprache der Geschichtswissenschaft könne isoliert von der geschichtlichen Wirklichkeit analysiert werden, entsprach es also, daß die in der geschichtlichen Wirklichkeit maßgeblichen Werthaltungen aus dem Bereich der Sprache der Historiographie als kognitiv irrelevant ausgeklammert wurden. Selbst wenn die Möglichkeit detachierter Annalistik zugestanden wird, so stellt sich das Wertproblem aber doch spätestens aus Anlaß der Interpretation historischer Daten und der Erklärung singulärer historischer Fakten. Zunächst ist ja eine spezifische Interessen- oder Wertbeziehung schon dafür bestimmend, was als relevantes Problem der historischen Forschung angesehen wird; dann aber oft auch dafür, was im Verlauf der Lösungsversuche des in Betracht stehenden Problems als relevanter Erklärungsgrund angesehen wird. Nun ist es unzweifelhaft richtig, daß derartige Hinweise oftmals nur dem psychologischen Aspekt der *Entstehung* von historischen

Darstellungen Rechnung tragen und daher auf einer kategorial anderen Ebene liegen als derjenigen der *Rechtfertigung* historischer Aussagen im Sinne einer analytischen Theorie der Geschichtswissenschaft. Doch die oftmals anathematisch erfolgte Suspendierung des sogenannten „Psychologismus" in diesem Bereich der angelsächsischen Geschichtsphilosophie hatte doch eine nachhaltig wirksame Verkümmerung jener Formen der Wertkritik zur Folge, welche in ideologiekritischer Absicht Gefühlsverhältnisse und werthafte Einstellungen im Hinblick auf die dafür grundlegenden Überzeugungen bezüglich faktischer Sachverhalte einer Erörterung unterzog. Diese Variante des Antipsychologismus steht in der Tradition des logischen Positivismus der Zwanziger- und frühen Dreißigerjahre dieses Jahrhunderts. Dieser identifizierte das Objektivitätsproblem mit dem Wahrheitsproblem und charakterisierte wahre Aussagen unter anderem dadurch, daß diese frei von jeder Form des Subjektiven und frei von jeder Form werthafter Implikationen sind. Alle Aussagen oder Aussagensysteme, welche sich nicht letztlich auf die Raum-Zeit-Sprache der Physik reduzieren lassen, drücken ihm zufolge jeweils nur emotionale Begleitvorstellungen hinsichtlich des in Betracht stehenden Objekts aus. Und doch zeigt sich, daß selbst für die Feststellung der Objektivität wahrer Aussagen in diesem Verständnis wertende Auffassungen im Sinne eines individuellen oder sozialen Interesses von Bedeutung sein können. So ist es ja oft der Fall, daß wir etwa zwei Interpretationen mit wahren Aussagen bezüglich eines identischen Objekts vorliegen haben. Dennoch bezeichnen wir mitunter eine (oder gar beide) als nicht-objektiv, denn es sei — so sagen wir vielleicht — mit Bezug auf sie nicht so wichtig, darauf zu achten, was der diese Aussagen

Formulierende sagt, als vielmehr darauf, was er nicht sagt.
Ein Umstand, der in diesem Zusammenhang unser Interesse verdient, ist die Festlegung des Kontrollbereichs im Hinblick auf eine zu überprüfende Theorie, mithin die leitenden Gesichtspunkte im Verlauf der Zuordnung von Elementen der Beobachtungssprache zur theoretischen Sprache. Die „Regeln der Beschlußfassung", die eine theoretische (kognitive) Relevanz von Basissätzen hinsichtlich einer zu konfirmierenden oder zu falsifizierenden Theorie festlegen, entstammen oft einer Werthaltung, einer Interessen- oder Klassenlage der Wissenschaftler oder der gesellschaftspolitischen Funktion ihrer wissenschaftlichen Disziplin. Eine sozialwissenschaftliche Praxis, in welcher derartigen „psychologischen" oder „historischen" Bedingungen nicht die nötige Aufmerksamkeit geschenkt wird, droht häufig in eine unreflektierte Ritualisierung bestehender Forschungsgewohnheiten umzuschlagen. Dasselbe gilt für die ihr korrespondierende Methodologie. „Das sprachliche Vorverständnis in Erhebungstechniken und seine lebenspraktischen Grundlagen bleiben mit wenigen Ausnahmen unreflektiert; die soziale Situation der Beobachtung wird nur als ein zu neutralisierender Störfaktor behandelt, die gesellschaftliche Lebensform, in die das beobachtete oder erfragte Verhalten der Untersuchten einzuordnen ist, ... weitgehend ignoriert" (2.8, 127). So wird oftmals eine Forschungslogik entwickelt, die von historischen und sozialen Dimensionen des Wissenschaftsprozesses absieht, und dabei diese „außer-" oder „vorwissenschaftlichen" Einflüsse in einen vom Gültigkeitsanspruch abtrennbaren Entstehungszusammenhang von Erkenntnis *(„context of discovery")* verweist. Ist die Befolgung methodologischer Normen im Sinne des

„*context of justification*" garantiert, so schalten sich, wie etwa K. R. Popper meint, „solche Kleinigkeiten wie z. B. der soziale und ideologische Standort des Forschers ... mit der Zeit von selber aus, obwohl sie natürlich kurzfristig immer eine Rolle spielen" (*1.58*, 113).
Wenn auch die Betonung des Entdeckungszusammenhanges wissenschaftlicher Aussagen als „Psychologismus" bezeichnet wird, so gilt es, gelegentlich für ihn in der Wissenschaftslehre als komplementäre Ergänzung zu einer Logik der Forschung im Sinne einer reinen Rechtfertigungslogik oder einer puren Logik des Begründungszusammenhangs einzutreten. Eine Akzentuierung eines derartigen wohlverstandenen Relativismus entspringt aber durchaus nicht einer relativistischen Skepsis, welcher es um eine Unterminierung der Standards der Kritik bzw. um den Abbau der Fundamente eines rationalen Konsenses zu tun ist. Der Versuch, den Sinn und den Geltungsanspruch etwa historischer Aussagen und Aussagensysteme dadurch zu erfassen, daß die realgeschichtlichen Bedingungen ihrer Produktion *und* Rezeption vergegenwärtigt werden, ist genausowenig relativistisch wie der versuchte Nachweis, daß der Satz: „Wasser siedet bei 100° C", wahr oder falsch ist je nach den Bedingungen des Luftdrucks.
Gewiß muß gegen bestimmte Vertreter einer vulgarisierten Ideologiekritik ins Treffen geführt werden, daß die Geltung oder der theoretische Gehalt von Aussagen, deren Sinn und deren Geltungsanspruch mit Bezug auf ihre Kontrollbedingungen vorgängig schon geklärt wurde, nicht durch den Hinweis kompromittiert werden kann, daß der diese Aussagen Formulierende einer sozialen Gruppe angehört, welche nach Ansicht seiner Kritiker keine Wertschätzung verdient. Der Fehler in dieser Deformation einer genetischen Rekonstruktion,

wie sie von bestimmten Parteilichkeits-Doktrinären bewerkstelligt wird, besteht darin, eine bestimmte Parteilichkeit nicht im Sinn eines heuristischen Prinzips zu verstehen, sondern als Wahrheitskriterium. So praktizieren etwa jene dezisionistischen Linken, welche gar nicht mehr dem wissenschaftlichen Sozialismus zuzuzählen sind und deren Vertreter von der Dignität ihrer Gesinnung in solchem Maße überzeugt sind, daß sie auch den Geltungswert wissenschaftlicher Aussagen nur relativ zur Gesinnung ihres Autors bemessen, nahezu in Permanenz den genetischen Fehlschluß. Sie verschließen sich durch die Reduzierung des Geltungswertes von Aussagen auf die richtige oder falsche Parteilichkeit ihres Autors der Einsicht, daß, gerade im Sinne auch der Klassiker des Marxismus, Erkenntnisse nicht deshalb wahr sind, weil und insofern sie den Interessen der Arbeiterklasse dienen, sondern diesen Interessen dienen, weil und insofern sie wahr sind[8]. Es bedarf wohl nicht des Hinweises, daß die Denkform des genetischen Fehlschlusses mit Rücksicht auf ein inadäquates Parteilichkeitsdenken — gerade heute wieder — nicht allein von linksromantischer Provenienz ist: „Psychogramme" von Marx sollen so mitunter etwa die Auseinandersetzung mit dem theoretischen Gehalt seiner Arbeiten als entbehrlich erscheinen lassen[9]; diese sind nicht nur an die Adresse der romantischen Linken gerichtet, sondern sollen wohl alles, was marxistischen Ursprungs ist, ein wenig odiös erscheinen lassen.

Aber diese soeben formulierte, gegen eine bestimmte Hypertrophie des „Psychologismus" gerichtete Ansicht

---

[8] Vgl. K. Gössler: Erkennen als sozialer Prozeß, in: Deutsche Zeitschrift für Philosophie 20 (1972) S. 517—546, bes. S. 528 ff.
[9] Vgl. etwa Arnold Künzli: Karl Marx. Eine Psychographie, Wien - Frankfurt - Zürich 1966.

soll keineswegs jene andere widerlegen, wonach es für eine Wissenschaftslehre nicht auf die Dauer praktikabel wäre, sich nur den Zusammenhängen der Rechtfertigungslogik zuzuwenden. Häufig sind ja außer- oder vorwissenschaftliche, namentlich moralische oder sozialpolitische Sachverhalte konstitutiv dafür, daß bestimmte Theorien oder Interpretationsschemata gar nicht effektuiert werden. Die möglich gewordene Einsicht in Wirkungszusammenhänge wird bewußt oder unbewußt restringiert. Es geht in diesem Zusammenhang nur um ein Plädoyer für eine etwas breiter dimensionierte Wissenschaftslehre, die sich der Einsicht nicht verschließt, daß es mitunter nicht genügt, nur festzustellen, daß eine Auffassung unzutreffend ist, sondern die sich auch bemüht festzustellen und wissenschaftssoziologisch zu erklären, wie es zu dieser Auffassung gekommen ist und warum sie geglaubt wird. Bei aller Respektierung der Einsichten in deduktive Zusammenhänge der Rechtfertigung wissenschaftlicher Aussagen muß doch folgender Tatbestand festgehalten werden: Fehler in geschichtswissenschaftlichen Erklärungen liegen zumeist nicht in der Art und Weise der Deduktion, sondern in den Prämissen. Mit Rücksicht darauf gilt es sonach, eine Wissenschaftslehre zu entwickeln, die sich vorsätzlich nicht nur auf den Begründungszusammenhang beschränkt, sondern die auch die sozialen und werthaften Dimensionen des Wissenschaftsprozesses hinsichtlich der sozialwissenschaftlichen Hypothesenbildung, das heißt also: mit Rücksicht auf den Entstehungszusammenhang der Prämissen zu integrieren bemüht ist [10]. Dieses Votum für

---

[10] Vgl. in diesem Zusammenhang V. N. Sadovskij: Die deduktive Methode als Problem der Wissenschaftslogik, in: Studien zur Logik der wissenschaftlichen Erkenntnis (russ. 1964), Berlin 1967, S. 191 bis 247.

eine Erörterung der sozialen Bedingungen wissenschaftlicher Hypothesenbildung im Rahmen einer komplexeren Wissenschaftslehre soll nur einer komplementären Ergänzung der methodologischen Fragestellung durch eine genetische Wissenschaftslehre dienlich sein. Es wäre allerdings ein grundsätzliches soziologistisches Mißverständnis, aus der Tatsache, daß methodologische Prinzipien — etwa das Prinzip der Beobachtbarkeit, der Widerspruchsfreiheit oder der theoretischen Ableitbarkeit — mitunter falsch angewendet wurden, zu folgern, daß die Geltung der Kriterien der wissenschaftlichen Kontrolle stets nur eine temporäre sei. Der antimethodologische Soziologismus übersieht zumeist, was er schon an Kriterien der Wissenschaftlichkeit voraussetzt, um überhaupt argumentieren zu können und konfundiert die Geltung von Erkenntnisnormen mit ihrer Erfüllung.

4. Eine weitere für bestimmte Vertreter der analytischen Geschichtsphilosophie kennzeichnende Argumentationsweise werden wir in den folgenden Untersuchungen einer kritischen Betrachtung unterziehen. Es gewann nämlich, gleichsam parallel zum Tatbestand der verschiedenartigen und *egalitären* (weil hinsichtlich ihrer Genese gleichermaßen unbeachteten) Formen interessendeterminierter Selektion der als grundlegend erachteten Ursachen historischer Ereignisse, die Auffassung eines *„Liberalismus"* der historischen Erklärung immer mehr Raum, welche sich faktisch dem Ansinnen zu entziehen sucht, eine Hierarchisierung von signifikanten Variablen vorzunehmen (vgl. etwa *1.17*, 61; *1.55*, 125 f. und 181). In solchen Fällen erscheint häufig der theoretische Pluralismus als denaturiert, da dieser nicht als heuristische Devise, sondern als definitive Antwort genommen und ihm gegenüber das Gespenst eines normativ geleiteten

theoretischen Monismus, also einer typisch „spekulativen" Geschichtsphilosophie, beschworen wird. Mit anderen Worten: Die geschichtlichen Ereignisse haben viele Ursachen, eine von ihnen auszeichnen zu wollen, entspreche nur den subjektiven Neigungen und Aspirationen des jeweiligen Historikers. So sah man denn in der Möglichkeit unterschiedlicher Problemlösungsversuche (*„approaches"*), gemäß den jeweils unterschiedlichen theoretischen Grundannahmen, eine Basis für die Rechtfertigung des gelegentlich praktizierten faulen Pluralismus im Sinne eines epistemologisch unverbindlichen *„All depends on"*.

Damit hatte die Eliminierung des Wertproblems aus einem großen Bereich der angelsächsischen Geschichtsphilosophie nicht zufällig einen ähnlichen Relativismus zur Folge wie das uneingeschränkte Bekenntnis zu faktisch vorliegenden, aber undiskutierten Wertauffassungen, etwa nach Art des Präsentismus eines C. L. Becker. Es kann daher nicht verwundern, daß zum einen (namentlich in der englischen Geschichtswissenschaft) die Meinung wieder auflebte, daß die Historie nicht als Wissenschaft, sondern als Kunst anzusehen sei und daß zum anderen (vor allem in der amerikanischen Historiographie) die Ansicht, wonach Historie ein pragmatisches Unternehmen der Rechtfertigung eines bestimmten *„way of life"* sei, Einfluß gewinnen konnte. Dabei wären einerseits Lewis B. Namier (*2.57*, 6 und 8) — und übrigens auch Bertrand Russell *(1.49)* — als Vertreter einer intuitionistisch-ästhetizistischen Historiographie zu nennen; andererseits Conyers Read[11] sowie Norman

---

[11] Vgl. Conyers Read: The Social Responsibility of the Historian, in: The American Historical Review LV (1950), S. 276—283. Dazu kritisch im selben Band derselben Zeitschrift Chester McArthur Destler: Some Observations on Contemporary Historical Theory.

Scott Brian Gras und Henrietta M. Larson, die maßgeblichen Exponenten der „Business Historical Society", als Vertreter einer amerikano-zentrischen Wirtschaftsideologie[12].

Aus der Kenntnisnahme und Analyse der sozialwissenschaftlichen Tätigkeit als eines selbst sozialen Geschehens wird im folgenden nicht der Schluß gezogen werden, daß es darauf ankomme, daß sich der Historiker entweder auf eine voluntaristische oder aber auf eine ästhetizistische Rolle verpflichte. Es wird sich allerdings für den Historiker als nötig erweisen, sich des Instrumentariums einer kognitiven Wertlehre, wie im besonderen auch der Ideologiekritik, zu versichern, um einer rationalen Diskussion über die vielfältigen auch seine Tätigkeit leitenden vor- oder außerwissenschaftlichen Wertgesichtspunkte nicht vorschnell aus dem Wege gehen zu müssen. Dazu wird namentlich im III. Kapitel noch einiges zu sagen sein.

Die Diskussion der werthaften Voraussetzungen und Implikationen der geschichtswissenschaftlichen und auch der geschichtsmethodologischen Tätigkeit ist gegenwärtig in vollem Gange, gleich wie die damit verbundenen Erörterungen des wissenschaftlichen Status der Geschichtswissenschaft. Im Mittelpunkt des wissenschaftstheoretischen Interesses steht dabei die Frage, ob die Geschichtswissenschaft nur hinsichtlich ihres Forschungsbereiches oder auch hinsichtlich der Methode der Rechtfertigung ihrer Aussagen von anderen wissenschaftlichen Disziplinen zu unterscheiden sei. Es sollen im folgenden die Voraussetzungen und Konsequenzen der einschlägigen Positionen und der damit verbundenen Behauptun-

---

[12] Vgl. dazu Herbert Aptheker: Laureates of Imperialism, New York 1954.

gen, wie sie in der analytischen Geschichtsphilosophie vorliegen, kurz betrachtet und exemplarisch illustriert werden.

In Anbetracht der vorliegenden Ausführungen gilt es, sich stets zu vergegenwärtigen, daß mit Bezug auf jedes der erwähnten Probleme im anglo-amerikanischen Raum eine bunte Palette von Meinungen besteht; es wird also im folgenden nur der Versuch unternommen werden, den Diskussionsstand hinsichtlich der angeführten Sachprobleme nach Maßgabe der dominierenden Betrachtungsweisen repräsentativ darzustellen. Wenn im folgenden Grundlagenprobleme der Geschichtswissenschaft aus der Sicht der analytischen Geschichtsphilosophie erörtert werden, so geschieht dies vor dem Hintergrund der soeben geäußerten, der vorliegenden Arbeit zugrunde liegenden Auffassungen. Die Arbeit wird im wesentlichen um drei große Themenkreise gruppiert sein: es sind dies Probleme der Ontologie (I), der Logik (II) und der Pragmatik geschichtswissenschaftlicher Darstellungen (III).

Es ist die Absicht des Autors, den Leser nicht mit verschiedenen fertigen, zum Teil antagonistischen Resultaten geschichtsphilosophischer Bemühungen zu konfrontieren, sondern ihm einen Nachvollzug der wichtigsten Argumentationslinien unter Heranziehung signifikanter Textstellen zu ermöglichen.

I. Der Gegenstandsbereich historischer Interpretationen

> ... jede Historie ist von einem bestimmten Standpunkt aus geschrieben und vermittelt erst von diesem Standpunkt aus etwas Sinnvolles. Tilge alle Standpunkte und Du wirst nichts Erkennbares zurücklassen; gleichermaßen wirst Du ja nichts Sichtbares vorfinden, wenn Du zwar aufgefordert wirst, auf einen physischen Gegenstand zu schauen, dies aber nicht von irgendeinem bestimmten Standpunkt aus tun sollst.
>
> *William H. Walsh,*
> An Introduction to Philosophy of History

> Jeder Historiker weiß, daß er bei der Arbeit, wenn er vom Inhalt seines Denkens und Schreibens absieht, in einem kontinuierlichen Prozeß die Fakten seiner Interpretation und seine Interpretation den Fakten anpaßt. Man kann nicht dem einen den Vorrang vor dem anderen einräumen.
>
> *E. H. Carr,* What is History?

1. Zum Verhältnis von Tatsachen und Theorien

Man macht im allgemeinen einen Unterschied zwischen einer Chronik oder einer annalistischen Darstellung und einem historischen Bericht. Es wäre aber, wie sich zeigen läßt, verfehlt, Chroniken als eine unproblematische und der Historie als Wissenschaft unwürdige Disziplin aus dem Bereich der Geschichtswissenschaft auszuschließen. Eine Chronik eines historischen Gegenstandes könnte man, wie Morton White bemerkt (*1.55*, 222 ff.), als eine Konjunktion von nicht-kausalen singulären Aussagen betrachten, die sich ausdrücklich auf diesen historischen Gegenstand beziehen und über diesen Tatsachen mitteilen, welche zu verschiedenen Zeiten der Fall waren. In idealtypischer Charakterisierung hätte eine derartige Chronik folgende Form: s war A zum Zeitpunkt t_1, s war B zum Zeitpunkt t_2, und s war C zum Zeitpunkt t_3. Eine solche aus nicht-kausalen Aussagen zusammengesetzte (nicht-kausale) Aussage höherer Ordnung verknüpft nicht zwei Tatsachenaussagen mit einem Wort wie „weil" oder „deshalb"; hier wird nicht — jedenfalls nicht explizit — eine Aussage formuliert, um eine Ursache oder eine Wirkung von etwas zu erwähnen. — Eine historische Darstellung kann dagegen auf kausale Verknüpfungen nicht verzichten. In einer idealtypisierenden Darstellung hätte eine logische Konjunktion von ausschließlich kausalen Singuläraussagen folgende Form: Weil s zum Zeitpunkt t_1 A war, war s zum Zeitpunkt t_2 B; und weil s zum Zeitpunkt t_2 B war, war s zum Zeitpunkt t_3 C. Solche Konjunktionen sind zweifellos nicht typisch für historische Darstellungen. Denn eine Sequenz von kausalen Aussagen wird in historischen Darstellungen meist durch die Schilderung eines Zustandes oder Ereignisses unterbrochen, wobei dieser Zustand oder dieses Ereignis nicht durch die Angabe einer ihm zeitlich vorausgehenden oder gleichzeitig mit ihm vorliegenden Ursache (Bedingung) erklärt wird. Es soll hier also genügen, darauf hinzuweisen, daß eine historische Darstellung eine logische Konjunktion von Aussagen ist, von denen ein großer Teil aus singulären kausalen Behauptungen besteht.

Nun könnte es so scheinen, als sammelte zunächst der Chronist die Fakten und als käme dann der Historiker, um diese zu deuten; ganz so, wie es Hyppolite Taine formulierte: „Après la collection des faits, la recherche des causes" (vgl. dazu *1.17*, 70—80). Dieser Eindruck ist aber irrig. Denn einerseits wird auch der vermeintlich rein erzählende Chronist im Falle der Zuordnung bestimmter Sachverhalte zu dem in Betracht stehenden historischen Objekt durch ein bestimmtes nicht ausdrücklich formuliertes Wissen um Wirkungszusammenhänge geleitet, und andererseits ist der von einem kausalen Standpunkt aus tätige Historiker, wie schon erwähnt, sehr häufig genötigt, in seiner Darstellung Sachverhalte zur Sprache zu bringen, die ihm wichtig erscheinen und nicht übersehen werden dürfen, auch wenn sie nicht mit anderen Sachverhalten kausal verknüpft werden können. Damit reduziert sich der Unterschied zwischen Chronik und historischer Darstellung in der geschichtswissenschaftlichen Praxis von einem vermeintlich prinzipiellen auf einen graduellen.

Auch in einer anderen Hinsicht besteht zwischen dem Annalisten und dem Historiker kein grundsätzlicher Unterschied. Beide sind im Verlauf ihrer Darstellungen von einem Kriterium der Bedeutsamkeit geleitet, das bei der Auswahl der Gegenstände ihrer Betrachtung am Werk ist; mit Bezug darauf kann gefragt werden, ob das, was sie der Erinnerung überantworten wollen, überhaupt berichtenswert, ob es „erinnerungswürdig" ist. Diese Frage ist kennzeichnend für das, was als Pragmatik der historischen Tätigkeit bezeichnet wird. Auch derjenige, der sie stellt und der mit ihr einen ganz spezifischen — oft kritischen — Sinn verknüpft, ist genötigt, seine Relevanz-Kriterien ausdrücklich zu machen. Landläufig wird es als Ziel der Geschichtswissenschaft bezeichnet, „diejenigen vergangenen Sachverhalte" aufzuklären, „die unsere Gegenwart in besonderem Maße bedingen" (*2.33*, 254); oder die Geschichtswissenschaft wird charakterisiert als die Erforschung der sozial relevanten Erfahrungen und Ziele sowie der dadurch gelenkten Handlungen von Individuen und Gruppen in der Vergangenheit (vgl. etwa *2.61*, 1 ff.; *1.39*, 159 f.). Gegen derartige Festlegungen ist nichts einzuwenden, wenn sie nicht als hinreichend bestimmte Charakterisierungen der historischen Tätigkeit verstanden werden. Denn mit Bezug auf diese vorläufigen Bestimmungen muß noch weitergefragt werden: Von welchen Aspekten der Gegenwart ist die Rede, deren besondere Bedingtheit erforscht werden soll? Wer sind diese „Wir", wenn „unsere Gegenwart" angesprochen wird? Von welcher Gruppe oder Klasse ist dabei die Rede? Welcher Bereich ist gemeint: der Kulturkreis des Historikers oder die globale Vielfalt von Kulturbereichen, oder nur die jeweils dominanten unter ihnen? Oder wenn es heißt, daß sich die Geschichtswissenschaft der Erforschung der sozial relevanten Erfahrungen und Ziele sowie der dadurch gelenkten Handlungen von Individuen und Gruppen in der Vergangenheit zuwende — welches ist das Maß für die soziale Relevanz? Für welche Gruppe oder Klasse sollen die in Betracht gezogenen Sachverhalte sozial relevant sein? In welcher Hinsicht — in positiver oder in negativer — sind sie dies?

Diese Fragen ließen sich noch durch Differenzierungen beliebig vermehren. Leider strapaziert man mit derartigen Fragen schon sehr früh die Geduld bestimmter Geschichtswissenschaftler — ein Umstand, der sich auch bei Vertretern anderer wissenschaftlicher Disziplinen, nach Maßgabe analoger Fragestellungen, unschwer konstatieren läßt. Was als historisch relevant betrachtet werde, sei nun eben einmal grundsätzlich Verschiedenartiges. Man begnügt sich oft mit der Feststellung, daß alle Interessengesichtspunkte, welche hinter einer historischen Darstellung am Werk sind, „relativ" seien, und unterläßt es zumeist auch, danach zu fragen, in bezug worauf dies der Fall ist und ob sich nicht erst in diesen Bezügen bestimmte Regelmäßigkeiten nachweisen lassen, die als gesetzmäßige Beziehungen des „rein Zufälligen" fungieren. Die vorschnelle und bequeme Rede, wonach alles relativ sei, geht auch hier häufig Hand in Hand einerseits mit einer gewissen Unlust, hinter die „Gegebenheiten" nach deren Ordnungsprinzip zurückzufragen, andererseits mit einer Spielart der Willkür, welche sich oft in einer etwas sublimierten Form im stolzen Bewußtsein von der Subtilität und der erhabenen Sinnlosigkeit der Resultate wissenschaftlicher Tätigkeit niederschlägt. Warum in bestimmten Phasen der Historiographie gerade bestimmte Bereiche problematisiert werden, in anderen Fällen aber andere; warum einmal monistische Deutungen kultiviert werden, dann aber pluralistische; ob nicht oftmals der Vorwurf des „Monismus" nur erhoben wird, weil dieser mit seiner Frage nach grundlegenden Variablen des sozialen Wandels die neutralistische Behaglichkeit der „Pluralisten" gefährdet — all diese Fragen, welche dazu angetan sind, auf realgeschichtliche Zusammenhänge hinzuweisen, durch welche die Selektionskriterien des Gesellschaftswissenschaftlers bedingt sind, werden tunlichst ausgeklammert. Der Historiker, den das Singuläre reizt, versteht sich selbst als singuläres Individuum; die soziale Einbettung des Forschungs*subjekts* wird aber damit in der Folge oft gleichermaßen ignoriert wie die soziale Einbettung des Forschungs*objekts*. Es soll hier nicht die Frage nach der Pragmatik der historischen Tätigkeit beantwortet werden und auch nicht jene nach dem Verhältnis der gesellschaftlichen Praxis zum Selbstverständnis des Historikers hinsichtlich seiner wissenschaftlichen Tätigkeit. Hier sollte es genügen, festzuhalten, daß der Historiker stets schon Selektionsprinzipien mitbringt, welche die Auswahl dessen bestimmen, was er für seine Darstellung als „signifikant" erachtet. Der Historiker kann nicht einfach reproduzieren, er muß stets interpretieren.

Rankes Versuch, darzustellen, „wie es eigentlich gewesen", und dabei alle werthaften Einschübe wegzulassen, fand in der Gnoseologie eine gewisse Entsprechung in Franz Brentanos und Edmund Husserls vermeintlich absoluter Trennung der Beschreibung und Interpretation von Phänomenen. „Wenn ich einen Menschen auf der Straße treffe" — so illustriert Stephan Körner die erkenntnistheoretischen Bestrebungen der genannten Phänomenologen —, „so kann ich sein Benehmen mir gegenüber als einen Gruß ‚beschreiben' und als freundlich ‚deuten'... Ob ich am Ende je zu einer letzten und unkorrigierbaren Beschreibung gelange, ist unentschieden und meiner Ansicht nach auch unentscheidbar. Dennoch wird der Philosoph häufig die Unterscheidung zwischen Beschreibung und Deutung so weit wie möglich vorantreiben und eine Beschreibung der Phänomene liefern müssen, die so ‚phänomenologisch' wie möglich ist" (*1.30*, 39 f.). Nun sind zwar Körners Bemerkungen durchaus nur als heuristische Anweisungen zu verstehen, und doch sind damit einige Schwierigkeiten verbunden. Denn bereits der Beschreibung eines Grußes geht die Deutung eines noch elementareren Verhaltens voraus, das eben *als* Gruß beschrieben wird. In diesem Sinne ergänzte ja der Positivismus Bertrand Russells und Ernst Machs und gewisser ihrer Nachfolger das phänomenologische Programm und betrachtete die Phänomene als „logische Konstruktionen" aus Sinnesdaten bzw. elementaren Sinnesempfindungen. Die dieser Betrachtungsweise entsprechende Anweisung an den Historiker könnte lauten, die Beschreibung der Daten von deren Interpretation tunlichst abzutrennen. Für eine derartige Forschungsdevise stellt sich aber in Anbetracht des Umstandes, daß sich ja der Historiker oft außerordentlich vielen Daten gegenübersieht, die Frage, welche Auswahl er unter diesen treffen soll. Die Auswahl unter einer Unzahl von Daten, welcher eine davon separierte Deutung folgen soll — so, als würde nicht schon die Deutungsabsicht die Auswahl der Daten regulieren —, involviert aber wiederum ein bestimmtes Interesse und einen bestimmten wertenden Standpunkt im Sinne von problemorientierten Relevanzgesichtspunkten. Was die Auswahl der Daten anlangt, so ist zu bemerken, daß ja die meisten Historiker der Vergangenheit nicht ihr erkenntnisleitendes Interesse deklarieren, so daß also das Datenmaterial, das für den Historiker einer späteren Zeit als „Quellen" vorliegt, bereits durch Deutungsgesichtspunkte vorselegiert ist: „Wir wissen eine ganze Menge darüber, wie das Griechenland des 5. Jahrhunderts einem athenischen Bürger erschien; aber fast nichts darüber, wie es den Spartanern, den Korinthern oder Thebanern erschien — ganz zu schweigen von den Persern oder den Sklaven oder den sonstigen nicht eingebürgerten Bewohnern der Stadt. Unser Bild ist schon vor uns für uns ausgewählt und bestimmt worden, nicht so sehr durch den Zufall als durch Leute, die bewußt oder unbewußt von einer ganz bestimmten Sicht durchdrungen waren und die Tatsachen, die diese Sicht stützten, des Aufschreibens wert fanden... Das Bild des tiefreligiösen russischen Bauern wurde durch die Revolution von 1917 zerstört. Aber das Bild des tiefreligiösen mittelalterlichen Menschen ist, ob es nun wahr ist oder nicht, unzerstörbar, da fast alle bekannten Fakten durch Menschen ausgewählt wurden, die es glaubten und denen daran lag, daß auch andere es glaubten, und da eine Menge anderer Tatsachen, die uns möglicherweise das Gegenteil bezeugt hätten, unwiderruflich verlorenging" (*2.12*, 13 f.). Daraus sollte ersichtlich sein, daß eine „reine" Beschreibung derartiger Daten bzw. der in ihnen enthaltenen Informationen letztlich nur dazu führen kann, daß der Historiker — entgegen seiner Absicht, einen historischen Sachverhalt zu erkennen — nur ungeprüfte Meinungen akkumuliert und dabei dort, wo er sich dem vermeintlich konkretesten Empirismus verschreibt, der abstraktesten Borniertheit unterliegt. E. H. Carr hat diesem Sachverhalt eindringlich und klar Ausdruck verliehen: „Der fetischistische Glaube, mit dem das 19. Jahrhundert an den Fakten hing, fand in einer blinden Anbetung der Dokumente seine Ergänzung und Rechtfertigung ... Aber was besagen diese Dokumente denn eigentlich — all die Verfügungen, Abhandlungen, Pachturkunden, Blaubücher, die amtliche Korrespondenz, die privaten Briefe und Tagebücher — wenn man der Sache auf den Grund geht? Jedes Dokument sagt uns nur, was sein Autor dachte — was seiner Meinung nach geschehen war, geschehen sollte oder geschehen würde; vielleicht auch nur, was er uns als seine Meinung darlegen wollte oder aber auch das, was er selbst dafür hielt. Alle diese Dokumente bedeuten nichts, ehe sie der Historiker nicht unter die Lupe genommen und entziffert hat" (*2.12*, 16). Der Historiker kann sich naturgemäß im Verlauf seiner Deutungen von den Absichten seiner eigenen Zeit und Persönlichkeit nie ganz losmachen, aber dennoch vermögen gelegentlich neue Erkenntnisverfahren bei ihm neue Fragen zu dem auf ihn überkommenen originären Datenmaterial zu bewirken, deren Beantwortung auf eine Erweiterung, Intensivierung oder auch Korrektur der Ansichten hinausläuft, welche eine Zeit von einer anderen festzuhalten für würdig befunden hat. Der Historiker muß also notgedrungen über die Beschreibung der Daten und die Beschreibung der aus ihnen von anderen Historikern konstruierten Fakten hinausgehen, will er nicht den Sinn von historischen Vorgängen eben oft nur durch die Angabe der für sie stehenden Zeichen ersetzen. Was er zunächst zu leisten bestrebt sein sollte, ist die Präsentation unterschiedlicher mit den originären Daten verträglicher Deutungen.

Besehen wir uns etwas näher das Verhältnis von Daten, Fakten (Tatsachen) und Theorien! In Anbetracht der epigraphisch deutbaren Inschrift auf einem Grabstein ist es etwa nicht richtig zu sagen, daß wir uns bereits einem historischen Faktum gegenübersehen; vielmehr handelt es sich im Falle dieser Daten um das Rohmaterial, aus welchem eine historische Tatsache oder ein historisches Faktum entstehen kann. Die Quellen oder Dokumente verschiedenster Art, von denen der Historiker ausgeht (Münzen, Urkunden, Tagebücher etc.) bedürfen — um aus ihnen historische Fakten gewinnen zu können — der Deutung. Gerade in Anbetracht dieser Deutungen ist die gelegentlich noch immer verbreitete Auffassung als völlig unhaltbar anzusehen, wonach Historiker sich nicht mit Verallgemeinerungen befassen, so daß die Geschichtswissenschaft keine generalisierende Wissenschaft sei. Gerade im Verlauf der Deutungen ist eine Vielzahl von Generalisierungen und Hypothesen am Werk, welche zum Teil aus anderen Einzelwissenschaften stammen, zum Teil aber aus induktiven Verallgemeine-

rungen bestehen, welche von Historikern aufgrund ihrer Beschäftigung mit jeweils spezifischen Datenbereichen formuliert werden. Allerdings soll in diesem Zusammenhang nicht übersehen werden, daß ein historisches Faktum, welches als ein durch die sogenannten historischen Hilfswissenschaften gedeutetes Datum mit anderen Fakten in Beziehung gebracht werden kann, selbst wiederum, mit Rücksicht auf eine historische Tatsache komplexerer Art, den Rang eines Datums gewinnt.
Die Analyse der Deutung historischer Quellen führt zu Problemen, welche für die Position einer vermeintlich voraussetzungslosen historischen Rekonstruktion signifikant sind. Die Objektivität im Verlauf der Rekonstruktion historischer Fakten sei, so meinte man, allein durch die Anwendung der quellenkritischen Methode verbürgt; theoretische Annahmen, die über das Inventar der Generalisierungen der Hilfswissenschaften hinausgehen, seien prinzipiell methodisch auszuklammern und damit die Eliminierung weiterreichender „spekulativer" Annahmen eine notwendige Voraussetzung geschichtswissenschaftlicher Objektivität. Dieser Meinung entspricht es, im Sinne einer *objektivistischen* Geschichtsauffassung theoretische Erörterungen auszuklammern, die über den Rahmen einer Herstellung von „Sinnzusammenhängen" zwischen elementaren Daten hinausgehen. Man begnügte sich mit Rekonstruktionen des von historischen Akteuren mit dem vorliegenden Datenmaterial verbundenen „Sinnes", ohne sich dabei die Frage zu stellen, ob nicht diese etwa als Erlebnisausdruck zugänglichen Manifestationen von „Sinn" nur eine Symptomfunktion für Zusammenhänge einer höheren (oder tieferen) Art darstellen könnten, die unter der Bewußtseinsschwelle der historischen Akteure zu liegen kamen und daher auch nicht in Zusammenhängen

von allein intentionalem Charakter evident werden können. So kann es nicht verwundern, wie auf der Grundlage derartiger methodologischer Einstellungen sich das Interesse der Historiker die längste Zeit allein darauf beschränkte, was als politische Bewegung zuallererst die Aufmerksamkeit auf sich lenkt. Die offen zutage liegenden politischen Kämpfe wurden aber damit nicht als Symptom oder Manifestation jener für sie konstitutiven ökonomischen Triebkräfte der Gesellschaft aufgefaßt, welche mit der Klassenspaltung eben nur eine politische Form annahmen. Der Umstand, daß im Verlauf des „voraussetzungslosen" faktographischen Empirismus die politische Bewegung gegenüber der ökonomischen eine relative Autonomie gewann, führte dazu, daß „das Bewußtsein des Zusammenhangs dieses politischen Kampfes mit seiner ökonomischen Unterlage ... dumpfer (wird) und ... ganz verlorengehen (kann). Wo dies auch nicht bei den Beteiligten vollständig der Fall ist, geschieht es fast immer bei den Geschichtsschreibern" (*2.27, 302*).

In diesem Zusammenhang sei darauf aufmerksam gemacht, daß natürlich einer Betrachtung von Verhältnissen der Machtverteilung auch unter standardisierten ökonomischen Bedingungen große Bedeutsamkeit zukommt und daß somit keine strukturelle Identität der politischen und ökonomischen Tatbestände behauptet werden soll. Im Falle des vorhin angezeigten Sachverhaltes geht es jedoch darum, daß das Phänomen der Klassenkämpfe nicht in Beziehung gebracht wird zu den nichtstandardisierten ökonomischen Verhältnissen, so daß diese Klassenkämpfe nicht mehr direkt als solche, sondern indirekt als Kämpfe um politische Prinzipien dargestellt wurden und damit der Eindruck der Autonomie politischer Ideen erweckt wurde.

Für den hier interessierenden Zusammenhang ist noch ein Umstand von besonderer Wichtigkeit. Die Vertreter einer am vermeintlich rein „Gegebenen" — in unserem Beispiel: an der Manifestation politischer Gesinnungen — interessierten Historiographie spielen nämlich, bei allem prätendierten Empirismus, weitgehend unbemerkt dem Idealismus in die Hände. Dies namentlich dann, wenn sie bemüht sind, zwei Reihen von Ursachen auseinanderzuhalten: solche der ideellen oder spirituellen Kräfte oder Motive und solche der ökonomischen oder materiellen Bedingungen. In dieser Hinsicht bildet die analytische Geschichtsphilosophie in einer großen Anzahl ihrer Vertreter ein glänzendes Demonstrationsobjekt; Patrick Gardiner wäre hier als paradigmatischer Vertreter zu nennen. Sehr häufig wird dabei einfach die Möglichkeit von Wirkungszusammenhängen einmal auf der ideellen, einmal auf der materiellen Ebene zugestanden, ohne daß man im Hinblick auf die der Rekonstruktion beider Arten von „Ursachenreihen" zugrunde gelegte Frage eine Hierarchisierung der Deutungen anstrebt oder gar den Dualismus in dieser Form in Frage stellt. So meint etwa William H. Walsh, daß es unsinnig sei, sich zu fragen, ob man die europäische Geschichte des 19. Jahrhunderts in den Termini nationaler Aspirationen oder ökonomischer Notwendigkeiten analysieren solle; denn beide Erklärungen seien komplementär, aber nicht alternativ. Daß eine von ihnen fundamentaler, tiefer oder erklärungskräftiger sein könnte, bleibt außer Betracht (vgl. 2.69, 206). Zum Problem der verschiedenen Formen des theoretischen Pluralismus und zu den damit verbundenen Schwierigkeiten wird in anderen Zusammenhängen noch einiges zur Sprache kommen.

Was das Verhältnis von Daten, Fakten und Theorien

betrifft, so sei dieses im folgenden noch kurz mit Rücksicht auf die — von Wilhelm Windelband so bezeichneten *(2.72)* — „idiographischen" und „nomothetischen" Denkweisen in den Gesellschaftswissenschaften erörtert. Diese Betrachtungen sind typisierender Art und werden damit der überwiegenden Mehrzahl der heutigen Sozialwissenschaftler nicht gerecht, welche sich in ihrer Arbeit zumeist beider stilisierter Forschungsintentionen bedienen. In den nomologisch orientierten Gesellschaftswissenschaften dienen die Tatsachen oder Fakten selbst (in der Rolle von Daten) als Mittel dem Zweck einer Formulierung von Gesetzen. So haben diese partikulären Tatsachen, so unerläßlich sie für diese Forschungsintention sind, eine streng instrumentelle Funktion. Der Historiker kehrt dagegen dieses Mittel-Zweck-Verhältnis zwischen Tatsachen und allgemeinen Gesetzen um, welches in den nomologischen Sozialwissenschaften besteht. Für ihn sind zweifellos Generalisierungen, Hypothesen und Theorien von großer Wichtigkeit, und er beschäftigt sich auch mit diesen. Aber er tut dies nicht deshalb, weil derartige Generalisierungen das Ziel seiner Forschungen darstellen, sondern weil sie ihm helfen, partikuläre Daten zum Zwecke der Rekonstruktion historischer Fakten oder auch partikuläre Fakten zum Zwecke der Rekonstruktion komplexer historischer Tatsachen zu erhellen, mit denen er sich beschäftigt. So ist der Historiker — auch wenn er selbst genötigt ist, beschränkte Generalisationen im Sinne von räumlich-zeitlich begrenzten Theorien (Quasi-Theorien) zum Zwecke der Erklärung der ihn interessierenden partikulären Sachverhalte zu produzieren — in erster Linie ein Konsument von Verallgemeinerungen und Theorien. Die Verwendung von generellen Hypothesen ist — und dies muß gegen alle mitunter noch immer wirksamen idiographischen Vorurteile festgehalten werden — für die historische Tätigkeit unerläßlich. Denn Daten werden erst zu Fakten im Lichte ihrer Beziehungen zu irgendeiner Hypothese. Daher ist auch die Behauptung eines grundsätzlichen Unterschiedes zwischen theoriefreien Beschreibungen und theoretisch imprägnierten Erklärungen, mithin die Behauptung eines forschungslogischen Dualismus zwischen „narrativer" und „explanativer" Geschichte, im Hinblick auf historische Darstellungen höchst irreführend. Dieser Unterschied resultiert nur aus den verschiedenen Fragestellungen, welche diesen beiden Forschungsintentionen zugrunde liegen. Geht es im einen Fall um die Darstellung dessen, *was* als ein historisches Phänomen vorliegt und *wie* es sich unter spezifischen Bedingungen zeigt, so geht es im anderen Fall um die Erklärung dessen, *warum* das in Betracht stehende Phänomen sich so darstellt, wie es beschrieben wurde; dabei kann es sich sowohl um die kausale Rekonstruktion der Genese des Phänomens selbst handeln als auch um eine kausale Rekonstruktion der Beschreibungsweise des Phänomens, etwa in wissenssoziologischer Absicht.

Wenn vorhin von Hypothesen und Theorien die Rede war, so sei deren Unterschied hier noch kurz veranschaulicht, um nicht die folgenden Ausführungen in unnötiger Weise terminologisch zu belasten. Theorien hätten sicherlich keinen Wert, wenn sie nicht hinter die Fakten zurückgingen. Fakten sind, wie aus dem bisher Gesagten zu ersehen ist, nichts anderes als Aussagen, von welchen wir glauben, daß sie in bezug auf partikuläre Daten wahr sind. Theorien beziehen sich nicht auf partikuläre Daten, sondern auf ganze Kategorien (Typen) von solchen. Nun wird aber oftmals behauptet, daß Theorien — oder jedenfalls einige Theorien —

nichts anderes seien als allgemeine Fakten. Eine Aussage eines sogenannten allgemeinen Faktums sei, wie Percy Cohen meint, entweder eine Kurzfassung einer Anzahl von Aussagen über eine Anzahl von Daten desselben Typs oder aber eine allgemeine Aussage über die Charakteristika eines bestimmten Typs von Daten (vgl. *1.9*, 1 f.); es gilt, nach Cohen, zu sehen, daß die in Betracht stehende Aussage eines sogenannten allgemeinen Faktums im ersten Fall keine Theorie ist, im zweiten Fall aber nicht faktischen, sondern theoretischen Gehalt zum Ausdruck bringt. Wenn also von Verallgemeinerungen (Generalisierungen) oder allgemeinen (generellen) Aussagen die Rede ist, so muß stets zwischen empirischen und theoretischen Verallgemeinerungen unterschieden werden. „Wenn man feststellt, daß man ein fallendes Blatt beobachtet hat, so formuliert man eine Tatsache. Wenn man feststellt, daß man *oft* fallende Blätter beobachtet hat, so addiert man nur eine große, aber nicht spezifizierte Anzahl von Aussagen über einzelne Ereignisse, welche ein komplexes Faktum bilden. Wenn man aber sagt, daß *alle* Blätter fallen müssen, so formuliert man nicht eine Tatsache, sondern eine Theorie: denn was man über alle Blätter sagt, ist nicht etwas, was man beobachtet hat; niemand kann alle Blätter beobachten, denn es besteht eine unbegrenzte Anzahl von solchen, die fallen können" (ebd. S. 1). Alle Theorien gehen sonach hinter die Fakten zurück. Aber das heißt nicht, daß alle Aussagen, welche hinter die Fakten (als gedeutete Daten) zurückgehen, Theorien sind. „Wenn ich sage, daß die normannischen Eroberer Englands feudale Institutionen errichteten, welche sich auf andere Weise nicht entwickelt hätten, so gehe ich hinter die Fakten zurück: denn niemand kann wissen, welche Institutionen sich in England entwickelt haben würden, wenn

keine normannische Eroberung stattgefunden hätte; aber man kann eine Vermutung anstellen; und wenn man eine Vermutung hat, so ist das eine Hypothese. Diese Hypothese ist nicht eine Theorie, da sie etwas über einzelne Ereignisse behauptet oder über einzelne Komplexe von Ereignissen; aber sie sagt nichts Allgemeines über die Charakteristika militärischer und politischer Eroberungen aus" (ebd. S. 1 f.). Es geht daraus klar hervor, daß etwa auch historische Fakten selbst den Rang von Hypothesen haben; ein Ziel der historischen Tätigkeit ist somit die Herstellung hypothetischer Konstrukte: „Das historische Ereignis — das einzige historische Ereignis, das bei der Arbeit von Historikern eine Rolle spielt — ist ein hypothetisches Konstrukt. Der Historiker schaut nicht nach Material aus, um das Ereignis zu erklären, als ob das Ereignis klar vor seinen Augen stünde und er klug daraus werden müsse; er bietet vielmehr das Ereignis zur Erklärung seiner Daten auf" (*1.96,* 266).
Zusammenfassend soll vorläufig festgehalten werden: Eine geschichtsmethodologische Position, welche meint, zwischen zwei wesentlich verschiedenen Dingen: Theorien, induktiven Verallgemeinerungen und Hypothesen auf der einen Seite und der historischen Wirklichkeit auf der anderen Seite, welche uns als ein (im weitesten Sinne des Wortes) theoriefreier Datenbereich zugänglich ist, unterscheiden zu müssen, ist nicht haltbar. Vertretern einer derartigen methodologischen Auffassung kann bestenfalls zugebilligt werden, daß sie sich der Willkür nicht bewußt sind, mit welcher sie eine Grenzlinie mitten durch die Theorie selbst ziehen. Aus diesem Umstand aber, wie dies geschehen ist, einen Dezisionismus der theoretischen Erklärung abzuleiten ist falsch. Besehen wir uns die Sachlage etwas näher.

Gewiß: Keine einzige Tatsache ist, wie bereits Kant wußte, unmittelbares Resultat der sinnlichen Wahrnehmung. Dabei macht es keinen Unterschied, ob wir, wenn von „Tatsachen" die Rede ist, nur an die primären *Daten* denken, denen sich der Historiker zuwendet (Urkunden, Münzen, Gebäuderesten, Tagebüchern etc.) oder aber an die *Fakten*, welche er daraus erschließt und für welche die Daten (Quellen) Indikatoren darstellen. Denn auf einer bestimmten Ebene der historischen Untersuchung können ja auch Fakten in dem hier charakterisierten Sinne den Status von Daten für die Ermittlung von komplexeren Fakten oder Fakten höherer Ordnung erhalten. (In diesem Zusammenhang verweist man mit Recht darauf, daß ein großer Teil der Tätigkeit des Historikers in der Deutung von Deutungen besteht.) Es ist richtig, daß die Beobachtung der Daten, die Methodik der Faktenrekonstruktion sowie die Form der Fixierung ihrer Ergebnisse im Rahmen der sogenannten historischen Hilfswissenschaften nach einem vorher festgelegten Plan durchgeführt werden, dem diese oder jene theoretischen Sätze — etwa der Epigraphik, der Numismatik, der Heraldik oder der Sphragistik — zugrunde liegen. Die Vertreter der historischen Hilfswissenschaften geben sich im allgemeinen auch nicht den Anschein, „absolute", „voraussetzungslose" Evidenzen ausfindig zu machen; wenn sie von Evidenzen sprechen, so tun sie dies im Hinblick auf die hochkonfirmierten Theorien der Quellenkritik, die das Fundament jeder mit Wissenschaftsanspruch auftretenden Geschichtswissenschaft abgeben. Diese Arbeit an den Quellen wird gelegentlich pejorativ als Kärrnerarbeit für die eigentliche Historie gekennzeichnet, obschon doch die verschiedenen um die Rekonstruktion größerer Zusammenhänge bemühten Historiker erst auf der Basis dieser Arbeiten festzustellen vermögen, *in bezug worauf* sie sich in ihren Darstellungen unterscheiden. Freilich kann man sagen, daß der Bereich der Quellenkritik noch gar nicht auf der Ebene zu liegen komme, wo sich die interessanten Divergenzen in der Geschichtswissenschaft ergeben. Die vom Vertreter der historischen Hilfswissenschaften rekonstruierten Tatsachen, so kann man hören, seien noch nicht das Wesentliche einer historischen Darstellung — es komme nicht sosehr darauf an, *daß* man sich den Tatsachen zuwendet, sondern *wie* man sich ihnen zuwendet. So sei es beispielsweise nicht so interessant, bloß zu konstatieren, daß Marie Antoinette 1793 enthauptet wurde; wohl aber sei es von großer Bedeutsamkeit, zu erklären, wie es dazu gekommen ist. Der theoretische Zusammenhang, in welchem Beschreibungen von Tatsachen figurieren, liege dabei auf einer anderen Ebene als jene Theorien, welche bei der Rekonstruktion von Tatsachen aus Daten (auf seiten des sog. historischen Hilfswissenschaftlers) vorausgesetzt sind. Die erstgenannten Theorien seien es, die den Charakter einer historischen Darstellung im eigentlichen Sinn bestimmen. — Diesen Feststellungen ist bis hierher uneingeschränkt zuzustimmen. Aber gelegentlich wird an sie eine Folgerung geknüpft, welche einem theoretischen Dezisionismus gleichkommt, wobei mit der Diagnostizierung gewisser Verkürzungen einer positivistischen Faktengläubigkeit gleich die gesamte empiristische Weltauffassung desavouiert wird. Vertreter dieser Auffassung berufen sich — gerade auch hinsichtlich der sog. exakten Erfahrungswissenschaften, an denen die erkenntnistheoretische Problematik besonders augenscheinlich gemacht werden soll — gerne darauf, daß ja häufig die jeweiligen Beschreibungen von Tatsachen in verschiedenen Erklärungssystemen (z. B. die Beschreibung der Erde in

den Systemen des Ptolemäus, des Aristoteles und des Kopernikus) nicht logisch äquivalent seien; daher könne keineswegs so etwas wie eine Monovalenz der Beschreibung eines Sachverhalts gegeben sein. Die zuverlässige Fixierung dessen, was ein Objekt darstellt und was seinen Ausdruck in einer Vielzahl von Aussagen findet, sei ein empirizistischer Mythos.
Aber wie bestimmen wir denn den unterschiedlichen Wert der verschiedenen Erklärungssysteme für unsere Weltorientierung? Wie können wir überhaupt die nicht gegebene Monovalenz der unterschiedlichen Beschreibungen konstatieren, wenn nicht mit Bezug auf ein Tatsachenwissen über ein und denselben Gegenstand, welchen diese Beschreibungen eben ganz unterschiedlich wiedergeben?! Als Bedingung der Möglichkeit einer empirischen Kontrolle muß bei allen Unterschieden der miteinander konfrontierten Wissenssysteme eine bestimmte ihnen gemeinsame Referenz, ein identischer Sachverhalt vorausgesetzt werden, den ihre Schöpfer verschieden interpretieren und dabei oft glauben, ihn bloß darzustellen. Dieses Gemeinsame nennt W. W. Kossolapow Basis-Tatsachenwissen oder Invarianzfaktor. „Wissenschaftliche Theorien, die zwar ein und denselben Gegenstand betreffen, aber verschiedenen Ebenen angehören, besitzen invariante Merkmale. So beziehen sich etwa die Newtonsche Theorie, die spezielle Relativitätstheorie und die Einsteinsche Gravitationstheorie auf den gleichen Gegenstand, nämlich den physikalischen Raum und seine vom Beobachter und von den Beobachtungsmitteln unabhängigen Eigenschaften. Sie erfassen diesen Gegenstand mit unterschiedlichen logischen Mitteln und dringen verschieden tief in das Wesen dieses Gegenstandes ein. Diese Theorien, die sich auf Tatsachen über die Eigenschaften des realen Raumes

stützen, besitzen einen Invarianzfaktor. Da sie sich in ihren logischen Mitteln, in der Sprache (mathematischer Apparat, Terminologie, Symbolik usw.) prinzipiell unterscheiden, muß man den Invarianzfaktor in ihrer gemeinsamen Grundlage, d. h. in den Tatsachen, auf die sie sich gründen, suchen" (*2.41a*, 834).
In dieser Hinsicht unterscheidet sich aber die Historie nicht von den sog. exakten Erfahrungswissenschaften. Für die historischen Aussagensysteme gilt dasselbe wie für alle Arten von polymorphen wissenschaftlichen Systemen. „Polymorphe wissenschaftliche Systeme enthalten ... zwei Arten von Wissenselementen: veränderliche und invariante. Die invarianten Elemente dienen den veränderlichen Elementen und damit den theoretischen Systemen insgesamt als Grundlage. Die logischen Verknüpfungen zwischen den invarianten und den veränderlichen Elementen des Systems bilden die Menge der verschiedenen Möglichkeiten der theoretischen Erklärung des Tatsachenwissens. — In jenem Stadium der Theorienbildung, in dem die Theorie noch hypothetisch ist und in dem daher die Feststellung zuverlässiger Kriterien größte Bedeutung hat, ist die Untersuchung der invarianten Wissenselemente und ihre genaue Abgrenzung von den veränderlichen Elementen besonders wichtig" (*2.41a*, 835). Gerade diese veränderlichen Wissenselemente sind es — auch in der Geschichtswissenschaft —, wo der Erkenntnisfortschritt zu Hause ist; sie enthalten die eigentlich relevanten, die neuen und strittigen Hypothesen als Elemente der vorliegenden Theorie. Diese Unterscheidung der beiden Klassen von Elementen einer komplexen Theorie ist für die methodische Sicherung wissenschaftlicher Kenntnisse sehr bedeutsam. Die Differenzierung namentlich der verschiedenartigen in einer historischen Theorie enthaltenen gesetzesförmigen Aus-

sagen und Annahmen ist vor allem deshalb wichtig, um im Verlauf der Begründung des theoretischen Wissens durch empirisch gehaltvolle Sätze angeben zu können, *welches Element des theoretischen Wissens* eine Bestätigung oder Widerlegung durch konstatierbare Merkmale erfährt.

Auf dem Gebiet der Geschichtswissenschaft ist man stets mit Widersprüchen konfrontiert, die zwischen der Erklärung eines Sachverhalts und neuen Tatsachen über die Veränderung dieses Sachverhalts entstehen. Sie machen es erforderlich, vom beschreibenden Tatsachenwissen und den darauf basierenden funktionalen Gesetzmäßigkeiten, welche mit Bezug auf bestimmte Elemente eines in Betracht stehenden isolierten historischen Sachverhalts (einen Staat, eine Epoche etc.) formuliert werden, überzugehen zu einem erklärenden theoretischen Wissen höherer Ordnung, welches es erlaubt, Veränderungen an diesem Sachverhalt zu erklären. Von einigen Arten von Gesetzen, wie sie historischen Theorien inhärent sind, soll unter anderem bereits im folgenden Abschnitt die Rede sein.

2. Interpretationsebenen

a) Zur kategorialen Verschiedenartigkeit von Interpretationen

Wenn im folgenden von Interpretation die Rede ist, so erscheint es aus Gründen der terminologischen Klärung günstig, sie von der Erklärung zu unterscheiden. Das Ergebnis von Interpretation — etwa die Feststellung, daß es sich im Falle einer bestimmten Massenaktion um eine Revolution handelt — sind Antworten auf Fragen von der Art: „Was ist das?" Wenn wir aber etwa fragen, *warum* es diese Revolution gab, oder was deren Ursachen waren, so versuchen wir (im engeren Sinn von „erklären") zu erklären, warum etwas der Fall ist; die interpretierende Deutung (eine „Erklärung" im weiteren Sinne, eine Deklaration) dessen, was der Fall ist, konstituiert aber zuvor das Objekt der kausalen Rekonstruktion. Im Hintergrund derartiger „Konstitutionen" stehen bestimmte Annahmen über „praktikable" Beschreibungsformen oder „Bezugsrahmen", in welchen die Realität darstellbar ist.

Wenn wir nun den Sinn eines historischen Sachverhalts, den wir dann vielleicht später einer kausalen Analyse (Erklärung i. e. S.) zuführen, interpretierend deuten, so heißt das natürlich — wie bereits in Kapitel I, 1 ausgeführt wurde — nicht, daß wir dabei „voraussetzungslos" an diese Analyse herangehen; immer verwenden wir bereits bestimmte Generalisierungen (Hypothesen, Quasi-Theorien, Theorien). Sehr häufig — und an diesem Sachverhalt zeigt sich, daß die Unterscheidung zwischen Interpretation und Erklärung eine nur klassifikatorische Funktion hat, ganz analog derjenigen von Annalistik und Historiographie — gehen wir mit bestimmten Vorerwartungen an die Deutung des „Sinnes" oder der „Bedeutung" eines historischen Ereignisses heran; das heißt aber: Wir gehen oft stillschweigend von Hypothesen über eine bestimmte Art von kausalen Wirkungsbeziehungen aus, wenn wir sagen, daß das und das der Fall ist. Das, was der Fall ist, erscheint dabei als isolierter Tatbestand, der aber nur eine Abstraktion insofern darstellt, als ihm vorgängig eine Signifikanz für eine bestimmte Art von Wirkungsverhältnissen zugesprochen wird. Das heißt, daß zwar das Ergebnis der Interpretation den Ausgangspunkt für die Erklärung abgibt, daß aber die den Erklärungen zugrundeliegenden Hypothesen bereits in funktionalem Zusammenhang mit dem Interpretationsvorgang stehen. Diesem Umstand trägt John Herman Randall jr. Rechnung, wenn er sagt, daß „der ‚Sinn‘ eines historischen Faktums darin besteht, ... welche Konsequenzen aus ihm folgen" (*1.47*, 42). Denselben Sachverhalt formuliert Arthur C. Danto, wenn er erklärt, daß die Frage „nach der Signifikanz eines Ereignisses im *historischen* Sinne des Ausdrucks" nur besage, daß gefragt wird, „mit welchen unterschiedlichen Mengen *späterer* Ereignisse dieses verknüpft sein könnte" (*1.10*, 11). Man sieht, daß Interpretationen bereits Annahmen in bezug auf mögliche Erklärungen involvieren.

Es gibt nun verschiedene Antworten auf die Frage, was denn ein in Betracht stehender in Form irgendwelcher Daten präsenter Sachverhalt eigentlich sei. Sie zeigen an, daß es also unterschiedliche Interpretationen und Interpretationsebenen gibt. Wodurch ist diese Vielfalt von Interpretationsebenen bedingt? Im Sinne einer ersten und vorläufigen Annäherung sei festgehalten, daß dies die Interessen, der Wissensstand und das Reflexionsniveau des Interpreten sind, welche wiederum durch das soziale Milieu, in dem der Interpret tätig ist, mitbestimmt sind: dieses aktualisiert bestimmte Interessen, Wissensinhalte und Wissensformen, mit Bezug auf welche der jeweils Interpretierende (gleich wie der Erklärende i. e. S.) rezeptiv oder reaktiv tätig ist. Zunächst muß aber bereits festgestellt werden, daß die Frage: „Was *ist* das?" oder: „Was *bedeutet* das?", welche einer Interpretation zugrunde liegt, durchaus nicht eindeutig ist. Wenn wir uns die Trias der Seelenvermögen im Sinne von Kant: Denken, Fühlen und Wollen; und wenn wir uns ferner die ihnen entsprechenden Relevanzgesichtspunkte vergegenwärtigen, wie sie bereits vor der zeitgenössischen Vorurteilsanalyse[13] Wilhelm Dilthey für die Geisteswissenschaften zu sehen lehrte: den kognitiven, den emotiven und den konativen Aspekt —, so wird sich zeigen, wie wichtig eine präzise „ontologische" Analyse der Verschiedenartigkeit des mit den Interpretationen verknüpften „Sinnes" von historischen Ereignissen durch den Rückgang auf die intentionalen Leistungen des Bewußtseins ist. Daß die jeweils prävalenten Deutungsformen oder Gegenstandskonstitutionen — sei es innerhalb des psychischen „Strukturzusammenhangs" des einzelnen, wie ihn Dilthey versteht, sei es auch innerhalb von ganzen Forschergenerationen — selbst wieder ihre empirischen oder „ontischen" Bedingungen haben, ist damit nicht in Abrede gestellt. (Dasselbe gilt für die methodologischen Bemühungen im Hinblick auf die eben erwähnten Sachverhalte.)

Die Frage nach dem Wesen eines historischen Tatbestandes kann sehr unterschiedlich verstanden werden. Zum Beispiel wäre es möglich, die Frage danach, was die Russische Revolution *„ist" („bedeutet")*, dadurch zu beantworten, daß in einem semantischen Sinne aufgezeigt wird, welche Vorgänge dem Ausdruck „Russische Revolution" entsprechen; sie kann aber auch so verstanden werden, als ginge es darum, sein Gefühlsverhältnis zu den bereits als bekannt vorausgesetzten Vorgängen der Russischen Revolution zum Ausdruck zu bringen; sie kann aber schließlich so verstanden werden, daß über die Feststellung des Gefühlsverhältnisses zu

---

[13] Vgl. etwa Melvin M. Tumin: Einstellungen und Verhalten, in: Vorurteile. Ihre Erforschung und ihre Bekämpfung (Politische Psychologie, Bd. 3), Frankfurt a. M. 1964, S. 72—80.

den in Betracht stehenden Vorgängen hinaus, Formen unseres (aktuellen oder potentiellen) Verhaltens mit Bezug darauf erkundet werden sollen. Innerhalb dieser kategorial differenten Bestimmungen des „Wesens" von etwas gibt es noch eine große Variationsbreite von Komplexitätsunterschieden; man könnte diesen Sachverhalt mit einem Ausdruck von Arne Naess als die jeweils unterschiedliche „Intentionstiefe" bezeichnen[14]. Hinsichtlich des kognitiven Bereichs von Interpretationen etwa spielt der aktuelle Wissensstand des Interpreten bzw. des Adressaten einer Mitteilung eine große Rolle, der jeweils in Rechnung gestellt werden muß, wenn eine Information vorliegt; mit Bezug auf die Rezeptionsbedingungen unterschiedlicher Auditorien kennen wir so den Sachverhalt, daß eine Mitteilung oft sehr unterschiedlich formuliert werden muß, um einen identischen Informationsgehalt zu vermitteln. Mit welcher Art von Erklärungen jemand zufriedenzustellen ist, hängt dabei weitgehend von seinem gegebenen intellektuellen Potential ab. Man spricht in diesem Zusammenhang — nämlich unter Bezug auf die Vorerwartungen auf seiten des Informanden über die Art und Weise der Präsentation seiner Erklärungen, welche eine Befriedigung des Informationsbedürfnisses der Informationswilligen zu gewährleisten in der Lage wäre — vom pragmatischen Charakter historischer Erklärungen (vgl. *1.119*, 319 ff.). Wenn etwa ein Erwachsener fragt, warum eine bestimmte Person gestorben ist, so wird es für ihn keine Erklärung darstellen, wenn man ihn darauf aufmerksam macht, daß nun einmal alle Menschen sterblich sind — das wird er wohl bereits wissen; ein kleines Kind hingegen, das mit dem Sachverhalt der Sterblich-

---

[14] Vgl. Arne Naess: Communication and Argument. Elements of Applied Semantics, Oslo 1966, S. 34 ff.

keit aller Lebewesen noch nicht vertraut ist, mag mit dieser Antwort vielleicht durchaus zufrieden sein.

Ganz analog zum soeben Dargestellten ist eine Ursache für die Unterschiedlichkeit von Interpretationen darin zu erblicken, daß in bezug auf das Verständnis der Frage nach dem Wesen eines historischen Phänomens ganz unterschiedliche Rezeptionsbedingungen *auf seiten des Historikers* dafür gegeben sind, als was dieses Phänomen wahrgenommen oder gedeutet wird; dieser hat jeweils schon einen bestimmten kognitiven, emotiven oder konativen Sinn mit dem in Betracht stehenden Sachverhalt verknüpft. Die Verschiedenartigkeit derartiger Interpretationen ist nicht dadurch zu beheben, daß man allein fordert, die Frage danach, was ein historisches Phänomen eigentlich sei, durch eine möglichst vollständige Beschreibung zu beantworten. Denn der Historiker müßte vorgängig schon wissen, was es genau *ist*, das er exakt beschreiben soll. So mögen etwa zwei Historiker mit Bezug auf die aus Daten erschlossenen Fakten aus dem Frankreich des Jahres 1789 durchaus übereinstimmen; aber wie sie diese — als Daten höherer Ordnung — darstellen und erklären, hängt davon ab, als was sie diese Fakten vorher gedeutet haben, welchen Sinn sie ihnen im Kontext des historischen Geschehens zugesprochen haben, wofür sie diese als „typisch" oder „atypisch" ansehen. So wird ein Historiker, der die bisherige Geschichte durch Klassenkämpfe bestimmt sieht, die Vorgänge des Jahres 1789 etwa ganz anders darstellen und in ihnen ganz anderes als signifikant gewichten als jener Historiker, welcher in der Geschichte des vorrevolutionären Frankreich nur eine stetige Bewegung neiderfüllter Intellektueller und der durch sie aufgewiegelten Massen gegen die Herrschaftsordnung des Ancien Régime erblickt.

Die Methodologie der Geschichtswissenschaft hat dem Faktor der Rezeptionsbedingungen Rechnung zu tragen, und zwar sowohl auf seiten des Publikums, an das sich der Historiker wendet, wie auch auf seiten des Historikers selbst. Gerade mit Bezug auf den zuletzt angeführten Tatbestand begnügte man sich häufig mit der bloßen Katalogisierung unterschiedlicher Zugangsweisen zum historischen Material und war damit deshalb zufrieden, weil dadurch ein Dogmatismus abgewehrt zu sein schien. Morton White erwähnt so als Paradigma den Fall zweier Vertreter der Geschichtsschreibung der Vereinigten Staaten, die zwar nicht irgendwelche falschen Sachverhalte behaupten oder in ihren Darstellungen voraussetzen, von denen aber — gemäß ihren unterschiedlichen politischen Überzeugungen (welche bei White stillschweigend als undiskutierbar angesehen werden) — der eine die Geschichte vom Standpunkt einer Jeffersonschen Auffassung, der andere vom Standpunkt einer föderalistischen Doktrin aus betrachtet; entsprechend ihrer unterschiedlichen Wertorientierung bringen sie ganz unterschiedliche Sachverhalte zur Sprache. Die ganze Sache sei, wie White bemerkt, sehr ähnlich dem wahrnehmungspsychologischen Tatbestand, der etwa im Falle des Ente-Kaninchens von Jastrow und Wittgenstein problematisiert wird. Zu einem bestimmten Zeitpunkt deutet man die vorliegenden — eigentlich erst durch eine sekundäre Abstraktion aus ursprünglichen Wahrnehmungsbildern gewinnbaren — Sinnesdaten als Ente oder als Kaninchen; und hier gibt es keine Lösung, welche uns ein Mittelding zwischen einer Ente und einem Kaninchen sichtbar machen könnte. Im selben Sinne sei es nicht möglich, die Ansichten der beiden in Betracht stehenden Historiker der Geschichte Amerikas in der Weise durch einen Kompromiß zu versöhnen, daß man eine „Feffersonsche" oder „jöderalistische" Historiographie präsentiert (*1.55*, 268 ff.).

In analogem Zusammenhang betrachtet der Wissenssoziologe Werner Stark das Problem einer klassenspezifischen Betrachtungsweise der historischen Wirklichkeit. Zwar beläßt er es nicht bei einer Katalogisierung, welche den Historiker letztlich dem Dezisionismus in bezug auf Deutungsweisen überläßt, aber er ist bemüht, die Möglichkeit einer theoretischen Harmonisierung von Disharmonischem zu plausibilisieren. Er illustriert seine Ansicht folgendermaßen: „Wenn zwei Geologen, von denen einer sich auf die Gesteinskunde, der andere auf die Hydrographie spezialisiert hat, denselben Berg ins Auge fassen, so wird ihr gedankliches Bild von ihm nicht das gleiche sein. Die Eindrücke des ersteren werden von der harten Oberfläche der Abhänge beherrscht sein, die Eindrücke des letzteren von den Rinnsalen, die zu Tale fließen. Beide bauen wahrheitsgemäßes Wissen auf; die Wissenschaftlichkeit ihrer Arbeit wird über jeden Zweifel erhaben sein. Trotzdem ist es möglich, um nicht zu sagen wahrscheinlich, daß das Areal der Übereinstimmung zwischen ihnen nur begrenzt ist; ja, es kann sehr wohl so enge bemessen sein, daß eine sinnvolle Unterhaltung zwischen ihnen unmöglich scheint. Ob solch eine Unterhaltung zustande kommen kann, wird davon abhängen, zu welchem Grade ihr Denken von der umfassenden Wissenschaft der Geologie durchdrungen ist, welcher sowohl Gesteinskunde als auch Hydrographie als Teile angehören" (*2.65*, 66). Worauf Stark aufmerksam macht, ist die in bestimmten Bereichen mögliche Übersetzbarkeit von Aussagen irgendwelcher theoretischer Subsysteme auf dem Wege ihrer Reduktion auf ein sie integrierendes theoretisches Aussagensystem; im angeführten Beispiel sind dies formulierte Tatbestände

der Mineralogie, welche in solche der Hydrographie übersetzt werden können und vice versa, da eine geologische Theorie besteht, welche sowohl die mineralogische als auch die hydrographische Theorie — neben anderen — als ihre Spezialfälle aus ihr abzuleiten gestattet. Analoges gilt etwa für die vielleicht einmal zu realisierende Möglichkeit, daß eine umfassende Theorie des menschlichen Verhaltens eine psychoanalytische Deutung in eine lerntheoretische zu transformieren gestattet, und umgekehrt, wenn wir es mit dem Tatbestand zu tun haben, daß zwei Interpreten eines behavioristisch beschreibbaren Verhaltens dieses in den Termini ihrer theoretischen (Sub-)Disziplin erklärt haben. Den angeführten Beispielen ist folgendes gemeinsam: Wir haben es jeweils mit zwei theoretischen Zugangsweisen zu tun, die sich auf einen identischen Sachverhalt beziehen. Im ersten Fall ist es etwa die dem Hydrographen wie dem Mineralogen gemeinsam zugängliche Beschreibung des Geodäten; im Falle des Psychoanalytikers und des Lerntheoretikers ist es etwa die von ihnen beiderseits akzeptierte Reproduktion menschlichen Verhaltens in behavioristischer Sprache. In bezug auf den jeweils intersubjektiv vorausgesetzten Kontrollbereich lassen sich in beiden angeführten Fällen die in Betracht stehenden Theorien korrelieren. Darüber hinaus kann man — jedenfalls im Sinne der empirischen Möglichkeit — Korrespondenz- oder „Übersetzungs"-Regeln jeweils zwischen den beiden theoretischen Zugangsweisen herstellen, weil diese zwei Theorien jeweils als miteinander verträgliche aus einer umfassenderen Theorie logisch ableitbar sind.
Wie steht es nun aber in Anbetracht verschiedener historischer Deutungen, wie sie W. Stark vor Augen hat? Nun, die Herstellung einer Korrelation ihrer Arbeiten

mit Rücksicht auf einen identischen, deskriptiv erfaßbaren Datenbereich ist, wie bereits weiter oben festgestellt wurde, auch im Falle von Historikern möglich, die als Vertreter sehr divergenter Weltanschauungen anzusehen sind. Dieser Umstand macht es ja überhaupt erst möglich, Differenzen zu lokalisieren: „Wo ein mittelalterlicher Geschichtsschreiber einen Kampf zwischen den Prinzipien der Erlösung und der Verdammnis sah, mag ein Gegenwartshistoriker einen Konflikt zwischen wirtschaftlichen Interessen erblicken. Es handelt sich hier um verschiedene geschichtliche Theorien, deren jede die vorherrschenden Tendenzen ihrer Epoche widerspiegelt. Gewisse moderne Historiker benützen psychoanalytische oder individualpsychologische Begriffe, um den Charakter Neros zu erklären — theoretische Kategoriensysteme, die man in Gibbons oder Mommsens Werken vergeblich suchen würde" (2.66, 89). Eine gemeinsame Referenz historischer Deutungen besagt natürlich noch nichts über die mögliche Kompatibilität der ihnen zugrundeliegenden Hypothesen und damit über die Möglichkeit ihrer Integration in ein umfassenderes theoretisches System. Wie ist es um die Möglichkeit der Herstellung einer umfassenden Theorie bestellt, welche die grundlegenden Auffassungen der beiden vorhin erwähnten Historiker synthetisieren soll, welche sich der Deutung der Vorkommnisse von 1789 zuwenden und dann deren Erklärung versuchen? Denken wir etwa einerseits an die Darstellungen der Französischen Revolution durch Abbé Barruel, der in einer von langer Hand geplanten Verschwörung in den Geheimgesellschaften die Ursache für die Revolution erblickt und zum glühenden Bekämpfer der Jakobiner wurde, deren Wirken die gottgewollte Ordnung gestört habe; und denken wir andererseits etwa an Joseph Barnave, der, wie die Historiker der Restauration nach ihm, bereits den Klassenbegriff in die Geschichtswissenschaft einführte und einen ausgeprägten Sinn für die Rolle des Klassenantagonismus als Erklärungsgrund für den sozialen Wandel besaß (vgl. *2.62*, 12 ff.). Erscheint im einen Fall die Französische Revolution als Resultat der internationalen Verschwörung der Jakobiner, und deren Ideen als diabolisches Streben gegen den göttlichen Ordo und seine Anwälte, so erscheint im anderen Fall der Antagonismus der Ideen selbst nur als eine Form der Widerspiegelung elementarer Interessen von antagonistischen Klassen. Es läßt sich leicht feststellen, daß eine diese Gegensätze synthetisierende Theorie nicht möglich ist, da diese so gestaltet sein müßte, daß aus ihr zwei miteinander unverträgliche Theorien niedrigerer Stufe als Spezialfälle ableitbar sein könnten; sie wäre nämlich damit selbst kontrovers. Andererseits hilft uns aber auch ein rein katalogisierendes Verfahren, welches die verschiedenen möglichen Erklärungsweisen aneinanderreiht und sich dabei als „pluralistisch" versteht, auch nicht weiter; es sei denn, wir wollten uns damit begnügen, dort mit Worten davonzukommen, wo die Sachen einer Entscheidung, oder doch wenigstens einer Gewichtung, bedürfen.

Die Versuche der Herstellung eines einheitlichen Zusammenhangs möglicher historischer Deutungen verweisen auf jene Interpretationsebene, bei welcher es sich um Mutmaßungen oder Annahmen über den Geschichtsprozeß selbst handelt. Diese bestimmen — zumeist unausdrücklich — sowohl das Arrangement der Fakten im Verlauf der historischen Darstellungen als auch die Art und Weise der daraus gezogenen Schlußfolgerungen. Man könnte sie in der Tat, wie dies ja oft geschieht, als metaphysische Theorien der historischen

Entwicklung bezeichnen. Man hat sich über diese Annahmen bezüglich der historischen Entwicklung — gerade auch im Lager der analytischen Geschichtsphilosophie — oft despektierlich geäußert. Und doch sind solche Theorien bereits im Verlauf elementarer geschichtswissenschaftlicher Aktivitäten in Wirkung. Wenn man historisch relevante Tatsachen aus Daten rekonstruiert, so interpretiert man, wie es scheint, gewissermaßen „innerhalb" der Geschichte, noch nicht „die" Geschichte. Und doch leitet jeden Historiker — ob er sich das nun eingesteht oder nicht, irgendein Vorverständnis davon, was Geschichte als Geschehen selbst „ist" oder „bedeutet".

b) Zur Kritik metaphysischer Geschichtstheorien

Was ist nun das, was wir tun, wenn wir „die" Geschichte interpretieren, und in welcher Beziehung steht dies zu dem, was als eine historische Deutung oder als eine auf das Deutungsresultat bezogene historische Erklärung bezeichnet wird; mit anderen Worten: In welcher Beziehung steht die Deutung oder Erklärung „der" Geschichte zur historischen Deutung oder Erklärung. Charles Frankel führt im Zusammenhang einer ähnlichen Fragestellung vier Beispiele von Geschichtsinterpretationen an, welche die historiographische Praxis ihrer Vertreter entscheidend bestimmen: diejenigen von Marx und Engels, Arnold Toynbee, H. A. L. Fisher und G. M. Young (vgl. *1.92a,* 418f.). Marx und Engels deuten die Geschichte, jedenfalls die aller bisher existierenden sogenannten Hochkulturen, als Geschichte von Klassenkämpfen; Arnold Toynbee sieht in den Zivilisationen nichts anderes als das Bestreben, die menschliche Natur zum unerreichten Ziel der Gottähnlichkeit voranzutreiben; H.

A. L. Fisher, auf den sich im übrigen auch K. R. Popper beruft (vgl. *1.123*, 110), behauptet von der Geschichte, daß hinsichtlich ihres Verlaufs keine Verallgemeinerungen möglich seien und daß in ihr nur das Spiel der Kontingenz und des Unvorhersehbaren obwaltet; G. M. Young schließlich erblickt die Funktion des 19. Jahrhunderts darin, die desinteressierte Intelligenz von banalen Geselligkeiten losgelöst und damit für die Bewältigung des ganzen Bereichs des menschlichen Lebens und der menschlichen Lebensumstände freigesetzt zu haben. — Bei Toynbee wird Geschichte als Heilsgeschehen verstanden; dieser Fall ist für den theologisierenden Historizismus signifikant, sollte es aber nicht für eine Historie sein, die als Wissenschaft auftreten will. Young beurteilt bestimmte Perioden oder Epochen hinsichtlich gewisser durch sie realisierter Werte, zu denen er sich bekennt. Eine solche Betrachtungsweise wird aber von keiner der anderen angeführten Geschichtsinterpretationen ausgeschlossen; sie ist nicht alternativ zu ihnen. Die zentralen alternativen geschichtstheoretischen Positionen sind in Frankels Beispiel diejenigen von Marx und Engels auf der einen, von Fisher auf der anderen Seite. Wird das eine Mal die Geschichte insofern als strukturiert betrachtet, als irgendeine Variable oder eine Gruppe von Variablen (der Entwicklungsstand der Produktivkräfte oder die — dadurch mitbedingten — Produktionsverhältnisse) als die wichtigsten kausalen Faktoren des Sozialgeschehens angesehen werden, so wird das andere Mal jede derartige These als einseitig und dogmatisch verworfen.

Spätestens an dieser Stelle wird zweierlei offenkundig: zum einen, daß die Betrachtung singulärer geschichtswissenschaftlicher *Interpretationen der Geschichte* einer Antwort auf die Frage nach der *Interpretation der Ge-*

schichtswissenschaft selbst Platz machen muß; zum anderen, daß sich die methodologische Reflexion auf geschichtswissenschaftliche Aussagen vorgängig des gemeinsamen ontologischen Korrelats der verschiedenen historischen Problemstellungen versichern muß. Dies deshalb, weil erst dadurch der systematische Ort einer bestimmten historischen Fragestellung und ihrer Beantwortung im Rahmen der „logischen Geographie" des mit „Geschichtswissenschaft" bezeichneten vielfältigen Zusammenhangs richtig zu erfassen ist. Jede Erörterung der Praktikabilität oder Fruchtbarkeit einer geschichtswissenschaftlichen Fragestellung involviert ein derartiges Vorverständnis über die Beschaffenheit des Bereichs der Geschichte als ganzer, wobei sich die jeweilige geschichtswissenschaftliche Problemstellung nur auf einen bestimmten begrenzten Sektor desselben bezieht. Man wird also an dieser Stelle die Frage nach den grundlegenden Charakteristiken einer universalgeschichtlichen Betrachtungsweise stellen müssen. (Der Versuch einer Beantwortung der Frage nach ihrem Nutzen soll im Verlauf des III. Kapitels und in den Schlußbemerkungen unternommen werden.)

Im Hinblick auf die Intentionen der Vertreter einer universalhistorischen Betrachtungsweise lassen sich drei Haupttypen von Problemstellungen unterscheiden: erstens die Darstellung und Erklärung der funktionellen Beziehungen der Merkmale einzelner historischer Zeitabschnitte, und das heißt des jeweiligen (vor allem durch die natürliche Umwelt und die zunächst artspezifisch erworbenen psychischen Reaktionsdispositionen mitbedingten) Entwicklungsstandes der Produktivkräfte, der dadurch geprägten Gesellschaftsstruktur und der in ihr entstehenden soziokulturellen Leistungen; zweitens die Darstellung und Erklärung der genetischen Bezie-

hungen des zunächst isoliert betrachteten historischen Zeitabschnittes; drittens die Darstellung und Erklärung der Transformationsbeziehungen, und das heißt der Umwandlung der konstitutiven Merkmale des bereits genetisch erklärbaren „Systems" in ein neu strukturiertes System mit anderen dafür charakteristischen Merkmalen (vgl. dazu *2.3a*). Von welcher Art sind nun aber die Hypothesen oder Gesetze, deren sich der Historiker bei der Erfüllung dieser Aufgaben bedienen muß?
In einer sehr anregenden Studie mit dem Titel „Allgemeines Gesetz und konkrete Gesetzmäßigkeit in der Geschichte" bemerkt A. J. Gurewitsch: „Die Gesetze, die in der Geschichte wirken, werden gewöhnlich nach dem Grad ihrer Allgemeingültigkeit, sozusagen nach ihrem Kompetenzbereich, in verschiedene Gruppen eingeteilt. Zur ersten Gruppe gehören die ‚allgemeinen soziologischen Gesetze', die während der ganzen Geschichte der Menschheit wirken (das Gesetz von der Übereinstimmung der Produktionsverhältnisse mit dem Charakter der Produktivkräfte, das Gesetz von der bestimmenden Rolle des gesellschaftlichen Seins gegenüber dem gesellschaftlichen Bewußtsein, das Gesetz von der Abhängigkeit des Überbaus von der Basis der Gesellschaft). Zur zweiten Gruppe gehören jene Gesetze, die allen antagonistischen Formationen gemeinsam sind (die Gesetze des Klassenkampfes und der sozialen Revolution; hierzu muß man offensichtlich auch das Gesetz der gesellschaftlichen Arbeitsteilung zählen, die die Klassenteilung der Gesellschaft erzeugt, u. a.). Eine dritte Gruppe bilden schließlich die Gesetze der einzelnen Formationen: des Kapitalismus, des Sozialismus, des Übergangs von einer Formation zur andern. Die Gesetze der dritten Gruppe bezeichnet man als spezifische Gesetze der Geschichte" (*2.31b*, 177 f.). (Es wäre mit Bezug auf

die dritte Gruppe von Gesetzmäßigkeiten beispielsweise auch an Max Webers Idealtypen zu denken; des weiteren an die mannigfachen Periodisierungen und Typisierungen — „Renaissance", „Barock", „Romantik", „Realismus", „Naturalismus" etc. — in den verschiedenen Sparten der Musik- und Literaturgeschichte sowie der Geschichte der bildenden Kunst.) Gurewitsch warnt davor, „die konkrete Gesetzmäßigkeit der gesellschaftlichen Entwicklung auf das allgemeine soziologische Gesetz zu reduzieren und darin sowohl die Kausalität als auch andere Formen des historischen Zusammenhangs restlos aufzulösen" (*2.31b*, 184 f.); er argumentiert dabei gegenüber den Vertretern eines kurzsichtigen dogmatischen Reduktionismus ähnlich wie A. W. Gulyga, ein anderer zeitgenössischer sowjetischer Methodologe, der feststellt, daß ein „Schema des Geschichtsprozesses ... noch keine Geschichte (ist), ebensowenig wie Sujet und Idee schon ein Kunstwerk sind" (*2.31a*, 43). Und dennoch würden — unter der Voraussetzung, sie nähmen im Verlauf ihrer geschichtstheoretischen Marxismuskritik von zeitgenössischen marxistischen Autoren überhaupt Notiz — viele der bei uns als beispielhaft angesehenen Vertreter der analytischen Geschichtsphilosophie jene „allgemeinen soziologischen Gesetze", von denen Gurewitsch spricht, von vornherein als kognitiv irrelevant abtun. Zumeist wird dabei die Suche nach Gesetzmäßigkeiten dieser Art als verkappte Form einer profanisierten Heilsgeschichte, und damit als eine Geschichtsinterpretation von historizistischer Art, gedeutet; sie wird in der Folge als „spekulativ" und als „metaphysisch", und das heißt — durchaus im Sinne der Sprachregelung des logischen Positivismus — als „sinnlos" verworfen; Patrick Gardiner, Arthur C. Danto und Morton White mögen hier als exemplarische Ver-

treter dieser Auffassung erwähnt werden. Gemäß der Sprechweise der logischen Positivisten war es, wie Stephan Körner kritisch bemerkt (*1.30*, 49), üblich, metaphysische Sätze als „nicht-logisch-mathematisch und nicht-empirisch" zu definieren, dann mit Recht zu behaupten, daß metaphysische Sätze *in diesem Sinne* sinnlos sind, und schließlich „Sinnlosigkeit" in diesem sehr speziellen Verständnis mit der alltagssprachlichen Konnotation, die der Ausdruck „Unsinn" hat, zu belegen. Die eben erwähnten Vertreter der analytischen Philosophie, welche ihre Argumente zum überwiegenden Teil auf der Basis der Gnoseologie des logischen Positivismus formulieren, befinden sich allerdings in der gedanklichen Nachbarschaft sehr vieler praktizierender Historiker. Deren Meinung formuliert Henry Steele Commager beispielhaft, wenn er behauptet, daß die Geschichte selbst keinen Raster hat, daß ihr dieser nur von den Historikern übergestülpt werde und daß diese den Raster „Geschichte" nennen, um dann zu behaupten, daß das stets schon bestanden habe (*2.15*, 304 f.).
Nun ist es aber um die Sicherung der Intersubjektivität von Interpretationen der Geschichte der hier in Betracht stehenden Art nicht so schlecht bestellt, wie viele Anti-Metaphysiker meinen; derartige metaphysische Theorien sind kognitiv bedeutsam und im Hinblick auf ihre empirische Fruchtbarkeit kritisierbar, obwohl sie in anderer Hinsicht von logisch-mathematischen und empirischen Konstatierungen verschieden sind. Auf eine bezeichnende Weise — und ihnen gar nicht bewußt — leisten viele Vertreter der analytischen Geschichtsphilosophie mit ihrer Kritik an bestimmten Interpretationen des Geschichtsprozesses jenen von ihnen in anderem Zusammenhang und verdienstvollermaßen bekämpften Ansichten Vorschub, welchen zufolge ein

grundsätzlicher methodologischer Dualismus von Natur- und Gesellschaftswissenschaften besteht. In den Naturwissenschaften gibt es nämlich keinen Zweifel an der wissenschaftlichen Dignität bestimmter metaphysischer Theorien, welche von vielen Historikern und Methodologen im Bereich der Geschichtswissenschaft als vor-, außer- oder unwissenschaftlich verworfen werden. Besehen wir uns etwas näher den Charakter metaphysischer Theorien von der hier in Betracht stehenden Art, die Aussagen über die wichtigsten kausalen Agentien in der Geschichte und über bestimmte Beziehungen der Kovarianz zwischen bestimmten Phänomenen oder Bereichen von solchen formulieren.

Der Hauptunterschied zwischen metaphysischen Theorien der Interpretation des historischen Geschehens, welche grundlegende Bedingungen namentlich für den sozialen Wandel charakterisieren, und wissenschaftlichen Theorien wird darin gesehen, daß die metaphysischen Theorien nicht strikt überprüfbar sind. Dennoch können sie einer rationalen Erörterung zugeführt werden. Wenn wir an die Geschichtsinterpretation des Historischen Materialismus denken, so formuliert diese Theorie des historischen Prozesses nützliche Annahmen, welche eine regulative Funktion haben, indem sie einen großen Bereich abgrenzen, innerhalb dessen präzisere Formulierungen gefunden werden können. Hinweise auf bislang ignorierte Beziehungen zwischen bestimmten Variablenbereichen können uns dafür empfänglich machen, bisher als „zufällig" empfundene Tatbestände hinsichtlich der Regelmäßigkeit ihres Eintretens zu untersuchen und sie damit ihres vermeintlich inappellablen Charakters zu entledigen. Ein interessantes Beispiel für eine bewährte metaphysische Theorie führt im Rahmen einschlägiger Überlegungen Percy Cohen an

(*1.9*, 5 f.). Es handelt sich dabei um die Theorie der natürlichen Auswahl. Diese Theorie behauptet, daß eine Spezies, welche für lange Zeit lebensfähig ist, Charakteristika besitzen muß, welche auf bestimmte Umstände gut angepaßt oder gut anpassungsfähig sein müssen; umgekehrt soll gelten, daß eine Gattung, die nicht so lange lebensfähig ist wie eine andere, Charakteristika haben muß, welche sie in bezug auf ihre Umgebung weniger gut angepaßt oder anpassungsfähig machen als die anderer Gattungen. In Entsprechung zum Charakter dieser naturwissenschaftlichen Theorie behauptet etwa die Geschichtsinterpretation des Historischen Materialismus hinsichtlich gesellschaftswissenschaftlich relevanter Tatbestände, daß im bisherigen Geschichtsverlauf ein Zusammenhang nachweisbar sei zwischen dem jeweils herausgebildeten Stand der Produktivkräfte (namentlich der Technologie und des jeweiligen Wissensstandes), den Produktionsverhältnissen (namentlich den Herrschaftsbeziehungen, welche sich nach Maßgabe der Formen der Herrschaft über die Produktionsmittel ergeben) und den Widerspiegelungen dieser Produktionsverhältnisse auf der Ebene der sogenannten Überbauphänomene (namentlich dem, was man unter religiösen, Rechts- oder Moral-Phänomenen versteht). Die herrschenden Auffassungen und Ideen seien in der bisherigen Geschichte stets die Auffassungen und Ideen der Herrschenden gewesen; in der kapitalistischen Klassengesellschaft seien es die der Bourgeoisie. Erst mit der weltweit erfolgten Sozialisierung der Produktionsmittel würden diese Phänomene des Überbaus, in welchen sich ja nur die Interessen der herrschenden Klasse widerspiegeln, den Schein der Allgemeinheit, der namentlich durch ideologische Indoktrination bewirkt wird, verlieren und dadurch erst eigenverantwortete Wertprinzipien der

Mehrheit im Interesse der Mehrheit werden. — Um im strikten Sinne als testbar zu gelten, müßten sowohl die Vertreter der Evolutionstheorie als auch die Vertreter der marxistischen Geschichtstheorie jene Art von Evidenzen formulieren können, welche als Widerlegung ihrer Theorien angesehen werden könnten: im Fall der Evolutionstheorie wären dies Instanzen einer Spezies, die lebensfähig war, ohne gut auf eine bestimmte Umwelt angepaßt zu sein, oder Instanzen einer Spezies, die gut auf ihre Umwelt angepaßt, aber nicht lebensfähig war. Im Falle der marxistischen Theorie der Geschichte würde die Angabe der Falsifikationsbedingungen darin bestehen müssen, daß gezeigt wird, inwiefern das von ihr behauptete Verhältnis signifikanter Änderungen des Überbaus bei einer Änderung der Produktionsverhältnisse falsch ist, und somit keine Kovarianz dieser beiden Variablenbereiche behauptet werden könnte; es wären dies etwa Instanzen einer klassenlosen Gesellschaft, in welcher die Rechts- und Moralvorstellungen nicht von der Allgemeinheit im Interesse der Allgemeinheit formuliert werden; oder aber Instanzen einer dualistischen Klassengesellschaft, in der sich sowohl die Lohnabhängigen als auch die Besitzer der Produktionsmittel durchgängig Moral- und Rechtsvorstellungen unterordnen, die allgemein und in gleicher Weise für sie alle gültig sind.

In der Tat kann man zu beiden hier in Betracht stehenden Theorien nur schwerlich Hinweise auf derartige Evidenzen erhalten, welche als Falsifikationsinstanzen anzusehen wären. Denn hinsichtlich der Theorie der natürlichen Auslese wäre in letzter Instanz das Kriterium der Anpassungsfähigkeit die Kapazität der Lebensfähigkeit; hinsichtlich der Geschichtsinterpretation des Historischen Materialismus wäre das Kriterium der allgemeinen Akzeptierbarkeit der Inhalte von Überbauphänomenen die Fähigkeit, auf der Basis einer weltweit erfolgenden Vergesellschaftung der Produktionsmittel die Produktionsverhältnisse zu ändern. Das heißt einmal, daß man nicht wirklich wissen kann, wie anpassungsfähig eine Spezies ist, ehe man nicht schon deren Lebensfähigkeit *beobachtet* hat; andererseits kann man nicht wirklich wissen, wie allgemein akzeptiert Moral- oder Rechtsvorstellungen sind, ehe man nicht die weltweit erfolgte Sozialisierung der Produktionsmittel *beobachtet* hat. Aber der Umstand, daß derartige metaphysische Theorien nicht strikt testbar sind, besagt nicht, daß sie keinen Erkenntniswert hätten, wie dies neben vielen anderen analytischen Geschichtsphilosophen etwa auch Nicholas Rescher vermutet (*1.124,* 154 f.). Ihr kognitiver Wert liegt im wesentlichen darin begründet, daß sie uns anregen, die Erforschung biologischer bzw. sozialer Sachverhalte in einer bestimmten Richtung aufzunehmen. In Verbindung mit anderen Theorien, von denen einige in hohem Maß überprüfbar sind, hat uns sowohl die Evolutionstheorie als auch die marxistische Geschichtstheorie geholfen, vieles zu erklären. Die programmatische oder regulative Funktion der Theorie der natürlichen Auslese besagt, nach jenen Charakteristika Ausschau zu halten, welche eine Spezies mehr oder weniger anpassungsfähig mit Rücksicht auf ihre Umwelt machen; die marxistische Geschichtstheorie fordert uns andererseits auf, den Beziehungen zwischen den Produktivkräften, den Produktionsverhältnissen und den übrigen gesellschaftlichen Phänomenen nachzugehen.

Das Beispiel der Evolutionstheorie ist in diesem Zusammenhang willkürlich als ein Beispiel metaphysischer Theorien im Bereich der Naturwissenschaften ausgewählt und einer anderen Theorie aus dem Bereich der Gesellschaftswissenschaften gegenübergestellt worden. Die Auswahl der Geschichtstheorie des Historischen Materialismus ist nicht ganz zufallsgesteuert; denn diese Auswahl erfolgte vor allem deshalb, weil diese Theorie im Bereich der analytischen Geschichtsphilosophie zum Paradigma „spekulativer" Geschichtstheorien erklärt wird. Man wird sich überhaupt fragen müssesn, ob es nicht vor allem vor- oder außerwissenschaftliche Gründe sind, welche für diese negative Kennzeichnung der marxistischen Geschichtstheorie ausschlaggebend sind; vor allem aber auch für den allgemeinen Umstand, daß die in methodologischer Hinsicht zu einem beträchtlichen Teil doch dem Prinzip der Einheitswissenschaft verpflichteten Vertreter der analytischen Philosophie bei Theorien der Geschichte oft eine Metaphysik oder Spekulation vermuten, welche sie angeblich in ihrem Charakter von den realwissenschaftlichen Theorien unterscheidet. Unfreiwillig wird damit oft in bezug auf gewisse grundlegende regulative Prinzipien in den Bereichen der Natur- und der Gesellschaftswissenschaften einem Wissenschaftsseparatismus das Wort geredet, der in anderen Zusammenhängen — was nämlich den logischen Status der Rechtfertigung wissenschaftlicher Aussagen anlangt — prinzipiell und mit guten Gründen abgelehnt wird (vgl. Kap. III, 1). Die Beantwortung der Frage nach den außer- oder vorwissenschaftlichen Bedingungen, welche für die dabei wirksam werdende Trennung von *„history"* und *„science"* als bestimmend anzusehen sind, soll an dieser Stelle nicht erfolgen; es wäre aber in ideologiekritischer Absicht zweifellos ein ungemein reizvolles Unternehmen, gerade im Hinblick darauf eine kritische Analyse der Akzeptierung oder Ablehnung metaphysischer Theorien vor dem Hintergrund einer nicht explizierten, selbst unausweichlich „metaphysischen" Anti-Metaphysik vorzunehmen. Die folgenden Ausführungen sollen der Erörterung einer anderen Frage gewidmet sein.

c) Über das Umschreiben der Historie

Warum verändert sich, so lautet die mit dem Problem der Objektivität von historischen Interpretationen zusammenhängende Ausgangsfrage der Geschichtsmethodologie, die Auffassung des historischen Prozesses immer wieder, und zwar selbst unter der Voraussetzung, daß der Datenbereich hinsichtlich seines Umfanges unverändert bleibt? Warum schreiben die Historiker die Geschichte immer wieder neu? Die Antwort erfolgt im wesentlichen gemäß vier verschiedenen Gesichtspunkten, die mit dieser Frage verbunden werden können:
a) Die Reinterpretation der Geschichte ist bedingt durch die jeweils neuen Erkenntnismittel, d. h. vor allem durch die Erweiterung und Intensivierung wissenschaftlicher Forschungstechniken. So meint etwa John Dewey, daß es kein anderes Material gebe, das für übergeordnete Gesichtspunkte und Hypothesen brauchbar wäre als eben das der jeweiligen Gegenwart (*2.20*, 235).
b) Die Reinterpretation der Geschichte ist sodann aber auch eine Funktion der Bedürfnisse der Gegenwart, so daß sich aufgrund der verschiedenen sozialen Aspirationen die für die Auswahl und Gewichtung der historischen Tatbestände maßgeblichen Kriterien verändern. „Zeiten der Stabilisierung, die dem Gefühl der Zufriedenheit mit der Gegenwart günstig sind, sind auch gern bereit, das traditionelle Bild der Vergangenheit zu übernehmen. Hingegen pflegen Zeiten des Sturms und

Drangs, in denen die Stabilisierung ins Wanken geraten ist und die Menschen mit der Gegenwart unzufrieden sind, das Bild der Vergangenheit mit Skepsis zu betrachten. Dann erfährt die Geschichte eine Reinterpretation im Licht der Probleme und Schwierigkeiten der Gegenwart" (2.62, 227).

c) Die Reinterpretation der Geschichte ist aber auch eine Funktion des individuellen Moments auf seiten des jeweiligen Historiographen. Denn ungeachtet des Umstandes, daß sich etwa zwei Historiker in derselben sozialen Situation befinden und vielleicht die Geschichte unter demselben klassenspezifischen Gesichtspunkt betrachten, ist häufig ein Unterschied hinsichtlich der Gewichtung und Bewertung bestimmter Züge des von ihnen beiden dargestellten identischen Sachverhaltes zu erkennen. Bei aller Anerkennung der mannigfachen sozialkulturellen und sozialökonomischen Dependenzen wäre es verfehlt, signifikante individuelle Unterschiede zu ignorieren; gleichermaßen wäre es ja auch falsch, mit dem sozialpolitischen Ideal der Herstellung gleicher sozialer Startbedingungen auch die Annahme zu verknüpfen, daß die verschiedenen Individuen unter der Voraussetzung der Realisierung dieses Ideals eine gleichartige Entwicklung nehmen würden (vgl. dazu auch Kap. III, 4, c).

d) Die Reinterpretation der Geschichte ist schließlich auch eine Folge des Umstandes, daß sich im geschichtlichen Prozeß die Konsequenzen früherer Ereignisse enthüllen und damit auch der funktionale Stellenwert historischer Zustände und Vorgänge, ihre geschichtliche Bedeutsamkeit oder Relevanz. Der Historiker schreibt also Geschichte immer vom Endresultat der Evolution aus. Gegenüber den Menschen der Vergangenheit, deren Wirken er untersucht, hat er den Vorzug, deren Zukunft, die ja meist immerhin schon in seiner Vergangenheit liegt, zu kennen; so kann er auch den Faden der Rekonstruktion auf ein Resultat hin spinnen, welches den Historikern als Zeitgenossen jener Zeit, welche er untersucht, oft nicht einmal als eine Möglichkeit bewußt war.

Nun ist ja der Historiker nicht nur ein Betrachter vergangener Zeiten, der aus dem Wissen seiner Zeit heraus das Wesen, die Bedeutung oder den Sinn vergangener Ereignisse festzustellen bemüht ist; er ist, namentlich als Vertreter der sogenannten Zeitgeschichte, von seiner Profession her genötigt, auch mit Bezug auf das Wesen, die Bedeutung oder den Sinn der Zustände und Ereignisse der eigenen Zeit Aufschluß zu geben. In Hinsicht auf die damit verbundenen Schwierigkeiten sehen wir uns zwei grundsätzlich verschiedenen Positionen gegenüber. Die Vertreter der einen Auffassung behaupten, daß wir einschlägige korrekte Darstellungen jener Zeit, deren Genossen wir sind, nur unter der Voraussetzung leisten können, daß wir unsere Deutungen auf eine metaphysische Theorie der geschichtlichen Entwicklung im vorhin charakterisierten Sinne beziehen. Die Vertreter der anderen Richtung erklären dagegen, daß eine derartige Theorie der historischen Entwicklung selbst nur einen von vielen Versuchen darstelle, das historische Geschehen in irgendeiner Weise sinnvoll zu ordnen. Namentlich einer bestimmten Spielart der hermeneutischen Rekonstruktion — sie ist im übrigen hinsichtlich ihrer Konsequenzen weitgehend mit denen der analytischen Geschichtsphilosophie konform — entspricht es, sich mit der Rekonstruktion des „Sinnes" der historischen „Welthypothesen" zu begnügen; dabei soll einsichtig werden, wie sehr der mit diesen Theorien der geschichtlichen Entwicklung verbundene „Grundsinn" jeweils die Auffassung vom „Wesen" historischer Fakten bestimmt. Der Vielzahl sinnvoller „Weltentwürfe" entspricht keineswegs eine Vielzahl ihrer Richtigkeit. Wie in der Tradition des späten hermeneutischen Historismus, so wird aber bekanntlich auch in der „antimetaphysischen", „antispekulativen" Tradition der analytischen Philosophie mitunter jede Theorie der Geschichte, welche die Wirksamkeit bestimmter kausaler Agentien auf den Geschichtsverlauf betont, nur als eine von vielen Möglichkeiten sinnvoller Auslegungsmodi des historischen Geschehens betrachtet, und mit der Feststellung der Pluralität des Sinnes die Geltungsfrage hinweg eskamotiert. Sachverhalte „in" der Geschichte lassen sich sonach offenbar erklären, Sachverhalte „über" die Geschichte jedoch nur verstehen.

Ist es möglich, Theorien über Sachverhalte „in" der Geschichte auf ihren empirischen Gehalt hin zu untersuchen und mit Bezug darauf zu bewerten, so gilt dies in prinzipiell gleicher Weise für Theorien „über" die Geschichte selbst. Ein Historiker kann heute, will er eine überprüfbare Deutung, etwa mit Bezug auf den Sieg einer Armee, vorlegen, diesen Sieg nicht — und zwar ganz im Gegensatz zu einem mittelalterlichen Historiker etwa — der Unterstützung durch die Jungfrau Maria zuschreiben, sosehr sich auch unter Voraussetzung dieser Annahme das historische Material sinnvoll arrangieren lassen mag. Wir werden etwa feststellen, daß sich mit der singulären Kausalaussage des mittelalterlichen Historikers keine allgemeinen Hypothesen verknüpfen lassen, welche uns mit Rücksicht auf andere historische Situationen eine nutzvolle Anwendung erlauben; wir werden, wenn wir Sieg oder Niederlage einer Armee erklären, eher Ausschau halten nach dem technologischen Potential, der strategischen und taktischen Kapazität der militärischen Führung, dem Geist und der Ausbildung der Streitkräfte und dgl. Analoges gilt aber für globale Theorien der historischen Entwicklung: Es läßt sich behaupten, daß etwa in bezug auf eine Theorie der Geschichte, welche im Kampf zwischen Christ und Antichrist das Agens der Geschichte erblickt; auf eine Theorie, welche auf die rassische Präformation der jeweiligen völkischen Moral als der eigentlichen Triebkraft der historischen Entwicklung; auf eine Theorie, welche auf die Kovarianz des jeweiligen Standes der Produktivkräfte und der moralisch-politischen Ideen ihr Augenmerk legt — daß also in bezug auf diese Theorien der Geschichte durchaus nicht ein skeptizistischer Indifferentismus hinsichtlich ihres Geltungswertes am Platze ist, so daß die Enumeration möglicher Geschichtstheorien keineswegs das letzte Wort in der geschichtsphilosophischen Rekonstruktion darstellt.

Verweilen wir nun noch kurz bei jenen von den „wahren" Historikern praktizierten vermeintlich ametaphysischen Deutungen von historischen Ereignissen, die sich angeblich nur auf Sachverhalte „in" der Geschichte, nicht auf solche „über" die Geschichte beziehen. Man hat im Lager der analytischen Geschichtsphilosophie — die folgenden Hinweise auf Morton White haben nur paradigmatischen Charakter — häufig erklärt, daß Reflexionen auf die im Hintergrundwissen des Historikers befindlichen Theorien der historischen Entwicklung völlig überflüssig seien; es genüge mit Bezug auf eine historische Deutung zu fragen, inwiefern diese „repräsentativ" sei (vgl. *1.133*, 24 ff.), oder aber, ob das im Verlauf historischer Darstellungen in Betracht stehende Ereignis dem Gesichtspunkt der „kausalen Fruchtbarkeit" genüge (vgl. *1.132*, 718 ff.). Gewiß würden wir eine historische Darstellung der deutschen Geschichte des 19.

Jahrhunderts als nicht repräsentativ ansehen, welche der Revolution von 1848 keine Aufmerksamkeit schenkt; gleichermaßen einer Untersuchung der Geschichte Hitler-Deutschlands, welche komplett die Judenverfolgungen in dieser Zeit ignorierte. Es darf vermutet werden, daß historische Darstellungen, welche die hier genannten Zeiträume betreffen, den erwähnten Sachverhalten im allgemeinen Aufmerksamkeit schenken werden. Aber es ist wesentlich, zu sehen, in welcher Weise sie dies tun, *wofür* etwa die Revolution von 1848 oder die Judenverfolgungen im Dritten Reich als „repräsentativ" angesehen werden, wofür sie also als symptomatisch aufgefaßt werden. Damit bezieht sich aber der Begriff der „Repräsentativität" auf das Geschehen, wie es in einer Theorie der Geschichte widergespiegelt wird; denn ein und dasselbe Phänomen verweist dadurch, daß es für die eine Zeit repräsentativ ist, für die andere aber nicht, auf die Variabilität oder aber auch auf die Gesetzmäßigkeit dessen, wofür es als „Zeichen" fungiert. Analoges gilt für die Analyse der „kausalen Fruchtbarkeit" von historischen Ereignissen. Was die Beurteilung eines historischen Ereignisses als eines signifikanten Ereignisses im Sinne der kausalen Relevanz anlangt, so ist der Historiker genötigt, auf dessen Wirkungsgeschichte — und zwar auch auf die Wirkungen der dadurch bewirkten Konsequenzen — einzugehen. Dieser Vorgangsweise liegen bereits Annahmen im theoretischen Inventar des Hintergrundwissens zugrunde, welche sich auf einen spezifischen Konnex historischer Sachverhalte und die dafür grundlegenden Faktoren beziehen. Damit wird aber sowohl das Verständnis der Repräsentativität, als auch jenes der Signifikanz historischer Ereignisse im Lichte allgemeiner Theorien der gesellschaftlichen Entwicklung ermittelt. Erst vor dem Hintergrund einer empirisch gehaltvollen Theorie der Geschichte wird es möglich, einen neuen Sinn für die Prinzipien der Repräsentativität und der kausalen Fruchtbarkeit historischer Darstellungen, und damit der für das Neuschreiben der Historie maßgeblichen Gesichtspunkte zu gewinnen. Sie verhilft einerseits dazu, den Begriff der Repräsentativität eines historischen Ereignisses von einem rein „zeitimmanenten" Sinnverstehen loszulösen, welches die Fehler und Unrichtigkeiten einer Zeit allesamt als temporäre Ausformungen „der" Wahrheit (oder auch als Emanation des „Wahrheitsgeschehens") versteht; andererseits aber dazu, den Begriff der Signifikanz eines historischen Ereignisses von demjenigen der subjektiven Relevanz desselben zu unterscheiden. Für sich genommen, sind die beiden von White formulierten Prinzipien keine Lösungen für das Problem der Objektivität historischer Darstellungen; sie sind nur Aspekte eines komplexeren Problems.

d) Über den vermeintlichen Gegensatz
   von Nomothetik und Idiographie

Kai Nielsen stellt am Schluß einer Studie zur historischen Erklärung fest: „Erklärung ist ein pragmatischer Begriff. Hier hilft uns kein Sinn von Erklärung, mit Bezug auf welchen wir behaupten können, daß wir *die* Erklärung einer Handlung gegeben hätten. Dies ist gleichermaßen für rationale Erklärungen wie für kausale Erklärungen richtig. Unsere Handlungen können unter verschiedene Prinzipien oder Handlungsmaximen subsumiert werden" (*1.119*, 321). Nun ist es, wie bereits gezeigt wurde, von Wichtigkeit, im Verlauf einer historischen Deutung oder Erklärung jeweils in Rechnung zu stellen, was an Informationen mit Bezug auf einen historischen Sachverhalt X bereits auf seiten des Historikers bzw. auf seiten seines Auditoriums bekannt ist; erst dadurch wird der Sinn der Frage „Was ist X?" bzw. „Warum ist X der Fall?" richtig verstanden, und das heißt: es kann genau begriffen werden, was Gegenstand dieser Frage bzw. der erwarteten Antwort sein soll. Ein *derartiger* Pragmatismus, der den Rezeptionsbedingungen des Forschers bzw. seines Auditoriums Rechnung trägt, ist von großer kognitiver Relevanz; er ist dadurch gekennzeichnet, daß er einen theoretischen Pluralismus als eine heuristische Devise versteht. In diesem Sinne kann etwa Stephan Körner sagen: „Analysiert ein Techniker eine Panzerschlacht, so wirft das vielleicht mehr Licht auf deren Verlauf und Ausgang, als wenn jemand in seinem Bewußtsein die Erfahrung der beteiligten Soldaten und Kommandeure nachvollzieht"; und eine Seite danach: „Vollzieht man die Erfahrung der Soldaten und Kommandeure in einer Panzerschlacht in seinem Bewußtsein nach, so kann das vielleicht mehr Licht auf Verlauf und Ausgang der Schlacht werfen als die Analyse eines Technikers" (*1.30,* 186 f.). Eine derartige Forschungsdevise erachtet den Pluralismus nicht als letztes, sondern als erstes Wort, versteht ihn als eine Suchstrategie und nicht als eine Verklärung divergenter Antworten. Vorausgesetzt ist etwa bei Körner ein Wissen um die in der militärischen Strategie erfaßten Gesetzmäßigkeiten, im Hinblick auf welche wir unterschiedliche Erklärungen als mehr oder weniger zielführend oder „erklärend" betrachten. Dasselbe gilt für andere Bereiche des historischen Geschehens und für die diesen zugeordneten Deutungs- oder Erklärungsversuche; auch da setzen wir bestimmte Gesetzmäßigkeiten des rationalen Verhaltens, der menschlichen Vergesellschaftung, des sozialen Wandels und dergleichen voraus, die dann in

ihrer Erklärungskraft gewichtet werden. Genau dagegen wendet sich aber die Doktrin des dogmatischen Pluralismus, welche das Prinzip der jeweils „immanenten" Richtigkeit der Erklärungen hochstilisiert, um sich durch die Katalogisierung von Erklärungsweisen eines Schiedsspruches über ihre unterschiedliche Valenz zu entschlagen. Dem entspricht es, daß Kai Nielsen den „Rückfall" bestimmter Historiker und Methodologen der Geschichtswissenschaft in nomologischer Richtung bedauert, „wenn diese irgendeine Idee einer Menge von rational notwendigen Handlungsprinzipien im Kopf haben oder wenn sie von einer Wissenschaft vom Menschen träumen, die auf allgemeinen, aber doch empirisch überprüfbaren Gesetzen der menschlichen Natur beruht". „Trotz Peirce", so setzt er fort, „trotz Dewey, trotz Wittgenstein, trotz Austin sterben solche essentiell Cartesianischen Ideale langsam" (*1.119,* 322).
Diese „essentiell Cartesianischen Ideale" sind essentiell Aristotelische und — wie seit Aristoteles nicht geleugnet werden kann — essentiell wissenschaftliche. Es ist gut, daß sie auch in den Gesellschaftswissenschaften nicht so schnell sterben; auch wenn im einen oder anderen Fall das Ideal so hoch gesteckt ist, daß sich die verzweifelten Methodologen tief in einen bloß konstatierenden und katalogisierenden Empirismus fallenlassen. Denn zum einen erlauben erst nomologische Erwägungen — etwa über die Struktur und Verlaufsform gesellschaftlicher Systeme oder über die Bedürfnisse und Interessen der Menschen — eine zufriedenstellende Erklärung wichtiger Fragen im Rahmen der historischen Disziplinen. Auch bilden sie die Basis für eine Reihe wichtiger wertender Beurteilungen. Was etwa komparative Darstellungen moralischer oder sozialpolitischer Zielvorstellungen angeht, wie sie der Historiker gelegentlich zu liefern

bemüht ist, so ist dabei meist auch ein Wissen um die Funktionsweise von Sozialsystemen vorausgesetzt, das eine Beurteilung der Realisierbarkeit von einschlägigen Idealen erlaubt.

Den meisten Werturteilen in moralischer Absicht sind nomologische Hypothesen über die „menschliche Natur" von der durch K. Nielsen kritisierten Art inhärent. Ein Beispiel dafür liefern die Ansichten von Georg Klaus und Hans Schulze, wonach eine Gesellschaftsordnung auf einer höheren Stufe des Fortschritts steht als eine andere, „wenn... *Struktur und Funktion des Systems besser als die des vorhergehenden Systems den Interessen der Menschen dienen*" (2.38, 228). Ein gesellschaftliches System — und ein solches ist, wie Georg Klaus und Hans Schulze bemerken, immer ein kybernetisches System — kann einem anderen hinsichtlich seiner Globalstruktur überlegen sein, obschon einzelne seiner Schaltelemente in ihrer Wirksamkeit, Zuverlässigkeit usw. noch bestimmten Elementen des anderen Systems deutlich unterlegen sind: „Die höchstentwickelten kapitalistischen kybernetischen Systeme sind den sozialistischen kybernetischen Systemen in der Effektivität mancher ihrer Systemelemente heute noch überlegen. Das betrifft insbesondere bestimmte Bereiche der Produktivkräfte. Die ‚Schaltung' der sozialistischen Gesellschaft und zumindest ein großer Bereich der Elemente dieses Systems ist der entsprechenden Schaltung der kapitalistischen Gesellschaft und den entsprechenden Elementen jedoch prinzipiell überlegen. Prinzipiell überlegen heißt nicht in jedem Falle aktuelle Überlegenheit, sie bedeutet vielmehr *höhere qualitative Stufe möglicher Optimierung*" (2.38, 225 f.). Es kann, im Sinne der genannten Autoren, noch ergänzend bemerkt werden, daß die höhere qualitative Stufe möglicher Optimierung gleichbedeutend ist mit im System vorhandenen größeren Möglichkeiten einer Entwicklung der Produktivkräfte einerseits und spezifischer, moralischer, religiöser und rechtlicher Denkweisen andererseits, welche sich als Reflex der Produktionsverhältnisse, mithin der Art und Weise des Verfügens über die Produktionsmittel, einstellen. Die Entwicklung der Produktivkräfte, welche in erster Linie zu den Rezeptoren und Effektoren des Systems gehören, erfolgt also wiederum im Hinblick auf die Optimierung des Systems im Sinne der obengenannten Interessenbefriedigung. Nun gibt es weder eine Systemoptimierung, noch eine Interessenbefriedigung schlechthin. Optimierung ist immer bezogen auf eine bestimmte sogenannte Zielfunktion. „Zu ein- und demselben Problem der linearen Optimierung können unter Umständen verschiedene Zielfunktionen konstruiert werden. Was im Hinblick auf die eine Zielfunktion eine optimale Lösung ist, braucht dies im Hinblick auf die andere keinesfalls zu sein... Was für die eine Klasse eine Optimierung, ein Fortschritt ist, braucht dies für die andere Klasse nicht zu sein. In der sozialistischen Gesellschaftsordnung ist die Zielfunktion bestimmt als maximale Befriedigung der materiellen und kulturellen Bedürfnisse der werktätigen Massen. Im Monopolkapitalismus hingegen ist dies der Maximalprofit der Monopolistenklasse" (*2.38*, 229).

Wenn man die „essentiell Cartesianischen Ideale" — hier das einer nomologischen Betrachtung der sozialen Systeme und der menschlichen Bedürfnisse sowie der Interessen- und Bewußtseinsformen — als metaphysische Residuen verwerfen möchte, läuft man vor allem im Bereich der Geschichtswissenschaft Gefahr, den Gegenstand seiner Betrachtungen nur höchst unvollständig darzustellen. Das soll natürlich nicht besagen, daß es nicht auch im Rahmen nomologisierender Betrachtungsweisen höchst dubiose oder auch falsche Deutungen gibt. Ja, oftmals sind solche nur Rationalisationen, hinter denen sich subjektive Interessen verbergen, welche sich mit deren Hilfe den Schein der Allgemeinheit geben möchten. So gibt es noch immer gewisse Spielarten eines metaphysischen Holismus, welche ein Verhältnis der vollkommenen Repräsentation des gesellschaftlichen Seins im individuellen Bewußtsein proklamieren und welchen im lebenspraktischen Bereich die Rationalisation individueller Defekte von sozialen Rollenträgern unter Hinweis auf die gesellschaftliche Basis entspricht, als deren Repräsentanten sie sich verstehen. Zum einen sind aber geistige Erzeugnisse nicht, wie schon Mannheim mit seiner Lehre von der „Seinsverbundenheit" gelegentlich glauben machen wollte, durchweg als Manifestation der Sozialstruktur ihrer Zeit datierbar. „Das müßten sie in der Tat sein. Sie sind es aber nicht. Man kann furchtbar danebenhauen. Es gibt nachweislich Denker, die ‚gegen' den Geist ihrer Zeit, ‚gegen' die Struktur ihrer Soziallage gedacht haben. ‚Notwendig' und ‚konstitutiv für den Aspekt' ist die Seinsverbundenheit also nicht" (*1.19*, 429). Im Falle der lebenspraktischen Nutzung derartiger theoretischer Annahmen, welche darin bestehen, daß sich bestimmte soziale Rollenträger als „Funktionäre" des Systems dahingehend verstehen, daß sie sich als dessen es repräsentierende Emanation betrachten, begegnen wir nicht nur der vorhin erwähnten defensivrationalisierenden Denkweise; es gibt auch eine offensivrationalisierende Variante. Sie besteht darin, daß Elemente des Systems (bestimmte Individuen), an denen Kritik geübt wird, auf der Basis einer Theorie der emanativen Repräsentation, dazu tendieren, eine Kritik an ihnen als — vielleicht in der Tat verwerfliche — Kritik am System strategisch umzuinterpretieren. Beiden Formen der Rationalisation ist gemeinsam, daß mit ihnen der individuelle Faktor nach der vorher erfolgten Herstellung des falschen Scheines der Repräsentation des Allgemeinen durch den Einzelnen als eine quantité negligéable angesehen wird. Klaus und Schulze haben an damit verwandten, gerade auch im Bereich des etablierten Sozialismus gelegentlich konstatierbaren Ansichten auf der Grundlage vereinfachter Deutungen des Verhältnisses von Einzelnem und Allgemeinem vor dem Hintergrund des kybernetischen Modells deutliche Kritik geübt: „Selbstzufriedenheit kann aus der Feststellung, daß das sozialistische System dem kapitalistischen ja prinzipiell überlegen sei, daß hier also kein Grund zu irgendeiner Besorgnis im Hinblick auf den weiteren historischen Gang der Dinge bestände, nicht entstehen, wenn wir kybernetische Denkweisen anwenden, die unter anderem besagen, daß es zwischen Elementen und Strukturen einen inneren Zusammenhang, eine gegenseitige Bedingtheit gibt. Auch mit der besten Struktur und Organisation kann man nicht beliebig schlechte Bauelemente zu einem System zusammenfügen, das eine vorgegebene Funktion erfüllt. Der beste Automat läßt sich technisch nicht realisieren, wenn die Relais der Schaltelemente nicht anziehen, wenn die Mehrzahl der benutzten Transistoren nach kurzer Betriebsdauer ausfallen usw." (*2.38*, 227).

Es wäre verfehlt, aus derartigen und anderen Fehlformen der nomologischen Betrachtungsweise den Schluß zu ziehen, diese selbst sei dem sozialen und dem historischen Geschehen unangemessen, und daher die generalisierende durch die individualisierende Betrachtung zu ersetzen. Nichtsdestoweniger wird dieser Schluß auf seiten vieler Historiker und Geschichtsmethodologen gezogen. Wo eine entwicklungsgeschichtliche Theorie der menschlichen Natur sowie des Wandels sozialer Systeme bzw. eine Theorie der historischen Entwicklung so „metaphysisch" oder „spekulativ" ist wie jede andere, kommt es zu einer rein kontemplativen Wissenschaftstheorie, welche sich jeder Normierung enthält, um nicht dogmatisch gescholten zu werden. Sie stellt die philosophische Entsprechung zur wissenssoziologischen Problematik des totalen Ideologieverdachts durch Karl Mannheim dar. Morton White erwähnt in diesem Sinne eine Reihe von Gründen, welchen gemäß der Historiker bei seiner Auswahl geschichtlicher Fakten im Rahmen seiner erzählenden oder erklärenden Darstellung vorgeht: das Prinzip des Ästhetizismus, welchem zufolge er das ihn am meisten in ästhetischer Hinsicht Interessierende auswählt; das Prinzip des Abnormalismus, welchem gemäß er das Unübliche oder Bizarre in Betracht zieht; das Prinzip des Moralismus, welches seine einschlägigen moralischen Interessen formuliert; das Prinzip des Pragmatismus, dem zufolge er Sachverhalte erörtert, die zu den von ihm als bedrängend empfundenen Problemen der Gegenwart in Beziehung stehen; das Prinzip des Essentialismus, welches sich auf die „Haupttendenzen" oder das „Wesen" des in Betracht stehenden historischen Gegenstandes bezieht; das Prinzip des Enzyklopädismus, welchem gemäß der Versuch unternommen wird, die ganze Wahrheit über das historische Objekt auszudrücken; schließlich das Prinzip des modifizierten Enzyklopädismus, welches den Versuch bestimmt, die gesamte uns zugängliche Evidenz mit Rücksicht auf ein historisches Objekt auf optimale Weise zu ordnen (1.55, vor allem Kap. VI). White begnügt sich damit, festzuhalten, was er vorfindet, er versucht nicht, die damit verbundenen Probleme zu lösen, er formuliert sie bestenfalls.

Er findet, daß mit Ausnahme des Essentialismus, dessen „metaphysische" Implikationen seiner Ansicht nach die Historiker mit der Schwierigkeit konfrontieren, dem Begriff der „Haupttendenzen" eine klare Fassung zu geben, alle erwähnten Auslegungsprinzipien gleichermaßen legitim benützt werden. Er selbst bekennt sich folgerichtig zum Prinzip des „Pluralismus".
Morton White bildet, wie bereits erwähnt, keine Ausnahme unter einer Vielzahl von analytischen Geschichtsphilosophen, wenn er sich zwar wohl zu einer einheitswissenschaftlichen Methodologie hinsichtlich der allen wissenschaftlichen Disziplinen gemeinsamen Logik der Rechtfertigung wissenschaftlicher Aussagen bekennt, aber die Frage danach, ob nicht das gesellschaftliche Leben genauso wie die Natur von Gesetzen beherrscht werde, dadurch löst, daß er sie als „unsinnig" erweist und damit eigentlich auflöst. Nicht nur die Marxisten, Linkshegelianer und Hegel selbst, sondern auch zentrale Gedanken etwa von Helvetius, Holbach, Kant, Fichte, Fourier, Saint-Simon, Comte, Buckle und Lamprecht fallen unter dieses Verdikt. Wohl echauffiert durch die Realität des Marxismus, triumphiert plötzlich eine Generation von Analytikern über die metaphysischen Irrungen und Wirrungen mehrerer philosophischer Generationen. Oder schaut auch hier der Fortschritt nur größer aus, als er in Wirklichkeit ist? Es müßte, wie schon erwähnt, der Tatbestand zum Gegenstand einer eingehenden ideologiekritischen Analyse gemacht werden, daß die überwiegende Mehrheit der analytischen Geschichtsphilosophen sich weigert, den Theorien des historischen Geschehens eine kognitive Funktion zuzubilligen; und dies zu einem Zeitpunkt, wo gleichzeitig die Methodologie auf seiten der führenden Sozialtheoretiker des Sozialismus, welche an die Einsichten der

hervorragendsten Sozialphilosophen der französischen und deutschen Aufklärung anknüpfen, vom Bestreben getragen ist, eine Klärung der Struktur und Wirkungsweise sozialer Gesetzmäßigkeiten zu bewerkstelligen. Es ist zu vermuten, daß es der Mobilisierung bestimmter Kräfte des Proletariats im Klassenkampf, die erst auf der Grundlage bestimmter Annahmen über den gesetzesartigen Verlauf der geschichtlichen Entwicklung erfolgte, zuzuschreiben ist, daß im Bereich der sogenannten bürgerlichen Historiographie und Geschichtsmethodologie als Reaktion darauf jeder Gedanke an eine mögliche Wissenschaft von der gesellschaftlichen Entwicklung diskreditiert wurde. Die antimetaphysische Konzeption der zeitgenössischen Geschichtsmethodologie hat bereits in der Methodologie der Jahrhundertwende ihr Paradigma, obschon sie oftmals nicht deren rechtfertigungslogischen Dualismus von Verstehen und Erklären, Natur- und Geisteswissenschaften übernimmt. Damals versuchten „Philosophen wie W. Dilthey, W. Windelband, H. Rickert die auf die geschichtliche Einmaligkeit und Besonderheit gerichtete empiristische praktische historiographische Arbeit der bürgerlichen deutschen Historiker philosophisch zu rechtfertigen..., indem sie... die Möglichkeit, in der Gesellschaft analog zur Natur Gesetze aufzudecken, leugneten. Freilich ergab sich hier ein Widerspruch, von dem sich die bürgerliche Gesellschaftswissenschaft als Ganzes nicht freimachen konnte: Ökonomie, Soziologie, militärische Strategie usw. setzen, wenn sie mit praktischem Nutzeffekt betrieben werden sollen, objektive Gesetze voraus" (2.38, 9). Aber dieser Widerspruch ist selbst zumeist nur scheinbar, da sich die hier ausgesprochenen Gesetze meist nur auf funktionale Zusammenhänge in jeweils gegebenen Sozialsystemen beziehen; nicht aber werden die Variablen dieser auf synchrone Gegebenheiten bezogenen (Mikro-)Gesetze zu den in diachronen (Makro-)Gesetzen der historischen Entwicklung angeführten Faktoren in Beziehung gebracht. So bleiben Gesetze nur in Anwendung auf die „Individualitäten" oder „Singularitäten" des jeweiligen staatlichen oder sozialen Systems. Der zeitgenössische sozialwissenschaftliche Funktionalismus trägt diesem durchaus historistischen Individualitätsprinzip Rechnung. Und die entsprechende Historiographie beschränkt sich auf die Erfassung von zeitlich begrenzten sozialen Regelmäßigkeiten, also sogenannten historischen Quasi-Theorien, sowie auf die strukturalistische Synopse von Epochen und Perioden, während das diachrone „periodische Prinzip" außer acht gelassen wird.

3. Rationale und nicht-rationale Deutungen

Der Antwort darauf, als was menschliches Verhalten gedeutet werden soll: ob als mentale oder materielle Vorgänge, entsprechen ganz unterschiedliche Erklärungsweisen. Dabei sind geradezu internalisierte Deutungsgewohnheiten auf seiten der Historiker dafür bestimmend, was als spezifisch historisches Faktum in die Historiographie eingeht. Was im folgenden Abschnitt thematisiert werden soll, ist der Sachverhalt der gegenstandskonstituierenden Funktion bestimmter Betrachtungsweisen.

Was soll als historisches Faktum gelten? Belastet durch eine gewichtige Tradition des metaphysischen Dualismus von Geist und Materie, stellt sich in der Methodologie der Geschichtswissenschaft das Problem der Bevorzugung mentalistischer oder nicht-mentalistischer Deutungen in der Erörterung historisch relevanter Zustände oder Vorgänge. Was in diesem Zusammenhang den Gegenstand der Diskussion ausmacht, ist die bereits um die Jahrhundertwende aktuell gewordene Thematik des Verhältnisses von „Naturalismus" und „Phänomenologie". Wird einmal darauf hingewiesen, daß das einfühlende Verstehen zu unsicher und zu subjektiv sei, als daß man darauf eine zuverlässige Erkenntnis gründen könne, so verweist man andererseits auf die Grenzen des Behaviorismus. Nicht das behavioristisch erfaßte Verhalten, sondern die mit ihm ausgedrückte Absicht sei das Wesentliche in der Rekonstruktion sozialer Handlungen. So sei etwa ein „Händedruck... nur das Symbol für einen bestimmten sozialen Akt, und ein und derselbe anatomische Vorgang könne völlig verschiedene soziale Bedeutungen ausdrücken (Handschlag zur Besiegelung eines Geschäftsabschlusses, Händedruck als Zeichen der Begrüßung usw.)" *(2.41,206)*. Erst im Kontext von Zielsetzungen und Plänen sowie im Zusammenhang mit sozialen Regeln sei „offenes Verhalten" zu deuten. Wie sind diese beiden offenbar antagonistischen Konzeptionen zu beurteilen?

Es soll diese Frage im folgenden einer kurzen Erörterung zugeführt werden; doch zuvor ist noch ein Hinweis mit Bezug auf ein mögliches Mißverständnis am Platz. Rationale Deutungen sind nicht mit einfühlendem Verstehen schlechthin zu identifizieren, obwohl diese Form der Deutung bzw. die darauf bezügliche Erklärung in der Geschichtswissenschaft der Klasse der sogenannten rationalen Erklärungen zuzuzählen ist. Die meisten Anwälte der rationalen Erklärung im Lager der analytischen Geschichtsphilosophie würden die Empathie für die Gewinnung historischer Erklärungen als nicht hinreichend und auch nicht als notwendig erachten. Sie weisen einerseits darauf hin, daß die Methode des einfühlenden Verstehens einer Überprüfung bedarf, die sich nicht wiederum der Empathie bedienen kann; andererseits erscheint es ihnen als durchaus möglich, daß ein Historiker oder Ethnologe das Verhalten der in Betracht stehenden Personen oder Gruppen mit Hilfe allgemeiner Handlungsprinzipien oder Regeln zu deuten vermag, ohne diese Handlungsprinzipien oder Regeln für sich nachvollziehen zu können. Es stimmt natürlich, daß sich ein Sprachgebrauch nachweisen läßt, welchem gemäß jemand sagt: „Ich kann nicht verstehen, warum dieser Mensch das getan hat", und damit nicht meint, daß er die Motive der in Betracht stehenden Person nicht kennt, sondern daß er diese Motive nicht billigen kann. Die Rekonstruktion moralischer Überlegungen eines historischen Individuums durch einen Historiker ist aber nicht identisch mit der Bewertung des rekonstruierten Verhaltens und ist deshalb ihrer eigentlichen Natur nach nicht von moralischem oder werthaftem Charakter. Die Rekonstruktion der Handlungsregeln besagt nicht, daß man diese Regeln akzeptiert, genausowenig wie die *Mitteilbarkeit* von Erlebnisinhalten eines in Betracht stehenden Objekts die *Miterlebbarkeit* auf seiten des Adressaten dieser Mitteilung voraussetzt.

(1) Diltheys Analysen des Motivationszusammenhanges und W. H. Drays „*rational explanations*" beruhen beide auf dem Bemühen, einen Zusammenhang zwischen Überzeugungen, Motiven und Handlungen herzustellen (vgl. *2.21, 1.12*). Es gilt, sich stets über die Verschiedenheit der Beziehung des Ausdrucks „Rationalität" im klaren zu sein: ob nämlich die jeweilige Handlung für uns oder aber für das handelnde historische Subjekt rational ist. Wenn wir sonach rationale Erklärungen vorbringen wollen, so müssen wir auch Gründe für die Annahme

haben, daß das betreffende historische Individuum danach handelte, was es für gute Gründe hielt; d. h. daß ihm seine Handlung nach Maßgabe seines persönlichen Wertkodex entweder als in sich wertvoll oder als das entsprechende Mittel zur Verwirklichung eines gesetzten Zieles erschien.

Im Sinne von Max Weber sind in diesem Zusammenhang zweckrationales und wertrationales Verhalten zu unterscheiden. Zweckrationales Verhalten (Handlungen im Sinne der „instrumentellen Vernunft") erfolgt vor dem Hintergrund der Annahme, daß die Benutzung bestimmter Mittel für das Erreichen bestimmter Zwecke (Ziele) notwendig ist. Hinsichtlich dieser Art von Handlungen gilt, daß der Handelnde die Kosten einer bestimmten Mittelverwendung abwägt, die zur Erreichung eines bestimmten Zweckes erforderlich sind, und vielleicht auch den Wert des Zieles selbst, zumal er der Ansicht sein kann, daß dieser Zweck selbst wiederum als Mittel für einen anderen Zweck fungieren kann. Wertrationales Verhalten (Handlungen im Sinne der wertorientierten Vernunft) ist dadurch charakterisiert, daß es keine Kalkulation der Mittelverwendung gibt und daß darüber hinaus der Zweck einen Endwert darstellt und nicht ein Mittel für einen anderen Zweck. Ein Beispiel dafür wäre die Ausführung eines Rituals, um einen Zustand mystischer Vereinigung mit irgendeiner Gottheit zu erreichen. Weber erscheinen Handlungen dieses Typs als rational vor dem Hintergrund der Annahme, daß diese Mittel das erwünschte Ziel als einen Endwert realisieren. (Und doch sei in diesem Zusammenhang darauf hingewiesen, daß gerade bei wertrationalen Handlungen die Unterscheidung der Mittel vom Ziel oft nahezu unmöglich ist. Dies gilt etwa für bestimmte Handlungen, welche selbst bereits Funktionslust für

die Dauer ihrer Ausführung bewirken und kein „Ziel" haben, aber auch gelegentlich für religiöse Praktiken; so kann ja die Herstellung der mystischen Vereinigung in den Termini eines psychischen Zustandes definiert werden, der mit dem rituellen Akt verbunden ist.)
Im Sinne der bisher gegebenen kurzen Charakterisierungen könnte klar geworden sein, daß Rationalität nur ein formales Prinzip des Handelnden darstellt, daß aber selbstverständlich die Festlegung dessen, *was* nun konkret als eine rationale Handlung bezeichnet werden kann, jeweils variabel ist. Ohne Hinweis auf Zweck und Situationskontext einer Handlung und auf die Disposition desjenigen, der sie ausführt, lassen sich *die* Kriterien für eine rationale Handlung gleich wenig angeben wie für ein gutes Spiel; wir müssen ja stets wissen, um welche Art von Spiel es sich handelt, zu welchem Zweck es ausgeführt wird, und von wem. Für manche scheint es beispielsweise geradezu irrational, wie man sich wegen in seinem Milieu inopportuner kosmologischer Einsichten, die man für wahr hielt, auf den Scheiterhaufen hat stellen lassen. Wie wir selbst die Gründe historischer Individuen bewerten, ist aber zunächst sekundär, um deren Handlungen verstehen zu können, kommt es darauf an, diese Gründe aus ihrer Sicht sehen zu lernen, so daß ihr Verhalten sinnvoll — im Sinne von konsistent — erscheint. Allerdings gilt es hier vor einem Fehlschluß zu warnen: Konsistenz ist noch kein Kriterium dafür, daß wir wüßten, was nun jeweils die Gründe des Handelns wirklich waren. Wir wissen zunächst bestenfalls nur, was vom Standpunkt des Handelnden aus als guter Grund für eine bestimmte gegebene Handlung zählen würde. Viele sogenannte Handlungen erfolgen aber ohne Überlegung, und es besteht sonach ein berechtigter Grund für die Befürchtung, daß ein großer Teil

rationaler Erklärungen nichts anderes darstellt als ein Instrument von nachträglichen Rationalisationen.
Die Grenzen der rationalen Erklärungen sind im wesentlichen zweifacher Art. Zunächst sind diese nicht einem Gegenstandsbereich der Geschichtswissenschaft adäquat, dem der Historiker besonderes Augenmerk schenken muß: den unbeabsichtigten Folgen beabsichtigter Handlungen. Dann aber muß, zweitens, darauf hingewiesen werden, daß es für historische Erklärungen oft nicht hinreicht, im Verlauf von Handlungsinterpretationen nur auf persönliche Verhaltensmuster des Handelnden oder aber nur auf die jeweils zum Zeitpunkt der Handlung wirksamen sozialen Regeln und Konventionen zu rekurrieren. Denn Menschen weichen ja im Laufe der Zeit von derartigen Regeln ab, halten sich nicht mehr an sie. Eine derartige Abweichung von Regeln, Konventionen usw. läßt sich aber nicht mehr *mit Hilfe* dieser Regeln und Konventionen bewerkstelligen. In diesem Zusammenhang seien noch einige zusätzliche allgemeinere Erörterungen zum Rationalitätsprinzip angestellt.
Häufig werden historisch relevante Handlungen, worauf schon kurz hingewiesen wurde, dadurch erklärt, daß man auf die Gründe zurückgeht, welche dieses Handeln leiteten. Diese schließen die Ziele ein, die der Handelnde zu verwirklichen suchte, und seine Überzeugungen mit Bezug auf handlungsrelevante empirische Tatbestände, wie etwa die für den Handelnden realisierbaren Handlungsalternativen und deren wahrscheinliche Konsequenzen; dies nennen wir die Informationsbasis des Handelnden. Relativ auf diese sowie auf die Ziele kann uns eine Handlung als vernünftig oder als unvernünftig, als rational oder als irrational erscheinen. Es ist möglich, daß uns die Zielsetzung eines Handelnden als

unsinnig erscheint; und doch könnte seine Handlung rationaler Art sein, wenn wir die motivierenden Faktoren, die Zielsetzung und die Informationsbasis, als gegebene Daten ansehen (vgl. *1.12*, Kap. V, 2). William H. Dray bestimmt die rationale Erklärung als eine Rekonstruktion der durch den Handelnden vorgenommenen Kalkulation der Mittelverwendung mit Bezug auf ein durch ihn gewähltes Ziel im Lichte der Umstände, in denen er sich selbst befindet (*1.12*, 122). Dray betrachtet diese Art von Erklärungen als für die Geschichtswissenschaft grundlegend und konfrontiert sie mit dem Popper-Hempel-Schema, ohne dabei hinreichend klarzustellen, daß dieses die Rechtfertigungsmethode oder Form historischer Erklärungen, er hingegen eine Deutungsweise und den ihr korrespondierenden Gegenstand historischer Erklärungen im Auge hat (vgl. dazu Kap. II, 1).

Drays Untersuchungen zum Problem der rationalen Erklärung sind höchst verdienstvoll, dennoch ergeben sich aus ihnen eine Reihe von Schwierigkeiten und Fragen. Zunächst ist es so, daß ja nicht alle historisch relevanten Handlungen rationaler Art sind. Eine weitere Schwierigkeit besteht darin, daß, gemäß Drays Ansicht, die von einem Historiker angeführten Gründe, welche eine Handlung erklären sollen, gute Gründe in dem Sinne sein müssen, daß das, was getan wurde, hätte getan werden müssen, wenn die Situation so gewesen wäre, wie sie der Handelnde betrachtete (*1.12*, 126). Mit einem derartigen Kriterium der adäquaten historischen Erklärung und ohne weitere flankierende Maßnahmen methodischer Art läuft man Gefahr zu übersehen, daß ja — wie der bei Bedarf rationalisierende Akteur selbst — auch ein Interpret stets in der Lage ist, für jede Handlung gute Gründe beizubringen. Wir wissen darüber hinaus, daß im Fall ungehemmter Voluntaristen das Kriterium für das, was sie für gute Gründe halten, ihre Bereitschaft ist, ihre Absichten in die Tat umzusetzen. Deshalb geht es darum, die Informationsbasis nicht nur im Sinne eines faktographischen Empirismus zu erkunden, also zu fragen, im Besitz welcher Informationen der Handelnde war, sondern sich die Frage zu stellen, ob der in Betracht stehende historische Akteur sich in den Besitz aller relevanten Informationen gebracht hat, die für ihn *erreichbar* waren. Andernfalls gelangen wir nur allzurasch in die Situation, alle Aktionen rechtfertigen oder entschuldigen zu können. Denn der Mensch ist in der Tat, wie es einmal Hempel etwas polemisch ausdrückte, ein rationales Lebewesen; er kann nämlich für alles, was er tut, Gründe anführen (*1.102*, 23).

Es gilt hier — worauf vor allem Wolfgang Stegmüller im Anschluß an einschlägige Kritiken C. G. Hempels an William Dray hingewiesen hat (*1.52*, Kap. VI, 7) — vor der Vermengung zweier Betrachtungsweisen zu warnen, die man vom logischen Standpunkt aus streng auseinanderhalten muß: der normativen und der deskriptiven Betrachtungsweise. Wenn man nämlich eine Handlung als „rational" bezeichnet, so kann diese Behauptung entweder im Sinne einer empirischen Hypothese oder aber im Sinne einer kritischen Beurteilung verstanden werden; mit anderen Worten: Eine in Betracht stehende Handlung wird im einen Fall einem empirischen Begriff, im anderen Fall einer Norm subsumiert. Wird sie einer Norm subsumiert, so deutet der Historiker — seinen Wertstandards entsprechend — das Verhalten einer Person oder Gruppe. Dem Problem der Werthaltungen auf seiten des Historikers und deren Relevanz für den kognitiven Gehalt seiner Aussagen werden große Partien des III. Kapitels der vorliegenden

Arbeit gewidmet sein. Hier soll nur jenes Problem von Interesse sein, welches mit der Beurteilung der Rationalität des Verhaltens einer historischen Person in bezug auf das Wertsystem des beurteilenden Historikers verknüpft ist. Dabei ist gelegentlich zu konstatieren, daß Methodologen der Geschichtswissenschaft, wie etwa Dray, meinen, daß der Historiker bei der Feststellung der Rationalität einer Handlung davon ausgehen müsse, daß diese Handlung in einer gegebenen Situation die einzig zutreffende war. Erst unter dieser Voraussetzung könne man das den historischen Akteur leitende Handlungsprinzip erfassen und dessen Verhalten verstehen. Für die Feststellung der Zweckrationalität einer Handlung ist aber eine derartige Voraussetzung allzu eng. In der sogenannten Entscheidungstheorie werden nämlich verschiedenartige Prinzipien rationalen Verhaltens aufgestellt. Sie zeigt, daß sich selbst unter der Voraussetzung, daß ein bestimmtes Kriterium gewählt worden ist, mehrere Handlungen als gleich rational erweisen lassen (vgl. *1.52*, 385 ff.).

Ein anderes Problem im Zusammenhang der Erörterung von Rationalitätskonzeptionen bei geschichtswissenschaftlichen Auslegungen bzw. Erklärungen betrifft den wissenschaftlichen Status sogenannter rationaler Erklärungen; es soll hier auf diese Zusammenhänge im Hinblick auf das später, im II. Kapitel, Folgende nur kurz Bezug genommen werden. Es wird häufig, wie etwa durch W. H. Dray, Kai Nielsen, Michael Scriven, darauf hingewiesen, daß es rationale Erklärungen gibt, die den Charakter singulärer Aussagen haben, aber auch solche, hinter denen eine Hypothese oder eine Theorie steht; es sei dabei das Recht des Historikers, sie alle gleichermaßen im Verlauf der Erklärung menschlicher Handlungen zu benützen. Dem ist voll und ganz zuzustimmen, vor allem gegenüber allzu nomologisch ambitionierten Methodologen der Geschichtswissenschaft, die eine Erklärung bereits mit einer Rechtfertigung einer Erklärung unter Zuhilfenahme allgemeinerer nomologischer Hypothesen zu verwechseln scheinen. Aber andererseits ist in Anbetracht der faktischen Gegebenheiten in der Historiographie auch heute noch ein theoretisches Bewußtsein nicht fehl am Platz, welches dem Tatbestand Rechnung trägt, daß beim heutigen Stand der Wissenschaft sowohl bei den Erklärungen unbeabsichtigter wie bei der Erklärung beabsichtigter Handlungen entscheidende Lücken klaffen. Wenn wir Handlungen unter Berufung auf das, was jemand will, erklären, oder eine Handlung als das in einer gegebenen Situation adäquate Verhalten deuten, so ist dies eine unvollständige Erklärung, die vielleicht zwar sinnvoll ist, aber aus rein logischen Gründen noch nicht Aufschluß darüber geben kann, warum nun tatsächlich eine bestimmte Handlung erfolgte.

(2) Die Geschichtswissenschaft kann nicht ausschließlich an der Rekonstruktion der Handlungsgründe interessiert sein, weil nicht alle rationalen Handlungen von historischer Relevanz und nicht alle historisch relevanten Handlungen rational sind.

Gewiß ist es so, daß wir das einemal die Möglichkeit haben, gleichsam „von innen heraus" die Handlung einer Person zu verstehen, indem wir versuchen, ihrer dafür konstitutiven geistigen Tätigkeit zu folgen; dies kann in Form der rationalen Rekonstruktion von Handlungen geschehen, wobei etwa Beziehungen zwischen individuellen Aspirationen und sozialen Steuerungsmechanismen in der Erklärung von Handlungen hergestellt werden. Andererseits ist es aber auch möglich, eine Handlung, gewissermaßen „von außen" her, im Hinblick auf die dem Handelnden oft nicht bewußten, seine Handlung aber bedingenden ökonomischen, psychischen oder neurophysiologischen Sachverhalte zu unterscheiden [15].

Neben dieser *Kategorien-Differenz* verschiedener Betrachtungsweisen von historischen Gegenständen müssen wir noch die *Komplexitäts-Differenz* historischer Gegenstände innerhalb einer bestimmten Betrachtungsweise in Rechnung stellen. So ist nicht zu übersehen, daß es sowohl bei rational erklärbaren Sachverhalten — metaphorisch gesprochen: im Bereich der Innenbetrachtung —, als auch bei nichtrational erklärbaren Sachverhalten — metaphorisch gesprochen: im Bereich der Außenbetrachtung —, eine Reihe von Komplexitätsdifferenzen gibt. Dieselbe Epoche etwa kann in einer Vielfalt von Kategorien und Auslegungsprinzipien dargestellt werden, welche als dem Handelnden *bewußte* Maximen, Handlungsprinzipien oder Regeln ideeller Art in der sog. rationalen Erklärung fungieren. Sie kann aber auch gedeutet werden unter Zuhilfenahme von immer komplexeren Kategorien und Auslegungsprinzipien, welche als dem Handelnden zunächst meist *unbewußte* Determinanten ökonomischer, psychologischer oder etwa biologischer Art in der sog. nichtrationalen Erklärung am Werke sind. Die hier erwähnte Zweiteilung in bewußte Determinanten, welche Gegenstand der „inneren", und in unbewußte Determinanten, welche Gegenstand der „äußeren Wahrnehmung" sind, sowie die ihr entspre-

---

[15] Von Diltheys Hermeneutik und der bekannten Unterscheidung von „Erklären" und „Verstehen" bis zu John R. Searles „Speech Acts" (Cambridge 1969) und der dort getroffenen Unterscheidung zwischen „brute facts" und „institutional facts" betonen viele Autoren die Verschiedenartigkeit des Sinnes von Interpretationen. Vgl. dazu etwa 2.50.

chende Redeweise einer „Innenbetrachtung" des Geistigen und einer „Außenbetrachtung" des Natürlichen kann mitunter von heuristischem Wert sein. Aber es sollte darauf geachtet werden, daß sich hinter der Metaphorik von „Innerem" und „Äußerem" oft nur ein ontologisch verstandener Dualismus von Geist und Materie, Geschichte und Natur verbirgt. Sehr aufschlußreich ist in diesem Zusammenhang der Streit um finale und kausale Erklärungen, welcher in engem Zusammenhang mit der Erörterung der Probleme von Indeterminismus und Determinismus steht, welchen einige Ausführungen im 5. Abschnitt des III. Kapitels gelten sollen.

Im gegenwärtigen Zusammenhang soll die mit dem soeben erwähnten Dualismus engverknüpfte Konfrontation von historischer und naturwissenschaftlicher Erkenntnis in Betracht gezogen werden. Dabei werden sehr häufig intentionale Deutungen in einen Gegensatz zu nomologischen gebracht. So stellt etwa R. G. Collingwood die Historie den Naturwissenschaften gegenüber, indem er vom Historiker den Nachvollzug der Gedanken der historischen Akteure verlangt, während andererseits der Naturwissenschaftler sich seinem Forschungsbereich „von außen", „vom Gesichtspunkt eines Beobachters", nähere *(2.14,* 106). Collingwood ist ferner der Ansicht, daß ein Naturwissenschaftler im Falle seiner kausalen Rekonstruktion sich den Bedingungen und Umständen zuwende, unter denen regelmäßig das zu erklärende singuläre Ereignis stattfindet, während ein Historiker genötigt sei, ein singuläres historisches Ereignis unter Hinweis auf singuläre dafür konstitutive Gedankengänge zu rekonstruieren *(2.14,* 225). Die Frage, inwiefern singuläre Gedankengänge nicht mit bestimmten Umständen oder Bedingungen regelmäßig verknüpft sind, bleibt außerhalb von Collingwoods Interesse. Individuelle Handlungsgründe und Motive haben bei Collingwood, wie später auch bei Dray, in einem derartigen Ausmaß die Weihe des Unwiederholbaren, daß jede Frage nach dem gesetzmäßigen Auftreten derartiger psychischer Phänomene als der Sache nach unangemessen angesehen wird. Durch nomologische Fragestellungen sollen aber gar nicht die unter Hinweis auf singuläre Motive vorgebrachten Erklärungen in ihrem Wert herabgemindert werden, sondern sie dienen nur der Beantwortung der Frage, bis zu welchem Maß sich derartige Erklärungen rechtfertigen lassen. Wenn so etwa, wie Michael Scriven in der Nachfolge einschlägiger Gedanken von Collingwood und Dray zu beweisen sucht (*1.125*, 451 ff.), daß der Hinweis auf die Habgier des Cortez dessen Entscheidung für eine dritte Expedition nach Kalifornien in ausreichendem Maße erklärt, dann doch vor allem deshalb, weil wir einiges über die Habgier bzw. über die regelmäßige Verknüpfung einer bestimmten individuellen Disposition mit Handlungen wissen. Gegenüber Collingwood, Dray und deren Nachfolgern muß zugestanden werden, daß wir zwar nicht von einer Erklärung erst sprechen können, wenn wir im Besitz einschlägiger nomologischer Hypothesen sind, andererseits muß aber klargestellt werden, daß wir eine Erklärung erst dann als erklärend akzeptieren, wenn wir sie mit Hilfe solcher Hypothesen rechtfertigen können.

Bei Collingwood und auch bei Dray (vgl. *1.12*, 142) werden in bezug auf die Geschichtswissenschaft allein Motive oder Zielsetzungen historischer Akteure als Ursachen verstanden. Dieser Monismus intentionaler Erklärungen in der Geschichtswissenschaft ist jedoch unhaltbar, weil dadurch bestimmte Aspekte der historischen Situationen überrepräsentiert erscheinen. Nicht daß Motive als Faktoren des historischen Geschehens ausgeklammert werden sollen — aber sogar die erschöpfende Kenntnis der Ziele und Bestrebungen der historischen Persönlichkeiten erklärte uns, worauf I. S. Kon aufmerksam macht (*2.40,* I, 322), nicht, warum die einen von ihnen obsiegten, während die anderen unterlagen, und wodurch ein Endresultat bedingt wurde, das sich im allgemeinen mit keinem individuellen Plan deckte; ferner muß erklärt werden, wodurch diese Ziele, Bestrebungen usw. selbst bedingt waren.

Gardiner, der, wie er sagt, die Überspitzungen des Idealismus vermeiden möchte, will den Begriff der Erklärung in der Geschichtswissenschaft nicht restriktiv verstanden wissen, sondern ist ausdrücklich bemüht, zwei Arten von Erklärungen zu unterscheiden, welche beide in der Geschichtswissenschaft ihren Platz haben, auch wenn sie kategorial voneinander verschieden sind. Gardiner geht aus von der landläufig vorgenommenen Unterscheidung einer Erklärung in den Termini von „Ursachen" und „Wirkungen" einerseits und einer Erklärung in den Termini von „Absichten" und „Plänen" andererseits (vgl. *1.17,* 49 f.). Er versucht dabei, durch ein dualistisches Herangehen den grundlegenden Gegensatz von Materialismus und Idealismus in bezug auf die Geschichte dadurch aufzuheben, daß er diese Konzeptionen als unterschiedliche Sprechweisen auffaßt, in denen die geschichtliche Wirklichkeit zugänglich werde. „Wir sehen uns", so erklärt er, „nicht zwei Reichen von Ursachen gegenübergestellt, die ineinander verflochten sind oder einander überlagern. Wir sehen uns nur verschiedenen Verwendungsweisen des Ausdrucks ‚erklären' gegenüber" (*1.17,* 136). Gewiß ist Gardiner zuzustimmen, wenn er die Verschiedenartigkeit einer Erklärung „in den Termini von Gedanken, Wünschen und Plänen" einerseits und einer Erklärung „in den Termini der Reaktion auf das Milieu" andererseits betont (*1.17*, 139); aber die Unabhängigkeit der beiden voneinander zu behaupten ist einfach irreführend. Und dies in doppelter Hinsicht. Denn zum einen ist es so, daß die Gedanken, Wünsche und Pläne der historischen Akteure milieudeterminiert sind, und zum andern ist die Erklärungsgewohnheit des Historikers selbst — etwa die Präferenz für intentionale Erklärungen historisch relevanter Handlungen — als Widerspiegelung von Denkweisen zu verstehen, die in einem bestimmten Milieu wirksam sind, oder auch als Reaktion darauf. „Das geistige Leben des Menschen wird auf diese Weise aus der Sphäre der Kausalität ausgeschlossen, die ‚Pläne, Ziele und Grundsätze' werden als etwas von den objektiven Bedingungen Unabhängiges angesehen, und das ‚Verstehen' dieser Pläne, Ziele und Grundsätze wird wie bei Dilthey ihrer kausalen Erklärung gegenübergestellt" (*2.40*, I, 316). So findet der semantische Dualismus von phänomenaler Sprache und Raum-Zeit-Sprache seine Entsprechung in einer an die klassische Zwei-Substanzen-Lehre gemahnenden Ontologisierung, deren relativistische Konsequenzen im Rahmen einer Theorie der Geschichtswissenschaft darin zu sehen sind, daß es den Vorlieben des Historikers überlassen bleibt, welcher der beiden „Sprechweisen" er sich bedienen möchte.

Aber es gibt auch Kritiker dieser wissenschaftstheoretischen Konzeption. Einer von ihnen ist Percy Cohen, der kein theoretischer Monist (im Sinne des Biologismus, Ökonomismus und dergleichen) ist, der sich aber als „Interaktionist" doch nicht um eine klare Antwort herumdrückt. So findet er, daß es für den Sozialwissenschaftler allgemein nötig sei, nicht die Verantwortung für die Lokalisierung und Gewichtung der wesentlichen Faktoren, etwa jener des sozialen Wandels, allein deshalb abzuschieben, weil eben verschiedenartige Faktoren dafür relevant sind; denn es sei nicht zu leugnen, daß dies einige von ihnen in höherem Maß sind als andere. Ihm erscheinen die Institutionen der politischen und ökonomischen Macht als grundlegend für das soziale Leben, und zwar deshalb, weil jene, welche diese Institutionen steuern, in der Lage sind, nicht nur grundlegende eigene Bedürfnisse zu befriedigen, sondern auch das Ausmaß zu bestimmen, bis zu welchem andere in der Lage sind, das gleiche zu tun. Daher ist es nach Cohen nicht das Insgesamt individueller Wünsche, Absichten und Pläne und eine in diesem Sinne aus den Daten der Demoskopie gedeutete durchschnittliche Interessenstruktur, welche für ein Sozialsystem grundlegend ist; grundlegend seien vielmehr diejenigen Institutionen, welche jene Ressourcen und Vergünstigungen kontrollieren, an welchen teilzuhaben andere zum Zwecke der Befriedigung ihrer Neigungen und Bedürfnisse — auch der geistigen — bestrebt sein müssen (*1.9*, 120).

4. Zur ontologischen Auszeichnung von Gegenstandsbereichen

Vorbemerkungen

Die Geschichte der Geschichtswissenschaft zeigt uns viele Beispiele dafür, welch unterschiedliche Betrachtungsweisen und Zugänge in bezug auf einen historisch relevanten Sachverhalt möglich sind und wie der jeweilige dadurch aktualisierte Aspekt oftmals zum Ganzen oder doch vorschnell zum „Eigentlichen" des in Betracht stehenden Sachverhalts hochstilisiert wird; die Prävalenz einer bestimmten Betrachtungsweise führt dabei oft zu einer eigentümlichen Substanzialisierung. Einer bestimmten Betrachtungsweise entspricht dabei eine bestimmte Repräsentation des Gegenstandes, welche aber nicht als ein mögliches Bild desselben, sondern oft fälschlich als das Abbild seiner wesentlichen strukturellen Merkmale ontologisch hypostasiert wird. Dieser Tatbestand sei im folgenden etwas eingehender erörtert.

Nur selten werden Methodologen der Geschichtswissenschaft bestreiten, daß der Historiker im Verlauf seiner Darstellungen Hypothesen und Theorien aus verschiedenen einzelwissenschaftlichen Disziplinen zu benützen genötigt ist. So verwies etwa bereits Ludwig Rieß in seiner „Historik" darauf, daß der Historiker arg fehlgehen würde, wenn er sich beispielsweise nicht von der Botanik belehren ließe, daß sich das heutige Landschaftsbild Italiens durch Verpflanzung amerikanischer Gewächse ganz anders darstellt als im Altertum und Mittelalter; oder daß ein Nationalökonom, der die Fakturen der holländischen Ostindischen Kompanie benutzt, um ein Bild des Kolonialhandels im 17. und 18. Jahrhundert zu entwerfen, uns über die Veränderungen des Welthandels zumeist mehr belehrt, als es ein Historiker ohne genügende nationalökonomische Vorbildung tun könnte. Schließlich seien ja etwa auch Juristen wie Savigny, Homeyer und Gneist, Sprachforscher wie Grimm und Müllenhoff, Nationalökonomen wie Roscher bereits Hauptvertreter der etablierten historischen Forschung im Deutschland des 19. Jahrhunderts gewesen (vgl. *2.60*, 11 und 16 ff.). Bereits bei Herodot,

Livius und Tacitus wurde es gleichermaßen wie bei Strabo und Plinius als unumgänglich erachtet, die geographischen Bedingungen und die natürlichen Gegebenheiten des geschichtlichen Lebens im Verlaufe historischer Darstellungen und Erklärungen nicht außer acht zu lassen. Auch die zeitgenössische Methodologie der Geschichtswissenschaft trägt diesem Tatbestand Rechnung. So bemerkt C. G. Hempel, daß viele der generellen Hypothesen, welche historischen Erklärungen zugrunde liegen, im allgemeinen etwa als psychologische, ökonomische, soziologische klassifiziert würden und daß die historische Forschung darüber hinaus oft auch genötigt ist, allgemeinen Gesetzen ihre Aufmerksamkeit zu schenken, welche in der Physik, der Chemie und der Biologie entwickelt wurden (vgl. *1.101*, 355).

Für den Zusammenhang der hier interessierenden Erörterungen ist es dabei wesentlich, daß bei historischen Darstellungen und Erklärungen namentlich zwei Haupttypen in der geschichtsmethodologischen Tradition unterschieden wurden: einer, welcher den „Sinn" historischer Phänomene im Rahmen der Darstellung von Motivationszusammenhängen „verstehend" zu rekonstruieren bemüht ist; ein anderer, welcher sich der Analyse der Bedeutungen, unter denen Zielsetzungen und Motive entstehen, sowie einer Analyse von deren Rückwirkung auf diese Bedingungen in „erklärender" Absicht zuwendet. Im Bestreben, nicht dem Monismus anheimzufallen, proklamierte man dabei gelegentlich einen vermeintlich durch die Spezifik des historischen Gegenstandes bedingten methodologischen Dualismus; auf der einen Seite stehe der Bereich der Natur, also alles das, was wir nicht selbst tun können, auf der anderen der durch unsere Absichten und Motive gestaltbare Bereich der Geschichte, der sich als Manifestation individueller und kollektiver psychischer Akte darstelle. Demzufolge sollte gelten: „Die Natur erklären wir, das Seelenleben verstehen wir" (2.22, 144). Die analytische Geschichtsphilosophie stellt über weite Strecken eine Paraphrasierung oder Kritik dieser Diltheyschen Ansicht dar.

a) Zur Behauptung des ideellen Charakters
   historisch relevanter Phänomene

Im Gegensatz zur Ansicht, daß es — grob gesprochen — zwei Betrachtungsweisen eines identischen Sachverhaltes gebe, konnte sich — wohl mitbedingt durch die traditionelle Doktrin des metaphysischen Dualismus von Geist und Materie — bis auf unsere Tage die Ansicht halten, daß es zwei Klassen von Variablen gebe, die nicht nur kategorial, sondern auch ontologisch (substanziell) strikt voneinander geschieden seien:
a) exogene Variablen, das sind etwa physikalische, biologische oder ökonomische Determinanten, die dem historischen Subjekt zum Zeitpunkt seiner Handlung meist nicht bewußt sind;
b) endogene Variablen, das sind jene oftmals als subjektive Zustände bezeichneten Faktoren, wie Gründe und Motive, die dem historischen Subjekt zum Zeitpunkt seiner Handlung meist bewußt sind.
Nun wird oftmals die Ansicht vertreten — gewissermaßen im Gegensatz zu jener „naturalistischen" Auffassung, welche die Historie nur als Sozialphysik betrieben wissen will —, daß die Berücksichtigung exogener Variablen im Rahmen von Erklärungen nicht unter die professionellen Belange des Historikers falle. Es fällt jedoch beispielsweise schwer, zu bestreiten, daß in gewissen Fällen ein spezifisch neurophysiologischer Bericht

im Rahmen einer historischen Erklärung adäquat sein kann; gibt es doch Gehirndefekte mit historisch relevanten Konsequenzen, deren Ursachen sich nicht in die Terminologie von Gründen und Motiven übersetzen lassen. Analoges gilt für die Berücksichtigung exogener Variablen im Rahmen von historischen Erklärungen, welche unter Zuhilfenahme von ökonomischen Theorien erfolgen: „Eine historische Analyse etwa einer Inflation oder einer wirtschaftlichen Krise dürfte ohne Kenntnisse in der theoretischen Ökonomie kaum gelingen, auch wenn diese Disziplin mit noch so vielen Schwächen behaftet ist. Wer auf sie verzichten möchte, hat alle Aussicht, in längst überwundene ökonomische Auffassungen zurückzufallen" (*1.3*, 214).

Darüber hinaus kann zur Erörterung eines angeblich genuinen Gegenstandsbereichs historischer Erklärungen gesagt werden, daß die Beschränkung auf die historische „Innenbetrachtung", auf die Rekonstruktion der geistigen Aktivität eines historischen Subjekts, oft bereits stillschweigend die Berücksichtigung exogener Variablen voraussetzt. Warum? Wie wir wissen, handeln Menschen so, *als ob* ihre Situation so beschaffen sei, daß ihre Anpassungs- oder Reaktionsweise angemessen erscheint. Wir wissen auch, daß es falsche Situationsdeutungen gibt. Will nun aber ein Historiker im Verlauf einer rationalen Erklärung nachweisen, daß ein historisches Subjekt nach Maßgabe seiner falschen Situationsdeutung durchaus „verständlich" handelte, so muß er um die reale Situation Bescheid wissen. Zu deren Feststellung ist er aber oftmals genötigt, sich auf theoretische Einsichten zu stützen, die sich auf nicht-rationale Variablen beziehen. Erst auf dem Hintergrund derartiger vermeintlich unhistorischer Erklärungen kann so oftmals überhaupt erst die „Rationalität" der Handlung eines

historischen Subjekts — rational aus dessen, aber nicht aus unserer Sicht — plausibel werden.
Wer der Auffassung ist, daß der Geschichte die Natur, dem Geistigen das Körperliche sowie den individuellen und sozialen Idealen die ökonomischen „Umstände" nebengeordnet sind, läuft stets Gefahr, mit Abstraktionen zu leben. Nun wird aber von Vertretern der historischen „Innenbetrachtung" oftmals erklärt, daß sie doch die natürlichen oder auch die ökonomischen Bedingungen gar nicht übersähen und nicht nur das Geistige als ihre Domäne betrachteten. So sei der Historiker selbstverständlich genötigt, etwa den Temperaturschwankungen des Herbstes von 1812, den Terrainverhältnissen der Ebene von Marathon, den Handelsregistern der Fugger oder der Krankheit Lenins seine Aufmerksamkeit zu schenken und demnach eben Belangen der Meteorologie, der Geographie, der Nationalökonomie sowie der Medizin Rechnung zu tragen, um Entstehungs- und Wirkungsbedingungen von Motiven und Zielsetzungen erfassen zu können. Aber es müsse andererseits eben doch erkannt werden, daß derartige Bezüge auf das „Ontische" eben nun einmal nur bedeutsam seien für die naturwissenschaftliche, ökonomische oder soziologische *Erklärung* der Genese des Sinnes von Handlungen, den zu *verstehen* die genuine Aufgabe des Historikers sei; dieser Verstehensprozeß müsse aber erst einmal abgeschlossen sein, um auf dessen Resultate bezogene genetische Erklärungen erst möglich zu machen. Daher sei das Verstehen dem Erklären im selben Sinne vorgängig wie eine phänomenologische Deskription von ursprünglichen Erlebnisqualitäten gegenüber deren Korrelation zu „primären Qualitäten" in physikalischer Sprache.
Diese Hinweise sind korrekt, gleichwohl verleitet oft-

mals ein im Hintergrund derartiger Argumentationen obwaltender ontologischer Dualismus, wie gezeigt werden soll, dazu, nur ein ephemeres Verständnis des „Sinnes" von historischen Handlungen zu erwerben. Auch Vertreter der analytischen Geschichtsphilosophie schließen sich weitgehend der vorhin charakterisierten, im Umkreis der deutschen hermeneutischen Tradition entstandenen Auffassung an. So ist etwa Dray bestrebt, die Handlungsgründe im Rahmen der rationalen Erklärung ganz im Sinne von Diltheys Analysen des Motivationszusammenhangs zu rekonstruieren. Das heißt aber, wie Kai Nielsen erläuternd bemerkt (*1.119*, 300), nicht, daß wir uns die Gründe der in Betracht stehenden Individuen zu eigen machen können müßten, um die damit verbundenen Handlungen zu verstehen; wir mögen die Gründe der in Betracht stehenden Individuen ruhig als für uns inakzeptable Gründe schlechter oder auch kranker Menschen ansehen; wenn wir deren Handlungen verstehen, so besage das, daß wir das Verhalten der Menschen von ihrem Standpunkt aus als sinnvoll ansehen. Eine rationale Erklärung einer Handlung zu geben heiße nur, eine Beziehung zwischen den Überzeugungen und Zielsetzungen eines historischen Akteurs und dem, was er getan hat, herzustellen. — Es entspricht durchaus der im 3. Abschnitt dieses Kapitels geschilderten Ablehnung der Berücksichtigung elementarer Variablen des historischen Wandels, wenn sich ein großer Teil der Vertreter der analytischen Geschichtsphilosophie damit begnügt, die „Sinnfrage" in der soeben dargestellten Weise zu stellen, und darauf verzichtet, den Zusammenhang aufzuhellen, in dem etwas als sinnvolle Handlung erscheint. Gewiß, man untersucht nicht nur den Sinn verbalen Verhaltens bzw. sprachliche Manifestationen von Motiven und Zielsetzungen, sondern man untersucht auch, wie sich an Dray zeigen läßt, das außersprachliche Verhalten, um auf diese Weise etwa festzustellen, ob die sprachlichen Manifestationen den „eigentlichen" Sinn einer historisch relevanten Handlung mitteilen oder nicht. Aber die Rekonstruktion des „eigentlichen" oder „wahren" Sinnes, der auf diese Weise mit historisch relevanten Handlungen verbunden wird, ist oft nur in einem sehr vorläufigen Verständnis „eigentlich" oder „wahr". Denn die objektive Lage eines Handelnden ist eben sehr häufig so gestaltet, daß dessen subjektive Ziele überhaupt nicht jene Effekte zeitigen (können), welche der Handelnde anstrebt, so daß dieser nur zu wissen glaubt, zu welchem Zweck er was tut. Mit Rücksicht auf die Kritik eines derartig illusionären Selbstverständnisses, welches ja in den Rekonstruktionen des sogenannten Handlungssinnes bloß widergespiegelt wird, kann man mitunter den Vorwurf des Anachronismus hören. Es sei nämlich unser derzeitiges Wissen um die Effekte historisch relevanter Handlungen, welches es uns allein möglich mache, mehr zu wissen als die ehemals Handelnden; dieses Wissen werde aber rückprojiziert auf die Vergangenheit, wobei man dann — gemäß unserem heutigen Wissensstand — den Sinn vergangener Handlungen (einzelner oder von Gruppen) als illusionär deute und darüber hinaus das Wissen der Gegenwart zum Maßstab der Zurechnung von Lob und Tadel für vergangene Handlungen mache. Die Konsequenz einer verschwörungstheoretischen Geschichtsbetrachtung in moralisierender Absicht, ganz im Sinne der aufklärerischen Priestertrugtheorie, sei bei einer solchen Ansicht der Dinge unausweichlich. Nun sind derartige Befürchtungen, wie sie bereits Hegel in der „Philosophie der Geschichte" formulierte, teilweise durchaus berechtigt, zum großen Teil aber auch nicht;

jedenfalls rechtfertigt die partielle Richtigkeit der angeführten Mutmaßung nicht die universelle Abtrennung der sogenannten „Sinnfrage" von der sogenannten „Wahrheitsfrage" zum Zwecke der Kultivierung allein „immanenter" Geschichtsinterpretationen in der Tradition des Historismus. Solche Deutungen des Sinnes historischer Handlungen tragen meist nur dem Umstand Rechnung, daß die hinter den Handlungen stehenden Motive, Zielsetzungen, Gründe mit dem jeweiligen „Grundsinn" einer historischen Epoche zur Deckung gebracht werden. Dabei wird weitgehend die faktische Prävalenz einer oft schon von Zeitgenossen der in Betracht stehenden historischen Periode als illusionär oder als auf falschen Überzeugungen basierend erkannten Zielsetzung oder „Weltanschauung" als dieser Epoche „adäquat" angesehen. Die „immanente" Deutung historischer Perioden legitimiert aber damit nur das jeweils vorherrschende Bewußtsein historischer Perioden, das — unabhängig davon, ob es auf kritisierbaren Überzeugungen beruht oder nicht — als ein „der Zeit gemäßes" gekennzeichnet wird. Wie schon bei Ranke erscheinen so die jeweiligen Handlungen nur verständlich aus dem Geist der Epochen, diese Epochen aber hinsichtlich ihres Sinnes als in sich zentriert und als gleich „unmittelbar zu Gott" (2.58, 7); jede derselben hat ihr dominantes Ideal, ihre eigene Orientierung. Die Konsequenzen dieses durch eine spezifische Theorie der Geschichte bestimmten methodologischen Ideals bleiben weitgehend unbedacht. „Die ganze bisherige Geschichtsauffassung... hat daher in der Geschichte nur politische Haupt- und Staatsaktionen und religiöse und überhaupt theoretische Kämpfe sehen können und speziell bei jeder geschichtlichen Epoche *die Illusion dieser Epoche teilen* müssen. Zum Beispiel bildet sich eine Epoche ein, durch rein ‚politische' oder ‚religiöse' Motive bestimmt zu werden, obgleich ‚Religion' und ‚Politik' nur Formen ihrer wirklichen Motive sind, so akzeptiert ihr Geschichtsschreiber diese Meinung. Die ‚Einbildung', die ‚Vorstellung' dieser bestimmten Menschen über ihre wirkliche Praxis wird in die einzig bestimmende und aktive Macht verwandelt, welche die Praxis dieser Menschen beherrscht und bestimmt" (2.53, 39). Wenn es auch stimmt, daß sich unsere moralischen und wissenschaftlichen Auffassungen ändern, so ist in bezug auf die gnoseologischen Standards der Kritik doch nicht zu leugnen, daß sie in vielen Fällen in der Vergangenheit in derselben Weise benutzbar waren wie heute, und zwar unter anderem zur Kritik der Begründungsversuche sogenannter zeitgeistig bedingter moralischer und sozialpolitischer Tendenzen. Diese kann entweder im Hinblick auf die in den Rechtfertigungsversuchen involvierten empirischen Überzeugungen erfolgen oder hinsichtlich des logischen Charakters — etwa hinsichtlich der normenlogischen Implikationen — des Argumentationsverlaufs. Diese in jeder Zeit am Werk befindlichen Formen des kritischen Bewußtseins deshalb zu ignorieren, weil sie nicht dominant waren, heißt nur, dem *fait accompli* Rechnung zu tragen, und sich damit zum Anwalt eines fast nur als sozialdarwinistisch zu bezeichnenden Pragmatismus zu machen. Mit Rücksicht auf die eigene Gegenwart erscheint dieser zumeist im Gewande des historischen Opportunismus, der stets „am Puls der Zeit" ist. Wer sonach die Sinnfrage in der Geschichtswissenschaft von der Wahrheitsfrage — oder besser: vom Prinzip des Falsifikationismus — abtrennt und ihr allein seine Aufmerksamkeit widmet, setzt sich in bezug auf die eigene Gegenwart dem Verdacht aus, auch nur in dem Maße und in der Form kritisch zu sein, wie es die jeweils herrschende Meinung ist oder — bestenfalls — zu sein gestattet.

Die hermeneutische Rekonstruktion des Sinnes von individuellen oder kollektiven Handlungen im Rahmen des jeweils prävalenten epochalen Selbstverständnisses sowie die im Anschluß an Wittgenstein etwa von Peter Winch vollzogene Rekonstruktion der jeweiligen Regeln einer Kultur und deren unvermittelte Katalogisierung als jeweils heterogener „Lebensformen" ist aber damit im selben Maße naiv, wie dies bereits Marx und Engels der Historiographie ihrer Zeit zum Vorwurf machten: „Während im gewöhnlichen Leben jeder Shopkeeper sehr wohl zwischen Dem zu unterscheiden weiß, was Jemand zu sein vorgibt, und dem, was er wirklich ist, so ist unsre Geschichtsschreibung noch nicht zu dieser trivialen Erkenntnis gekommen. Sie glaubt jeder Epoche aufs Wort, was sie von sich selbst sagt und sich einbildet" (*2.53*, 49). (Man wird aber in eben diesem genuin marxistischen Sinne auch nicht das Selbstverständnis gewisser „Marxisten" unbefragt lassen, wie parochial sie sich auch in der Exegese ihres eigenen Bewußtseins geben und wie stark und „in der Praxis erfolgreich" es auch sein mag; die Begeisterung der Massen schützt vor Torheit nicht, das bezeugt eine Reihe von Rehabilitierungen liquidierter Klassenfeinde nach der Revision eines einstmals „richtigen" Bewußtseins!) Einen ähnlichen Sachverhalt trifft im Hinblick auf andere Zusammenhänge eine Bemerkung Nicolai Hartmanns, der wohl nicht von ungefähr im Lager der hermeneutischen Tradition gründlich ignoriert wird; er führt aus, daß „menschliche Situationen, Schicksale, Charaktere, Handlungen auch ein Geflecht von Ursachen hinter sich (haben), und an diesen ... gemeinhin nichts zu ‚verstehen' (ist), sie können nur begriffen und aus ihnen kann nur erklärt werden. Ohne solches Erklären läßt sich in der Regel auch der Sinn eines menschlichen Verhaltens nur unvollkommen, und oft genug gar nicht, verstehen. Aller wirklich bestehende Sinnzusammenhang ist eben eingefügt in einen harten Realzusammenhang und von ihm getragen" (*2.32*, 105).

Die hermeneutische Devise — ist sie nun historistischer oder sprachanalytischer Provenienz —, welche die Geschichtswissenschaft auf die Rekonstruktion von Sinnzusammenhängen ideeller Art zu verpflichten bemüht ist, stellt oft nichts anderes dar als eine Metamorphose des metaphysischen Idealismus. Gerade am Beispiel von Peter Winch (vgl. *1.56*) läßt sich dieser Tatbestand nachweisen; was notwendiger Ansatz und erster Forschungsgegenstand historischer Arbeit sein sollte, wird als deren Ziel deklariert, woraus sich für die Methodologie der Gesellschaftswissenschaften allgemein falsche Konsequenzen ergeben. So bestehen nach Winch soziale Phänomene nur insofern, als sie ideeller Natur sind und für diejenigen Sinn haben, welche in jenem sozialen Handlungszusamenhang stehen, in dem diese sozialen Phänomene auftreten; deshalb können sie, wie er meint, nicht auf dieselbe Weise behandelt werden wie die Objekte der natürlichen Welt. Gewiß sind soziale Phänomene, denen sich etwa auch das historische Interesse zuwendet, ideeller Natur. Aber das besagt nicht, daß sie dies alle im selben Umfang sind; weiter folgt aus ihrem ideellen Charakter nicht, daß alles soziale Verhalten durch irgendeine Art von Idee beeinflußt ist. Nun könnte man sagen, daß derartige Argumente insofern der Ansicht von Winch nichts anhaben können, als es sich bei den hier in Betracht gezogenen Ideen nur um solche *innerhalb* einer Gesellschaft handelt — etwa um Auffassungen über Selbstmord, Verbrechen, die Funktion des Geldes etc. —, während es ihm doch wesentlich auf die Ideen *über* diese Gesellschaft ankomme. Das sei es ja, was die Bedeutung von „Lebensform" ausmache. Diese Lebensformen können aber nicht von irgendeinem externen Standpunkt aus kritisiert werden, welchem *per definitionem* ein davon unabhängiger Standard der Kritik, wie überhaupt der Weltbetrachtung, inhärent sein müsse. Es gebe keinen externen arbiträren Standard, in dessen Termini „Lebensformen" oder „Sprachspiele" — auch solche der gerade vorliegenden Wissenschaft, der jeweils schon ein bestimmtes Praktikabilitätskriterium zugrunde liegt — beurteilt werden könnten; denn schon die Unterscheidung der Standards der Kritik von der zu kritisierenden Lebensform sei ja selbst nur wiederum innerhalb einer bestimmten Lebensform und innerhalb eines bestimmten Sprachspiels möglich. Auf dieser Basis ist es naturgemäß konsistent, die europäischen Auffassungen über den Hexenglauben der Zande keineswegs als „richtiger" gegenüber der in Betracht stehenden Form des Hexenglaubens selbst anzusehen *(1.134).* Die kulturkreiszentrierten „Lebensformen" und „Sprachspiele" konvergieren mit jeweils unterschiedlichen Konzeptionen *über* die ideale Gesellschaft. Diese etablierten kollektiven Sinnentwürfe seien prinzipiell nicht diskutierbar; es „walten" eben gewissermaßen apriorische „Lebensformen", welchen spezifische „Sprachspiele" als Bedingungen der Möglichkeit der Erfahrungsweise von „Wirklichkeit" korrespondieren. Aber es ist in diesem Zusammenhang abermals sehr wichtig, daran zu erinnern, daß diese Ideen *über* die Gesellschaft selbst abhängen von der Struktur der Gesellschaft, in der sie sich bilden. An deren Funktionsweise läßt sich etwa zeigen, daß eine bestimmte gesellschaftliche Zielfunktion den Interessen dominanter

sozialer Gruppen unter spezifischen historisch ausgebildeten ökonomischen und intellektuell-technologischen Bedingungen gemäß war und damit kulturell dominant werden konnte. Eine derartige kausale Erklärung der in der „verstehenden" Rekonstruktion unvermittelt katalogisierten sozialen Zielfunktionen, welche als „Lebensformen" oder „Sprachspiele" manifest werden, setzt natürlich selbst eine bestimmte Lebensform voraus und stellt ein bestimmtes Sprachspiel dar. Der Erklärung eines Sprachspiels durch ein anderes: des „mythischen" durch das „wissenschaftliche", liegt aber in diesem Falle keine symmetrische Beziehung zugrunde, und es ist nicht einzusehen, warum man nicht Sprachspiele hinsichtlich ihrer Leistungsfähigkeit bzw. der in ihnen enthaltenen größeren logischen Möglichkeiten soll hierarchisieren können. Der rationale Diskurs über die vermeintlich unhintergehbare Anarchie der Lebensformen wird aber damit in Anbetracht ihrer genetischen und wirkungsgeschichtlichen Rekonstruierbarkeit möglich (vgl. dazu *1.95*). Er ist — auch in der Gegenwart — namentlich aus zwei Gründen von Wichtigkeit: einerseits deshalb, um den dubiosen Charakter mancher Formen der Heiligung von etablierten Lebensformen als den Versuch einer Konservierung überkommener Wertordnungen erkennen zu können; andererseits aber auch zum Zwecke der kritischen Erörterung der Legitimationsgrundlagen für kolonialistische oder imperialistische Bestrebungen, deren Vertreter sich aus ideologischen Gründen oft genötigt sehen, für sich einen höheren sozialkulturellen Standard gegenüber den Kolonisierten zu reklamieren.
Der Relativismus auf der Basis des neo-historistischen Indifferenz-Postulats, wie er auch einen Teil der nach der Art von Winch operierenden Vertreter der analyti-

schen Geschichtsphilosophie auszeichnet, formuliert sonach nur jenes Problem, das er zu lösen vorgibt. Denn er will einerseits dem Dogmatismus einer bestimmten „Lebensform" — einer „Metaphysik" im Sinne Diltheys — entgehen, ohne in den Skeptizismus abzugleiten. Diesen effektuiert er aber durch die bloß katalogisierende Darstellung von Lebensformen, wobei er zugleich die Möglichkeit ihres Vergleichs und ihrer Kritik dadurch als inadäquat ausschaltet, daß er diesen Versuch selbst unter Metaphysik-Verdacht stellt. Er wäre genötigt, dies mit Gründen zu tun. Über diese zu diskutieren erscheint ihm aber letztlich unmöglich, weil sie die Basis seines angeblich nicht mit den Mitteln eines alternativen „Sprachspiels" zu diskutierenden „Sprachspiels" abgeben. Ein derartiger Anti-Dogmatismus fällt hinter Diltheys Historismus zurück; Dilthey trachtete noch danach, mit dem sich im Laufe des Erkenntnisfortschritts wandelnden Wissensinstrumentarium die jeweiligen bei jedem Akt des „Ausdrucksverstehens" aktualisierten kognitiven und emotiven Voraussetzungen der kritischen Analyse zuzuführen, um auf diese Weise „mit Bewußtsein ein Bedingtes zu sein" (2.22, 364). Ein Vertreter jenes *Historismus zweiten Grades* jedoch entzieht letztlich die Formen gleich wie die Inhalte seines Bewußtseins jeder möglichen Analyse und Kritik auf der Ebene einer Metasprache, welche nicht seinem „Sprachspiel" strukturell kongruent ist. So bietet er das eigentümliche Schauspiel, den dogmatischen Skeptizismus zu leben und ist damit — bestenfalls aus Unwissenheit — die Inkarnation einer Aporie.

b) Intentionalität versus Kausalität

Die Erfassung des sozialen Verhaltens besteht nach Meinung von verschiedenen Methodologen in der Darlegung von individuellen oder kollektiven Motiven, Zielsetzungen oder Sinnentwürfen. Von diesen heißt es, daß sie einen Teil des zu erfassenden Verhaltens selbst darstellen und daher nicht als Ursachen des sozialen Verhaltens betrachtet werden können. So sei es das Ziel der Sozialwissenschaften, zu verstehen, nicht aber — im Verständnis der etablierten exakten Erfahrungswissenschaften — kausal zu erklären; es sei ihre Aufgabe, mit einem Begriff der „logischen Beziehung" zu arbeiten, nicht aber mit dem der „Verursachung". Mit Rücksicht auf dieses Postulat muß jedoch, wie Percy Cohen zeigte *(1.85),* bemerkt werden, daß ja das soziale Verhalten nicht nur in der Erhellung von Sinnbezügen, sondern notwendigermaßen auch in der Analyse kausaler Verknüpfungen besteht. Gewiß sind die Menschen von physikalischen Objekten insofern verschieden, als ihr Verhalten nicht nur durch „äußere Bedingungen" affiziert wird, sondern auch durch ihre Annahmen über diese äußeren Bedingungen. Aber es gilt mit Rücksicht darauf doch festzuhalten, daß eben auch die subjektiven Situationsdeutungen durch die objektive Sozialage, in welcher sich der Deutende befindet, bestimmt sind. Daher muß man sich davor hüten, im Verlauf der Rekonstruktion eines Verhaltens von Individuen oder Gruppen deren Motive und Zielvorstellungen stets nur als *gegeben* zu sehen; denn dadurch verschließt man sich von vornherein der Fragestellung, was denn eigentlich der „tiefere" Sinn einer subjektiven oder kollektiven Absicht ist. Die am Aufweis der subjektiven oder kollektiven Sinnentwürfe orientierten „Intentionalisten" laufen aber dadurch Gefahr, im eigentlichen Sinne „positivistischer" vorzugehen als jene „Kausalisten", welche um eine Erklärung der originär gegebenen subjektiven oder kollektiven Sinnentwürfe bemüht sind. Es geht nämlich darum, zu sehen, daß die empirisch vorliegenden ostensiblen Beweggründe nicht die letzten Ursachen der geschichtlichen Ereignisse sind, sondern daß hinter diesen Beweggründen andere bewegende Mächte zu erforschen sind.

Wie im Hinblick auf die historischen Akteure, i. e. S., so gilt es auch im Hinblick auf die deren Taten schildernden Historiker der Vergangenheit jene Faktoren zu rekonstruieren, die hinter den explizit formulierten Beweggründen ihrer Tätigkeit stehen. „Nicht darin liegt die Inkonsequenz, daß *ideelle* Triebkräfte anerkannt werden, sondern darin, daß von diesen nicht weiter zurückgegangen wird auf ihre bewegenden Ursachen... Alles, was die Menschen in Bewegung setzt, muß durch ihren Kopf hindurch; aber welche Gestalt es in diesem Kopf annimmt, hängt sehr von den Umständen ab" (*2.27, 298*). Erst eine Betrachtungsweise, die sich nicht nur damit begnügt, Ideen und Sinnentwürfe zu rekonstruieren, sondern auch deren Entstehungs- und Wirkungsbedingungen zu untersuchen, verschafft uns ein vertieftes Verständnis des *Sinnes von Sinnentwürfen*. Ein Erklären des durch die hermeneutischen Verfahren erschlossenen primären Sinnes von Handlungen weckt so unter anderem ein Bewußtsein dafür, ob ein spezifischer Sinnentwurf sinnvoll mit Bezug auf dessen Realisierbarkeit im Kontext faktischer Limitationen ist oder nicht, bzw. unter welchen Bedingungen er dies werden könnte. Zwischen intentionaler und kausaler Deutung besteht sonach hinsichtlich der geschichtsphilosophischen Forschungsabsicht ein Ver-

hältnis der Komplementarität, nicht aber, wie dies häufig behauptet wird, ein Verhältnis der Dualität.
Die Auffassung von der Unvereinbarkeit der intentionalen und der kausalen Deutung bestimmt jedoch über weite Strecken auch die analytische Philosophie der Geschichtswissenschaft. Die „Intentionalisten" machen es den „Kausalisten" zum Vorwurf, Sinnzusammenhänge nur einer „naturalistischen" Betrachtung zuzuführen, so daß sie genötigt seien, sich letztlich der physikalischen Sprache zu bedienen; umgekehrt erklären die „Kausalisten", daß die Vertreter der intentionalen Deutung häufig im Bemühen, jedes Handlungsprinzip auf einen epochalen grundlegenden Sinnentwurf (den „Zeitgeist") hin zu untersuchen, nur in einem unfruchtbaren Historismus befangen blieben. Es entspricht der Unverträglichkeitsthese, welche im Blick auf intentionale und kausale Deutungen proklamiert wird, daß zwischen Motiven und Gründen auf der einen, Ursachen und Bedingungen auf der anderen Seite streng unterschieden und im weiteren Verlauf oft unversehens eine methodologische Kontroverse zu einem ontologischen Dualismus hochgespielt wird. Die Ablehnung der Ansicht, wonach Motive oder Gründe Ursachen sein könnten, hat im Lager der verschiedenen Wissenschaftsmethodologien sehr unterschiedliche Gründe (oder Ursachen). So befürchten einige am Paradigma der Naturwissenschaften orientierte Vertreter der streng empiristischen Wissenschaftslehre, daß bei Akzeptierung dieser Kompatibilitätsthese die Kausalitätskonzeption allzusehr aufgeweicht werde (vgl. etwa *1.40*, 165); andererseits befürchten mehr hermeneutisch orientierte Methodologen der Geisteswissenschaften, daß die Akzeptierung der in Betracht stehenden Annahme letztlich dazu führe, nur die den Motiven korrespondierenden raum-

zeitlich eindeutig faßbaren Phänomene namentlich neurophysiologischer Art als Ursachen gelten zu lassen. W. H. Walsh und G. H. von Wright, um nur zwei prominente Autoren zu nennen, scheinen der letzteren Ansicht zuzuneigen. Es soll das in der zeitgenössischen Geschichtsmethodologie häufig thematisierte Kausalproblem an dieser Stelle von einem grundlegenderen erkenntnistheoretischen Standpunkt aus einer kurzen Analyse zugeführt werden.

Ernst Mach hat bemerkt, daß man in gewissen Fällen meßbarer Erscheinungen den Kausalbegriff durch den mathematischen Funktionsbegriff ersetzen kann.

Nun zeigte sich bereits früh, daß diese Auffassung der Ergänzung und Abänderung in mancher Richtung bedarf [16]. Dennoch blieb in bezug auf den Begriff der Kausalität das Paradigma der funktionalen Determination bestehen und damit auch häufig die Behauptung aufrecht, daß Kausalität und funktionale Determination identische Begriffe seien. Es ist klar, daß Motivationszusammenhänge, welche nicht den dabei in Betracht gezogenen Fällen meßbarer Erscheinungen entsprechen, außerhalb der Kausalität zu liegen kommen mußten, wenn diese mit der funktionalen Abhängigkeit identifiziert wurde; Probleme der Herstellung von Motivationszusammenhängen standen aber danach — methodologisch gesehen — im luftleeren Raum. Nun ist aber bereits die Behauptung der Identität von „Kausalität" und „Determination" (bzw. von kausaler und funktionaler Determination) nicht stichhaltig, wie Arthur Pap in seiner „Analytischen Erkenntnistheorie" zeigte: „Die beiden auffallendsten Unterschiede sind wohl die fol-

---

[16] Vgl. dazu Edgar Zilsel: Über die Asymmetrie der Kausalität und die Einsinnigkeit der Zeit, in: Die Naturwissenschaften 15 (1927), vor allem S. 280.

genden: Erstens wenden wir den Begriff der Ursache im allgemeinen auf *Veränderungen* an — ‚das Erdbeben verursachte den Einsturz des Hauses' —, nicht aber auf Zustände oder auf Werte und Größen. Hingegen ist es ganz vernünftig, zu sagen, daß die augenblickliche Lage Jupiters seine Lage in einer Stunde determiniert, oder daß die relativen Lagen der Teile eines mechanischen Systems ... zu einer bestimmten Zeit ihre relativen Lagen zu jeder anderen Zeit determinieren. Überhaupt wird der Begriff der Ursache fast nie so verwendet, daß er den Gesamtkomplex aller Bedingungen bezeichnet, die ein bestimmtes Ereignis herbeiführen. Wir sagen, daß ein Mensch tätlich wurde, weil er beleidigt wurde oder weil er reizbar ist, oder weil er eben einen Streit mit einem unangenehmen Menschen hatte usw. Hingegen ist es üblich, den Zustand (als die Werte *aller* relevanten Größen) zu einer bestimmten Zeit anzugeben, wenn das Eintreten eines bestimmten Ereignisses durch physikalische Gesetze erklärt wird" (*1.42*, 126). Dieser Hinweis Paps ist gerade auch im Hinblick auf Erörterungen der geschichtswissenschaftlichen Methodologie sehr erhellend, da es in der Geschichtswissenschaft ja so gut wie immer um kausale Zusammenhänge geht, wenn von Determination die Rede ist; dabei wird im Zusammenhang derartiger Rekonstruktionen immer nur eine bestimmte Gruppe von Bedingungen aus dem komplexen Verband von solchen hervorgehoben. Im Verständnis einer strikt empiristischen Methodologie, welche den Kausalbegriff mit dem Begriff der funktionalen Determination identifiziert, müssen historische Erklärungen notgedrungen nur den Charakter sogenannter quasi-kausaler Deutungen haben.
Nun ist es in dem erwähnten Zusammenhang von Wichtigkeit, daß, wie schon erwähnt, aus der Sicht der Inten-

tionalisten kausale Deutungen für die Geschichtswissenschaft abgelehnt werden, da dieses Verständnis von kausaler Determination nicht dem teleologischen Charakter der in der Geschichtswissenschaft relevanten Wirkungszusammenhänge Rechnung trage. Denn ungleich den Beziehungen kausaler Determination in den Naturwissenschaften, handle es sich im Falle der Geschichtswissenschaft essentiell um teleologische Ereignisfolgen, in denen die Wirkung der Ursache vorangehe; der zukünftige Effekt determiniere die gegenwärtige Handlungsweise. Aber eine derartige Argumentation hat einfach eine grobe Verwechslung zwischen einem Ereignis und der *Vorstellung* des Ereignisses zur Grundlage. „Betrachten wir irgendeine sinnvolle Handlung, z. B. daß ich mir eine Karte für ein Konzert kaufe. Die Ursache dieser Handlung ist mein Wunsch, das Konzert zu hören, sowie der Glauben, daß ich diesen Wunsch nur dann erfüllen kann, wenn ich eine Konzertkarte besitze. Dieser Wunsch ist aber ein gegenwärtiges, nicht ein zukünftiges Ereignis. Die Verwechslung zwischen dem gegenwärtigen Wunsch und dem zukünftigen Ereignis seiner Erfüllung führt zur Meinung, daß im vorliegenden Fall ein zukünftiges Ereignis, das Hören des Konzertes, meine Handlungen verursacht" (*1.42*, 128). Diesen Bemerkungen von Pap ist in diesem Zusammenhang weiter nichts hinzuzufügen. Und dennoch haben intentionale Gesichtspunkte — werden sie nicht im soeben kritisierten Sinne teleologisch mißdeutet — unter anderem die wertvolle Funktion, den Unterschied von funktionaler und kausaler Abhängigkeit deutlich zu machen, wenn wir davon ausgehen, daß die Veränderungen, die wir Ursachen nennen, von uns selbst herbeigeführt werden. „Betrachten wir ... ein Gas, dessen Volumen konstant gehalten wird. Der Druck des Gases ist unter diesen Umständen eine Funktion seiner Temperatur allein. Wir können ihn ändern, indem wir die Temperatur ändern. Wir nennen ... die Temperaturänderung die Ursache der Änderung des Drucks, weil wir die Temperatur *direkt* beeinflussen können. Es kommt uns nicht in den Sinn, die Änderung des Druckes als die Ursache der Veränderung der Temperatur zu bezeichnen — weil wir den Druck nicht direkt beeinflussen können. Diese Asymmetrie der Kausalbeziehung zeigt ihren anthropomorphen Charakter: Die Möglichkeit (oder Unmöglichkeit) einer Einwirkung des Menschen auf die Natur wird in die Natur selbst projiziert. Der Begriff der funktionalen Abhängigkeit dagegen ist frei von diesem Anthropomorphismus: Die Temperaturänderung ist abhängig von der Änderung des Druckes (in unserem obigen Beispiel), *aber auch umgekehrt*" (*1.42*, 127). Derartige Beispiele können dem Zweck dienlich sein, die Beziehung zwischen dem Begriff der kausalen und der funktionalen Determination besser zu erfassen; diese besteht darin, daß der zweite — jedenfalls der Idee nach — ein präziseres Explikat der ersteren darstellt. Gleichzeitig können sie aber dazu dienlich sein, zu zeigen, daß wir nicht nur aufgrund unserer Absichten bestimmte Bedingungen im Hinblick auf damit funktional zusammenhängende Wirkungen arrangieren können, sondern daß eben auch unsere Absichten als Ursachen für den Charakter und die Verlaufsform eines funktionalen Determinationsverhältnisses fungieren. Wenn hingegen einige Vertreter der analytischen Geschichtsphilosophie, wie etwa Patrick Gardiner, nur Ereignisse oder Prozesse als Ursachen betrachten, wodurch es möglich ist, zu behaupten, daß intentionale Erklärungen überhaupt nicht kausaler Natur seien, (vgl. *1.17*, 134), so wird hier eine terminologische Restriktion vorgenommen, für welche es wohl nur pragmatische Gründe geben kann; deren Implikationen sollen in anderem Zusammenhang noch erörtert werden. Hier soll es zunächst genügen, festzustellen, daß — wie Mandelbaum im Anschluß an McTaggart bemerkte — von vornherein nichts Animistisches daran ist, wenn einerseits gesagt wird, daß ein Ostwind die Ursache einer schlechten Stimmung sein kann, und wenn andererseits erklärt wird, daß die Ambitionen Napoleons die Ursache von Einschußlöchern in den Befestigungsanlagen von Hougoumont seien (*1.34*, 219).

c) Exkurs: Zur These des Physikalismus

Was den Streit anlangt, ob gewisse Faktoren, die im allgemeinen als „subjektive Zustände" bezeichnet werden — etwa Gründe und Motive —, im eigentlichen Sinne als kausale Bedingungen (Ursachen) betrachtet werden können, so soll zunächst darauf hingewiesen werden, daß es eine Reihe von anregenden Studien über die funktionale und kausale Determination, also von Analysen der Kovarianz bzw. Interdependenz von „subjektiven" und „objektiven" Faktoren gibt; der terminologische Streit um den Ursache-Begriff scheint hier zumeist nur am Rande auf (vgl. *1.9*, 107—129). Die Möglichkeit kausaler Erklärungen in den Termini von Zielen oder Motiven wird zumeist nicht in Zweifel gezogen. In der Tat genügt ja eine intentionale Erklärung den landläufigen Kriterien für kausale Erklärungen, sobald es Gesetze *über* Ziele und Motive gibt.

Vielleicht kann man jedoch in diesem Zusammenhang den schon im vorhergehenden Abschnitt kurz charakterisierten Befürchtungen von Intentionalisten dadurch eingehender und besser Rechnung tragen, daß man sich vergegenwärtigt, worauf sie in der Vergangenheit defensiv zu reagieren genötigt waren. Sie richteten ihre Kritik gegen jene Form der Philosophie des strikten Empirismus und deren einzelwissenschaftliche Vertreter, die den kognitiven Gehalt intentionaler Begriffe, wie „Motiv" oder „Absicht", auf jene Typen von Verhaltensweisen und korrespondierenden somatischen Prozessen reduzierten, welche mit denjenigen Aussagen zugleich gegeben sind, welche das Vorliegen eines Motivs oder einer Absicht behaupten. John Hospers illustriert die Möglichkeit des Mißverstehens einer intentional gemeinten Frage, welches sich in einer auf nicht-intentionale Sachverhalte bezüglichen Antwort kundgibt, in folgendem fiktiven Dialog: „Warum ging er nach New York?" „Nun, in Erwiderung auf Impulse bestimmter Gehirnzentren begannen sich bestimmte Muskeln in seinen Armen und Beinen in Richtung auf den Flughafen zu bewegen und ..." „Nein, das ist nicht der Sinn meiner Frage. Ich meine, warum ging er? Zu welchem Zweck ging er? Welches Ziel hatte er vor Augen?" „Er ging, um sich einige Opern anzusehen" (*1.106*, 113 f.). Man ersieht vielleicht aus diesem fiktiven Dialog, welche Befürchtungen bestimmte Intentionalisten zu einem methodologischen Rigorismus hinsichtlich einer angeblich genuin geisteswissenschaftlichen Erklärungsmethode verführten: daß, wie ein Teil ihrer Gegner in der Tat meinte, nur jene Erklärungen als wissenschaftlich anzusehen seien, welche sich auf Ursachen von der Art physikalisch darstellbarer Phänomene beziehen. Wenn allein für solche Erklärungen „wissenschaftliche" Dignität proklamiert werde und wenn ferner allein diese Art von Erklärungen als „kausal" bezeichnet werde, so gelte es — dies meinten bereits Methodologen der Jahrhundertwende —, einen spezifischen Wissenschaftsbegriff (den der „geisteswissenschaftlichen" Erkenntnis) und einen

spezifischen Erklärungsbegriff (den der „intentionalen"
oder auch der „teleologischen" Erklärung) zu entwikkeln. Leider führte diese Defensivhaltung, wie noch in
Kapitel III, 5, b gezeigt werden wird, gelegentlich dazu,
die Klasse der intentionalen Ursachen aus dem Kausalkonnex herauszulösen. Eine berechtigte kritische Haltung wurde mit falschen Konsequenzen verknüpft. Der
Dogmatismus, welcher der später so genannten physikalistischen Reduktionsthese zugrunde liegt, gibt den Hintergrund dafür ab, was man als den Sinn des Intentionalismus bezeichnen kann. Daß diese Position wenn
auch sinnvoll, so doch nicht richtig ist, wird bei anderer
Gelegenheit noch gezeigt werden können. Es läßt sich
nachweisen, daß die Reaktion des Intentionalismus nur
das konträre Spiegelbild zur Einseitigkeit des Physikalismus darstellt.

Zunächst muß man in bezug auf mentale Phänomene
ausdrücklich zwischen Korrelationsanalysen auf der
einen Seite und Wechselwirkungsanalysen auf der anderen Seite unterscheiden. Wie Schlick zeigte (vgl. *1.51*,
248 ff.), bleiben wir mit der gebräuchlichen Verwendungsart des Terminus „das Körperliche" oder „das
Physische" am besten im Einklang, wenn wir darunter
nicht etwas Wirkliches verstehen, sondern bloße Begriffe. Nur sie könnten rein quantitativ bestimmt sein,
das Wirkliche dagegen sei immer Qualität. Die physikalischen Gesetzmäßigkeiten, welche sich auf die Qualität
der gelben Farbe einer Sonnenblume oder auf den Wohlklang eines Glockentones als seelischen Größen beziehen,
handeln nicht von ihnen, sondern von Schwingungszahlen, Amplituden und dergleichen Größen; diese aber
bauen sich nicht aus subjektiven Qualitäten auf. Zwischen dem Reich des Wirklichen und dem der Begriffe
finde natürlich keine Wechselwirkung oder Interdepen-

denz statt; denn das Psychische besitze Realität, das Physische sei bloßes Zeichen. Die Zuordnung, die zwischen beiden besteht, könne mithin nur als eine „parallelistische" aufgefaßt werden. „So führen uns rein erkenntnistheoretische Gründe zwingend auf den Standpunkt des psychophysischen Parallelismus. Über den Charakter dieses Parallelismus aber wollen wir uns ganz klar sein: er ist nicht metaphysisch, bedeutet nicht ein Parallelgehen zweier Arten des Seins (wie etwa bei Geulincx) noch zweier Attribute einer einzigen Substanz (wie bei Spinoza), noch zweier Erscheinungsarten eines und desselben ‚Wesens' (wie bei Kant), sondern es ist ein erkenntnistheoretischer Parallelismus zwischen den realen psychischen Vorgängen einerseits und einem Begriffssystem andererseits. Denn die ‚physische Welt' *ist* eben das System der quantitativen Begriffe der Naturwissenschaft" (*1.51*, 256).

Macht nun Schlick auch klar, daß es mit Rücksicht auf das psychophysische Problem keinen Sinn hat, von Wechselwirkung zu reden, da eine solche nur zwischen wirklichen Gegenständen bestehen kann, nicht aber zwischen dem Wirklichen und den darauf bezogenen begrifflichen Zeichen, so soll doch nicht übersehen werden, daß es heute neben der parallelistischen Konzeption auch noch eine modifiziert kantianische gibt. So wissen wir, daß Verhaltensformen einmal etwa in mentaler Sprache, das anderemal in neurophysiologischer (oder auch physikalischer) Sprache erklärt werden. Eine derartige Zwei-Aspekte-Theorie, welche eine kantianische Variante der Korrelationstheorie darstellt, läßt sich, worauf Stephan Körner hingewiesen hat, linguistisch fassen, indem man sagt: „Bei der Sprache, in der wir über seelische, und bei derjenigen, in der wir über körperliche Phänomene sprechen, handelt es sich einfach um zwei verschiedene Sprachen zur Beschreibung desselben Gegenstandes. Die Vertreter einer solchen Theorie berufen sich gewöhnlich auf eine Analogie, die auf der Möglichkeit beruht, Attribute von verschiedenem Sinn (verschiedener Bedeutung, Konnotation), aber gleichem Bezug (gleicher Anwendung, Denotation) zu verwenden. Genau wie ‚Abendstern' und ‚Morgenstern' sich ihrem Sinne nach unterscheiden, sich aber auf denselben Gegenstand, nämlich den Planeten Venus, beziehen, so unterscheiden sich nach dieser Theorie auch die ‚seelische' und die ‚körperliche' Sprache nur dem Sinn nach, beziehen sich aber auf denselben Gegenstand. Das mag weithergeholt sein, ist aber nicht undenkbar" (*1.30,* 124). Eine so verstandene Korrelationstheorie mag dem einen oder anderen etwas dubios erscheinen, fehlt doch jeder Beweis zur Stützung dieser Theorie; aber vielleicht ist es in der Tat nicht ausgeschlossen, daß etwa einer Zwei-Aspekte-Theorie über psychisches und physisches Verhalten die Zukunft gehört, und zwar analog dem Tatbestand innerhalb des Bereichs der Physik, dem zufolge die Hypostasierungen „des" Raumes und „der" Zeit nur als aus einem logisch ursprünglicheren Raum-Zeit-Kontinuum ableitbare Spezialfälle angesehen werden.

Sosehr Schlick bemüht war, „das Physische" nur als Beschreibungsform aufzufassen, so bahnt sich doch schon bei ihm jener restringierte Sinn von Intersubjektivität und wissenschaftlicher Erkenntnis an, dem nur mehr ein ganz spezifisches *fundamentum in re* entspricht. So ist bei ihm stets schon vorausgesetzt, daß die ursprünglichen Erlebnisqualitäten der „sekundären Qualitäten" entledigt sein müssen, um erkenntnismäßig, und das heißt: quantitativ, beschreibbar zu sein. Einer bestimmten ausgezeichneten Weise der Wirklichkeitserfassung entspricht ein bestimmter ausgezeichneter Gegenstandsbereich.

Wenn von Schwingungszahlen, Amplituden und dergleichen Größen die Rede ist, so entsprechen diesen Beschreibungen Wellen, emittierte Teilchen etc. als deren ontologisches Korrelat. Die Zuordnung *der* Erkenntnis zu einer bestimmten Beschreibungsform und damit zu bestimmten „primären Qualitäten" der „Erfahrungswirklichkeit" (*1.51,* 255), war insofern mit Schwierigkeiten belastet, als sie den Eindruck nahelegen mußte, daß nicht-physikalische, etwa geisteswissenschaftliche Erkenntnisse mit Bezug auf psychische Phänomene nur den Status von Kenntnissen bzw. Erlebnisbeschreibungen hätten. „Welche besonderen Gehirnvorgänge ganz bestimmten Erlebnissen zugeordnet werden müssen, vermögen wir . . . bei dem gegenwärtigen Stand unserer Kenntnisse nicht zu sagen, dazu steht die Erforschung der Gehirnfunktionen noch zu sehr in den Anfängen. Die Möglichkeit der durchgehenden Zuordnung aber muß behauptet werden, dieses Postulat muß erfüllt sein, wenn das Psychische überhaupt *erkannt,* d. h. durch aufeinander reduzierbare Begriffe bezeichnet werden soll" (*1.51,* 256).

Wie bereits Wilhelm Dilthey gegen eine Monopolisierung der Erkenntnis durch einen mit wissenschaftlichem Alleinvertretungsanspruch auftretenden „Naturalismus", so bezog Ernst Cassirer in seiner „Logik der Kulturwissenschaften" Position gegen den erkenntnismonopolistischen Anspruch des Physikalismus: „Wenn die Philosophie nichts anderes als Erkenntniskritik wäre, und wenn sie den Begriff der Erkenntnis so einschränken dürfte, daß er lediglich die ‚exakte' Wissenschaft umfaßt, so könnte man sich mit dieser Entscheidung begnügen. Die physikalische Sprache wird dann die *einzige* ‚intersubjektive Sprache', und alles, was ihr nicht angehört, fällt als bloße Täuschung aus unserem Weltbild heraus ... Diese Sprache ist nicht nur ‚intersubjektiv', sie ist auch *universal*, d. h. jeder Satz läßt sich in sie übersetzen; und was als unübersetzbarer Rest stehenzubleiben scheint, ist überhaupt kein Sachverhalt" *(2.13,* 41). Cassirer sagt dies mit Bezug auf die These Carnaps, der zufolge „die physikalische Sprache die einzige intersubjektive Sprache ist", woraus folge, „daß die physikalische Sprache *die* Sprache der Wissenschaft ist"[17]. Nimmt man diesen physikalistischen Standpunkt an, so würde es, wie Cassirer bemerkt, zum Beispiel eine Sprach-*Wissenschaft* nur geben, „sofern sich an dem Phänomen ‚Sprache' gewisse Bestimmungen zeigen, wie sie in der Lautphysiologie oder der Phonetik beschrieben werden. Daß dagegen die Sprache ‚Ausdruck' ist, daß sich in ihr ‚Seelisches' offenbart, daß z. B. Wunschsätze, Befehlssätze, Fragesätze verschiedenen seelischen Haltungen entsprechen: dies alles wäre so wenig konstatierbar, wie es schon die Existenz des ‚Fremdpsychischen' als solche ist. Das gleiche würde a fortiori von der Kunstwissenschaft, der Religionswissenschaft und allen anderen ‚Kulturwissenschaften' gelten — sofern sie etwas anderes sein wollen als die Darstellung physischer Dinge und der Veränderungen, die sich an ihnen abspielen" *(2.13,* 41 f.). Cassirer meint weiter folgerichtig, daß wir diesem erkenntnismonopolistischen Anspruch gemäß an Raffaels „Schule von Athen" nichts anderes sehen könnten als eine Leinwand, die mit Farbflecken von bestimmter Qualität und in bestimmter räumlicher Anordnung bedeckt ist. Sobald wir uns aber in die *Darstellung* versenken, wird das Kunstwerk nicht mehr als Ding unter Dingen betrachtet, sondern die Farben auf dem Ge-

---

[17] Vgl. Rudolf Carnap: Die physikalische Sprache als Universalsprache der Wissenschaft, in: Erkenntnis 2 (1932), S. 441 ff.

mälde Raffaels drücken eine spezifische apophantische Beziehung aus, haben auch Darstellungsfunktion, insofern sie nämlich auf ein Objektives hinweisen. Wir sehen die Farben nicht *als* Farben, sondern wir sehen durch sie eine bestimmte Szene, ein Gespräch zwischen zwei Philosophen. „Aber auch dieses Objektive ist nicht der einzige und wahrhafte Gegenstand des Gemäldes. Das Gemälde ist nicht einfach die Darstellung einer historischen Szene, eines Gesprächs zwischen Platon und Aristoteles. Denn nicht Platon und Aristoteles, sondern Raffael ist es, der hier in Wahrheit zu uns spricht. Diese drei Dimensionen: die Dimension des physischen Daseins, des Gegenständlich-Dargestellten, des Persönlich-Ausgedrückten sind bestimmend und notwendig für alles, was nicht bloß ‚Wirkung‘, sondern ‚Werk‘ ist, und was in diesem Sinne nicht nur der ‚Natur‘, sondern auch der ‚Kultur‘ angehört" (*2.13*, 43).
Es erscheint in diesem Zusammenhang dennoch geboten, der Intention der Physikalisten Rechnung zu tragen, um zu sehen, wogegen sie Stellung bezogen haben. Schlick war bestrebt, die ontologischen Hypostasierungen von naturwissenschaftlicher und geisteswissenschaftlicher Betrachtungsweise zu kritisieren und in Anbetracht der Erlebnismannigfaltigkeit einen Monismus der Erkenntnis zu proklamieren. „Pluralismus und Monismus treffen beide in ihrer Weise die Wahrheit, nur dem *Dualismus* läßt sich keine gute Seite abgewinnen. Eine Zweiteilung der Welt in Physisches und Psychisches, in Wesen und Erscheinung, in ein Reich der Natur und ein Reich des Geistes, oder wie die Gegensätze sonst noch lauten mögen, läßt sich nicht verteidigen, nicht durch wissenschaftliche Gründe rechtfertigen. Die Verschiedenheit des Seins ist nicht zweifach, sondern unendlichfach: das ist die pluralistische Wahrheit. Aber es besteht auch die mo-

nistische Wahrheit: in einem anderen Sinne ist alles einheitlich und gleichartig. Die bunte Wirklichkeit wird eben überall von *denselben* Gesetzen beherrscht, denn sonst ließe sie sich nicht überall durch dieselben Begriffe bezeichnen: sie wäre nicht erkennbar. Erkennen heißt ja das Auffinden des Einen im Anderen, des Gleichen im Verschiedenen. Soweit die Welt erkennbar ist, ist sie einheitlich. Ihre Einheit kann nur bewiesen werden durch die Tatsache ihrer Erkennbarkeit und hat keinen anderen Sinn" (*1.51*, 283). Man ersieht daraus ein Bestreben des frühen logischen Empirismus: eine objektive Erkenntnis jener allgegenwärtigen Elemente der Wirklichkeit zu gewinnen, in bezug auf welche erst die subjektiven Erlebnisinhalte darstellbar werden. Der dabei zugrunde gelegte Erkenntnisbegriff hat hinsichtlich der faktisch vorliegenden, mit Erkenntnisanspruch auftretenden Einsichten eine ungemein restringierende Funktion. Aber diese negative Konsequenz schließt doch, worauf Ernst Cassirer aufmerksam machte, zugleich eine positive Einsicht ein, da sie implizit ein Unterscheidungskriterium der Hauptklassen des wissenschaftlichen Erkenntnisbemühens formuliert: „Man kann dem ‚Physikalismus' die Anerkennung nicht versagen, daß er eine wichtige Klärung des Problems herbeigeführt, daß er das Moment, auf welches wir in der Unterscheidung der Kulturwissenschaft von der Naturwissenschaft den Nachdruck legen müssen, als solches *gesehen* hat. Aber er hat den gordischen Knoten zerhauen, statt ihn zu lösen" (*2.13*, 42).

Die gordische Lösung des Physikalismus ist nicht zuletzt darin zu erblicken, daß sein erkenntnismonopolistischer Anspruch auf seine eigenen Intentionen und deren Rechtfertigung unanwendbar wird; denn man kann auch über die mit dessen eigenen methodologischen Auffassungen verknüpften Absichten diskutieren, geht dabei von Erkenntnissen aus und gelangt zu neuen, obschon allerdings keineswegs immer zu solchen in physikalischer Sprache. — Ein weiterer kritischer Einwand richtet sich gegen das reduktionistische Programm des Physikalismus. In ihm bleibt die Frage nach dem erkenntnisleitenden Interesse der verschiedenen Wissenschaftsdisziplinen unberücksichtigt und demgemäß auch der Umstand, daß es letzte „objektive" Elemente stets nur *in bezug auf ein bestimmtes System* gibt. Für einen Historiker oder Soziologen ist so etwa ein singulärer Mensch eines der letzten Elemente; die Tatsache, daß ein menschliches Individuum seinerseits wieder aus biologischen Zellen, Zellverbänden etc. besteht, ist für die primäre Fragestellung des Gesellschaftswissenschaftlers nicht relevant. Letzte Elemente nur im Sinne eines physikalischen „Atomismus" oder „Elementarismus" zu verstehen, bedeutete jedoch, andersartige systemrelative Fragestellungen als dem Bemühen einer „objektiven" Erkenntnisfindung gegenüber inadäquat anzusehen. Man kann vielleicht daraus ersehen, daß sich aus derartigen erkenntnistheoretischen Erwägungen auch gewisse Schlüsse mit Bezug auf die Voraussetzungen ziehen lassen, unter denen sich die Diskussion der Objektivitätsproblematik im Rahmen einer Erörterung der Pragmatik der geschichtswissenschaftlichen Tätigkeit vollzieht. Dazu sollen im III. Kapitel noch eingehendere Erörterungen folgen.

II. Die Form historischer Erklärungen

Was man sich auch in metaphysischer Absicht für einen Begriff von der *Freiheit des Willens* machen mag: so sind doch die *Erscheinungen* desselben, die menschlichen Handlungen, eben so wohl als jede andere Naturbegebenheit, nach allgemeinen Naturgesetzen bestimmt. Die Geschichte, welche sich mit der Erzählung dieser Erscheinungen beschäftigt, so tief auch deren Ursachen verborgen sein mögen, läßt dennoch von sich hoffen: daß, wenn sie das Spiel der Freiheit des menschlichen Willens *im großen* betrachtet, sie einen regelmäßigen Gang derselben entdecken könne; und daß auf die Art, was an einzelnen Subjekten verwickelt und regellos in die Augen fällt, an der ganzen Gattung doch als eine stetig fortgehende obgleich langsame Entwickelung der ursprünglichen Anlagen derselben werde erkannt werden können.

I. Kant, Idee zu einer allgemeinen Geschichte in weltbürgerlicher Absicht

Ebensowenig wie eine Erkenntnis kann die Geschichte einen vollendeten Abschluß finden in einem vollkommenen Idealzustand der Menschheit...

F. Engels, Ludwig Feuerbach und der Ausgang der klassischen deutschen Philosophie

1. Die Allgemeingültigkeit der Rechtfertigungslogik

Vorbemerkungen

Windelbands Zweiteilung der Erfahrungswissenschaften in nomothetische und idiographische Forschungsdisziplinen galt lange Zeit für eine Systematologie der Wissenschaften als grundlegendes Klassifikationsprinzip. Sehr früh hat bereits Wilhelm Dilthey Bedenken gegenüber dieser Unterscheidung geäußert (*2.22*, 256 ff.); später waren es vor allem Wissenschaftstheoretiker aus dem Lager des logischen Positivismus, welche die Richtigkeit und Fruchtbarkeit dieses Klassifikationsprinzips in Frage stellten. Richard von Mises machte bespielsweise gegen diese Unterscheidung geltend, daß man wohl die Sprachwissenschaften und die Nationalökonomie als Naturwissenschaften ansehen müßte, wäre die Aufstellung allgemeiner Gesetze ein spezifisches Merkmal der Naturwissenschaften; andererseits wäre es nötig, die Paläontologie und die Kosmogonie etwa als Geschichtswissenschaften anzusehen, da sie es mit Vorgängen zu tun haben, die im gleichen Sinn „einmalig" sind wie die der Geschichtswissenschaft (vgl. *1.40*, § 17, 18). R. von Mises fand, daß die Unterscheidung zwischen nomothetischen und idiographischen Wissenschaften, zwischen generalisierenden und individualisierenden Disziplinen nur die idealisierten Extremfälle der theoretischen Physik einerseits und der historischen Forschung i. e. S. andererseits decken könne, aber keineswegs der realen Praxis und den tatsächlichen Erfordernissen dieser Disziplinen Rechnung trage. „Man kann vielleicht den Gegensatz zwischen den beiden extremen Sachgebieten dahin skizzieren, daß der Physiker *vorwiegend* allgemeine Sätze ausspricht und die Folgerung auf den Einzelfall dem Leser überläßt, während der Historiker seine Allgemeinurteile in *erster Linie* zur Auswahl und Formulierung der den Individualvorgang beschreibenden Einzelsätze benutzt und nur diese ausspricht" (*1.40*, 235). Eine solche Betrachtungsweise der einzelwissenschaftlichen Tätigkeit schließt die Möglichkeit idiographischer Methoden in den Naturwissenschaften und nomothetischer Verfahren in den historischen Disziplinen ausdrücklich ein. Sie ist nicht nur für eine Deskription des faktischen Wissenschaftsbetriebs nützlich, sondern auch eine Konsequenz der Einsicht in die für die Rechtfertigung aller mit wissenschaftlichem Anspruch auftretenden Aussagen charakteristische logische Grundstruktur.

Vor dem Hintergrund der soeben kurz skizzierten Einschränkungen darf nach wie vor die Betrachtung des Individuellen, Einmaligen, Singulären als Domäne der Geschichtswissenschaft i. e. S. angesehen werden. Wenn aber in diesem Zusammenhang dennoch gelegentlich auch heute noch der Ansicht Ausdruck verliehen wird, daß in der Geschichtswissenschaft, welcher es eben um das Einmalige gehe, Generalisationen, Gesetze und Theorien unbeachtet bleiben könnten, so dürfte dabei nur deren explizite Erwähnung gemeint sein. Im allgemeinen herrscht jedoch Klarheit darüber, daß der Historiker nur deshalb das Individuelle zu betrachten in der Lage ist, weil es gleichsam vor der Folie des Gleichförmigen und Typischen erscheint. Es ist ja so, daß jemand erst dann feststellen kann, etwas sei in dieser oder jener Beziehung einzigartig, wenn er weiß, in welcher Beziehung es jeweils nicht einzigartig, sondern die Exemplifizierung einer Regelmäßigkeit ist. Daher kann ein historischer Zustand oder Vorgang einmal als typisch, dann aber als einmalig aufgefaßt werden, je nach dem Aspekt, auf den wir unsere Aufmerksamkeit lenken.

Die Historiker sind bemüht, gesicherte singuläre Aussagen über den Vorgang und die Beziehungen spezifischer Handlungen untereinander und zu anderen partikulären Vorgängen zu formulieren. Obwohl diese Rekonstruktion von Wirkungszusammenhängen nicht ohne irgendwelche angenommenen Gesetzmäßigkeiten durchführbar ist, betrachten es Historiker nicht als ihr Anliegen, solche Gesetzmäßigkeiten ausfindig zu machen, welches Geschäft sie den sogenannten theoretischen Wissenschaften (Nationalökonomie, Soziologie, Psychologie etwa) überlassen. Ernest Nagel betrachtet daher auch den Unterschied zwischen der Geschichtswissenschaft und den theoretischen Wissenschaften als unmittelbar analog zum Unterschied zwischen der Geologie und der Physik oder zwischen der medizinischen Diagnose und der Physiologie. Ein Geologe, so führt Nagel aus, sucht beispielsweise die zeitliche Aufeinanderfolge geologischer Formationen zu ermitteln und er löst diese Aufgabe zum Teil durch die Anwendung verschiedener physikalischer Gesetze auf sein Forschungsmaterial; aber es ist nicht die Aufgabe des Geologen *als* Geologen, die Gesetze der Mechanik oder des radioaktiven Zerfalls aufzustellen, deren er sich bei seinen Forschungen bedient (vgl. *1.41,* 550). Nun ist gegen diese Analogie, welche Nagel anführt, nichts einzuwenden, sofern sie nur auf die strukturelle Identität der Rechtfertigung wissenschaftlicher Aussagen in Natur- und Geschichtswissenschaft aufmerksam machen soll. Aber es könnte aus ihr ein falscher Schluß dahingehend gezogen werden, daß der Historiker überhaupt nicht bemüht zu sein brauche, Gesetzmäßigkeiten, die nicht den bislang etablierten theoretischen Wissenschaften entnommen sind, selbst zu formulieren. Einerseits muß hier beachtet werden, daß er ja faktisch — etwa wenn er den parlamentarischen

Mechanismus im Österreich der Ersten Republik oder die Rekrutierung der militärischen Führung im Frankreich Ludwigs XIV. untersucht — doch historisch beschränkte Verallgemeinerungen (Quasi-Gesetze oder Quasi-Theorien) zu formulieren genötigt ist. Ferner gab und gibt es Historiker, welche sich im Verlauf einschlägiger komparativer Analysen um so etwas wie induktive Generalisationen höherer Ordnung bemühten; und darüber hinaus auch solche, die zu Entwicklungsgesetzen größeren Maßstabs dadurch zu gelangen trachteten, daß sie eine Antwort auf die Frage zu finden versuchten, warum jene vorhin erwähnten Quasi-Gesetze oder Quasi-Theorien in Wirksamkeit waren und welches Bildungsgesetz (welche „Formationsregel") die Sequenz derartiger Gesetzmäßigkeiten bestimmt.

Es erscheint in diesem Zusammenhang abermals am Platz, auf den Unterschied zwischen Theorien und Quasi-Theorien hinzuweisen, da der linguistische Schein der Allgemeinheit von Aussagen für Historiker oftmals irreführend ist; denn obwohl alle Theorien universelle Aussagen sind, sind nicht alle universellen Aussagen Theorien. Vergegenwärtigt man sich, was eine wissenschaftliche Theorie im idealen Verstande ist, so sieht man, daß es sich dabei um eine universelle empirische Aussage handelt, welche eine funktionale oder eine kausale Verknüpfung i. e. S. zwischen zwei oder mehreren Typen von Ereignissen behauptet. In ihrer einfachsten Fassung hat eine wissenschaftliche Theorie die Form: „Wenn X vorliegt, dann ist auch Y der Fall." Wie sich zeigen läßt (vgl. Kap. I, 4 und Kap. II, 2), bedarf diese Wenn-dann-Beziehung einer Spezifizierung insofern, als die mit X bezeichneten Bedingungen einmal als Antezedens der mit Y bezeichneten Bedingungen angesehen werden können, und damit eine kausale Beziehung i. e. S. kenn-

zeichnen; weiters aber auch im Hinblick auf die Möglichkeit, daß die Bedingungen, welche mit X und Y bezeichnet werden, simultan vorliegen, wie dies für das Verhältnis der funktionalen Determination charakteristisch ist. Eine wissenschaftliche Theorie ist deshalb universell, weil sie etwas über die Bedingungen aussagt, unter denen ein Ereignis oder eine Art von Ereignissen stets auftritt. Es wird oft gesagt, daß viele wissenschaftliche Theorien überhaupt nicht universell, sondern nur statistischer oder probabilistischer Art seien. Aber es muß hier ausdrücklich festgehalten werden, daß auch eine wissenschaftliche Theorie von statistischer Form eine universelle Proposition zum Ausdruck bringt; denn sie formuliert eine Invarianzbeziehung von der Art, daß ein bestimmtes Maß der Wahrscheinlichkeit stets angenommen werden muß, dem zufolge X die Bedingung für das Auftreten von Y ist. Eine probabilistische Theorie kann erst als wissenschaftliche angesehen werden, wenn sie nicht nur eine Aussage darstellt, welche sich auf eine Anzahl von Fakten bezieht, sondern wenn sie festlegt, daß man immer dann, wenn man ein hinreichend umfangreiches Sample nimmt, in welchem X auftritt, auch konstatieren kann, daß sich Y mit einem bestimmten Grad der Wahrscheinlichkeit ereignet. Die in einer wissenschaftlichen Theorie von statistischer Form zum Ausdruck gebrachte Invarianz bezieht sich somit auf eine unbegrenzte Möglichkeit der Auswahl von Samples, in welchen eine charakteristische Art von Beziehungen zwischen zwei oder mehreren Klassen von Bedingungen besteht. Das heißt also, daß sie nur die Bedingungen festlegt, unter denen eine bestimmte Art von Ereignissen in einem bestimmten Prozentsatz der Fälle auftritt.
Wissenschaftliche Theorien sind notwendigerweise empirisch, was aber nicht besagt, daß sie bloß das Produkt

empirischer Beobachtungen sind und damit Generalisationen auf der Basis einer begrenzten Anzahl von Fällen. Empirische Betrachtungen beziehen sich auf partikuläre Ereignisse, Theorien ist aber eine universelle Anwendbarkeit eigen. Die syntaktische Uniformität empirischer Generalisationen und wissenschaftlicher Theorien oder Gesetze kann nicht darüber hinwegtäuschen, daß sie in unterschiedlichem Maße einen „empirischen Gehalt" haben. Denn induktive Generalisationen beziehen sich auf numerisch begrenzte partikuläre Ereignisse, während sich Theorien nicht auf eine geschlossene, sondern offene Menge von in bestimmter Weise charakterisierten Ereignissen beziehen. Mit anderen Worten: Sogenannte theoretische Verallgemeinerungen, wie etwa Gesetze oder Theorien, beziehen sich auf potentiell unendliche Elemente einer Klasse von Erscheinungen, während sich sogenannte empirische Verallgemeinerungen auf geschlossene, mithin endliche Mengen beziehen. Beispiele für solche empirisch-induktiven Verallgemeinerungen sind etwa die historischen Aussagen: „Jeder Soldat der napoleonischen Armee erhielt Sold", „Alle amerikanischen Präsidenten vor Kennedy waren Protestanten", „Die Geschichte aller bisherigen Gesellschaft ist die Geschichte von Klassenkämpfen."

Es soll in diesem Zusammenhang nicht darum gehen, weiter auf das Unterscheidungskriterium zwischen diesen beiden soeben erwähnten Arten von Allaussagen: solchen, welche einen „notwendigen", und solchen, welche einen „zufälligen" Zusammenhang zum Ausdruck bringen, näher einzugehen[18]. Hier sei nur noch auf die

---

[18] Vgl. dazu vor allem Nelson Goodman: Fact, Fiction and Forecast, Cambridge/Mass., 1955, vor allem S. 24—31.

heuristische Fruchtbarkeit der Unterscheidung von theoretischen und quasi-theoretischen Sätzen im soeben kurz charakterisierten Sinne hingewiesen. (Gleichwohl muß einschränkend sofort darauf aufmerksam gemacht werden, daß diese Unterscheidung nicht als absolute zu verstehen ist, da sich im Laufe der Zeit und auf einer höheren Stufe der Theoretizität gar manche Theorie als Quasi-Theorie entpuppte.) Der heuristische Wert dieser Unterscheidung besteht darin, daß man sich in Anbetracht von Quasi-Theorien eine Rekonstruktion ihrer Wirkungsbedingungen zu leisten bemüht, um davon ausgehend die Geltung derartiger temporär wirksamer Gesetzmäßigkeiten unter Zuhilfenahme einer sogenannten *„covering law theory"* zu erklären. Diese bildet als theoretischer Satz (theoretisches Satzsystem) nicht mehr einen „zufälligen" Zusammenhang ab, sondern gleichsam das Bildungsgesetz der „Zufälle"; sie wird insofern als „notwendig" bezeichnet, als sich aus ihr — in Konjunktion mit den spezifischen historischen Wirkungsbedingungen — das singuläre Explanandum (hier: eine Quasi-Theorie) als logisch notwendige Konklusion ableiten läßt. So suchte sich ja etwa auch Marx nicht, wie es im Sinne des Historismus seiner Zeit gewesen wäre, nur mit der Katalogisierung der strukturellen Eigenheiten von Völkern und Kulturkreisen zu begnügen, sondern er war bemüht, die jeweiligen epochalen „Strukturen", „Typen", „Lebensformen" und deren Veränderungen weitgehend nach Maßgabe der für sie alle gleichermaßen geltenden Gesetze der politischen Ökonomie warenproduzierender Gesellschaften sowie der spezifischen intellektuellen und technologischen Bedingungen zu erklären. Wie Darwin etwa über Linné, so ging Marx über die Historisten seiner Zeit hinaus; es ging ihm nicht nur darum, auf „Typen" zu achten, sondern vor allem auf Mischtypen und auf die Übergänge vom einen Typus zum anderen, um sich dann diesen Vorgang zu erklären. Das historische, regional orientierte Immanenzprinzip hilft in solchem Zusammenhang nicht weiter: „Hat sich eine Struktur als variabel erwiesen, so suchen wir nach einer tieferen Struktur, die invariant ist. Der methodologische Historismus kann (dagegen) nicht mehr leisten, als ein Suchverbot mit einer Scheinbegründung zu versehen." [19] Der Historismus praktiziert die Konjunktion des Disparaten und will sich damit vor der „Spekulation" hüten, das „Einmalige" unter ein allgemeines Gesetz zu zwingen; der historische Kosmos soll beschrieben, aber nicht erklärt sein. Der Historismus petrifiziert jedoch oftmals nur die Selbstinterpretation des jeweils herrschenden *Common sense*, wenn er sich bemüht, nur immanent zu deuten. Nicht jede Meinung über das Wirkliche ist vernünftig, und der Fortschritt der Erkenntnis vollzieht sich auch in den Gesellschaftswissenschaften meist quer zur wissenschaftlichen „Realpolitik" der empiristischen Faktographie. In den Naturwissenschaften waren gerade deren beste Vertreter stets bemüht, Erscheinungen unter ein erklärendes Prinzip zu bringen, welche für den jeweils etablierten wissenschaftlichen *Common sense* höchst disparate Phänomene darstellten. So war es etwa möglich, *eine* physikalische Theorie zu entwickeln, die den Fall eines Steins zum Boden, die Bewegung der Planeten um die Sonne und das Phänomen von Ebbe und

---

[19] Hans Albert: Markt und Organisation. Der Marktmechanismus im sozialen Kräftefeld, in: Systeme und Methoden der Wirtschafts- und Sozialwissenschaften, Tübingen 1964; wiederabgedruckt in: H. Albert: Marktsoziologie und Entscheidungslogik. Ökonomische Probleme in soziologischer Perspektive (Soziologische Texte, Bd. 36), Neuwied-Berlin 1967, S. 392—417, 415.

Flut zu erklären in der Lage ist. Es ist nicht einzusehen, warum im Bereich der gesellschaftswissenschaftlichen Forschung *a priori* unmöglich sein soll, was im Bereich der Naturwissenschaften bereits Wirklichkeit geworden ist.

a) Zum Charakter der „covering law theory"

Wie vor ihm etwa K. R. Popper *(1.44)*, so hat in einem berühmt gewordenen Aufsatz aus dem Jahre 1942 der Neopositivist C. G. Hempel das Schema der kausalen Erklärung für die Geschichtswissenschaft rekonstruiert *(1.101)*; man nennt dieses gewöhnlich das Popper-Hempel-Schema (auch: hypothetiko-deduktive Methode). William H. Dray hat ihr den Namen *„covering law theory"* verliehen, der, wie sich zeigen läßt, nicht ganz klar ist und eine Reihe von Mißverständnissen formuliert, aber auch provoziert hat. Im Falle dieses Schemas ist eine Reihe bedeutsamer Vorentscheidungen dahingehend getroffen, daß nicht ein methodologischer Dualismus zwischen „finalen", „teleologischen" oder „intentionalen" Erklärungen auf der einen Seite und „kausalen" auf der anderen mit dem Effekt eines Wissenschaftsseparatismus angestrebt wird. Dies geschieht erstens dadurch, daß man den Erklärungsbegriff so weit faßt, daß die Suche nach einer Erklärung sich nicht nur auf „Realgründe", sondern auch auf „Vernunftgründe" bezieht. Mit anderen Worten: Die Suche nach einer Erklärung in der Geschichtswissenschaft schließt ausdrücklich auch Ursachen in den Termini von Motiven, Zielen, Plänen und Absichten ein. — Eine weitere wichtige Vorentscheidung der „covering law theory" — im folgenden als CLT abgekürzt — besteht darin, daß die in ihr formulierten Gesetzesprämissen nicht nur strikt deterministischer, sondern auch probabilistischer (statistischer) Art sein können. Gerade in jenen soeben erwähnten Erklärungen in den Termini von Motiven, Absichten etc. sind ja induktive Argumente eingeschlossen, die nicht den Charakter von strikt deterministischen Gesetzmäßigkeiten haben. Inwiefern damit die Vertreter der CLT einer Kausalitätskonzeption anhängen, welche über den Rahmen der klassischen Auffassung von kausaler Erklärung hinausgeht, soll noch in Kapitel II, 2 näher erörtert werden.

Leistungen und Grenzen der CLT finden in einer umfangreichen Literatur ihre Darstellung. Einen gedrängten, aber sehr repräsentativen Überblick über die Thematik der historischen Erklärung bietet ein Artikel von Rudolph Weingartner in der „Encyclopaedia of Philosophy" *(1.131)*. Die CLT war im Laufe der Zeit einer Fülle von Mißverständnissen ausgesetzt, worauf bereits jetzt gelegentlich kurz hingewiesen sei, um dadurch die Intention der CLT, gewissermaßen vor dem Hintergrund der Gegenbilder, besser erfassen zu können — und dies selbst auf die Gefahr hin, daß dabei im einen oder anderen Falle Wiederholungen im Zusammenhang verwandter Erörterungen in den beiden anderen Kapiteln dieser Arbeit auftreten.

Ein Ereignis gilt gemäß der CLT dann als erklärt, wenn die darauf bezügliche Aussage logisch aus Prämissen abgeleitet werden kann, welche (erstens) aus einer Menge von gut konfirmierten Aussagen bestehen, die Anfangs- oder Randbedingungen formulieren, und (zweitens) aus einer Menge von gut konfirmierten universellen Hypothesen, also allgemeinen Gesetzmäßigkeiten; das Ereignis, welches erklärt werden soll, wird als *Explanandum* bezeichnet, die zwei Klassen von Aussagen (Randbedingungen und Gesetzmäßigkeiten) als das *Explanans*, wenn die auf das Explanandum-Ereignis bezogene Aussage aus diesen beiden Mengen von Prämissen ableitbar ist. Historiker sagen sinngemäß oftmals, daß ein historisches Individuum A eine Handlung H wegen U ausführte. Die Popper-Hempelsche Konzeption der Erklärung läuft in ihrer einfachsten Formulierung auf die Behauptung hinaus, daß die Rechtfertigung einer erklärenden Aussage von der Art: A tat H wegen U, den Nachweis involviert, daß die Anfangsbedingungen U auf A zutreffen und daß ein Gesetz von der Form besteht: Wenn U für Individuen von der Art A zutrifft, dann wird *immer*, oder: dann wird *mit* der und der *Wahrscheinlichkeit*, etwas geschehen, was als Handlung von der Art H klassifizierbar ist. Oder anders gewendet: Die notwendige, wenn auch nicht die hinreichende Bedingung dafür, daß eine Erklärung als erklärend akzeptiert wird, besteht in jedem beliebigen Wissenschaftsgebiet darin, daß die zu erklärende Aussage

— ableitbar ist aus einer Aussage oder einer Menge von Aussagen, welche ein sogenanntes universelles oder deterministisches Gesetz formulieren, zusammen mit einer Aussage über Anfangsbedingungen; oder daß die zu erklärende Aussage
— ableitbar ist aus einer Aussage oder einer Menge von Aussagen, die ein sogenanntes probabilistisches oder statistisches Gesetz formulieren, zusammen mit einer Aussage über Anfangsbedingungen.[20]
Dreierlei ist dabei von Wichtigkeit: erstens, daß im Falle der Geschichts-, wie der Gesellschaftswissenschaften allgemein, relevante Gesetzesaussagen so gut wie immer

---

[20] Zum Verhältnis von deterministischen und statistischen Gesetzen im Rahmen von Erklärungen vgl. vor allem *1.104*.

probabilistischen Charakter haben; zweitens, daß es sich bei historischen Erklärungen meist um einen Spezialfall von probabilistischen Erklärungen insofern handelt, als diese zumeist sogenannte „genetische" oder „narrative" sind. In diesem Fall beziehen sich die Anfangsbedingungen, worauf die Historiker hinweisen, auf Zustände und Ereignisse in zum Teil weit auseinanderliegenden Zeiträumen, und nicht — wie im Fall der probabilistischen Erklärungen in funktionaler Absicht — auf gleichzeitig vorliegende. Wenn in Erklärungen also induktiv gewonnene Wahrscheinlichkeitsgesetze benützt werden, so kann nur behauptet werden, daß eine bestimmte Handlung wahrscheinlich erfolgen wird oder daß ein bestimmtes Ereignis wahrscheinlich eintreten wird. Im Rahmen einer historischen Retrodiktion besagte dies etwa, daß ein bestimmtes Ereignis — hätte es stattgefunden — wahrscheinlich diesen oder jenen Effekt gehabt hätte. Dies genügt den Anforderungen einer wissenschaftlichen Erklärung. — Schließlich ist, drittens, der Hinweis von Wichtigkeit, daß die Gesetze in historischen Erklärungen meist nicht explizit erwähnt werden und nach der Auffassung von Popper und Hempel auch gar nicht explizit erwähnt werden müssen. Gewiß wird sich der Historiker in den meisten Fällen mit Erklärungsskizzen — *„explanation sketches"* lautet Hempels Ausdruck dafür — begnügen, aber nomologische Hypothesen sind implizit in jeder genuin wissenschaftlichen Erklärung vorhanden. Spätestens bei der Erwähnung von „Anomalien" im Verhalten von historischen Subjekten oder im Geschichtsverlauf gibt der jeweilige Historiker einen indirekten Hinweis auf die nomothetischen Prinzipien, welche seine Geschichtsbetrachtung leiten.

Sowohl gegen das deduktiv-nomologische (a) wie gegen das induktiv-probabilistische Modell (b) wurde eine Reihe von Einwänden erhoben.

a) G. H. von Wright formuliert einen Einwand gegen Hempels deduktiv-nomologisches Schema im Anschluß an die exemplarische Frage: „Warum ist dieser Vogel schwarz?" Die Antwort: „Das ist ein Rabe und alle Raben sind schwarz", erklärt seiner Meinung nach keineswegs, warum gerade dieser Vogel schwarz ist. Von Wright verlangt, daß eine Erklärung im Anschluß an die vorhin formulierte Frage in näheren Bezug zum Gegenstand der Erklärung gebracht werden müsse, als dies durch den bloßen Hinweis auf das Gesetz geschehe, welches die allgemeine Verknüpfung der zwei Charakteristika des Rabe-Seins und der Schwärze formuliert; es sei eben nötig, darauf eine Antwort zu erhalten, was für die schwarze Farbe dieses Vogels „verantwortlich" ist (*1.57*, 19). Ganz ähnlich lautet ein Einwand von Michael Scriven, in einem bereits früher publizierten Aufsatz (*1.126*, 344). Wenn, so meint Scriven, jemand etwa fragt, warum ein Kind Tapeziernägel in seine Suppe streut, und darauf zur Antwort erhält, daß dies jeder (oder fast jeder) in dessen Familie tut, so sei es kaum möglich zu sagen, daß damit die Frage beantwortet ist oder daß damit eine Erklärung vorgelegt würde, welche ein Verstehen dieser abstrusen Handlung möglich mache. Vielmehr verallgemeinere eine derartige Antwort nur das in Betracht stehende Problem. Die Einwände von G. H. von Wright und M. Scriven formulieren unzweifelhaft ein Problem, das unverändert auch für historische Generalisationen gilt; aber obschon diese Autoren Hempels Ansprüche kritisieren wollen, praktizieren sie ja letztlich nur selbst die CLT, indem sie nach einer Erklärung für eine Gesetzmäßigkeit fragen, deren erklärende Funktion hinsichtlich eines singulären Ereignisses ihnen unzulänglich zu sein scheint. Sie sind damit in ihrer Kritik an Hempel gute Apologeten seiner methodologischen Position.

Allerdings verdient jener Aspekt im Zusammenhang des durch von Wright und Scriven formulierten Problems noch Berücksichtigung, der etwa als ein „Überfragen" einer vorliegenden Erklärung bezeichnet werden könnte und der eigentlich den Sachverhalt der unterschiedlichen „Intentionstiefe" des Sinnes von Fragen betrifft. Es wird nämlich im Verlauf der bei von Wright und Scriven vorliegenden Argumentation häufig übersehen, daß die Akzeptierung einer Erklärung für ein Ereignis nicht abhängig ist von der Akzeptierung einer tieferen Erklärung der in Betracht stehenden primären Erklärung. Einen ähnlichen Sachverhalt erörtert John Hospers in seinem bekannten Aufsatz „What is Explanation?" (*1.106*, 102 f.). Wenn ich, so meint Hospers, frage, warum die Wasserrohre im Keller in der letzten Nacht geplatzt sind, so kann jemand darauf zur Antwort geben, daß dies geschah, weil es im Keller zu kalt war; ein anderer könnte antworten, daß dies geschehen sei, weil sich das Wasser ausdehnt, wenn es gefriert; ein dritter könnte schließlich sagen, daß wir gar nicht die „wirkliche" Erklärung für das Platzen der Wasserrohre kennen, solange wir nicht feststellen können, warum sich Wasser ausdehnt, wenn es gefriert. Hospers meint nun, daß es nicht angehe, zu sagen, daß die ursprüngliche Frage erst dann erklärt sei, wenn wir eine Antwort in den Termini der Struktur des Wassermoleküls vorliegen haben. Das besagt aber, daß nach Hospers die ersten beiden in Betracht stehenden Erklärungen hinsichtlich ihrer erklärenden Funktion nicht abhängig sind von einer Erklärung der Frage, warum sich Wasser ausdehnt, wenn es gefriert. Was Hospers im Anschluß an sein Beispiel feststellt, trifft exakt einen bei von Wright und Scriven im Zusammenhang ihrer vorhin erörterten Beispiele nicht klar herausgestellten Tatbestand: „*In logischer Hinsicht* sind die Antworten, welche auf jede Frage gegeben werden, zufriedenstellende Erklärungen; aber *in psychologischer Hinsicht* mögen sie nicht gleichermaßen zufriedenstellend sein, *welcher Umstand vom vorgängigen Wissen des Fragestellers abhängig ist*" (ebd. S. 103). Wenn vorhin gesagt wurde, daß von Wright und Scriven ein wichtiges Problem formulierten, so ist durch die inzwischen vorgebrachten Hinweise davon nichts zurückzunehmen. Aber dieses Problem ist nicht Hempels Problem, sondern das Problem des unterschiedlichen Sinnes, der mit äquivoken Fragen verknüpft wird.

b) Gravierender als die eben erwähnten Einwände hinsichtlich des deduktiv-nomologischen Aspekts der CLT sind die Bedenken gegen die induktiv-probabilistischen Erklärungen im Rahmen dieses Schemas. Wenn in einer historischen Retrodiktion das Explanandum (der zu erklärende Tatbestand) aus dem Explanans (der Konjunktion von Gesetzen und Anfangsbedingungen) ableitbar ist, so gilt, wie bereits erwähnt wurde, eine Aussage als erklärt. Im Falle historischer Erklärungen, in deren Verlauf probabilistische Gesetze zur Anwendung kommen, können wir nur ableiten, daß ein Ereignis *wahrscheinlich* eintritt. An diese Feststellung läßt sich aber nun die kritische Frage knüpfen, was wir denn in der Geschichtswissenschaft eigentlich erklären wollen: ein Ereignis oder die Wahrscheinlichkeit seines Zutreffens? Welche informative Relevanz hat ein derartiger induktiver Schluß überhaupt?

Gegen die induktiv-probabilistische Erklärung in der Geschichtswissenschaft findet sich in der Literatur eine

Vielzahl kritischer Anmerkungen. Ist es die Eigenheit einer deduktiv-nomologischen Erklärung, uns in die Lage zu versetzen, daß wir einsehen, warum ein bestimmtes Ereignis eintreten mußte, so besteht die Eigentümlichkeit induktiv-probabilistischer Erklärungen darin, daß wir die Möglichkeit offenlassen, daß ein in Betracht stehendes Ereignis nicht eintritt; daher lassen induktiv-probabilistische Erklärungen einen Platz für die zusätzliche Frage, warum ein Ereignis E, welches im Rahmen einer einschlägigen Erklärung „erklärt" wurde, tatsächlich eingetreten ist und warum es nicht ausgeblieben ist. Es wäre, so bemerkt G. H. von Wright im Hinblick auf diesen Sachverhalt, die Aufgabe einer deduktiv-nomologischen Erklärung, diese Frage zu beantworten. Sei dies nicht möglich, so erkläre eine induktiv-probabilistische Erklärung niemals, warum E *eintrat,* sondern nur, warum E *zu erwarten war* (*1.57,* 13). Daher stellt von Wright mit Bezug auf das induktiv-probabilistische Schema fest, daß dieses in erster Linie erkläre, „warum Dinge, welche eintraten, zu erwarten waren (oder nicht zu erwarten waren). Nur in einem sekundären Sinne erklärt es, warum Dinge geschahen, nämlich ‚weil' sie in hohem Maße wahrscheinlich waren. Es scheint mir nichtsdestoweniger besser, nicht zu sagen, daß das induktiv-probabilistische Modell erklärt, was geschieht, sondern nur zu sagen, daß es gewisse Erwartungen und Vorhersagen rechtfertigt" (*1.57,* 14). Diese Hinweise, welche ja den Auffassungen der Vertreter der CLT gegenüber keineswegs kontrovers sind (vgl. *1.103*), können die große Relevanz probabilistischer Hypothesen — auch im Rahmen der Geschichtswissenschaft — in keiner Weise herabmindern; wie in den Bereichen der Genetik, der statistischen Mechanik und der Quantentheorie, so haben sie auch im Bereich der Gesellschafts-

wissenschaften zu einer bedeutenden Steigerung unserer Weltorientierung beigetragen.
Wollte man nun aber aus dem Umstand, daß es die Geschichtswissenschaft so gut wie ausschließlich mit probabilistischen Hypothesen zu tun hat, ableiten wollen, daß sie nicht den Forderungen der Kausalitätskonzeption genüge, so wäre dieser Schluß nur unter der stillschweigenden Voraussetzung möglich, daß man allein strikt deterministische Gesetze als Kausalgesetze zu betrachten gewillt ist. Eine derart rigide Ansicht erweist sich aber als nicht praktikabel. Wie nach ihm etwa C. G. Hempel oder E. Nagel, so erschien bereits Bertrand Russell die Auffassung als nicht erkenntnisfördernd, Wahrscheinlichkeitsgesetze aus der Klasse der Kausalgesetze auszuschließen. Russell bestimmte ein Kausalgesetz als einen allgemeinen Grundsatz, der es ermöglicht, etwas über gewisse Gebiete der Raum-Zeit-Welt zu erschließen, wenn ausreichende Angaben über gewisse andere Gebiete der Raum-Zeit-Welt vorliegen. Der Schluß, so meinte er, mag nur wahrscheinlich sein, wenn aber die Wahrscheinlichkeit beträchtlich mehr als ein Halb sei, so könne der in Betracht zu ziehende Grundsatz als ein Kausalgesetz angesprochen werden. „Einer der Vorteile, wenn wir Gesetze zulassen, die nur Wahrscheinlichkeiten behaupten, besteht darin, daß wir dann in der Lage sind, die groben Verallgemeinerungen, von denen der gesunde Menschenverstand ausgeht, wie etwa ‚Feuer schmerzt', ‚Brot ernährt', ‚Hunde bellen' oder ‚Löwen sind wild' mit zur Wissenschaft zu rechnen. Dies sind alles Kausalgesetze, und bei ihnen allen kann es Ausnahmen geben, so daß sie in einem bestimmten Fall immer nur Wahrscheinlichkeit liefern. Das Feuer auf einem Plumpudding tut nicht weh, vergiftetes Brot nährt nicht, manche Hunde sind zu faul zu bellen, und

manche Löwen werden so anhänglich an ihre Wärter, daß sie aufhören wild zu sein. Aber in der großen Mehrzahl der Fälle werden die angegebenen Verallgemeinerungen sehr vernünftige Regeln für das Handeln sein." [21] Eine ähnliche Auffassung vertritt in der einschlägigen Debatte neben anderen auch Morton White (vgl. *1.55*, 188 f.). Gewiß erscheint es auch Vertretern jener wissenschaftstheoretischen Position, welche eine weitere Fassung von Kausalgesetzen befürworten, als erstrebenswert, die Erklärung statistischer Gesetze durch solche nicht-statistischer Art zu ermöglichen, um nicht nur die Wahrscheinlichkeit des Eintretens eines Ereignisses erklären zu können, sondern auch den Sachverhalt, daß es eingetreten ist. Rigide Konventionen mit Bezug darauf, was als Kausalgesetz anzusehen sei, bewirken jedoch nicht, daß die Uniformitäten der Natur alle solche einer hundertprozentigen Wahrscheinlichkeit sind, welche sich in strikt deterministischen Gesetzesaussagen formulieren lassen. Sehen wir uns diese Sachlage noch einmal von einem anderen Gesichtspunkt aus an.
Gewisse Vertreter einer strikten Kausalitätskonzeption erklären, daß stets dann, wenn behauptet wird, X sei die Ursache von Y, X *immer* von Y begleitet sein müsse, da dies der Sinn der Kausalitätsthese sei. Wenn X dagegen nur *manchmal* (wenn auch häufig) mit Y verknüpft ist, dann könne es nicht als Ursache im eigentlichen Sinne des Wortes betrachtet werden. Dieses Argument kommt einer definitorischen Festlegung der Ausdrücke „Ursache" und „Kausalität" gleich, ist aber nach Meinung der Vertreter der CLT dem Ziel der Erkenntniserweiterung und Erkenntnisintensivierung nicht förderlich.

---

[21] Das menschliche Wissen (Human Knowledge. Its Scope and Limits, New York 1948), dt. Darmstadt o. J., S. 306.

Denn wenn man — so bemerken diese — beobachte, daß X nur manchmal mit Y verknüpft ist, sei es nichtsdestoweniger sinnvoll zu behaupten, daß X mit Y kausal verknüpft ist; nur sei es eben erforderlich anzunehmen, daß es andere Bedingungen gibt, welche gemeinsam mit X gegeben sein müßten, um dafür hinreichend zu sein, daß Y eintritt. Wenn jemand in gewissen Fällen diese anderen Bedingungen gar nicht kennt oder auch gar nicht kennen kann, so besage das nur, daß er sich mit einer unvollständigen Theorie der kausalen Verknüpfung zwischen X und Y begnügen müsse (vgl. *1.9*, 4 f.). Diese Ansicht läuft also darauf hinaus, probabilistische Hypothesen als unvollständige kausale Hypothesen zu interpretieren, und ist als Aufforderung zu betrachten, den jeweiligen Grad der Wahrscheinlichkeit als Indikator dafür anzusehen, was wir an Determinationsbeziehungen noch nicht wissen. Eine derartige Deutung von probabilistischen Hypothesen stellt das Korrelat eines sogenannten universellen dynamischen Determinismus dar, welcher im Sinne der CLT ein regulatives Prinzip der wissenschaftlichen Tätigkeit ist.

Es wäre völlig verfehlt, probabilistischen Hypothesen im Rahmen der Geschichtswissenschaft nur unter der Voraussetzung wissenschaftliche Dignität zuzusprechen, daß sie durch strikt deterministische Gesetze erklärbar sind. Gewiß empfindet gerade der Historiker, dem es um die Erklärung von Einzelfällen und nicht um die Erklärung der Wahrscheinlichkeit des Zutreffens einer Klasse von solchen zu tun ist, ein Ungenügen in Anbetracht probabilistischer Hypothesen, welchem Empfinden bereits Ludwig Rieß in seiner „Historik" folgendermaßen Ausdruck gab: „Auch wenn es ein unabänderliches Gesetz gäbe, daß in dem gerade vorliegenden Gesellschaftszustand s jährlich x Mordtaten und y Selbstmorde vorkommen müssen, so wäre das doch für historische Ereignisse, wie die Ermordung Cäsars am 15. März 44 v. Chr. und Catos Selbstmord zwei Jahre vorher, gar keine Erklärung der Ereignisse. Denn das ist doch keine Erklärung, da die statistisch erforderlichen Zahlen in den betreffenden Jahren ohne Cäsars und Catos Tod nicht erreicht worden wären" (2.60, 43). Gewiß ist es richtig, daß die konkret vorgebrachten Geschichtshypothesen so etwas wie Durchschnittsgesetze sind und die großen Züge des geschichtlichen Prozesses erfassen wollen, wie sie sich aus den Handlungen ungezählter Individuen ergeben. Eine Schwierigkeit mit Bezug auf derartige Gesetze der großen Zahl bzw. statistische Regelmäßigkeiten liegt nun darin, daß die Geschehnisse nicht selten von Individuen oder kleinen Gruppen maßgeblich beeinflußt werden, für deren Verhalten und für deren Auftreten sich die in Betracht stehenden statistischen Verallgemeinerungen nicht benützen lassen. Und doch kommt es einer Bagatellisierung probabilistischer Hypothesen gleich, wenn man — allzu benommen durch die suggestive Eleganz strikt-deterministischer Gesetze der Makrophysik — übersieht, daß diese immerhin die wichtige Funktion haben, unseren Erwartungshorizont einzuschränken, so daß wir auch unsere einschlägigen „Suchstrategien" optimieren können. Vor allem ist deren Depravierung nicht am Platz gegenüber Vertretern der CLT, die sehr wohl darum Bescheid wissen, daß es gilt, statistische Gesetzmäßigkeiten dadurch zu prüfen, daß man die aus ihnen gezogenen Konsequenzen auf ihre Verträglichkeit mit Ableitungen aus bewährten Prinzipien von höherer Allgemeinheitsstufe untersucht. Und in vielen Fällen ist dies eben die einzige Möglichkeit, der gesetzmäßigen Abfolge „zufälliger" Ereignisse auf die Spur zu kommen.

In diesem Zusammenhang sei ein anderes Mißverständnis der Intention der Vertreter der CLT abgewehrt. Dieses Erklärungsmodell besagt nicht, daß es in einer wissenschaftlichen Darstellung unerläßlich sei, stets den unendlichen Komplex (zum Teil trivialer) theoretischer Voraussetzungen ausdrücklich anzuführen. Sie besagt mit Bezug auf das Wechselverhältnis von Idiographie und Nomothetik eben gerade nicht, daß sich der Historiker von seinem Geschäft der Darstellung von singulären Anfangsbedingungen abwenden soll. Was sie allein fordert, ist die potentielle Rückführung von Erklärungen singulärer historischer Fakten auf die für sie konstitutiven Theorien, deren Exaktheit und Reichweite erst über die oftmals behauptete Allgemeinheit der in Betracht stehenden Erklärung Aufschluß geben kann. Die folgenden Bemerkungen, die einer instruktiven Studie zur Methodologie der Sozialwissenschaften von George C. Homans entnommen sind, zielen in dieselbe Richtung: „Wenn die Historiker die Axiome der Geschichte nicht immer aussprechen, weil sie die Aufmerksamkeit des Lesers für das Wesentliche nicht durch Selbstverständlichkeiten und Wiederholungen ablenken wollen, so ist das wohlbegründet — solange sie dabei nur wissen, was sie tun, und sich von dieser vernünftigen Praxis auch nicht zu dem Irrtum verleiten lassen, daß es in der Geschichte als Wissenschaft keine Verallgemeinerungen gibt. Manche Historiker haben nach spezifischen Verallgemeinerungen über historische Prozesse gesucht. Sie haben keine eigenen gefunden, und diejenigen, die ihre Kollegen aufstellten, betrachteten sie mit Skepsis. Ich glaube, sie haben sie nicht gefunden, weil sie an falscher Stelle gesucht haben. Die Verallgemeinerungen haben immer offen in voller Sicht gelegen. Die größten Verallgemeinerungen in jeder Wissenschaft sind diejenigen, die sie — gleichgültig, ob sie dies zugibt oder nicht — tatsächlich als ihre Axiome benutzt, wenn sie etwas erklärt" (*1.24*, 50f.).

Gerade der soeben erwähnte G. C. Homans machte allerdings — bei aller Abwehr einer rein idiographisch-deskriptiven Sozialwissenschaft — auf eine wesentliche, die Hypothesen und Lehrsätze der Sozialwissenschaften kennzeichnende Schwierigkeit aufmerksam. Es wird ja häufig gesagt, daß die den Sozialwissenschaften eigentümlichen Schwierigkeiten in der Vielzahl und in der schweren Faßlichkeit ihrer Variablen zu suchen seien. Nun ist es aber so, daß die Ausgangsvariablen, die in allgemeinen nomologischen Hypothesen vorkommen, gar nicht zahlreich zu sein brauchen und sich dennoch eklatante Schwierigkeiten einstellen — Schwierigkeiten, die jede strukturalistisch-synchrone Funktionalanalyse charakterisieren, welche vom genetisch-diachronen Zusammenhang absieht. Nehmen wir etwa den Lehrsatz der Verhaltenspsychologie, der für die Erklärung in den Wirtschaftswissenschaften, aber auch in der Geschichtswissenschaft — um nur zwei gesellschaftswissenschaftliche Sparten anzuführen — gute Dienste leistet: Je wertvoller die Belohnung, um so häufiger oder wahrscheinlicher die Handlung, die diese Belohnung erhält. „Die Schwierigkeit liegt", wie Homans in diesem Zusammenhang ausführt, „nicht in der Zahl der Variablen, sondern in der Zahl der Menschen und der Gruppen, in deren verschiedenen Handlungen die Variablen verschiedene Werte annehmen. Sie liegt vor allem darin, zu zeigen, wie das Verhalten verschiedener Menschen, das die gleichen generellen Hypothesen veranschaulicht, im Laufe der Zeit zu unterschiedlichen Resultaten führt, wenn Verhaltensweisen aus der Vergangenheit die gegenwärtigen auf komplizierten Wegen beeinflussen. Die

Schwierigkeit liegt im geschichtsbedingten — oder, wie einige naturwissenschaftlich orientierte Philosophen sagen: genetischen — Charakter vieler unserer Erklärungen" *(1.24, 85)*. Daß wir aber auch nach den Gesetzen dieser Geschichtsbedingtheit fragen können, wie dies die CLT erstrebt, soll mit diesen Feststellungen von Homans nicht bestritten werden.

b) Mißdeutungen der „covering law theory"

(1) Es gibt zahlreiche Kritiken an der CLT, welche zumeist ein dazu alternatives Erklärungsschema, vor allem für die Geschichtswissenschaft, propagieren. Es sei kurz exemplarisch auf einige derartige Vorschläge hingewiesen. Der Ansicht von T. A. Goudge zufolge können historische Erklärungen nur Bedingungen angeben, welche dem zu erklärenden Ereignis zeitlich vorangehen oder mit diesem gleichzeitig gegeben sind und die zusammengenommen als hinreichend für das Eintreten des in Betracht stehenden Ereignisses anzusehen sind. Gesetze oder gesetzesartige Aussagen sollen nach Goudge in historischen Erklärungen keine Rolle spielen. Die logische Beziehung zwischen dem Explanans und dem Explanandum sei nämlich nicht implikativer, sondern konjunktiver Art. Der Historiker erkläre ein Ereignis durch die vollständige und kohärente Erzählung, d. h. durch die Darstellung der Bedingungen, unter denen es entstanden ist *(1.98)*. — Einen anderen Vorschlag zur Revision der CLT, welcher in gewisser Hinsicht eine Radikalisierung der Auffassungen von W. B. Gallie darstellt *(1.93)*, unterbreiten William H. Dray *(1.12)* und Arthur Danto *(1.10)*. Nach Ansicht beider Autoren gilt, wie für Gallie, daß ein Ereignis als erklärt gelten soll, wenn die notwendigen Bedingungen für sein Eintreten

aufgewiesen sind; aber sie gehen insofern über Gallie hinaus, als ihrer Meinung nach für eine kohärente Erzählung, welche in der Geschichtswissenschaft erklärende Funktion haben soll, weder explizit noch implizit generelle Hypothesen notwendig seien. Es empfiehlt sich, kurz auf diese Vorschläge, welche sich als Alternativen zur CLT verstehen, einzugehen.

Die erwähnten Auffassungen scheinen zunächst derjenigen von Richard von Mises nahezukommen, welche von der Unzulänglichkeit des populären Ursachebegriffs im Rahmen der Geschichtswissenschaft ihren Ausgang nimmt. Der wissenschaftlich eingestellte Historiker, so meinte schon von Mises, vermeidet wenn möglich eine Aussage von der Form: „Die Sittenverderbnis der höheren Stände war die Ursache des Verfalls der römischen Weltherrschaft." „Denn", so bemerkte er, „wenn man in diesem Satz die Kausalwendung durch das ersetzt, was sie dem Sprachgebrauch nach bedeutet (also durch die ausführlichere Beschreibung des Erlebnisses, dem sie zugeordnet ist), so müßte es heißen: Wir stellen uns vor, die gesamte Situation des römischen Weltreiches wäre noch mehrmals gegeben, in manchen Fällen mit der Ausnahme, daß die Sittenverderbnis (und was eventuell sonst als Mitursache gilt) fehlt, und wir behaupten, der Verfall würde dann und nur dann nicht eintreten, wenn diese Ausnahme vorliegt. Auch wer dies nicht so genau analysiert, empfindet das Unzulängliche der Verwendung des Wortes ‚Ursache' in dem oben angeführten Satz. Der Historiker, der seine Worte abwägt, wird es vorziehen, die Entwicklung, die Aufeinanderfolge der Situationen zu beschreiben, ohne sich dabei der zusammenziehenden, abkürzenden Kausal-Ausdrucksweise zu bedienen" (*1.40*, 174). Bei Goudge soll die Beschreibung derjenigen Bedingungen erfolgen, die für das Eintreten eines historischen Ereignisses hinreichend sind, bei Dray und Danto soll sich die Darstellung auf die notwendigen Bedingungen beziehen. In beiden Fällen sind nun aber bereits Annahmen am Werk, denen gemäß es selbstverständlich ist, daß bestimmte Vorkommnisse, die dem zu erklärenden Ereignis zeitlich vorgängig oder simultan mit ihm gegeben sind, im Verlauf des Erklärungsprozesses ausgeklammert werden. Auch die Vertreter der CLT sehen die Beschreibung notwendiger und/oder hinreichender Bedingungen (vgl. dazu auch Kap. II, 2) als Hauptaufgabe der Geschichtswissenschaft an, würden aber darauf hinweisen, daß die Erwähnung derartiger Bedingungen durch eine Explikation derjenigen Theorie ergänzt werden sollte, welche das Eintreten einer bestimmten Art von Ereignissen gerade mit den in der historischen Darstellung formulierten Bedingungen verknüpft. Schon Henri Poincaré sagte: „Der Gelehrte soll anordnen; man stellt die Wissenschaft aus Tatsachen her, wie man ein Haus aus Steinen baut; aber eine Anhäufung von Tatsachen ist so wenig eine Wissenschaft, wie ein Steinhaufen ein Haus ist."[22] Eine von keinerlei theoretischen Erwägungen geleitete Darstellung von intuitiv als notwendig betrachteten Bedingungen, wie sie von Dray und Danto vorgeschlagen wird, wäre aber nach Ansicht der Vertreter der CLT stets ein riskantes Unternehmen; vor allem in einer Welt, in der noch immer die Geburtenrate in Schweden mit der Einwanderungsrate von Störchen korreliert. — Die bloß narrative Kumulation gewisser Bedingungen für das Eintreten historischer Ereignisse kommt andererseits häufig jenem in der sozialwissenschaftlichen Forschung praktizierten Sachverhalt nahe, daß bestimmte Korrelationskoeffi-

---

[22] Wissenschaft und Methode, Leipzig 1904, S. 143.

zienten einfach bestimmte koexistierende oder sukzessiv vorliegende soziale Phänomene verknüpfen. Angesichts des in den Sozialwissenschaften häufig vorliegenden bloß systematisierten Deskriptivismus dieser Art stellt sich Michael Lipton die Frage, wo denn im Falle hochberühmter Korrelationskoeffizienten, welche die Rate gekaufter Fernsehapparate und die Zahl der Autounfälle in einem Land verknüpfen, der kausale Zusammenhang bleibe, und votiert deswegen für eine subtilere Darstellung von Kausalbeziehungen; diese kann aber nicht durch eine noch feinkörnigere Beschreibung ostensibler Phänomene geleistet werden, sondern nur durch eine theoretische Analyse der zwischen ihnen obwaltenden Beziehungen: „Die Tatsache, daß A und B kausal verknüpft sind, braucht nicht zu bedeuten, daß A nun B kausal bedingt. B kann die Ursache für A sein; oder C kann E durch Hinzutreten von D bewirken, das dann, zusammen mit A, B bedingt. Die hohe Korrelation zwischen gekauften Fernsehapparaten und Straßenunfällen bedeutet eben, daß höheres Einkommen die Anschaffung von mehr Fernsehapparaten und Autos ermöglicht, und letzteres bewirkt die Zunahme der Unfälle" (*1.109, 257*).

Wie die Vertreter der CLT betonen, entspricht es der Unvollständigkeit der meisten historischen Erklärungen und ihrem damit verbundenen probabilistischen Charakter, daß man nur von Erklärungsentwürfen oder Erklärungsskizzen *(„explanation sketches")* sprechen könne. Aber dieser Umstand rechtfertigt es ihrer Ansicht nach nicht, einen methodologischen Sonderstatus für die Geschichtswissenschaft zu proklamieren. Die Unvollständigkeit einer Erklärungsskizze betrifft entweder die Anfangsbedingungen oder die relevanten Gesetzmäßigkeiten; in den meisten Fällen liegt aber eine Unvollständigkeit in beiderlei Hinsicht vor (vgl. *1.101,* 351 ff.). Eine Erklärungsskizze kann nach Hempel von zweierlei Art sein: Entweder werden gewisse Details der Anfangsbedingungen oder auch der gesetzmäßigen Beziehungen aus Gründen der Ökonomie der Darstellung — etwa weil diese Details als trivial erscheinen —, oder aus welchen Gründen immer, weggelassen, stünden aber prinzipiell zur Verfügung; oder die Anfangsbedingungen bzw. die nomologischen Beziehungen sind unbekannt oder nur mangelhaft bekannt, das heißt, sie können jetzt noch nicht in der erforderlichen Form artikuliert werden. So besteht eine Erklärungsskizze in einem mehr oder weniger unbestimmten Hinweis auf die Gesetze oder auch auf die Anfangsbedingungen, die als relevant angesehen werden, und sie bedarf der „Ausfüllung", um zu einer vollwertigen Erklärung zu werden. Erklärungsskizzen stellen damit stets einen potentiellen Anreiz für die weitere historische Forschung dar, unter der Voraussetzung, daß sie gewisse Minimalbedingungen erfüllen, und das heißt, daß die im Explanans angeführten Aussagen einen empirischen Gehalt besitzen und zum Zeitpunkt der Erklärung gut bestätigt sind.

(2) Es soll im folgenden auf einige Kritiken an der CLT eingegangen werden, die jedoch den Gegner meist dort zu treffen scheinen, wo er nicht steht. Eine analytische Wissenschaftstheorie der Geschichtswissenschaft, so meint Helmut Seiffert, sei genötigt, „die Geschichte, wie sie tatsächlich abläuft und wie sie tatsächlich Erzeugnisse des Menschengeistes, etwa politische Ereignisse, soziale Zustände, Kunstwerke und wissenschaftliche Gedanken, hervorbringt, ... nur zu denken als ein unendlich vielfältiges Gewebe von individuellen Gegebenheiten, die in unzählbar vielen Stufen ... durch immer neue Zer-

legung von Gegebenheiten in die sie konstituierenden Gesetze und Randbedingungen zurückzuführen sind — solange bis wir bei einem ‚Urzustand' anlangen, aus dem wir die tatsächliche Vielfalt der Gegebenheiten ableiten könnten. — In diesem Falle wäre es dann möglich, auch kleinste... Einzelheiten des gegebenen Geschichtsverlaufes... auf einen solchen Urzustand zurückzuführen und damit zu erklären" (2.63, 149 f.). Seiffert bemerkt ergänzend dazu, daß unter der Voraussetzung der Realisierbarkeit der — wie er sie versteht — analytischen Geschichtskonzeption die faktisch bestehende Hermeneutik als nachträgliche Erfassung geschichtlicher Gegebenheiten überflüssig werde. Er setzt dann die Realität der Hermeneutik der Irrealität der „analytischen Geschichtswissenschaft" gegenüber; er versucht dabei, die Behauptung, wonach „die Hermeneutik als einziger dem Gegenstand wirklich adäquater Zugang zum Reich der Geschichte unentbehrlich und unersetzbar" sei (ebd. S. 151), durch folgendes Beispiel zu illustrieren: „In der Geschichte ist ein Kunstwerk entstanden, genannt ‚Johann Sebastian Bachs Johannespassion'... Da es nun die ‚Johannespassion' tatsächlich ‚gibt', sie also irgendwann und irgendwo einmal entstanden ist, muß es auch ‚Umstände' geben, die dahin geführt haben, daß die Johannespassion gerade so und nicht anders ‚geworden' ist. Eine analytische Geschichtswissenschaft, die ihren Namen wirklich verdient, müßte also exakt erklären können, warum jede Note der Johannespassion so aussieht, wie sie gerade aussieht" (ebd. S. 150 f.). Hier soll nicht der Anspruch der Hermeneutik erörtert werden, von der Seiffert abschließend sagt, „daß sie... die einzig angemessene Weise überhaupt darstellt, sich der Geschichte und dem menschlichen Leben überhaupt zu nähern" (ebd. S. 151); wohl aber soll darauf hingewiesen werden, daß — unter Anerkennung der Möglichkeit verschiedenster Einwände gegen bestimmte Vertreter der analytischen Geschichtsphilosophie — die zur Problematik historischer Erklärungen vorgebrachten Einwände Seifferts inadäquat sind. Die analytische Geschichtsphilosophie und Geschichtswissenschaft nur unter der Voraussetzung als legitim erscheinen zu lassen, daß diese so etwas wie eine historische Weltformel ausgearbeitet hat, erscheint als kurios — vor allem unter der Voraussetzung, daß Seiffert nicht müde wird, die analytische Denkweise als am Paradigma der exakten Naturwissenschaften orientiert erscheinen zu lassen. Gerade hier liegt jedoch die Sachlage völlig anders, als sie von Seiffert in bezug auf die analytische Behandlung der Geschichte geschildert wird. Denn gerade im Bereich der zeitgenössischen Physik etwa erschiene es als abstrus, wenn man beispielsweise behaupten wollte, daß Diskurse im Bereich der Quantenphysik oder der Kosmologie etwa letztlich ungerechtfertigt seien, solange man nicht im Besitz einer einheitlichen Feldtheorie sei. Der methodologische Imperativ, zu Verallgemeinerungen jeweils höherer Ordnung zum Zwecke einer erhöhten Weltorientierung zu gelangen, wie er auch der CLT eigen ist, wird hier auf sonderbare Weise outriert und dann als unrealisierbare Utopie kritisiert.

Das Popper-Hempel-Schema ist noch einem anderen — mit dem soeben geschilderten verwandten — Mißverständnis ausgesetzt. Dray, der Antipode Hempels in der zeitgenössischen angelsächsischen Diskussion, macht es etwa den Vertretern der CLT zum Vorwurf, daß sie nur dann gewillt seien, von einer Erklärung zu sprechen, wenn das zu erklärende Ereignis unter einen allgemeinen Satz gebracht worden ist. Um so zu erklären, warum ein bestimmter mittelalterlicher Ritter krummbeinig war, so meint Dray kritisch-ironisch, sei es nicht erforderlich, daß alle Ritter krummbeinig waren; gleichfalls erkläre die Kenntnis, daß alle mittelalterlichen Ritter krummbeinig waren, nicht den Umstand, daß Sir Brian Tuke dies war (*1.12*, 62). Ein ähnliches Argument formuliert Isaiah Berlin und meint, daß ein Historiker nur dann — gemäß der der CLT unterstellten Auffassung — in der Lage sein könnte zu sagen, daß Napoleon zu einem bestimmten Zeitpunkt während der Schlacht von Austerlitz mit einem Dreispitz gesehen werden konnte, wenn es ein Gesetz gebe, dem zufolge französische Generäle oder Staatsmänner Dreispitze während der Schlachten getragen haben (*1.82*, 16). Selbst M. Mandelbaum opponiert gegen Hempels Konzeption — ohne sich allerdings von dessen Überzeugung zu entfernen (*1.115*, vor allem 234 f.). Allen Einwänden ist gemeinsam, daß den Vertretern der CLT unterstellt wird, daß sie die Erklärung eines singulären historischen Phänomens nur leisten könnten, wenn es *ein* Gesetz gebe, welches sich auf eine solche Klasse von Fällen bezieht, die den in Betracht stehenden Fall als Element enthalte. Hempel lag jedoch — gleichermaßen wie etwa E. Nagel und K. R. Popper — die Ansicht fern, wonach — ob in den einfachsten Naturwissenschaften oder in den Sozialwissenschaften, wie etwa der Historie — auch nur *eine* Einzelerscheinung *in ihrer ganzen Vielfalt* aus *einem* allgemeinen Gesetz ableitbar ist. Hempel ist also mit gewissen seiner Kritiker durchaus der Meinung, daß jedes historische Faktum, wie auch jedes naturwissenschaftlich relevante Phänomen, eine Vielfalt von Aspekten und Beziehungen aufweist und daß man, um diese zu erklären, nicht *ein* Gesetz, sondern einen ganzen Komplex von Gesetzesannahmen anwenden müßte, welche uns jeweils bestimmte Merkmale an dem zu erforschenden Phänomen erklärbar machen können. Hempel hat sich dazu hinreichend klar in seinem Aufsatz „Reasons and Covering Laws in Historical Explanation" (*1.105*, 149 ff.) geäußert.

(3) Ein weiterer Einwand gegen die CLT richtet sich gegen die angeblich von deren Vertretern praktizierte sehr eingeschränkte Verwendung des Ausdrucks „erklären". Er läuft im wesentlichen auf den Vorwurf hinaus, es werde von ihnen ein dogmatischer Begriff von Erklärung vorausgesetzt, welcher der Realität historischer Erklärungen nicht angemessen sei. Nun stimmt es zweifellos, daß Historiker viele Ebenen der Erklärung in Betracht ziehen und auch in Betracht ziehen sollen. Wie John Passmore zeigte, beschäftigen sie sich etwa mit der „Erklärung", *wie* Rom mit Wasser versorgt wurde, *was* ein Ausdruck in einem mittelalterlichen Gesetzestext bedeutet, *daß* das Verhalten des Sokrates gegenüber seiner Frau allgemeine Gepflogenheit im alten Athen war gleichermaßen wie mit der Erklärung, *warum* Luthers Revolte gegen die Römisch-katholische Kirche durch die deutschen Fürsten unterstützt wurde (*1.122*, 21). Nun wird oftmals behauptet, daß die Beschreibung, *wie* etwas geschehen ist, erklärende Funktion habe und die eigentliche Form der historischen Erklärung: die narrative Erklärung, bestimme. Dazu soll nur wiederholend festgestellt werden, daß gegen diese Art der genetischen Erklärung keineswegs Einwände von seiten der CLT erhoben werden, nur gegen die Behauptung, daß sie völlig aus dem Rahmen eines *logisch-systematischen* Erklärungsbegriffes fiele. Der ganze Sachverhalt ist in gewisser Hinsicht dem Problem der intuitiven Erkenntnis verwandt. Versteht man darunter das besonders rasche Erfassen eines Gedankenganges unter

Überspringen von Beweisgliedern, wobei unter Bekanntgabe von Prämissen sofort die Konklusion bewußt wird, welche sich vielleicht erst unter mühsamem Fortschreiten von Syllogismus zu Syllogismus als Resultat einer ganzen Beweiskette ergeben würde, so verhält es sich im Fall der narrativen Erklärung ganz analog. Hier sind neben dem Explanandum-Ereignis einige Randbedingungen bekannt, ferner werden die relevanten nomologischen Zusammenhänge vorausgesetzt, aber im Verlauf der Darstellung „übersprungen", und bestimmte andere Randbedingungen werden sodann als Ursachen des Explanandum-Ereignisses „erschlossen".
Es ist im Sinne der Vertreter der CLT, sich den liberalen Sprachgebrauch der Historiker zu vergegenwärtigen, auch wenn diese von einer „Erklärung durch Beschreibung" sprechen. Es gelte stets nur, nach den diesen Erklärungen impliziten theoretischen Annahmen zu fragen, denen gemäß diese Arten von Erklärungen gerechtfertigt werden. So sei ja etwa auch eine sogenannte rationale Erklärung einer bestimmten Handlung durch die Darstellung eines Handlungsprinzips noch nicht logisch hinreichend, um zu erklären, warum diese Handlung tatsächlich erfolgte. Zur Angabe eines Kriteriums der Angemessenheit oder Rationalität einer Handlung muß nämlich noch die Annahme der Disposition des Handelnden hinzukommen, in der gegebenen Situation rational zu handeln. Es ist aber schwer zu sehen, wie man dies konstatieren können soll, wenn nicht z. B. irgendwelche „anthropologischen" Gesetzmäßigkeiten vorliegen, welche unserer bisher erworbenen Kenntnis jener Klasse von Personen entspringen, der der Handelnde zuzuzählen ist (vgl. *1.105*, 152—161; *1.7*, 75—98). So besehen, ist es nicht das geringste Verdienst der sogenannten *„covering law theory"*, daß sie

den Zusammenhang zwischen Beschreibung und Erklärung sichtbar gemacht und gegenüber bestimmten Hypertrophien des idiographischen Denkens klargestellt hat, daß in der Darstellung selbst „singulärer" historischer Sachverhalte gewisse Verallgemeinerungen enthalten sind.

2. Zu einigen Erklärungstypen

Der systematischen Erforschung der Geschichte werden verschiedenartige Begriffe von „Ursache" zugrunde gelegt, und die darauf bezogene Methodologie unterscheidet demgemäß eine Reihe von Erklärungstypen der Geschichtswissenschaft. Die folgenden Erörterungen von Hauptarten der historischen Erklärung sind zweifellos nicht vollständig; es soll nur darum gehen, die am häufigsten benutzten Erklärungstypen in der Geschichtswissenschaft bzw. in der darauf bezüglichen Methodologie einer kurzen Betrachtung zu unterziehen. Ferner sei darauf aufmerksam gemacht, daß die im folgenden erörterten Erklärungsarten zumeist nicht in der reinen Form instanziiert sind, wie sie hier dargestellt werden; so wird man an einer großen Anzahl von faktisch vorliegenden Erklärungen in der Historie feststellen können, daß sie Kombinationen jener hier in Betracht stehenden Erklärungstypen sind.

a) Über kausale und funktionale Erklärungen

Bereits im Zusammenhang der Ausführungen zum Charakter der CLT konnte festgestellt werden, daß deren Vertreter einen Kausalbegriff verwenden, der dem Umfang nach weiter ist, dem Inhalt nach aber durch weniger Merkmale bestimmt wird als der klassische Begriff der Kausalität etwa im Sinne der klassischen Physik. So erklärte bereits Popper in seiner „Logik der Forschung", daß die „kausale Erklärung" eines Vorganges darin besteht, daß ein Satz, der ihn beschreibt, aus Gesetzen und Randbedingungen deduktiv abgeleitet wird. Man kann, wie Popper dies an anderer Stelle tut, für eine solche Definition auch die Begriffe „Ursache" und „Wirkung" benützen; dabei soll gelten: „Ereignis A ist die Ursache von Ereignis B und Ereignis B die Wirkung von Ereignis A dann, und nur dann, wenn es eine Sprache gibt, in der wir drei Sätze, u, a, und b formulieren können, so daß u ein wahres universelles Gesetz ist, a A und b B beschreibt und b eine logische Folge von u und a ist" (*1.45*, II, 465 f.). Es werden sonach bei Popper, wie bei den Vertretern der CLT allgemein und wie übrigens bereits bei Aristoteles, Ursachen und Wirkungen mit Prämissen und Konklusionen gleichgesetzt; wenn also A die Ursache von B ist, sagt man auch: „Aus A folgt B" oder „B ist die Folge von A", wobei A und B Sätze oder Satzsysteme bezeichnen und dabei B aus A durch logische Schlüsse hergeleitet wird. Was hier vorliegt, ist also nur eine Kennzeichnung der logischen Folge, wobei mit dieser Kausalitätskonzeption keine Vorentscheidung mit Rücksicht auf die Art und Weise der zeitlichen Folge der in Betracht stehenden Ereignisse getroffen wird. Die zeitliche Verknüpfung der durch die Sätze oder Satzsysteme A und B bezeichneten Ereignisse kann nämlich sowohl eine Sukzession im Sinne der klassischen Kausalitätskonzeption sein als auch eine solche der Koexistenz von Zuständen oder Vorgängen. Wenn „A verursacht B" äquivalent ist mit „B folgt immer aus A", so sind diese Aussagen beide auf die generelle Aussage

„Wenn A, dann B" reduzierbar[23]. Das heißt aber nichts anderes, als daß es die von den Vertretern der CLT akzeptierte erweiterte Kausalitätskonzeption als zulässig erscheinen läßt, das, was traditionellermaßen als kausale Beziehung i. e. S. bekannt ist, zu formulieren, ohne den Terminus „Ursache" im Sinne eines der Wirkung zeitlich vorausgehenden Ereignisses zu benützen. Ein Grundzug der erweiterten Kausalitätskonzeption besteht also darin, daß die nomologische Beziehung „Wenn A, dann B" sowohl kausale Beziehungen im herkömmlichen Verständnis umfaßt als auch funktionale Beziehungen. Es soll im folgenden versucht werden, einige damit verknüpfte Ansichten, ergänzend zu dem schon in Kapitel I, 4, b und Kapitel II, 1, a Ausgeführten, zu erörtern.
(1) Man kann, wie bereits erwähnt, in gewissen Fällen meßbarer Erscheinungen den Kausalbegriff durch den mathematischen Funktionsbegriff ersetzen. So hängen etwa Druck und Volumen eines Gases bei konstanter Temperatur funktional in der Weise zusammen, daß das Produkt der beiden Maßzahlen p (Druck) und v (Volumen) im Gleichgewichtszustande gleich einer Konstanten C ist. Der klassische Kausalbegriff erfährt dabei eine wesentliche Änderung, was die Art des zeitlichen Zusammenhangs betrifft. Denn man kann in diesem Falle kaum noch sagen, daß die Wirkung auf die Ursache folgt, das heißt: die Veränderung des Volumens der Abweichung des Druckes vom Normalwert. Richtiger wäre es zu sagen, daß die Veränderung und ihre Ursache gleichzeitig beobachtet werden. Auch im Bereich der Sozialwissenschaften kennen wir — etwa mit Rücksicht

---

[23] Vgl. Herbert Feigl: Notes on Causality, in: H. Feigl/M. Brodbeck (Hrsg.): Readings in the Philosophy of Science, New York 1953, S. 410.

auf das Verhältnis von Einkommen und Sozialstatus in bestimmten Gesellschaftssystemen — Verallgemeinerungen, von denen gilt, daß nicht eine Variable oder ein Ereignis zeitlich vor (bzw. nach) einem anderen zu liegen kommt. Derartige sozialwissenschaftliche Generalisationen drücken funktionale Beziehungen aus, welche zwischen den Werten bestehen, die verschiedene Variablen zur selben Zeit haben [24]. Wenn wir etwa feststellen, daß zwei politische oder moralische Einstellungen gewöhnlich miteinander auftreten, so sind wir möglicherweise nicht in der Lage zu sagen, daß die eine die andere verursacht, weil wir nicht wissen, welche von beiden zuerst auftritt; dabei wäre etwa an die bekannte Studie von Adorno und anderen über den Zusammenhang von Faschismus und Persönlichkeitsstruktur zu denken. Ein anderes Beispiel dafür ist die Untersuchung von Herbert McClosky, welche dem Zusammenhang von Konservativismus und Persönlichkeitsstruktur gewidmet ist [25]. McClosky nimmt davon Abstand zu sagen, daß bestimmte Persönlichkeitszüge, wie Feindseligkeit und Rigidität, den Konservativismus „verursachen". „Die Verknüpfung zwischen Konservativismus und den angeführten Persönlichkeitszügen besteht in der Form von Korrelationen, welche uns nur sagen, daß diese zwei Sachverhalte zusammenfallen. Wie sie zusammenfallen und welcher von ihnen welchem gegenüber vorausgeht, ist ein schwierigeres und schwerer faßbares Problem." [26] Das besagt aber, daß die in Betracht stehende Beziehung als funktionale und nicht als

---

[24] Vgl. Gustav Bergmann: Philosophy of Science, Madison 1957, S. 102.
[25] Herbert McClosky: Conservatism and Personality, in: American Political Science Review 52 (1958), S. 27—45.
[26] Ebd. S. 44.

eine kausale i. e. S. verstanden werden muß, da keine zeitliche Reihenfolge bislang zwischen den in Betracht stehenden Variablen feststellbar ist.

Vorhin wurde darauf hingewiesen, daß es möglich ist, den Begriff „Ursache" in logischer Hinsicht durch eine Generalisation zu ersetzen, welche in ihrer formalen „Wenn-dann"-Struktur nur das Verhältnis einer logischen Implikation zum Ausdruck bringt, das hinsichtlich der Zeitfolge der in ihr figurierenden Bedingungen indifferent ist. Und doch legen die bisherigen Bemerkungen bereits die Auffassung nahe, daß es praktische Gründe dafür gibt, zwischen kausalen Generalisationen im engeren Sinne und Generalisationen anderer Art zu unterscheiden, und damit auch die Verwendung des Ausdrucks „Ursache" beizubehalten. Der Unterschied zwischen den beiden angeführten Arten von Generalisationen ist derjenige der Zeitfolge, welchem Tatbestand C. G. Hempels Terminologie Rechnung trägt. Er nennt die eine Art von Gesetzen (die kausalen Gesetze i. e. S.) Sukzessionsgesetze — auf A folgt B; die anderen Gesetze (die funktionalen Gesetze) nennt er Koexistenzgesetze — A und B treten gemeinsam auf (vgl. *1.104*, 108). Damit bezieht sich also eine kausale Generalisation auf Bedingungen, welche im Verhältnis der zeitlichen Aufeinanderfolge stehen. Aus den bisherigen Erörterungen ist zu ersehen, daß ein Gesellschaftswissenschaftler sich durchaus auf „Kausalgesetze" beziehen kann, um sie von Untersuchungen der funktionalen Kovarianz zu unterscheiden, obschon es eben logisch möglich ist, den Begriff der Ursache durch die explizite Formulierung einer universellen Hypothese zu ersetzen. Dies ist — das sei wiederholt — eine pragmatische Unterscheidung, denn in logischer Hinsicht ist jede Generalisation nur der Ausdruck einer „konstanten Verknüp-

fung". Aber diese pragmatische Unterscheidung läßt uns die oftmals nicht spezifizierten Verhältnisse der Interdependenz zwischen bestimmten Variablen oder Gruppen von Variablen genauer bestimmen und leistet für die Forschungspraxis eine wichtige Orientierungshilfe.
Mit Rücksicht auf die Geschichtswissenschaft ist jene pragmatische Unterscheidung von kausaler und funktionaler Determination von besonderer Fruchtbarkeit, namentlich in Anbetracht der dialektischen Geschichtstheorien in der Nachfolge Hegels und des Marxismus. Denn gerade mit Bezug auf die als dialektisch betrachteten Verhältnisse von Individuum und Gemeinschaft, von Herr und Knecht, sowie vor allem hinsichtlich des Tatbestandes von individuellem (auch wissenschaftlichem) Bewußtsein und gesellschaftlichem Sein ist oftmals nicht klar, ob es sich dabei um ein Verhältnis der funktionalen Kovarianz (Korrespondenz) oder der kausalen Wechselwirkung (Interaktion) handelt. Der Hinweis auf ihren dialektischen Zusammenhang besagt noch nicht genug, ehe nicht geklärt ist, ob etwa zwischen den Variablen Unwissenheit und Armut oder Rechtsordnung und Klassenstruktur ein Verhältnis der kausalen oder der funktionalen Determination besteht.
Eine Maxime, die sich aus der Geschichtstheorie des Historischen Materialismus unschwer ermitteln läßt, ist aber in diesem Zusammenhang von Bedeutung; sie läuft — gewissermaßen als Dialektik höherer Ordnung — darauf hinaus, bei der Rekonstruktion sozialer Tatbestände nicht die kausale von der funktionalen Betrachtungsweise zu trennen, also nicht die Analyse kovarianter Bedingungen an einem historischen Sachverhalt zuungunsten einer Analyse der kausalen Determiniertheit dieses funktional erklärbaren Sachverhalts zu forcieren; dieser spezifisch genetisch-kausale

Aspekt kommt denn auch in den funktionalistischen Sozialtheorien der Gegenwart häufig zu kurz (vgl. *1.61, 1.106a*). Wo nämlich Verhältnisse der funktionalen Determination im Sozialbereich nicht im Kontext ihrer Entstehung betrachtet werden, besteht die Gefahr, sie als „eherne Gesetze" zu hypostasieren. Damit ist nach Auffassung gewisser marxistischer Theoretiker zugleich die Gefahr verknüpft, daß die Sozialwissenschaften — in einer sonderbaren Form der Regression — auf einen Bewußtseinsstand zurückgeführt werden, welcher hinsichtlich der Einstellung zu sozialen Regelmäßigkeiten für die Phase naturwüchsiger Verhältnisse charakteristisch ist; unter diesen Verhältnissen erscheint etwa die Beziehung zwischen den als Produktivkräfte, Produktionsverhältnisse und Überbau bezeichneten Faktoren als die einer vorgegebenen inappellablen Kovarianz. Erst mit der wachsenden Einsicht in die kausalen Bedingungen derartiger Bewußtseinsstrukturen, die sich unter anderem erst durch die wahrhaft kritische Intention des historischen Bewußtseins einstellt, erwirbt man einen Sinn für die Verkürzung einer rein funktionalistisch-synchronen Geschichtsbetrachtung. Unter der Voraussetzung der Kultivierung eines historischen Bewußtseins im soeben erwähnten Sinne gewinnt man in der Folge einen Einblick in die Möglichkeiten der kausalen Determiniertheit dieser funktionalen Beziehungen durch die Realisierung von Willensentschlüssen unter spezifischen technologischen und politischen Bedingungen. Der kognitive Wert dialektischer Geschichtstheorien, welche sich im erwähnten Sinne operationalisieren lassen, ist im Zusammenhang der hier angestellten Betrachtungen ein zweifacher: er besteht einmal darin, daß sie sehen lehrten, wie die Ansichten der Menschen darüber, was geschieht — etwa die Ansicht, daß funk-

tionalen Zusammenhängen im Sozialbereich der Charakter eherner Notwendigkeit zugesprochen werden müsse —, selbst Ursachen dessen sind, was geschieht; dann aber vor allem darin, daß sie eine Einsicht in den Tatbestand vermittelten, daß ein Wissen um die ursprünglichen Zusammenhänge funktionaler Art nicht abgetrennt werden darf von der genetisch-kausalen Analyse derselben. Dadurch wird es möglich, kausal relevante, von Willensentscheidungen geleitete Eingriffe ins Sozialgeschehen zu vollziehen, welche das ursprünglich gegebene funktionale Geschehen modifizieren können. Die Einsicht in Kovarianzbeziehungen kann dazu führen, daß wir eine Art von Bedingungen A so arrangieren, daß eine damit verknüpfte Art von Bedingungen B eintritt. Damit wird das funktionale Geschehen hinsichtlich der erstrebten *Willensziele* (B) modifiziert, nicht aber hinsichtlich seiner *Wirkungsweise*. Dies ist ein Aspekt des von Hegel und den Marxisten als dialektisch bezeichneten Verhältnisses von „Freiheit und Notwendigkeit", insofern nämlich die Geschichte — was die Modifikation der Bedingungen A betrifft — zwar einerseits durch unsere *freien* Entscheidungen gestaltet wird, anderseits aber zugleich — was nämlich die Art und Weise des funktionalen Zusammenhangs von A und B betrifft — *notwendig* abläuft.
An der Dialektik von Freiheit und Notwendigkeit liegt in dieser Deutung nichts Mystisches. Wir können ja auch physikalisch erfaßbare Tatbestände so arrangieren, daß bestimmte von uns intendierte kovariante Qualitäten eintreten; eine bestimmte durch unsere Absichten bewirkte Konstellation von A ist die Ursache dafür, daß B eintritt. „Nehmen wir etwa das folgende Beispiel: Die Schwingungsdauer eines Pendels an der Erdoberfläche ist eine Funktion seiner Länge... Wir können

die Schwingungsdauer indirekt ändern, indem wir die Länge des Pendels ändern. Wenn wir einen derartigen Versuch durchgeführt haben, so beschreiben wir sein Ergebnis, indem wir sagen, daß die Änderung der Länge des Pendels die Ursache der Änderung seiner Schwingungsdauer war. Niemand würde die Änderung der Schwingungsdauer je die Ursache der Änderung der Länge des Pendels nennen, obwohl die Determination der beiden Variablen gegenseitig ist: wenn y eine Funktion von x ist, dann ist auch x eine Funktion von y. Der Grund liegt wohl darin, daß wir die Länge des Pendels direkt beeinflussen können, nicht aber seine Schwingungsdauer" (*1.42*, 126 f.). Besteht zwischen der Länge des Pendels und der Schwingungsdauer ein Verhältnis der funktionalen Determination, so besteht zwischen unserer Absicht und der „Ursache", welche zur Schwingungsdauer im Verhältnis der funktionalen Determination steht, ein Verhältnis der kausalen Determination.

(2) Die Erörterungen zum Problem der kausalen Erklärung seien im folgenden durch eine kurze Charakterisierung verschiedener Typen kausaler Situationen ergänzt; es soll dabei vor allem gezeigt werden, welche derselben in besonderem Maße für Historiker relevant sind. Kausale Situationen werden üblichermaßen in den Termini der hinreichenden und/oder notwendigen Bedingungen analysiert[27]. A ist eine *hinreichende Bedingung* für B, wenn zunächst gilt, daß B eintritt, sobald A eintritt; und wenn, zweitens, B andere hinreichende

---

[27] Zum Thema der „notwendigen" und „hinreichenden" Bedingungen vgl. Stefan Nowak: Some Problems of Causal Interpretation of Statistical Relationships, in: Philosophy of Science 27 (1960), vor allem S. 23—28; ferner Hubert M. Blalock: Causal Inferences in Non-Experimental Research, Chapel Hill 1961, vor allem S. 31 bis 35.

Bedingungen haben könnte. So könnte beispielsweise ein Historiker zur Einsicht kommen, daß religiöse Rivalität zwischen Nationen gewöhnlich eine militärische Auseinandersetzung zur Folge hatte, daß aber auch eine Aufrüstung oftmals einem solchen Konflikt vorausging; und dies selbst unter der Voraussetzung, daß keine religiöse Rivalität vorlag. Der Historiker hat es in einem solchen Falle mit zwei unabhängigen hinreichenden Bedingungen für eine militärische Auseinandersetzung zu tun. — Wenn ein Historiker andererseits feststellen kann, daß ein militärischer Konflikt zwischen zwei oder mehreren Nationen nie eintritt, ohne daß ihm eine ökonomische Rivalität vorausgeht — und zwar gleichgültig, welche anderen Faktoren dabei gegenwärtig sind —, so kann er schlußfolgern, daß ökonomische Rivalität eine notwendige Bedingung für eine militärische Auseinandersetzung ist. Daher ist A eine *notwendige Bedingung* für B, wenn wir, erstens, wissen, daß A vorliegt, wenn B eintritt; und wenn, zweitens, A nicht allein eine hinreichende Bedingung für B ist. Es ist wichtig festzuhalten, daß der Ausdruck „notwendig" nicht eine notwendige Verknüpfung zwischen A und B im logischen Sinne impliziert; es wäre logisch durchaus möglich, daß B eintritt, ohne daß ihm A vorausgeht. Die Konzeption der notwendigen Bedingung ist eine empirische, und das heißt, daß uns allein die Beobachtung dazu führt, zu schließen, daß die eben erwähnte logische Möglichkeit faktisch nicht realisiert wird. — Aus dem bisher Gesagten wird klar, daß die Erforschung der notwendigen Bedingungen seltener erfolgt als die Entdeckung hinreichender Bedingungen. Ein noch selteneres Ereignis ist die Identifizierung einer Bedingung, welche sowohl notwendig als auch hinreichend ist; gelingt ein derartiger Versuch, so haben wir die alleinige Ursache von B gefunden. Wie schon bemerkt wurde, muß natürlich eine notwendige Bedingung nicht hinreichend sein; sie liegt vor, ehe ein bestimmtes Ereignis eintritt, aber andere Bedingungen können ebenfalls für das Eintreten dieses Ereignisses notwendig sein. Wenn jedoch eine Bedingung, etwa ökonomische Rivalität, stets einen militärischen Konflikt zur Folge hat, und ein militärischer Konflikt niemals eintritt, ohne daß ihm ökonomische Rivalität vorausgeht, so liegt ein Beispiel für eine *notwendige und hinreichende Bedingung* vor.

Die für den Historiker wahrscheinlich bedeutsamste Art kausaler Situationen ist jene, in welcher eine Kombination von Faktoren als hinreichend für das Eintreten eines Ereignisses erscheint. In diesem Fall können wir jeden in Betracht stehenden Faktor als eine partiell hinreichende Bedingung bezeichnen, was besagt, daß keiner von ihnen für sich schon hinreichend ist. So kann man etwa feststellen, daß ökonomische Rivalität und Wettrüsten in Konjunktion hinreichende Bedingungen für einen militärischen Konflikt darstellen; wir können nicht sagen, daß ökonomische Rivalität allein hinreichend ist, doch sie ist signifikant, wenn andere Faktoren dazukommen. Die meisten der in der Geschichtswissenschaft vorliegenden Erklärungen sind von dieser Art, und es darf vermutet werden, daß der in Kapitel II, 1, b genannte T. A. Goudge diesen Tatbestand im Blick hatte, als er meinte, daß Erklärungen in der Geschichtswissenschaft Bedingungen anführen (sollten), welche zusammengenommen hinreichend, aber nicht unabhängig voneinander notwendig für das Eintreten eines historischen Ereignisses seien. Die Vertreter der CLT sind im allgemeinen auch der Meinung, daß mit Rücksicht auf die Komplexität der sozialen Phänomene und die Vielzahl der dafür konstitutiven Faktoren die Konzeption einer einzigen hinreichenden Bedingung eine exotische Idee geworden sei; aber sie ziehen daraus nicht den Schluß, daß gesetzesartige Aussagen, wie dies Goudge behauptet, keine Rolle im Rahmen historischer Erklärungen spielen. Denn der Historiker tut ja auch im Falle der Anerkennung der in Betracht gezogenen Bedingungen als hinreichender Bedingungen nichts anderes, als daß er bestimmte Annahmen und Hypothesen testet.

b) Über einige angeblich genuin historische Erklärungstypen

Innerhalb der Methodologie der Gesellschaftswissenschaften geschah es öfters, daß kausale Erklärungen als der sozialwissenschaftlichen Fragestellung unangemessen erschienen. Es sollen im folgenden die intentionale, die teleologische und die funktionalistische Erklärungsweise kurz dargestellt werden; von jeder dieser Erklärungsarten könnte gezeigt werden, daß sie durchaus mit der kausalen Erklärung verträglich ist. Aber das ist erst das Ergebnis der Kritik, welche sich auf den zumeist ursprünglich mit diesen Erklärungstypen verbundenen Sinn bezieht. Dieser soll zunächst einmal geklärt werden. Gleichwohl ist die folgende Darstellung keineswegs vollständig, da es in der Literatur eine terminologisch schillernde Vielfalt von Erklärungstypen gibt, die der Ansicht ihrer Autoren nach nicht-kausaler Art sind; aber repräsentativ sollte sie wohl sein.

Eine Bemerkung ist hier vorher noch in Hinsicht auf *dispositionelle Erklärungen* am Platz. Diese sind von intentionalen dadurch unterschieden, daß in ihnen nicht Bezug auf bewußte Motive genommen wird, sondern auf Gewohnheiten (vgl. *1.7*, Kap. VII); dispositionelle Erklärungen konzentrieren sich dabei auf jene menschlichen Merkmale, welche man im allgemeinen als Einstellungen, Überzeugungen und Persönlichkeitszüge bezeichnet. Meist werden nun die in Kapitel I, 3 erörterten *rationalen Erklärungen,* welche ausdrücklich auf Handlungsziele Bezug nehmen, mit den intentionalen Erklärungen identifiziert. In diesem Zusammenhang wird aber von Hempel darauf aufmerksam gemacht, daß sich die dispositionellen nicht streng von den rationalen (intentionalen) Erklärungen unterscheiden lassen (vgl. *1.105;* dagegen *1.12,* 146). Denn schließlich sei auch „Rationalität" eine Art Dispositionsbegriff, da dieser Ausdruck als Bezeichnung für eine Tendenz anzusehen sei, in einer Weise zu handeln, die nach Maßgabe einer bestimmten Handlungssituation und einer bestimmten Informationsbasis als „passend" angesehen wird.

Es empfiehlt sich, dispositionelle und intentionale Erklärungen nur in pragmatischer Absicht zu unterscheiden. Unabhängig von den bei Hempel in Betracht stehenden logischen Gründen gibt es nämlich noch einen anderen Grund, diese Unterscheidung nur mit Vorsicht zu handhaben. Denn wir wissen ja, daß eine Intention als eine bewußte Absicht oft eine Disposition, also eine unbewußte Verhaltensbereitschaft, werden kann; mit anderen Worten: Eine bewußte Absicht kann im Laufe der Zeit in eine unbewußte Reaktionsbereitschaft umgesetzt werden.

(a) *Intentionale Erklärungen.* Unter Zugrundelegung der Annahme, daß das Ereignis B eintritt (oder wahrscheinlich eintritt), wenn das Ereignis A geschieht, macht jemand A, um B zu erreichen; das heißt: B wird von ihm intendiert. Natürlich reicht der Hinweis darauf, daß A ausgeführt wurde, um B zu erreichen, noch nicht hin, um einsichtig zu machen, daß und warum diese Erklärung zutreffend ist. Nicht immer sind allerdings Erklärungen intentionaler Art so zu „vervollständigen", daß sie diese zusätzliche Einsicht vermitteln. Die Struktur einer derartigen „vollständigen" intentionalen Erklärung wäre: „Die Person X tat A, weil sie B erreichen wollte", wobei diese Erklärung auf der Verallgemeinerung beruht: „Leute, welche B erreichen wollen, tendieren dazu, A unter bestimmten Bedingungen U zu tun." So sind auch intentionale Erklärungen in ihrer logischen Struktur nomologischer Art; sie unterscheiden sich von anderen nur hinsichtlich der Art der in ihnen verwendeten Begriffe und hinsichtlich der Art, wie die in ihnen figurierenden Verallgemeinerungen gebildet werden.

In diesem Zusammenhang sehen wir uns aber einem wichtigen Tatbestand insofern gegenüber, als die Kontroverse zwischen narrativen „Intentionalisten" und den Vertretern der CLT in einem bestimmten Teilbereich der Meinungsverschiedenheit durch eine Rekonstruktion der leitenden Absicht der Intentionalisten aufzulösen ist. Dray oder Danto könnten etwa mit der soeben geschilderten Auffassung aus der Sicht der logisch-systematischen Erklärungskonzeption durchaus einverstanden sein, ohne die im wesentlichen narrative Funktion des Historikers dadurch kritisiert zu finden. Denn wie wir wissen, sind die meisten Generalisationen im Rahmen historischer Erklärungen probabilistischer Art, stellen also induktive Verallgemeinerungen singulärer Erfahrungsinhalte dar. Gerade der narrativ vorgehende Historiker ist nun aber zum Beispiel oft genötigt, einen bestimmten Persönlichkeitstypus darzustellen, für den noch kein Paradigma besteht; es ergibt sich also oft erst durch seine Beschreibungen die Möglichkeit, Generalisationen über eine bestimmte Art von Individuen zu entwickeln, die in der Folge dienlich sein können, innerhalb der logisch-systematischen Erklärungskonzeption als Rechtfertigungsbasis für singuläre Kausalaussagen zu fungieren. Dray und Danto — so könnte man sagen — betonen sonach den genetischen, Hempel und andere Vertreter der CLT den logisch-systematischen Aspekt historischer Erklärungen; die eine Sektion von Methodologen akzentuiert das, was der Formulierung einer Theorie vorausgeht, die andere das, was aus der Theorie an logischen Folgerungen ableitbar ist.

Gelegentlich wird die Meinung vertreten, daß sich Erklärungen, welche Absichten oder Zwecke involvieren, notwendigerweise von den Erklärungsarten, wie sie in den empirischen Wissenschaften praktiziert werden, grundlegend unterscheiden müssen. Daher könne auch die Geschichtswissenschaft keine empirische Wissenschaft im strengen Sinne sein. Der Geltungsgrund für das dieser Ansicht zugrundeliegende Argument wird in der Tatsache erblickt, daß das durch einen intentionalen Akt angestrebte Ziel in der Zukunft liegt, woraus geschlossen wird, daß das Eigentümliche im Fall intentionaler Erklärungen darin bestehe, daß ein zukünftiges Ereignis einen gegenwärtigen Zustand verursache; die Motive wirken *a fronte,* die Ursachen *a tergo.* Eine derartige Metaphorik ist aber inadäquat. Denn jene Person X etwa, von der vorhin die Rede war, entscheidet sich *jetzt* für A, um den *zukünftigen* Zustand B herbeizuführen. Sie ist nur in dem Ausmaße durch diesen zukünftigen Zustand der Ereignisse beeinflußt, als sie dies durch ihre eigenen Erwartungen, werthaften Einstellungen und Zielvorstellungen ist, die in ihr gegenwärtig sind, *bevor* sie ihre endgültige Entscheidung trifft, nicht *nachher,* wenn sie diese bereits getroffen hat.

Oftmals ist mit Rücksicht auf die Erklärung intentionaler Akte, etwa von Isaiah Berlin *(1.4)*, die Meinung zu hören, daß mit der Möglichkeit der Erklärung einer Handlung unter Zugrundelegung einer generellen nomologischen Hypothese auch die Verantwortung des Handelnden für seine Aktionen geschwunden sei. Es ist aber nicht einzusehen, warum etwa die Verantwortung eines Politikers für seine Aktionen davon abhängen soll, daß diese kausal nicht erklärbar sind. Gleichermaßen erscheint es unklar, was es bezüglich der Freiheit oder Unfreiheit einer Handlung ausmachen soll, wenn man diese kausal zu rekonstruieren in der Lage ist. Ein Bauwerk bricht doch auch nicht zusammen, wenn erklärt werden kann, wie es errichtet wurde und warum es so ist, wie es ist. Auf diese Thematik wird noch in Kapitel III, 5, b Bezug genommen werden.

Auf einen letzten wichtigen Punkt sei abschließend im Blick auf intentionale Erklärungen noch hingewiesen, nämlich auf die Gefahr des *effektorischen Fehlschlusses*, die mit der Prävalenz dieser Erklärungsweise verknüpft ist. Obwohl menschliches Verhalten, und sicherlich das soziale, als zweckorientiert betrachtet werden kann, so folgt daraus nicht, daß soziale Phänomene als unmittelbares Resultat zweckorientierten Handelns erklärt werden können. Wenn so etwa die Religion den Moralkodex einer Gesellschaft stärkt, so besagt das nicht, daß die Menschen ihre religiösen Praktiken mit der Absicht der Stärkung des Moralkodex kultivieren. Viele, wenn nicht sogar die meisten sozialen Phänomene sind nicht das Produkt unmittelbar intendierter Ziele sozialer Handlungen. Das heißt mit anderen Worten: Nicht für alles, was als Resultat individuellen oder sozialen Verhaltens erscheint, gibt es entsprechende vorgängige Absichten; umgekehrt folgt nicht auf alle Absichten, denen gemäß gehandelt wird, ein erfolgreicher Abschluß; und schließlich sind viele historisch relevante Handlungsresultate oftmals nur das Ergebnis von Dispositionen, die den historischen Akteuren selbst nicht bewußt sind. Allein schon aus diesen Gründen ist in der Geschichtswissenschaft kein Platz für einen puristischen Intentionalismus.

(b) *Teleologische Erklärungen.* Zwischen intentionalen und teleologischen Erklärungen historischer Phänomene besteht eine enge Verwandtschaft; nur sind die im Fall teleologischer Erklärungen in Betracht stehenden Zwecke essentiell supra-humaner Art. Es gibt mehrere Varianten teleologischer Erklärung, die im wesentlichen nur Hervorkehrungen einer bestimmten Perspektive darstellen, denen jedoch eine charakteristische ontologische Vorentscheidung mit Bezug auf das Erfahrungsobjekt gemeinsam ist. Sie besteht im wesentlichen in der Annahme eines Endzustandes, der zeitlich auf jene Ereignisse folgt, von welchen behauptet wird, daß er sie verursacht. Diese paradoxe Deutung der Zeitsequenz konvergiert mit dem, was bereits als Charakteristikum gewisser intentionaler Erklärungen erörtert wurde. Der charakteristische Unterschied des teleologischen Erklärungsmodells gegenüber dem intentionalen besteht darin, daß der angeführte Endzustand als das „Wesen" oder die „Natur" der in Betracht stehenden Einzeldinge angesehen wird, die wiederum ihren Platz zugewiesen erhalten im Hinblick auf einen mundanen oder auch kosmisch-transmundanen Endzustand.

Dieser Konzeption entspricht die Forschungsdirektive, daß wir die Motive und Ziele individueller Handlungen in einem gesellschaftlich-politischen System aus dem Wissen um die Ziele des ganzen Systems deduzieren können, da ja die Individuen an diesem umgreifenden

Ziel partizipieren; daß aber eine Reversibilität in dieser Sache nicht gegeben sei. Denn das Ziel eines gesellschaftlich-politischen Systems sei das Konstituens von individuellen Absichten, könne also nicht als Resultierende der Ziele von individuellen Elementen des Systems begriffen werden. Wie das Ganze mehr sei als die Summe seiner Teile, sei auch das Ziel des gesamten gesellschaftlich-politischen Systems mehr als das Aggregat der Zwecke seiner individuellen Teile. Zweierlei verdient hier Beachtung: zunächst der Umstand, daß die damit vorausgesetzte Konvergenz von Teleologie und Holismus allzulange den politischen Aspekt der Gemeinschaften und der politischen Subsysteme gegenüber dem großen Ganzen des Staates vernachlässigte; dann aber vor allem der Tatbestand, daß teleologische Erklärungen sozialer Phänomene oft überhaupt nicht als in empirischer Hinsicht fruchtbar anzusehen sind. Sie zeichnen sich dadurch aus, daß sie Begriffe wie „Wesen" oder „Natur der Sache" involvieren, die sich im Lichte der Semiotik als Kombination von Definitionen und Werturteilen erweisen. Dementsprechend werden auch Motive oder Ziele von sozialen Gemeinschaften (besonders auch von Staaten) nicht zu dem Zweck eingeführt, um zu stringenten Erklärungen zu gelangen, sondern vor allem zu Bewertungen und Standards politischen Handelns. So liegt auch das Verdienst der teleologischen Erklärungen im wesentlichen in ihrer Eleganz: nämlich in der Leichtigkeit, zu moralischen Normen und Standards für politische Handlungen zu gelangen, die, weil man dem Anschein nach stets über empirische Erfahrung spricht, aus Tatsachenaussagen deduziert erscheinen.

Es ist in diesem Zusammenhang von Wichtigkeit, auf jenen Typus teleologischer Entwicklungsgesetze des Geschichtsprozesses hinzuweisen, welcher mit der Konzeption des Historizismus identisch ist. Dieser Typus von Entwicklungsgesetzen wird in Kapitel II, 4 noch erörtert werden; unter Hinweis darauf seien hier die Bemerkungen zur teleologischen Erklärung abgeschlossen. Allerdings ist es schon im Rahmen der hier angestellten Betrachtungen nützlich, darauf hinzuweisen, daß häufig historische Entwicklungsgesetze, welche nur grundlegende Variablen für den sozialen Wandel zu formulieren suchen, in der Kritik mit teleologischen Entwicklungsgesetzen konfundiert werden und ihren Erforschern in der Folge der Vorwurf gemacht wird, das Sinnlose in der Welt durch Einflechtung einer Sinnfinalität in die Geschehnisse überwinden zu wollen.

(c) *Funktionalistische Erklärungen.* Den teleologischen Erklärungen in gewisser Hinsicht ähnlich sind die funktionalistischen Erklärungen im Gebiet der Gesellschaftswissenschaften. Als das gemeinsame Merkmal wird dabei oftmals die holistische Betrachtungsweise registriert. Nun gibt es jedoch mehrere Varianten des Holismus (vgl. Kapitel III, 4, b), und es darf wohl als Unterstellung betrachtet werden, würde man von den Funktionalisten generell annehmen, daß sie Vorstellungen vom „Volksgeist" oder vom „organischen Staat" anhängen und in der Folge von politischen Systemen oder auch von Kollektiven anzunehmen bereit wären, diese hätten so etwas wie Ideen und teleologisch gesteuerte Absichten. Mit funktionalistischer Erklärung wird heute oft nur gemeint, daß bei der Beschreibung von Zuständen eines gesellschaftlichen Systems auf den Beitrag (die „Funktion", die „Rolle") Bezug genommen wird, den Teile des Systems hinsichtlich der Wirkungsweise des gesamten Systems leisten[28]. Funktionalistische Erklä-

---

[28] Zur Diskussion gewisser klassischer Texte des Funktionalismus

rungen dieser Art können unmittelbar in eine kausale Sprache transformiert werden. In dieser Variante wären auch funktionalistische Theorien in den Gesellschaftswissenschaften nicht so sehr als eine genuine Form der Erklärung zu betrachten, sondern vielmehr als eine Forschungsstrategie: weniger im Sinne des tautologischen Hinweises auf die Funktion eines bestimmten Elementes etwa in einem gesellschaftlichen System, der auf die Behauptung hinausläuft, daß dieser Teil so sein müsse, wie er ist, damit das ganze gesellschaftliche System so ist, wie es ist, sondern eher als ein Hinweis etwa auf bestimmte Standards der politischen Tätigkeit (Stabilität, Freiheit, Gleichheit, Überleben, militärische Effektivität usw.) in ihrem Verhältnis zu einem gesellschaftlichen System und untereinander innerhalb des Systems; und damit als ein Hinweis auf Variablen, deren Determinationsverhältnisse es im Rahmen von Kausalaussagen zu entdecken dafürsteht. Das grundlegende Merkmal einer funktionalistischen Erklärung in diesem Verständnis ist die Behauptung oder der Nachweis einer kausalen Beziehung zwischen Variablen und einem System. So betrachtet es etwa auch der Politologe Vernon van Dyke als evident, daß funktionalistische Erklärungen von kausaler Art sind (*1.14*, 32).
Nun ist es aber auch mit Rücksicht auf funktionalistische Erklärungen in kausaler Absicht wichtig, sich das Faktum zu vergegenwärtigen, daß viele Soziologen, Ökonomen und Historiker oft dann, wenn sie von sozialer Dynamik, sozialen Kräften oder Gleichgewichtsbedingungen in Hinsicht auf ein soziales oder politisches System sprechen, am Paradigma bestimmter Sparten

---

vgl. W. G. Runciman: Sozialwissenschaft und politische Theorie (Social Science and Political Theory, Cambridge 1963), dt. Frankfurt a. M. 1967, Kap. 6.

der Physik orientiert sind. Denn bestimmte physikalische Gesetze werden als Gleichungen formuliert, in welche unbeschränkt wiederholbare Raum- und Zeitintervalle eingehen, aber keine räumlichen oder zeitlichen Daten. Diese Art von funktionalistischen Erklärungen, welche mit Bezug auf bestimmte synchrone Kovarianzbeziehungen zutreffen, wiederum als Paradigma der Erklärungspraxis im Bereich der Gesellschaftswissenschaften einzuführen, hatte jedoch — neben einer Verkürzung der sozialwissenschaftlichen und vor allem der historischen Fragestellung — mitunter auch eminent ideologische Konsequenzen. In diesem Zusammenhang ist ausdrücklich eine ideologische Variante der funktionalistischen Betrachtungsweise im Gewande der Systemtheorie zu erwähnen. Diese Betrachtungsweise wird — unter der Ägide eines Neo-Platonismus — zu organologischer Sicht, wobei die Beibehaltung des Gleichgewichtes des „Körpers" zum ausschließlichen Bezugspunkt gemacht wird. Worin das „Gleichgewicht" oder die „Harmonie" besteht und wer dies bestimmt, bleibt dabei zunächst meist unklar und einem intuitiven Vorverständnis überlassen, das den verschiedenartigsten subjektiven Projektionen Platz bietet. Im weiteren Verlauf wird diesem funktionalistischen Schema, meist unbemerkt, das Idealbild eines politischen Systems auf dem Boden regionaler sozio-kultureller Verhältnisse als Norm zugrunde gelegt und dem einzelnen — als der Zelle — eine systemstabilisierende Funktion zugewiesen [29]. Die Haupteinwände gegen eine derartige holistische Variante funktionalistischer Erklärungen sind kurz

---

[29] Vgl. dazu Wolf-Dieter Narr: Theoriebegriffe und Systemtheorie (W.-D. Narr, F. Naschold: Einführung in die moderne politische Theorie, 2 Bde., Stuttgart - Berlin - Köln - Mainz 1969, Bd. 1), vor allem S. 178—182.

zusammengefaßt folgende: sie legt allzu großes Gewicht auf das normative Element im sozialen Leben; sie minimiert die Wichtigkeit sozialer Konflikte zugunsten der sozialen Solidarität; sie outriert den harmonischen Charakter von Sozialsystemen; schließlich unterspielt sie Charakter und Ausmaß des sozialen Wandels und betrachtet einen solchen gelegentlich als abnorm.

3. Theoretischer Pluralismus und theoretischer Indifferentismus

a) Der Aspektcharakter historischer Erklärungen

Die wichtigste Form von Erklärungen im Rahmen der Geschichtswissenschaft bilden die sogenannten genetischen Erklärungen, die oftmals mit *den* historischen Erklärungen gleichgesetzt werden. Erklärungen dieser Art liefern eine Beschreibung oder den Abriß einer zeitlichen Folge von Ereignissen, die eine Antwort auf die Frage nach dem Ursprung oder der Entwicklung eines bestimmten singulären Ereignisses geben sollen. „Wie kam es zum Verkauf von Ablässen, wie sie zur Zeit der Jugend Luthers üblich waren?" und „Warum sind so viele Termini der englischen Gerichtssprache französischen Ursprungs?" sind beispielsweise Fragen, auf welche mit sogenannten genetischen Erklärungen geantwortet wird. Der erstgenannten Frage hat C. G. Hempel in einer Einzelfallanalyse in methodologischer Absicht seine Aufmerksamkeit gewidmet *(1.103)*.

Ein Hauptcharakteristikum der genetischen Erklärungen ist deren narrativer Stil bzw. der Umstand, daß in ihnen durch Beschreibungen, wie es heißt, erklärt wird. Dabei gelte ein historisches Phänomen als „erklärt", sobald man seine Ursachen kenne. Da aber die Angabe von Ursachen nichts anderes besage als die Information über einen Komplex von Beobachtungen bestimmter Art, so sei zu sehen, daß bei genetischen Erklärungen eine klare Abgrenzung zwischen dem, was „Beschreibung" und dem, was „Erklärung" heißt, nicht zu erreichen sei. Gegen derartige Feststellungen, wie sie von Anwälten der sogenannten narrativen Geschichtsschreibung geltend gemacht werden (vgl. etwa *1.10, 1.121*), ist so lange nichts einzuwenden, als mit diesen Feststellungen nicht ein Sonderstatus für die Geschichtswissenschaft proklamiert werden soll. Gewiß ist es richtig, daß ja etwa auch die Differentialgleichung eines Bewegungsvorganges oder eines anderen physikalischen Prozesses ebensogut als seine Beschreibung wie als seine Erklärung gelten kann. Andererseits ist aber immer wieder darauf hinzuweisen, daß es den Vertretern der CLT, gegen welche sich die Einwände der Narrativisten richten, ja nicht darum geht, bestimmten Deskriptionen eine erklärende Funktion abzusprechen, sondern darum, Kriterien für die Rechtfertigung von Erklärungen, welcher Art auch immer, aufzustellen. Es gilt sonach, wie schon in früherem Zusammenhang, sich ausdrücklich klar zu machen, daß ein Unterschied besteht zwischen den Erklärungen, die Historiker von dem anbieten, was sie zu erklären wünschen, und den Theorien, die man benötigen würde, um solche Erklärungen zu rechtfertigen. So ist es ja offensichtlich, daß im Verlauf der genetischen Erklärung etwa eines politischen Phänomens nicht *jedes* Antezedens-Ereignis als ein für das in Betracht stehende Explanandum-Ereignis ursächlich relevantes angeführt wird. Befragt, warum er gerade dieses Arrangement von Antezedens-Bedingungen zur Erklärung eines bestimmten historischen Phänomens heranzieht und nicht ein anderes, ist so der Historiker genötigt, eine Theorie zu formulieren bzw. Annahmen explizit zu machen, welche seine Auswahl von Antezedens-Bedingungen als für die Erklärung des in Betracht stehenden Ereignisses zielführend erscheinen lassen. Es wäre verfehlt, genetischen Erklärungen — nur weil sie narrativen Charakter haben — einen eigenen Stellenwert in der Methodologie der Erfahrungswissenschaften zuzuweisen; vielleicht ist es die menschliche Neigung nach großdimensioniertem, nicht-„szientistischem" Tratsch, der ja auch die etablierte Historiographie oft wirklich in hohem Maße entgegenkommt, die eine derartige Auffassung über den besonderen Charakter historischer Erklärungen aufkommen lassen konnte.

Worin besteht aber nun die logische Struktur genetischer Erklärungen in der Geschichtswissenschaft? Jede Erklärung kann auf die vereinfachte Form gebracht werden: „Wenn A (d. h. Gesetzmäßigkeiten und Randbedingungen), dann B (Explanandum)." Eine genetische Erklärung ist nun dadurch charakterisiert, daß sie Anfangsbedingungen enthält, welche sich auf mehrere zeitlich weit auseinander liegende Ereignisse beziehen. Die grundlegende Struktur einer genetischen Erklärung in ihrer einfachsten Form, die nur zwei derartige Stadien einschließt, ist folgende: „Wenn A (Faktoren zum Zeitpunkt t_1), dann B (darauf folgende Faktoren); und wenn C (B und andere Faktoren zum Zeitpunkt t_2), dann D (Explanandum)." Daraus ist ersichtlich, daß die Faktoren in dem Schema zu verschiedenen Zeiten auftreten oder bestehen; und das ist auch der Grund, warum das Schema der genetischen Erklärung durch Zeitstufen charakterisiert wird. Eine einfache Kausalerklärung: „Wenn A, dann B; A, deshalb B", beinhaltet eine Zeitfolge; man könnte sagen, daß ein Kausalgesetz ein universelles Gesetz mit einer temporalen Charakteristik ist. Und dennoch ist eine genetische Erklärung davon in bedeutsamer Hinsicht unterschieden, da sie durch mindestens zwei Erklärungsstadien charakterisiert ist, von denen jedes als eine gesonderte Erklärung aufgefaßt werden kann und die erst gemeinsam klar machen, warum ein historisches Phänomen so ist, wie es ist. Mit anderen Worten: Eine Erklärung, welche dem genetischen Schema entspricht, erklärt zuerst einen Zustand X, schreitet dann auf der Basis von X in der Erklärung eines anderen Zustands fort usw. Man könnte dabei sagen, daß jedes Ereignis oder jeder Umstand, welcher als relevante Etappe in der Entwicklung eines historischen Phänomens im Rahmen einer genetischen Erklärung figuriert, eine kontingent notwendige Bedingung für die späteren Ereignisse darstellt. „In einer genetischen Erklärung muß gezeigt werden, wie jedes Stadium zum nächsten ‚führt' und durch ein allgemeines Prinzip mit seinem Nachfolger verbunden ist, welches das Auftreten des letzteren wenigstens angemessen wahrscheinlich macht, wenn das erste gegeben ist" (*1.103*, 252). Daraus ist ersichtlich, daß eine genetische Erklärung, soll sie von Wert sein, ihrer logischen Struktur nach nomologisch sein muß, da dieser Wert davon abhängig ist, daß sich nachweisen läßt, inwiefern ein in Betracht stehendes Stadium einen Einfluß auf das darauffolgende hat.

Es soll an dieser Stelle ein mögliches Mißverständnis abgewehrt werden, welches darin bestehen könnte, daß man eine genetische Erklärung als identisch mit einem retrodiktiven Historizismus betrachtet. Eine genetische Erklärung legt nur fest, daß — formelhaft gesprochen — im Stadium I A geschah, welches wegen der Ereignisse 1 und 2 im Stadium II B zu verursachen half, welches wegen der Ereignisse 3 und 4 im Stadium III wiederum

C zu verursachen half. Das heißt mit anderen Worten, daß damit nur festgestellt wird, wie eine Kombination von Bedingungen in jedem in Betracht stehenden Stadium das nächste Stadium beeinflußt; dabei ist nicht an irgendeine Unausweichlichkeit gedacht, mit der das Resultat C eintritt, denn die Ereignisse 1, 2, 3 und 4 *mußten* keineswegs geschehen, obschon sie selbstverständlich verursacht waren. In ähnlichem Sinne äußert sich auch E. Nagel. Unter Bezugnahme auf Mussolinis Gesinnungswechsel gegenüber Hitler hinsichtlich des Anschlusses Österreichs an das Deutsche Reich führt er aus, daß im Rahmen einer Rekonstruktion dieses Sachverhalts das Explanandum nicht deduktiv aus den erklärenden Prämissen folgt; und zwar nicht einmal dann, wenn alle stillschweigend vorausgesetzten Annahmen explizit gemacht würden, so daß gesagt werden könne, daß die genetische Erklärung eine probabilistische ist. Derartige Erklärungen sind, so bemerkt Nagel, in allen historischen Forschungen am Werk und nicht allein innerhalb des Studiums der menschlichen Geschichte. Einen besonders prominenten Stellenwert haben sie in den biologischen Wissenschaften; die Evolutionstheorie habe beispielsweise durchgehend den Charakter einer genetischen Erklärung (*1.118*, 16 f.).
Die folgenden Ausführungen sollen nicht mehr der logischen Struktur genetischer Erklärungen gewidmet sein, sondern nur mehr den Zweck verfolgen, die Komplexität historischer Erklärungen allgemein in Betracht zu ziehen, auch wenn den genetischen Erklärungen in diesem Zusammenhang eine besondere Bedeutung zukommt. Wenn wir die Vielfalt von Ursachen in Betracht ziehen, denen sich der Historiker mit Rücksicht auf ein bestimmtes Ereignis gegenübersieht, so empfiehlt es sich, eine *horizontale* und eine *vertikale Vielfalt von*

Ursachen zu unterscheiden. Mit der vertikalen Multiplizität der Ursachen ist, so sei hier gleich vorwegnehmend bemerkt, die vorhin erörterte Kette von Anfangsbedingungen gemeint, welche im Rahmen einer genetischen Erklärung angeführt werden. Den Sinn der horizontalen Vielfalt von Ursachen erfaßt man am besten, wenn man sich vor Augen führt, in welcher Weise ein Ereignis mehrere Erklärungen haben kann. So kann ein Diebstahl erfolgt sein, weil sich niemand in dem Raum aufgehalten hat, in den der Täter eindrang; weil ein Fenster dieses Raumes geöffnet war; weil der Täter in dem zur Tatzeit herrschenden Nebel nicht von dem auf Patrouille befindlichen Polizisten gesehen werden konnte; weil es sich beim Täter um einen Gewohnheitsdieb handelt, der seit Monaten in der Umgebung des Tatorts sein Handwerk ausübte. Zu jeder erklärenden Feststellung, die sich auf eine der in der horizontalen Vielfalt von Ursachen vorliegenden Bedingungen (für das Eintreten eines Ereignisses E) bezieht, ist nun eine genetisch-vertikale Erklärung möglich; dabei wird jeweils eine der Bedingungen für das Eintreten des Ereignisses E auf ihre Genese hin untersucht. So wäre es etwa bei der letzten der auf die Frage nach den Ursachen des vorhin erwähnten Diebstahls gegebenen Antworten möglich, deren Inhalt genetisch zu erörtern: sich etwa zu fragen, wie es zu dem Umstand kam, daß der Täter ein Gewohnheitsdieb ist; man kommt dabei etwa zur Einsicht, daß der Täter aufgrund einer leidvollen Kindheitsperiode Handlungsweisen begeht, welche als unbewußte Sanktionen für erlittenes Unrecht zu bezeichnen wären usw.
John Stuart Mill betrachtete die konjunktive Verknüpfung der horizontalen Ursachen von der vorhin erwähnten Art als *die* Ursache für ein zu erklärendes Ereig-

nis. Es wird noch gezeigt werden, daß eine derartige methodologische Entscheidung für den Historiker nicht gerade von heuristischem Wert ist und er, auch für den Fall einer approximativ vollständigen konjunktiven Verknüpfung von Ursachen, nicht um eine Hierarchisierung derselben herumkommen kann. Wenn nach den Ursachen für ein historisches Ereignis gefragt wird, so ist dabei zunächst meist an bestimmte für das Eintreten des Ereignisses notwendige Bedingungen aus der horizontalen Vielfalt von Ursachen gedacht; erst sekundär aber an jene Bedingungen, welche im Rahmen genetischer Erklärungen dieser Ursachen „ersten Grades" figurieren. Diese Unterscheidung zweier Ursachenreihen ist sehr wichtig, weil sie uns auf die unterschiedliche Dimension historischer Fragestellungen im Blick auf den spezifischen Charakter von Erklärungen aufmerksam macht. Die Vielfalt von Ursachen im Sinne einer Oberflächen- und Tiefenerklärung im soeben skizzierten Sinne ist naturgemäß so lange unübersehbar, als nicht der Sinn der Frage nach den Ursachen eines Ereignisses hinreichend spezifiziert ist. Vor allem muß klargestellt sein, was man alles *nicht* meint, wenn man nach der Ursache eines historischen Ereignisses — etwa nach der Todesursache eines Herrschers — fragt. Denn obwohl etwa Arsenik im Körper des Toten vorgefunden wurde, mag man vielleicht nicht zufriedengestellt sein, wenn dies als Ursache für das Ableben der in Betracht stehenden Person angeführt wird; zumeist wird diese Konstatierung nur als Ausgangsinformation für eine „vollständigere" Erklärung genommen, die darüber Aufschluß gibt, durch wessen Aktivität der Vergiftete ums Leben kam; ja, es wird sich darüber hinaus die Frage meist auch noch auf die Motive des Attentäters beziehen, vielleicht auch auf die Umstände, unter denen sich diese Motive bildeten.

Gleichviel — man sieht, daß bereits eine so klar scheinende Frage wie die nach der Todesursache eines Herrschers, für sich genommen, sehr vieldeutig ist; vor allem aber, daß eine genetische Erklärung eines historischen Tatbestandes mit Rücksicht auf mehrere als (horizontale) Partialursachen figurierende Bedingungen möglich ist. So schwierig die Aufgabe eines Historikers aber auch aufgrund des Aspektcharakters seines Gegenstandes bzw. der ihn leitenden Fragestellung sein mag — Anlaß zu einem methodologischen Defaitismus bietet dieser Umstand nicht. Und doch scheint eine bestimmte Spielart des Pluralismus in bezug auf historische Erklärungen unmittelbar mit dieser Einstellung zu konvergieren.

b) Über Laisser-faire-Deutungen

Ohne einen Standpunkt, der die Richtung seiner Interessen betrifft, kann sich der Historiker nicht an die Arbeit machen. Daraus ergeben sich die verschiedenen „Interpretationen" des geschichtlichen Geschehens, in deren Licht dieses bald als Produkt der Tätigkeit großer Männer, bald als Resultat geopolitischer Verhältnisse, bald als Folge von religiösen oder intellektuellen Veränderungen, bald als Konsequenz ökonomischer Prozesse usw. erscheint. Die Zahl einschlägiger Erklärungen ist sehr groß, und häufig wird in der analytischen Geschichtsphilosophie — gemäß einer gewissen Spielart des *„matter of fact"*-Denkens in der empiristischen Tradition — daraus der Schluß gezogen, daß es müßig sei, die spezifischen Variablenbereiche, welche den Stil der jeweiligen Erklärung bestimmen, in ein Verhältnis der kausalen Determination anderen gegenüber zu bringen und damit eine Hierarchisierung bestimmter faktisch vorliegender Erklärungen zu versuchen. So gehört es häufig zum guten Ton, nicht nur ein theoretischer Pluralist zu sein, der verschiedene tentative Zugangsweisen zum Objekt historischer Forschungen befürwortet, sondern ein *theoretischer Egalitarist*, der sich des Urteils über den Wert alternativer theoretischer Erklärungen hinsichtlich ihrer Reichweite oder Erklärungskraft bzw. „Tiefe" enthält.

Patrick Gardiner betont etwa in diesem Sinne, daß die wissenschaftliche Erklärung nicht die einzige Form der Kausalerklärung sei; daß es vor allem noch die Erklärungen des *Common sense* in Rechnung zu stellen gelte. Es sei erforderlich, sich stets darüber im klaren zu sein, daß der Ausdruck „Ursache" sehr verschieden gebraucht wird. Diesem Umstand trägt Gardiner selbst stets Rechnung, etwa wenn er bemerkt: „Es ist ... ein Fehler, anzunehmen, daß der Historiker dem Journalisten widerspreche, wenn er sagt, daß das Attentat von Sarajevo nicht die wahre Ursache des Ausbruchs des Ersten Weltkrieges war. Er betrachtet bloß den Kriegsausbruch von einem anderen Gesichtspunkt aus und spricht über ihn auf einer anderen Ebene. Die Frage ‚Warum kam es zum Ersten Weltkrieg?' ist in verschiedener Weise beantwortbar: auf der Ebene der individuellen menschlichen Ziele, Wünsche, Schwächen und Fähigkeiten; sie ist beantwortbar auf der Ebene der Nationalpolitik, der diplomatischen Traditionen und Pläne; sie ist beantwortbar auf der Ebene politischer Richtungen, Verträge, der internationalen Struktur Europas im Jahre 1914; sie ist beantwortbar auf der Ebene ökonomischer Trends, sozialer Organisation, politischer Doktrin, Ideologie und dergleichen" (*1.17*, 105). Die linguistische Betrachtung erweist nach Gardiner alle Erklärungen als gleichberechtigt, weil sie eben nur verschiedene Seiten des realen geschichtlichen Geschehens widerspiegeln. Gardiner ver-

leiht seinem epistemologischen Relativismus klaren Ausdruck, wenn er sagt: „Die Welt ist eine. Die Mittel, deren wir uns bedienen, um über sie zu sprechen, sind unterschiedlich. Und der Umstand, daß wir uns in manchen Fällen entscheiden, sie eher auf die eine als auf die andere Weise zu beschreiben, hängt von unseren Absichten ab" (*1.17*, 61). Vor dem Hintergrund einer derartigen „Welthypothese" erscheint es natürlich als überflüssig, etwa zwischen Ursachen und Anlässen von historischen Ereignissen zu unterscheiden. „Was existiert, sind Historiker, die auf verschiedenen Ebenen und aus verschiedenem Abstand, Historiker, die mit unterschiedlichen Zielen und unterschiedlichen Interessen, Historiker, die in verschiedenen Zusammenhängen und von verschiedenen Standpunkten aus schreiben" (*1.17*, 109). Wie Igor S. Kon dazu kommentierend bemerkt, ist dies eine relativistische Schlußfolgerung, die unvermeidlich zum Subjektivismus führt. Von einem derartigen Gesichtspunkt aus könne man zum Beispiel nicht sagen, daß ein bestimmter Gelehrter ein Problem „tiefer" beleuchtet hat als ein anderer (*2.40*, I, 314).
Mit diesen kritischen Feststellungen ist natürlich keineswegs ein theoretischer Pluralismus in forschungstechnischer Absicht gemeint. So wissen wir etwa, daß gelegentlich ein Mensch etwas glaubt, weil er es zu glauben wünscht, oder aber deswegen, weil es schwere negative Sanktionen gegen den Unglauben gibt; wir wissen ferner, daß ein Gedankengang einmal logisch rekonstruiert werden kann, das anderemal kausal-genetisch, indem etwa die für dessen Entstehung konstitutiven sozialen oder auch individuellen Faktoren angeführt werden (vgl. *1.55*, 196 f.). Es ist auch bekannt, daß die kausalen Determinanten von historisch relevanten Ereignissen einmal in den Resultaten individueller oder

kollektiver Handlungen gesehen werden können; dann aber in den Handlungszielen oder auch in den Gesinnungen, welche von den Individuen zum Ausdruck gebracht werden, wenn man sie um eine Rechtfertigung ihrer Handlungen ersucht; dann wiederum in den ererbten oder erworbenen Dispositionen der Handelnden; ferner etwa im natürlichen Milieu oder aber in den sozial etablierten Sitten und Gebräuchen, Organisationen und Institutionen und dergleichen mehr. Aber aus diesem Tatbestand resultiert noch nicht eine Anarchie der theoretischen Erklärungen unter Bezugnahme auf das jeweils leitende Erkenntnisinteresse. Gewiß ist es richtig, daß oft durch seine Interessen diktiert wird, wo ein Historiker im Verlauf seiner Erklärungen haltmacht. Aber das ist ein Tatbestand und noch keine Rechtfertigung der vielleicht durch ein allzu fixiertes Interesse bewirkten Unvollständigkeit oder auch Flachheit der in Betracht stehenden Erklärung. Denn auch noch so inbrünstig vertretene Interessen gewährleisten noch nicht die Richtigkeit der durch sie geprägten historischen Erklärungen.

In diesem Zusammenhang ist M. Mandelbaum zu erwähnen, der das Prinzip der Kausalität gegen die Angriffe eines methodologischen Dezisionismus verteidigt. Der Umstand, daß jedes historische Phänomen viele Ursachen hat und daß dessen Erklärung unvermeidlich auf vielen Ebenen erfolgt, bietet nach Mandelbaum keinen Anlaß, den realen Charakter der Ursache-Folge-Beziehung anzuzweifeln. Es wäre völlig falsch, den *kategorialen* Unterschied verschiedener Erklärungsebenen, wie sie in der Analyse unterschiedlicher Verwendungsweisen des Ausdrucks „erklären" und der Rekonstruktion der dafür konstitutiven theoretischen Gesichtspunkte sichtbar werden, in eine *ontologische* Differenz von untereinander beziehungslosen Seinsbereichen zu hypostasieren. So ist wohl Mandelbaum zu verstehen, wenn er darauf aufmerksam macht, daß es verfehlt wäre anzunehmen, daß nicht eine Erklärungsebene eine andere voraussetzen kann und damit „tiefer" ist als die andere. Was war, so fragt er im Verlauf einer sehr illustrativen Einzelfallstudie (vgl. *1.34*, 226 ff.), in Wirklichkeit die Ursache für den Tod des jugoslawischen Königs Alexander in Marseille. Die Antwort des Arztes wird auf bestimmte Vorgänge im Organismus hinauslaufen, während der „Mann auf der Straße" darauf hinweisen wird, daß der jugoslawische König von einem Attentäter aus einer Menschenmenge heraus niedergeschossen wurde; der Historiker schließlich könnte sagen, daß die Ursache von König Alexanders Tod in dessen Tyrannei oder aber in den Machinationen einer ausländischen Macht zu finden sei. Nun stimmt es, daß jeder von den dreien auf seine Art recht hat: der Arzt spricht von einem physiologischen Ereignis, der sogenannte Mann auf der Straße vom Vorgang des Anschlages, der Historiker von einem politischen Attentat auf Alexander von Jugoslawien; doch heißt das andererseits nicht, daß die verschiedenen Ebenen der kausalen Rekonstruktion nicht auch in einem definitiven Zusammenhang untereinander stehen: die dritte Antwort schließt die zweite, die zweite aber die erste ein.

Eine Hierarchisierung der Ursachen ist also nach Auffassung des historischen Realismus möglich, und die Rede von einem Pluralismus voneinander unabhängiger Erklärungsweisen keineswegs das letzte Wort. Im selben Sinn äußert sich auch E. H. Carr. Wenn er im Anschluß an einige Antworten auf die Frage nach den Ursachen der bolschewistischen Revolution zunächst

ergänzend bemerkt, daß der Historiker aufs Geratewohl ökonomische, politische, ideologische und persönliche, alte und neu dazugekommene Ursachen angeben könne, so nur, um daraufhin so etwas wie ein methodologisches Postulat zu formulieren: „Der wahre Historiker würde sich angesichts dieser von ihm selbst zusammengestellten Ursachenreihe von Berufs wegen dazu genötigt sehen, sie in eine Ordnung zu bringen, eine Hierarchie der Ursachen aufzustellen, durch die ihr Verhältnis zueinander festgelegt würde" (*2.12*, 88 f.).
Um über den Charakter des gelegentlich etwas undifferenziert so bezeichneten Methodenpluralismus in der Geschichtswissenschaft nicht allzu große Unklarheiten aufkommen zu lassen, seien gegen Schluß dieses Abschnitts noch einige ergänzende Hinweise gegeben. Der hier kritisch erörterte, zum Indifferentismus denaturierte Methodenpluralismus kann selbst unter der Voraussetzung gedeihen, daß mit Rücksicht auf den fundamentalen Charakter der sogenannten historischen Methode, nämlich der Quellenkritik, Übereinstimmung der Auffassungen besteht. Diese Methode, die Praktizierung der kanonisierten Regeln der historischen Forschungstechnik, muß von jedem beherrscht werden, der sich mit Vergangenem beschäftigt, und man kann hier — wie dies H.-W. Hedinger tut (*2.33*, 249) — von einem Methodenmonismus sprechen. Der Methodenpluralismus tritt stets dann auf, wenn es um die *Interpretation* und um die *Erklärung* der gedeuteten Daten, also der historischen Fakten geht. Zwei Bedeutungen von Methodenpluralismus oder theoretischem Pluralismus sind im Zusammenhang der vorliegenden Erörterungen zu unterscheiden: einerseits die Pluralität von *Darstellungsweisen,* die sich auf die Verschiedenartigkeit der Betrachtung eines historischen Sachverhalts bezieht;

andererseits die Pluralität der *Erklärungsweisen,* die sich auf die Verschiedenartigkeit der Gewichtung der Ursachen für einen historischen Sachverhalt oder auch der wirkungsgeschichtlichen („ursächlichen") Funktion derselben bezieht. Die erstgenannte Form des Pluralismus bezieht sich auf die subjektiven Präferenzen (Relevanzgesichtspunkte) in historischen Darstellungen und besteht zumeist aus zueinander komplementären Ansichten; die zweite Spielart des Pluralismus bezieht sich auf die unterschiedlichen Auffassungen verschiedener Autoren über die objektive Relevanz bestimmter Zustände und Vorgänge für die Erklärung eines historischen Sachverhalts oder auch über die objektive Relevanz dieses Sachverhalts selbst für die Erklärung eines anderen historischen Ereignisses. Es soll vorderhand genügen, darauf hinzuweisen, daß sehr häufig subjektive Relevanzgesichtspunkte — in psychologischer, nicht in logischer Hinsicht — dafür maßgebend sind, was als objektiv relevant für eine Erklärung erscheint; diesem Sachverhalt sollen ausführlichere Erörterungen im III. Kapitel gewidmet sein. Die hier kritisierte Position des theoretischen Indifferentismus besteht nun häufig gerade darin, daß eine Kontaminierung dieser beiden Ebenen praktiziert wird. Dem entspricht es, wenn das subjektive Interesse des Historikers als konstitutiv dafür betrachtet wird, was als Ursache anzusehen sei; eine Gewichtung oder Hierarchisierung erklärender Argumente wird dabei von vornherein ausgeschlossen und als Dogmatismus oder metaphysisches Relikt apostrophiert (vgl. etwa *1.55,* 150 f.).
Nun ist nicht zu leugnen, daß sich der eine in der Geschichte für Kuriositäten interessiert, der andere für das Schöne, der dritte für moralische Größe; es ist ferner — im Hinblick auf die hier zunächst in Betracht ste-

hende und vorhin charakterisierte erste Variante des Pluralismus — durchaus Alfred Stern beizupflichten, wenn er ausführt, daß „der politische Geschichtsschreiber einen anderen Wertkodex (hat) als der Historiker der Kleidermode. Auch ist es offenkundig, daß die Kunsthistoriker, die Literaturhistoriker, die Wissenschafts- und Kulturhistoriker, die Historiker der Technik, der Philosophie, der Volkswirtschaft, der Religionen etc. ganz verschiedene Wertkodices benutzen, deren jeder durch das gewählte historiographische Projekt und dessen Gegenstand bestimmt wird. Für jeden dieser Historiker sind *andere Ereignisse* wesentlich, *andere* unwesentlich" (2.66, 160). Aber es erscheint aus den bereits vorhin geschilderten Gründen nicht nur als problematisch, sondern als offensichtlich unrichtig, daraus — gemäß den jeweils leitenden unterschiedlichen Wertgesichtspunkten — einen Egalitarismus der historischen Erklärung abzuleiten; nicht daß Alfred Stern dies explizit tut, aber im Kontext seiner Ausführungen nimmt sich das folgende Zitat geradezu als Beispiel für diese Denkweise aus: „Wo ein mittelalterlicher Geschichtsschreiber einen Kampf zwischen den Prinzipien der Erlösung und der Verdammnis sah, mag ein Gegenwartshistoriker einen Konflikt zwischen wirtschaftlichen Interessen erblicken. Es handelt sich hier um verschiedene geschichtliche Theorien, deren jede die vorherrschenden Tendenzen ihrer Epoche widerspiegelt" (2.66, 89). Was hier in die Augen springt, ist der Tatbestand, daß — wie in der Auffassung des Historismus — die jeweiligen erklärenden Theorien als *fait accompli* genommen werden und — fast wie bei Heidegger — als Emanationen eines „Wahrheitsgeschehens" erscheinen, welcher Umstand eine arbiträre Entscheidung nach dem Wahrheitsgehalt derartiger theoretischer

Alternativen von Anfang an als ein absurdes Unterfangen ausweist: *veritas filia temporis!* Sowohl das Prinzip der Hierarchisierung richtiger als auch das der Eliminierung falscher historischer Deutungen und Erklärungen hinsichtlich eines identischen historischen Sachverhalts erscheinen aber demnach nur selbst als temporäre an der „Metaphysik" des Erkenntnisfortschritts orientierte „geschichtliche Theorien". Ein derartiger theoretischer Pluralismus kann, wie sich zeigen läßt und worauf noch im III. Kapitel die Rede kommen wird, sowohl ästhetizistisch-resignative als auch voluntaristisch-aktionistische Konsequenzen haben.

Adam Schaff hat vor kurzem in der Parteilichkeit bzw. in der Konvergenz der Subjektivität mit dem allgemeinen Willen seiner sozialen Bezugsgruppe den Schlüssel für die Wahrheit historischer Erklärungen erblickt. Es werden dieser problematischen These im Kapitel III, im Zusammenhang der Ausführungen zum Verhältnis von Kausalitäten und Werten, noch einige Bemerkungen gewidmet werden. Nichtsdestoweniger hat Schaff klar den Zusammenhang zwischen unseren Werthaltungen und unserer Bereitschaft, Erklärungen als erklärend zu akzeptieren, gesehen; er hat damit auch einige wichtige Schlaglichter auf die gnoseologischen Voraussetzungen geworfen, welche den Positionen des Voluntarismus und des ästhetisierenden Indifferentismus, wie er sich auch im Bereich der theoretischen Erklärung manifestiert, gemeinsam sind. Schaff führt unter anderem folgendes aus: „Bei der kausalen Erklärung beschränken wir uns auf die Angabe der partiellen Ursache (wir geben keine vollständige Erklärung), und die Wahl dieses Ausschnitts wird durch das Interesse des Fragenden bestimmt. — Wenn wir die kausale Erklärung als eine einem allgemeinen Gesetz untergeordnete auffassen, hat sie wegen der mangelnden Schärfe der Voraussetzungen historischer Erklärung (der Ausgangsbedingungen und der vorausgesetzten Hypothesen) unweigerlich probabilistischen Charakter, was verschiedene Erklärungen ein und derselben Tatsache ermöglicht und uns die Wahl einer von ihnen anheimstellt... Die historische Erklärung kann auf einer beliebigen Stufe der Verallgemeinerung vorgenommen werden; die Entscheidung über die Wahl der entsprechenden Stufe ist eine subjektive, da sie mit den Interessen und den Forschungsbedürfnissen des Historikers zusammenhängt" (*2.62*, 221 f.). Aus den bei Schaff skizzierten Schwierigkeiten, welche mit den werthaften Implikationen der historischen Tätigkeit verknüpft sind, folgt aber nicht, daß sich der Historiker entweder einem theoretischen Indifferentismus zuwenden soll, der alternative Deutungen und Erklärungen bloß katalogisiert, oder aber einem Voluntarismus, der den heuristischen Wert des theoretischen Pluralismus zugunsten der im vorhinein gewissen monistischen Problemlösung verwirft. Vielmehr sind ein geschichtsphilosophisch fundierter Voluntarismus und Indifferentismus nur Indikatoren für die Schwierigkeiten der Geschichtswissenschaft bzw. der darauf bezüglichen Theorie. Hier möge abschließend der Hinweis genügen, daß der Erkenntnisfortschritt — dem Ideal nach — darin besteht, vorliegende alternative Antworten auf hinreichend klar formulierte Fragen der Zahl nach zu reduzieren, nicht ohne gleichzeitig monistische Lösungen durch pluralistische Alternativen in Frage zu stellen. Im Wechselspiel von theoretischem Pluralismus in heuristischer Absicht und approximativ monistischen Problemlösungen vollzieht sich der wissenschaftliche Fortschritt.

4. Zum Historizismus-Problem

Bei den Vertretern der analytischen Theorie der Geschichtswissenschaft macht sich ein ausgeprägter Skeptizismus mit Bezug auf das Fortschrittsdenken bemerkbar; hierin stimmen etwa — bei aller Unterschiedlichkeit ihrer methodologischen Auffassungen K. R. Popper (vgl. *1.46*), M. White (vgl. *1.55*, vor allem 1 f. und 181) und A. C. Danto (vgl. *1.10*, Kap. I, vor allem 14 ff.) überein. Auch in der historiographischen Praxis sind diese Tendenzen gegenwärtig. Der Fortschrittsbegriff erscheint entweder als etwas durch und durch Subjektives, von emotionalem, nicht aber von kognitivem Gehalt. Oder aber man erklärt, daß die Menschen alles das, was sie in einem Jahrhundert gewinnen, unweigerlich in einem anderen einbüßen; Fortschritte würden allenthalben durch rückschrittliche Entwicklungen kompensiert[30]. Häufig wird aus der Ablehnung jeder Art des Fortschrittsglaubens sogar der Schluß gezogen, daß es nötig sei, sich der Bewertung der in Betracht stehenden Geschichtsperioden zu enthalten. So geraten dann manche Autoren — die Auffassungen Lynn Thorndikes seien hier als Beispiel genommen — oftmals in bedenkliche Nähe zu den Ansichten eines historistisch fundierten ethischen Relativismus; diese Auffassungen gehen über den Rahmen der berechtigten Warnungen vor der Mediatisierung ganzer Geschichtsepochen im Hinblick auf ein werthaftes Telos — welche Warnungen vor allem bereits mit dem Namen J. G. Herders verknüpft sind — bei weitem hinaus. So erklärt Thorndike, daß „wir, je mehr wir die Vergangenheit studieren, um so mehr ent-

---

[30] Vgl. dazu etwa Arnold Joseph Toynbee: A Study of History, London - New York - Toronto ²1955, XII, S. 267; vgl. auch *1.123*, 104 ff.

decken, daß diese richtig und nicht falsch war... Je mehr wir hinsichtlich irgendeiner vergangenen Periode wissen, um so besser wird unsere Meinung über sie" (*2.68*, 282f.).

Die Ablehnung einer bestimmten Variante des Fortschrittsglaubens fand ihre theoretische Fundierung in der bekannten anti-historizistischen Konzeption K. R. Poppers. Diese ist als erkenntnislogische Kritik jener langfristigen historischen Prophetien zu verstehen, welche unter Berufung auf ein angeblich unausweichlich sich vollziehendes Entwicklungsgesetz entweder bestimmte Aspirationen zu stützen oder Verzweiflung zu unterdrücken imstande sein sollen. Popper meint mit den von ihm kritisierten mit Gesetzesanspruch auftretenden Aussagen nicht solche, wie sie etwa Alfred Stern formuliert, wonach etwa in allen Zivilisationen die ersten staatenbildenden Menschen nicht die Ackerbauern, sondern die Viehzüchter waren; oder daß in primitiven Zeiten stets die die niedrigere Kultur repräsentierende Gemeinschaft die Sprache und Sitten der auf einem höheren Kulturniveau stehenden annehme, und zwar unabhängig davon, wer dabei im Laufe vorgängiger kriegerischer Auseinandersetzungen der Sieger und wer der Besiegte ist (*2.66*, 136). Popper versteht unter Entwicklungsgesetzen Aussagen von teleologischem Charakter. Nach Popper beanspruchen die Vertreter des sogenannten Historizismus, Einsicht in den Entwicklungsgang der Geschichte zu haben, welcher aus einer Folge von notwendig eintretenden Etappen des geschichtlichen Prozesses bestehe. Der Fehler des Historizismus, so meint Popper, liege darin, daß er seinen Entwicklungsgesetzen absoluten Charakter zuschreibe. Diesen gewinnen sie dadurch, daß Trend-Aussagen mit theoretischen Aussagen konfundiert werden und in der Folge aus ihnen „Prophezeiungen" mit Bezug auf ein Ziel des Geschichtsprozesses deduziert werden, ohne Rücksicht darauf, ob jene Bedingungen überhaupt noch bestehen, unter denen die betreffende Tendenz erstmals in Erscheinung trat. Darüber hinaus seien exakte Vorhersagen, namentlich über weitreichende soziale Veränderungen, schon aus logischen Gründen nicht möglich: Auf den Verlauf der Menschheitsgeschichte übe das Anwachsen der menschlichen Kenntnisse einen starken Einfluß aus; wir können aber nicht mit rationalen Methoden das künftige Anwachsen unserer wissenschaftlichen Kenntnisse vorhersagen; daraus folge, daß wir den zukünftigen Verlauf der Menschheitsgeschichte nicht prognostizieren können (*1.46*, Vorwort). Poppers logische und erkenntnistheoretische Destruktion des Historizismus, wie er sie im „Elend des Historizismus" vorlegt, ist sehr wertvoll, obschon vermerkt werden muß, daß diese Destruktion nicht mit Bezug auf eine bestimmte inhaltlich präzisierte sowie hinsichtlich der räumlich-zeitlichen Spezifizierung der Umstände ihres Zutreffens hinreichend artikulierte langfristige „Prophezeiung" erfolgt. Man müßte diese nicht als Mangel empfinden, ginge es Popper allein darum, eine Denkmöglichkeit zu kritisieren; andererseits ist diese Schrift der Absicht nach eine Kritik von politisch relevant gewordenen Denkweisen, und in Anbetracht dieses Umstandes ist man genötigt festzustellen, daß die Anwendbarkeit der in ihr entwickelten Gedanken, namentlich auf Marx, zwar vom Autor behauptet wird, die einschlägige Beweisführung aber der Aktivität des Lesers überlassen bleibt. Ferner ist zu vermuten, daß einige Unklarheiten in bezug auf Poppers Ausführungen über die Unvorhersagbarkeit unserer wissenschaftlichen Erkenntnisse unterblieben wären, hätte Popper Meßgrößen für kurz-, mittel- und langfristige Prognosen bekanntgegeben sowie für den Grad der Exaktheit der als unmöglich erachteten Voraussagen über den wissenschaftlich-technischen Fortschritt (vgl. dazu 2.40, I, 286 ff.). In der analytischen Geschichtsphilosophie wird darüber hinaus nahezu durchweg jeder Versuch einer Ermittlung konstitutiver Faktoren des historischen Geschehens vorschnell einem spekulativen Dogmatismus zugezählt, da es sich dabei angeblich nur um monokausale Ambitionen handle. An diese vermeintliche Diagnostizierung schließt sich dann häufig eine Kritik an der unzureichenden prognostischen Verwertbarkeit der Gesetzmäßigkeiten, die den in Betracht stehenden Theorien inhärent sind. Die mit Gesetzesanspruch auftretenden Aussagen oder Aussagensysteme seien viel zu ungenau, als daß daran exakte Erwartungen im wissenschaftlichen Sinne geknüpft werden könnten. Aber es scheint, daß im Verlauf derartiger Kritiken — etwa im Falle der Popperschen Analyse des Marxismus — der Status der in Betracht gezogenen Gesetzmäßigkeiten des geschichtlichen Geschehens nicht immer adäquat erfaßt wird. Denn erstens formulieren die Aussagen von Marx und Engels nicht ein inhaltlich konkretisiertes Telos des Geschichtsprozesses, sondern für den historischen Prozeß und den sozialen Wandel grundlegende Variablen, wobei es Sache der kollektiven Willensbildung nach Maßgabe der Einsicht in die Wirkungsweise der für den sozialen Wandel maßgeblichen Faktoren ist, das historische Geschehen in eine bestimmte Richtung zu lenken. Der Charakter dieser Entwicklungsgesetze ist anders als derjenige, welchen Popper bei seiner Kritik im Auge hat und nicht grundsätzlich verschieden von den Gesetzesaussagen, welche von der Geologie über die Geschichte unserer Erde, oder von der Biologie über die

Entwicklung der organischen Lebewesen in phylogenetischer Absicht formuliert werden. So erklären ja Gesetze der Geologie nicht, warum ein bestimmter Felsblock gerade an jener Stelle gerade zu jener Zeit zu liegen kam; gleich wie die Evolutionstheorie nicht erklärt, warum ein bestimmter Mimikry sich zu einer bestimmten Zeit auf einer bestimmten Insel entwickelt hat. Und ganz Analoges gilt für Prognosen in diesen Bereichen; auch sie geben keine räumlich-zeitlich spezifizierten Hinweise, bestenfalls formulieren sie Mutmaßungen über bestimmte zu erwartende Klassen von Zuständen und Ereignissen. Es scheint, daß die Kritik an historischen Entwicklungsgesetzen diesen mehr unterstellt, als deren Entdecker mit ihnen leisten wollten. I. S. Kon bemerkt zu dem soeben erörterten Tatbestand unter Hinweis auf zentrale nomologische Hypothesen innerhalb der marxistischen Geschichtskonzeption: „Aus dem Wertgesetz lassen sich beispielsweise die heute auf einem bestimmten Markt gültigen Apfelpreise nicht logisch deduzieren; kein allgemeines Gesetz vermag alle empirischen Bedingungen zu erfassen. Jedoch erklärt das Wertgesetz das Wesen der Preisbildung, und in diesem Sinne ist es unerläßlich für das Verständnis des Warenaustauschprozesses. Das Gesetz der ungleichmäßigen ökonomischen und politischen Entwicklung in der Epoche des Imperialismus gibt an sich noch keine vollständige Erklärung für die Entstehung des ersten Weltkrieges — es müssen außerdem die vielfältigen konkreten Bedingungen des Geschehens in Betracht gezogen werden. Dieses Gesetz erklärt aber die Ursachen der Entstehung von Kriegen in der Epoche des Imperialismus" (*2.40,* I, 306).
Auch G. C. Homans war bemüht, den bei Popper und anderen Vertretern der analytischen Geschichtsphilosophie inkriminierten „spekulativen" Gesetzen Gerechtig-

keit angedeihen zu lassen. Er nannte sie „orientierende Feststellungen", um sie dadurch von den quantitativen deterministischen Gesetzen, die er „Lehrsätze" nennt und die meist mit dem Ausdruck „Gesetz" assoziiert werden, terminologisch abzuheben. „Zu ihnen gehört Marx' These, daß die Verteilung der Produktionsmittel die übrigen Züge der Gesellschaft bestimmt. Das ist mehr als nur eine Definition, und sie ähnelt insofern einem Lehrsatz, als sie zwei Phänomene zueinander in Beziehung stellt. Aber diese Phänomene — die Produktionsmittel und die übrigen Züge der Gesellschaft — sind keine selbständigen Variablen. Allenfalls sind sie ganze Bündel von undefinierten Variablen. Und die Beziehung zwischen den Phänomenen wird nicht spezifiziert, es wird nur gesagt, daß die Hauptrichtung von Ursache und Wirkung vom ersten zum zweiten Phänomen verläuft. Während Boyles Gesetz sagt: Wenn der Druck größer wird, wird das Volumen ganz bestimmt kleiner werden, sagt Marx' Gesetz: Wenn eine Veränderung — irgendeine Veränderung — in der Verteilung der Produktionsmittel eintritt, dann wird es irgendeine — nicht spezifizierte — Veränderung in den übrigen Zügen der Gesellschaft geben" (*1.24, 26*). Man kann diese Ausführungen dahingehend ergänzen, daß Marx durchaus die allgemeine Richtung der Veränderung — gemäß den zu seiner Zeit gegebenen geschichtlichen Randbedingungen — zu charakterisieren suchte. Und dies geschah auf die gleiche Art und Weise, wie es die Biologie oder Verhaltensforschung tut, wenn diese ihre gesetzesartigen Aussagen über die Veränderung der Tier- und Pflanzengattungen unter dem Einfluß gewandelter Umweltbedingungen formuliert. Auf diesem Gebiet liegen die Dinge ja ähnlich wie im Sozialbereich: Auch in der Biologie ist es weder möglich, den Zeitpunkt anzugeben, zu welchem eine Mutation bzw. die Bildung einer neuen Art eintritt, noch zu bestimmen, welcher Grad von Milieuveränderungen dazu erforderlich ist. Je höher der Komplexitätsgrad eines (individuellen oder sozialen) Organismus, um so komplizierter ist es, quantitative strikt deterministische Gesetze zu formulieren. Und doch sind diese hier in Betracht stehenden Sätze der Biologie und der historischen Soziologie von allerhöchster Bedeutsamkeit. Sie sind vor allem heuristische Devisen mit theoretischem Gehalt, kognitiv relevante Imperative also. Die Autoren, welche sie formulierten, sagen uns, wie Homans meint, was wir untersuchen müssen, um weiterzukommen. „Das ist", so bemerkt er unter Bezugnahme auf seine vorhin erwähnte terminologische Regelung, „der Grund, warum ich von ‚orientierenden Feststellungen' spreche. Untersuchen Sie die Beziehungen zwischen den Produktionsmitteln und den übrigen gesellschaftlichen Merkmalen, denn wenn Sie suchen, werden Sie bestimmt auch finden! Betrachten Sie das soziale Verhalten als einen Tauschhandel, denn dann werden Sie anfangen, weiterzukommen! Und — weiß Gott — zum mindesten mit Hilfe von Marx sind viele Forscher weitergekommen" (*1.24*, 29).

Will man aber den konkreten Verlauf historischer Ereignisse voraussehen, so ist es nötig, mit Sorgfalt die vielfältigen Bedingungen des natürlichen Milieus, solche individuell-psychophysischer und solche sozialer Art, einschließlich der bewußten menschlichen Tätigkeit (also der individuellen und kollektiven Zielsetzungen), in Betracht zu ziehen. Die Einbeziehung der bewußten menschlichen Tätigkeit in sozialwissenschaftlich relevante Prognosen verleitete verschiedentlich — vor allem im Anschluß an die verdienstvollen Untersuchungen Robert K. Mertons über die Wirkungsweise der „self-

fulfilling" und „self-stultifying prophecies" (vgl. *1.37,* 421—436) — zur Ansicht, daß derartige Prognosen insofern nicht wissenschaftlicher Natur seien, als sie eigentlich propagandistischen Zwecken dienen: denn entweder werde durch ihre Publikation das angegebene Handlungsziel überhaupt erst angestrebt, oder es werden erst dadurch Kräfte gegen ein angeblich zu erwartendes Resultat einer historischen Entwicklung im weitesten Sinne des Wortes aktualisiert. Aber diese verdienstvollen Analysen Mertons mit Bezug auf die Komplexität des sozialen Geschehens bezeugen gerade nicht die Unmöglichkeit wissenschaftlicher Vorhersagen im gesellschaftlichen Bereich, sondern im Gegenteil die Möglichkeit, gesellschaftswissenschaftliche Einsichten in kausale Wirkungszusammenhänge in Verbindung mit bewußten Absichten, etwa im Rahmen der Sozialpolitik, praktisch fruchtbar zu machen. So bedeutet auch nach M. Cornforth „die Tatsache, daß Voraussagen über künftige menschliche Handlungen auch Erklärungen einer Absicht sein können, offensichtlich nicht, daß solche Voraussagen nicht auf einer objektiven Analyse der Umstände begründet sind; auch bedeutet die Tatsache, daß eine solche Voraussage auf einer Analyse der Umstände beruht, nicht, daß die Durchführung der vorausgesagten Aktion durch den Antrieb des Fatums erfolgt und nicht freiwillig, um eine bekundete Absicht auszuführen. Es ist offensichtlich, daß derartige Voraussagen wohlbegründet sein können: und auch, daß sie, wie wohlbegründet sie auch sein mögen, nur unter der Voraussetzung in Erfüllung gehen können, daß die Menschen, deren Absichten in der Voraussage zum Ausdruck gebracht werden, weiterhin alles unternehmen, um ihre Absichten auszuführen" (*2.16,* 159).
Wenn Popper im ersten Band der „Offenen Gesellschaft"

erklärt, daß die Zukunft von uns selbst abhängt, nicht aber wir von irgendeiner historischen Notwendigkeit (vgl. *1.45*, I, 23), so ist dieser Ansicht insofern durchaus zuzustimmen, als ja die historischen Gesetzmäßigkeiten die durch menschliche Aktivitäten bewirkten Ereignisse beschreiben, nicht aber eine bestimmte Art menschlicher Aktivitäten vorschreiben. Aber es ist wichtig, zu beachten, daß Marx als der Hauptadressat von Poppers Kritik nicht — wenn auch einige seiner Adepten — den sogenannten historischen Gesetzen den Charakter von Entitäten verliehen hat, die gewissermaßen die Menschen durch jene Geschichte schieben, worauf sie sich beziehen. Man sollte den Hinweis auf die „Notwendigkeit" als einen Hinweis auf notwendige Bedingungen verstehen, deren Bestand für das Auftreten bestimmter sozialer Phänomene vorausgesetzt ist. Unter dieser Voraussetzung bedarf aber Poppers Bemerkung aus der „Offenen Gesellschaft" einer wichtigen Spezifizierung. Denn daß unsere individuellen Handlungen oft spontan erfolgen, schließt ja keineswegs aus, daß sie bestimmter Bedingungen bedürfen, um überhaupt aktualisiert zu werden, wobei sich gesetzmäßige Zusammenhänge zwischen spezifischen Bedingungen und spezifischen Handlungen herstellen lassen können. Und was für die individuellen Handlungen gilt, gilt auch für die Spontaneität unserer kollektiven Handlungen. Wie uns aber die Kenntnis individualpsychologischer Gesetzmäßigkeiten nicht eine exakte Prognose in bezug auf ein bestimmtes Ereignis im Leben eines Individuums erlaubt, so gestattet es uns auch die Kenntnis gewisser für den sozialen Wandel charakteristischer Gesetzmäßigkeiten nicht, den Zeitpunkt und Ort eines künftigen Ereignisses im Leben eines Kollektivs exakt vorauszusagen. Das schließt aber nicht aus, daß wir mitunter gewisse all-

gemeine Entwicklungstendenzen aufgrund der Kenntnis der bisherigen individuellen oder kollektiven Biographie unter Zugrundelegung allgemeiner gesetzmäßiger Beziehungen zu extrapolieren in der Lage sind.
Solche Voraussagen im Bereich der Sozialwissenschaften effektuieren nun, wie schon erwähnt, meist neue, in ihrer genauen Gestalt oft unvorhersehbare künftige Randbedingungen; auf das Vorausgesagte kann im menschlichen Bereich positiv oder negativ Einfluß genommen werden — dies gilt für Vorhersagen von Revolutionen wie von Flugschiffen. Aber natürlich wäre es völlig verfehlt, die objektiven Bedingungen zu ignorieren, deren Bestand stets vorausgesagt werden muß, um unsere subjektiven Willensabsichten zu realisieren. Die gesetzmäßige Wirkungsweise dieser objektiven Bedingungen zu betonen hat gleichwohl nichts mit einem Fatalismus zu tun, der ja nach Popper und I. Berlin *(1.4)* ein wesentlicher Aspekt der historizistischen Unausweichlichkeitsdoktrin sei. Gerade die so häufig als historizistisch bezeichneten Voraussagen von Marx und Engels unterscheiden sich aber mit Rücksicht darauf nicht von irgendwelchen Prognosen im Bereich der Technologie — hier wie dort waltet keine Ergebenheit in Anbetracht des Laufs der Dinge. Die marxistische Voraussage über den Sozialismus läßt sich nicht mit Voraussagen hinsichtlich in sich geschlossener, stationär-rekurrenter Systeme vergleichen; wohl aber, worauf M. Cornforth hinweist, mit einer Voraussage, „die von der ersten Everest-Expedition getroffen wurde und lautet: ‚Der Everest wird letzten Endes doch bezwungen werden.' Eine derartige Voraussage bringt die Absicht zum Ausdruck, den Everest zu besteigen, und geht mit der Schlußfolgerung, daß es möglich ist, schließlich zum Gipfel des Berges vorzustoßen, sowie damit einher, daß dies

wünschenswert ist. Sie stützt sich auch auf die auf Schätzungen der Wahrscheinlichkeit menschlicher Aktionen beruhende Voraussage, daß schließlich eine ausreichende Anzahl von Menschen immer zum Gipfel des Everest vorstoßen möchte und der Vorbereitung angemessener Methoden genug Sorgfalt widmen wird, um zu gewährleisten, daß letzten Endes der Sieg über den Berg errungen wird. — Man kann vielleicht auch bemerken, daß die gleiche Voraussage von Beobachtern getroffen werden könnte, die selbst keine Absicht haben, den Everest zu besteigen ... Aber die Tatsache, daß die Voraussage aus triftigen Gründen von bloßen Beobachtern getroffen werden kann, läßt sie nicht fatalistisch werden" (2.16, 160 f.). Die marxistischen Voraussagen können sonach wohl am ehesten mit den Voraussagen auf dem Gebiet der angewandten Naturwissenschaften verglichen werden; hier wie dort ist das Zutreffen der Prognosen mit der Realisierung bestimmter Vorbedingungen verknüpft. Es können so ja auch keine wohlbegründeten Voraussagen über gesellschaftliche Ereignisse erfolgen, wie dies etwa bei Marx und Engels im Hinblick auf die Herstellbarkeit einer klassenlosen Gesellschaft versucht wurde, wenn nicht gleichzeitig wirksame institutionelle Vorkehrungen getroffen werden, welche das als möglich Erkannte realisierbar machen. Ohne derartige organisatorische Vorkehrungen wären die Menschen, welche sogenannte konkrete Utopien formulieren, solchen Theoretikern der Aviatik vergleichbar, die den Bau eines Flugzeugs voraussagen, ohne irgendwelche Schritte zu unternehmen, um das dafür erforderliche technologische Rüstzeug zu besorgen und entsprechende Arbeitskräfte zu mobilisieren.

E. H. Carr bemerkt einmal, daß der Historiker, der sich mit der Vergangenheit befaßt, nur in dem Maße der

Objektivität näherkommen könne, als er sich dem Verständnis der Zukunft nähert (*2.12*, 121). Dies ist so zu verstehen, daß der Historiker, welcher über einen gewissen Weitblick verfügt, in höherem Maße die in der Vergangenheit und Gegenwart wirkenden Faktoren und Tendenzen hinsichtlich ihres historischen Stellenwertes zu erfassen vermag. Ohne die kritischen Analysen Poppers mit Rücksicht auf die beständige Gefahr des Anachronismus einer historizistischen Denkweise in ihrem Wert schmälern zu wollen — auch wenn der Einwand bestehen bleibt, daß er diese Denkweise nicht immer richtig instanziiert hat —, muß doch jeder, dem Carrs Bemerkung als sinnvoll erscheint, drei minimale Grundannahmen hinsichtlich der historischen Entwicklung akzeptieren, ob er sich dies nun ausdrücklich eingesteht oder nicht: daß gewisse Entwicklungsstadien der menschlichen Gesellschaft als ganzer erreicht sein müssen, ehe andere erreicht werden; daß gewisse Stadien mit größerer Wahrscheinlichkeit anderen vorausgehen, weil sie leichter erreicht werden; daß in jeder beliebigen gegebenen Situation bestimmte Entwicklungen wahrscheinlicher sind als andere (vgl. *1.9*, 214 f.).

III. Die Pragmatik historischer Darstellungen

Was der an und für sich seiende Endzweck des Geistes fordert und vollbringt, was die Vorsehung tut, liegt *über* den Verpflichtungen und der Imputationsfähigkeit und Zumutung, welche auf die Individualität in Rücksicht ihrer Sittlichkeit fällt... Die Taten der großen Menschen, welche Individuen der Weltgeschichte sind, erscheinen so nicht nur in ihrer bewußtlosen Bedeutung gerechtfertigt, sondern auch vom weltlichen Standpunkt. Aber von diesem aus müssen gegen welthistorische Taten und deren Vollbringer sich nicht moralische Ansprüche erheben, denen sie nicht angehören.

G. W. F. Hegel, Vorlesungen über die Philosophie der Geschichte

Und welche Schule der Wohlanständigkeit ist eine solche Betrachtung der Geschichte! Alles objektiv nehmen, über nichts zürnen, nichts lieben, alles begreifen, wie macht das sanft und schmiegsam; und selbst wenn ein in dieser Schule Aufgezogener öffentlich einmal zürnt und sich ärgert, so freut man sich daran, denn man weiß ja, es ist nur artistisch gemeint, es ist *ira* und *studium* und doch ganz und gar *sine ira et studio*.

Friedrich Nietzsche, Unzeitgemäße Betrachtungen, zweites Stück

1. Zum Objektivitätsproblem

Es wird im folgenden — ganz im Sinne der schon im 4. Abschnitt des I. Kapitels getroffenen Feststellungen — nicht darum gehen, sich mit der Rekonstruktion des „Sinnes" einer historischen Darstellung zu begnügen, den ein Autor mit dieser verbunden hat. Dies genügte nicht den Vorerwartungen, die mit der Frage nach der Objektivität historischer Darstellungen verknüpft werden. Sinnvolle Aussagen können falsch sein; objektive Aussagen müssen wahr sein. Es wäre jedoch andererseits auch nicht richtig, die Objektivität mit der Wahrheit von Aussagen zu identifizieren.

Historische Darstellungen können lauter wahre Sätze enthalten und doch nicht richtig sein. Die Ursache für die Unrichtigkeit liegt häufig in vor- oder außerwissenschaftlichen Werthaltungen, welche eine entsprechende Selektion bewirken (die sich eben vielleicht sogar in ausnahmslos wahren Aussagen manifestieren mag). Den Autor nennen wir häufig nicht-objektiv; in übertragenem Sinn bezeichnen wir oft auch sein nicht richtiges Werk als nicht-objektiv. Aber primär charakterisiert der Ausdruck „(nicht)objektiv" eine wertend-intentionale Bedingung für (nicht) richtige Darstellungen. Das Problem der Objektivität hängt so auf signifikante Weise mit Problemen der sogenannten praktischen Vernunft und insofern mit der Einstellung des jeweils in Betracht stehenden Autors zu seiner Profession und zu seinem Gegenstandsbereich zusammen. Die Frage nach der Objektivität richtet sich gegen Versuche, den „semantischen" Aspekt in einer Weise dem „pragmatischen" unterzuordnen, daß Gesichtspunkte der Nützlichkeit oder Zweckmäßigkeit einer Darstellung vorrangig erscheinen gegenüber dem Gesichtspunkt ihrer Richtigkeit.

Im Hinblick auf die Situation im Bereich der Methodologie der Geschichtswissenschaften läßt sich zeigen, daß das Objektivitätsproblem zunächst und zumeist mit dem Problem der Faktenselektion verknüpft wird. So scheint es, als handle der Historiker, der die „wesentlichen" Fakten auswählt und die „unwesentlichen" verwirft, willkürlich, da er sich stets von gewissen, durchaus variablen Werten leiten lasse. Dieser Auffassung gemäß schenken gewisse relativistische Theoretiker der Geschichtswissenschaft der am Begriff des historischen Faktums geübten Kritik große Aufmerksamkeit. Dieser Sachverhalt erfordert eine kurze Betrachtung. Die semantische Analyse des Wortes „Faktum" zeigt, daß es in verschiedenem Sinn verwendet wird. In einigen Fällen wird es als Synonym für das Wort „Ereignis" gebraucht („Die Schlacht von Waterloo ist ein historisches Faktum"); in anderen Fällen als Synonym für die Ausdrücke „Quelle", „Material", „Daten" („Fakten über die Schlacht von Waterloo sammeln"). Von anderen Verwendungsweisen des Wortes „Faktum" sei in diesem Zusammenhang abgesehen (vgl. *1.17*, 73—76). Die Einwände der Relativisten gehen nun darauf hinaus, daß — wenn wir uns den Doppelsinn des Ausdrucks „Faktum" vergegenwärtigen — die Auswahl der Fakten im Sinne der Daten bestimmt, was als Faktum im Sinne eines historischen Ereignisses anerkannt wird; mit anderen Worten: die den persönlichen Neigungen des Historikers entsprechende Auswahl und das ihn leitende Interesse konstituieren, was als Faktum betrachtet wird. Richtiges und Unhaltbares liegen in dieser subjektivistischen Deutung ungeschieden beieinander.
Es muß festgestellt werden, daß sich mit der Entwicklung der Geschichtswissenschaft selbst, namentlich mit der Ausbildung der Wirtschafts- und Sozialgeschichte,

der Begriff „historisches Faktum" im Sinne des historischen Ereignisses komplizierte. An die Stelle von atomar verstandenen Singularitäten traten immer häufiger Prozesse und Beziehungen. „Solche ‚Fakten', wie die Bewegung der Preise, die Differenzierung der sozialen Klassen, die Konzentrierung des Landeigentums, die ursprüngliche Akkumulation usw., konnte man bereits nicht mehr als etwas völlig Einzelnes, Einmaliges darstellen, als etwas, das ohne Hilfe ‚theoretischer Verallgemeinerungen' beschrieben werden kann. Die Abhängigkeit zwischen ‚Fakten' und ‚Verallgemeinerungen' erwies sich als wechselseitige Abhängigkeit; es wurde klar, daß nicht nur Verallgemeinerungen ohne Fakten unmöglich sind, sondern daß umgekehrt auch keine wissenschaftlichen Fakten existieren, die nicht ein Element der Verallgemeinerung in sich enthalten hätten. Mit der Zerstörung der Idee eines unabhängigen, selbstgenügsamen ‚Faktums an sich' mußte aber unweigerlich die Theorie zusammenbrechen, der zufolge der Historiker ohne theoretisches Denken auskommen könne. Das ‚historische Faktum' erwies sich in gewissem Sinne nicht nur als Voraussetzung der Forschung, sondern auch als ihr Resultat" (*2.40*, II, 110). Die Not, sich mit neuen theoretischen Konzeptionen vertraut machen zu müssen, wurde nun aber von den Historikern gelegentlich umgedeutet in die Tugend des radikalen Agnostizismus. Aus dem Umstand heraus, daß das historische Faktum nicht als theorieinvarianter Bestand nachweisbar ist, zog man gelegentlich die Konsequenz, die Geschichte als Wissenschaft zu liquidieren. Die gesamte Historiographie erweise sich als Produkt subjektiver Spekulation; deshalb sei, wie sich C. L. Becker ausdrückte, jedermann sein eigener Historiker, und es sei unsinnig, darüber zu streiten, welcher von den zahllosen möglichen Gesichtspunkten richtig ist und welcher nicht *(2.6)*. Vor allem für diejenigen, welche schon unter Hinweis auf die Unvollständigkeit der Quellenlage den Wissenschaftscharakter der Geschichtswissenschaft in Zweifel gezogen hatten, ergab sich eine unlösbar scheinende Aporie — man könnte fast von einem agnostizistischen Zirkel sprechen: Zuerst zog man die Folgerung von der Unerkennbarkeit des Ganzen, da ja eben nicht alle seine Bestandteile erforschbar sind; und dann, nachdem man — gut holistisch — festgestellt hat, daß alle Bestandteile untrennbar mit dem Ganzen verbunden sind, gelangt man zu dem Schluß, daß sie ebenfalls unerkennbar seien, weil ja das Ganze unerkennbar ist. — Man kann vorläufig die relativistische Position thesenhaft folgendermaßen charakterisieren: Wenn der Historiker von der Gegenwart ausgeht und wenn seine Werthaltungen, die sowohl durch seine individuelle Anlage als auch durch die Wandlungen in der jeweiligen Gegenwart mitbestimmt sind, Wandlungen in der Geschichtskonzeption bedingen, so sei in der Historiographie alles relativ; eine Konzeption folge auf die andere — das einzig Beständige in der Geschichte wie in deren Darstellungen sei der Wandel. Einer Ethik verpflichtet, die den Geist wehen lassen will, „von wannen er will", bekennen sich denn auch Historiker wie Methodologen der Geschichtswissenschaft häufig zu einem axiologisch fundierten gnoseologischen Skeptizismus.

Ein andersartiger Schluß, welcher mit der Einsicht in den Zusammenhang von Werterlebnis und Erkennen verknüpft werden könnte, bestünde in einer Intensivierung des Vermögens der Selbstreflexion des Historikers in axiologischer Hinsicht; das heißt, es käme darauf an, seine Rolle, seinen historischen Ort und die damit verbundenen Werthaltungen — seien es die von der Umwelt absorbierten, seien es die in Gegenstellung zu ihr entwickelten — zu begreifen und explizit zu machen. Erst eine derartige Explikation bietet zumeist die Möglichkeit, etwa Werthaltungen, welche auf einer falschen oder mangelhaften Informationsbasis beruhen, durch die Konfrontation mit alternativen Tatsachenfeststellungen zu revidieren. Sehr häufig ist es ja so, daß genetisch nicht rekonstruierte Gefühlsbeziehungen latent werden und Vorurteilscharakter annehmen können. Eine Explikation axiologischer Vormeinungen soll gerade nicht zu dem Zwecke erfolgen, Beschreibungen „rein" zu machen. „Allen positivistischen Vorurteilen zum Trotz verhält es sich also nicht so, als sammelten wir vorerst Tatsachen an sich ‚voraussetzungslos' und als gestatteten wir ihnen danach, für sich zu sprechen, so daß es also genüge, sich vor den Kommentaren des Historikers zu hüten, in denen die Wirklichkeit entstellt wird. Im Gegenteil, die Wahrnehmung und Formulierung der Tatsachen ist das Ergebnis der Wirkung von Theorien, was aufgrund der Analyse des Erkenntnisprozesses völlig einleuchtend ist" (2.62, 191). Bei der Explikation axiologischer Vormeinungen geht es darum, den drohenden Deformationen unserer wissenschaftlichen Überzeugung angesichts vermeintlich voraussetzungsloser Beschreibungen zu begegnen. Je präziser man nämlich anzugeben vermag, was ein Historiker in die Darstellung seines Gegenstandes an einschlägigen Vormeinungen einbringt, um so genauer vermag man anzugeben, wie dieser Gegenstand nach Maßgabe andersartiger Vormeinungen beschaffen ist. Keineswegs geht es jedoch, wie Helen M. Lynd klarmachte, um die Eliminierung von Voraussetzungen, die durch das soziale Milieu oder die individuelle psychophysische Verfassung des Historikers bedingt sind, so als lasse sich dadurch ein Wissensbestand ermitteln, der nicht von irgendeinem Standpunkt aus gewonnen worden ist: „Alle Ordnung, die der äußeren Welt innewohnt, kann um so klarer bestimmt werden, je bewußter uns die Ordnung wird, die unserer Beobachtungsmethode eigen ist. Jegliche Genauigkeit, die wir erreichen, kann nur dann erzielt werden, wenn wir den Beobachter als Teil des Beobachtungsprozesses in Betracht ziehen, nicht, indem wir versuchen, ihn auszuklammern, sondern indem wir ihn miteinbeziehen. Sogar in der Physik haben wir der Tatsache Rechnung zu tragen, daß der gemessene Gegenstand durch das Meßinstrument beeinträchtigt wird und umgekehrt" (*1.110*, 235).

Aus dem Umstand, daß die Historie immer wieder neu geschrieben wird, daß jeder erreichte Stand historischer Kenntnisse relativ ist, wurde gelegentlich gefolgert, objektive Wahrheit sei in der Geschichtswissenschaft prinzipiell unmöglich. Die Unsicherheit auf epistemologischem Gebiet führte viele Historiker dazu, in neoidealistischer Weise über Gebühr die Rolle zu betonen, die der Historiker beim Geschichtemachen spielt bzw. dessen Geschichtskonzeption mit Rücksicht darauf, was als Realgeschichte gelten soll. Dies hat, wie E. H. Carr bemerkt, leicht die Negierung der objektiven Geschichte zur Folge: „Geschichte ist, was der Historiker macht" (*2.12*, 26). Eine derartige Geschichtsbetrachtung war einem Pluralismus historischer Wahrheiten förderlich, der eine Vielzahl antagonistischer Darstellungen als prinzipiell gleich-gültig in einer Einstellung panideologistischer „Offenheit" akzeptierte. Ein derartiger Pluralismus hat oft auch einer geradezu dezisionistischen Pluralisierung der gnoseologischen Fundamente wissenschaftlicher Tätigkeit Vorschub geleistet und den methodologischen Isolationismus (auch) bestimmter analytischer Geschichtsphilosophen begünstigt. Hinreichend klar äußerte sich Bruce Mazlish im Hinblick auf diese fatale Situation, die häufig dadurch gekennzeichnet ist, daß sich die Vertreter einer angeblich genuin historischen Methodologie unkritisierbar zu machen bemüht sind. Er machte vor allem darauf aufmerksam, daß es — außer um den Preis des Wissenschaftscharakters der Geschichtswissenschaft — nicht möglich ist, aus dem Tatbestand, daß verschiedene Gesellschaften zu verschiedenen Zeiten verschiedene Annahmen über die natürliche und geschichtliche Welt kultivierten, eine Verschiedenartigkeit der Kanones wissenschaftlicher Rechtfertigungsverfahren abzuleiten (*1.117, 277 f.*).

Die historischen Relativisten verstanden sich häufig als Gegner eines gleichermaßen naiven wie dogmatischen Empirismus. Gegenüber der Ansicht, Geschichte sei eine Anhäufung objektiver Fakten, läßt sich einiges Grundsätzliches vorbringen; dies besagt aber noch keineswegs, daß die These der Relativisten akzeptiert werden müsse, wonach die Begriffe von Bedeutsamkeit oder Relevanz in bezug auf die Geschichte als rein subjektiv — also von nur emotionalem Gehalt — anzusehen seien. In einer sehr verdienstvollen Arbeit aus der Zeit vor dem Zweiten Weltkrieg trat Maurice Mandelbaum dieser Ansicht entgegen: Relevanz, so führt er aus, sei ein relativer Begriff, von dem man — gleichgültig, ob er auf die Fakten selbst oder auf unsere die Fakten betreffenden Aussagen angewandt wird — annehmen müsse, daß er nicht allein in unserem „Verstehen", sondern in den Fakten selbst seinen Grund hat (vgl. *1.34,* 210). Nichtsdestoweniger erscheint auch heute noch in der geschichtsmethodologischen Literatur das Verhältnis von Tatsache und Interpretation, Empirie und Theorie hinsichtlich historischer Beschreibungen oft als ein aporetisches Verhältnis. Diese Sachlage findet ihre Parallele im Problembereich der historischen Erklärungen. Im Hinblick darauf wurde bereits einiges im II. Kapitel gesagt; einiges soll dazu noch unter Kapitel III, 3, c folgen.

2. Wertungen als Basis und als Element historischer Darstellungen

Wie bereits aus Anlaß der Erörterung von Problemen, wie sie mit der Beschreibung in der Geschichtswissenschaft verbunden sind, erwähnt wurde, erfolgen Wertungen nicht immer explizit. Sie treten zumeist unausdrücklich in Erscheinung, und zwar durch eine entsprechende Deutung der Daten und im Arrangement der als relevant erachteten Fakten. Analoges gilt auch für viele kausale Analysen in der Geschichtswissenschaft. Zwar ist das Werturteil nicht eine logische Ingredienz des kausalen Urteils, aber oftmals determiniert es, welche Kausalzusammenhänge erforscht werden, und in diesem Sinne spielt es eine Rolle in der historischen Erklärung. W. H. Dray (*1.12*, 97—104) und M. White (*1.55*, 264—270) widmeten diesem Tatbestand subtile Analysen, wie überhaupt im Bereich der analytischen Geschichtsphilosophie eine stets wachsende Anzahl von Publikationen zur Methodologie der Sozialwissenschaft i. w. S. dem Problem des Zusammenhanges der „Kausalitäten und Werte" gewidmet ist.

Es soll im folgenden am Beispiel einiger Theoretiker der Geschichtswissenschaft gezeigt werden, wie bestimmte unexplizierte Wertungen als Basis geschichtswissenschaftlicher Darstellungen zunächst für ganz bestimmte Erklärungsgewohnheiten konstitutiv sind; und wie in der Folge diese „wissenschaftstheoretisch" neutralisierten Erklärungsgewohnheiten nur ganz bestimmte Formen von expliziten Wertungen in geschichtswissenschaftlichen Darstellungen als zulässig erscheinen ließen, ohne daß man an dieser „Konklusion" den zirkulären Charakter des im folgenden nur skizzenhaft rekonstruierten gedanklichen Zusammenhanges erkannt hätte.

(1) J. St. Mill war der Ansicht, daß *die* Ursache eines Ereignisses das sei, was er die „ganze Ursache" nannte und meinte, daß jemand, der eine Ursache anführt, die weniger ist als die Gesamtursache, eine falsche Erklärung liefere, wenn er sie als die Ursache bezeichnet (*1.38*, 3. Buch, Kap. V, § 3). Nun wird aber, worauf unter anderem M. White aufmerksam macht (*1.55*, 112 ff.), nicht erwartet, daß die Frage nach dem „Warum" im Rahmen der Geschichtswissenschaft beantwortet wird, indem man alle Begebenheiten einzeln anführt, die eine Gesamtursache ausmachen. Was man gewöhnlich erwartet, ist diejenige Teilursache, die den Fragenden deshalb am meisten interessiert, weil er bereits eine Menge von relevanten Zuständen oder Ereignissen kennt, nicht aber jene, ohne deren Bestehen das zu erklärende Ereignis nicht eingetreten wäre; diese Teilursache ist meistens ein Tatbestand, der entweder völlig unbekannt oder aber hinsichtlich bestimmter Wirkungen, die er zeitigt, nicht vollständig bekannt ist. So wäre es beispielsweise möglich zu fragen: „Warum explodierte dieser trockene Dynamitstab, obwohl doch die meisten trockenen Dynamitstäbe nicht explodieren?", und man könnte durch die Antwort zufriedengestellt sein: „Die Ursache — das, was in diesem Falle das Besondere war — war der Umstand, daß dieser Stab mit einem Streichholz in Kontakt gebracht wurde." Ganz in diesem Sinne bezeichnete der Sozialwissenschaftler R. M. MacIver die Ursache eines

Ereignisses als eine „Interferenz mit Normalbedingungen" (*1.33*, 186).

Eine derartige wissenschaftliche Einstellung, welche auf die Suche nach kausal relevanten Anomalien hinausläuft, wurde aber im Bereich der Geschichtswissenschaft gelegentlich als eine Manifestation der idiographischen Denkweise gedeutet. So bemühte man sich, die Ursachen für historisch relevante Ereignisse im Singulären, Individuellen und Zufälligen zu erblicken, aber nur ja nicht in irgendwelchen „spekulativen" Geschichtsgesetzen. Die Betonung der Anomalien, die Akzentuierung des Zufälligen und des Unvorhergesehenen in der historischen Entwicklung[31] machten es unmöglich, gewisse Tiefenstrukturen des historischen Geschehens zu sehen. Die Forschungsdevise mußte den Eindruck erwecken, daß die pittoreske historische Oberfläche das Ganze des historischen Geschehens, und dieses im Prinzip ein Tohuwabohu sei. Aber die Anomalie in der Geschichte, das Außergewöhnliche für sich genommen, gibt keinen Erklärungsgrund ab. Die Ermordung des Erzherzogs Franz Ferdinand in Sarajevo bildet, isoliert betrachtet, genausowenig die Ursache für den Ersten Weltkrieg wie der Ausgang der Schlacht von Stalingrad für die Grenzen in Europa nach 1945. Ein Erklärungsdezisionismus, etwa nach der Art P. Gardiners (vgl. Kap. II, 3), ist in solchen Belangen keineswegs das letzte Wort, eher der erste Ausdruck einer Geschichtsmetaphysik, die nicht als solche deklariert ist. E. H. Carr ist ein dezidierter Gegner jener Ansicht, die die Gleichwertigkeit von Erklärungen postuliert; diese Forderung ergebe sich aus der Relativität der als relevant erachteten Faktoren mit Bezug auf das subjektive Interesse des Historikers. Vor al-

---

[31] Vgl. H. A. L. Fisher: Die Geschichte Europas (engl. 1934), Stuttgart 1951, Vorwort.

lem die dem Bizarren und Zufälligen als dem Erklärungsgrund historischer Ereignisse zugetanen Historiker trifft seine Kritik. Er neigt dazu, jemanden, der die Geschichte für ein Kapitel der Zufälle hält, der intellektuellen Faulheit zu verdächtigen, und er tut dies — nicht zufällig — im Anschluß an die Zitierung jenes einprägsamen Satzes aus Montesquieus Werk über die Größe und den Verfall der Römer, der die Geschichtskonzeption jenes Aufklärers trefflich illustriert, welche den idiographischen Impressionismus späterer Zeiten weit überragt: „Wenn eine bestimmte Ursache, wie der zufällige Ausgang einer Schlacht, einen Staat zugrunde gerichtet hat, so gab es eine allgemeine Ursache, welche bewirkte, daß der Niedergang dieses Staates aus einer einzigen Schlacht erwachsen konnte" (*2.12*, 100).

Im Sinne der Ausführungen Carrs sind auch andere zeitgenössische englische und amerikanische Historiker und Geschichtsmethodologen am Werk; Louis Gottschalk wäre hier etwa zu nennen (vgl. *2.30*). Diese nehmen im Verlauf ihrer fachspezifischen Erklärungen vor allem darauf Bezug, was man als fundierende Bedingungen bezeichnen könnte; das ist jenes Arrangement von relevanten Fakten und Gesetzmäßigkeiten aus dem Bereich der Gesamtursache (des Explanans), dessen Bestand vorausgesetzt ist, damit überhaupt eine als *die* Ursache angesehene Anomalie, Zufälligkeit oder „Singularität" hinsichtlich des Explanandum-Ereignisses eine ausgezeichnete kausale Relevanz erlangen konnte. So muß sich der Historiker beispielsweise fragen, welche Bedingungen bzw. Umstände gegeben waren, die es einer Minderheit entschlossener Nationalsozialisten ermöglichten, in wenigen Jahren an die Macht zu gelangen. Nicht allein einer aktivistischen Minderheit verdankt Deutschland den Zusammenbruch der Weimarer Republik; und zwar genausowenig wie die Person X einem Glas Weißwein ihre Magenschmerzen. Um in der Metapher des medizinischen Analogons zur Sachlage historischer Erklärungen zu bleiben: Mag X den Genuß eines Glases Weißwein als die Ursache seines schlechten Befindens ansehen, so wird ein Arzt die Magengeschwüre von X (von deren Existenz dieser vielleicht gar nichts weiß) als die fundierende Bedingung („Ursache") und den Genuß des Weißweins als auslösende Ursache („Anlaß") betrachten. Es geht dabei nicht darum, die unmittelbare oder auslösende Ursache eines historischen Ereignisses in ihrer Bedeutsamkeit zu bagatellisieren. Es geht nur darum, im Blick auf die fundierende Bedingung zu erklären, wie sogenannte „kleine Ursachen" in der Geschichte „große Wirkungen" zeitigen können.

Gegenüber der idiographischen Tradition hat eine derartige Erklärungsweise große Vorteile, weil sie im allgemeinen einer Denkweise verpflichtet ist, welche nicht nur dem unmittelbar Augenfälligen eine Wirkungsgeschichte zutraut. Und doch geraten trotz der Kenntnis derartiger Deutungsmöglichkeiten historische Erklärungen immer wieder zu monistischen Deutungen, was darin seinen Grund hat, daß Historiker gemäß bestimmten *subjektiven Wertbeziehungen* oder Gefühlsverhältnissen — und nicht gemäß dem Gesichtspunkt der *sachlichen Relevanz* für die Lösung eines Problems — bestimmte Sachverhalte als fundierende Bedingungen auszuzeichnen, andere aber als nur auslösende Ursache abzuwerten geneigt sind. Thomas Carlyle wies bereits mit Bezug auf eine bestimmte Art von Geschichtsinterpretationen seiner Gegenwart auf die Gefahr hin, das Individuum *nur* als eine Funktion der „Zeit" zu betrachten und es damit in seinem Wert und in seiner Wirksamkeit zu depravieren (vgl. *2.11,* vor allem 37 f.).

Scheinbar unversehens gerät man im Verlauf derartiger Betrachtungen zum eigentlichen Problem der Bewertungen in der Geschichtswissenschaft.

(2) Eine Variante der schon bei Carlyle in Betracht gezogenen Einseitigkeiten besteht darin, Wert und Wirksamkeit des Individuums zu bagatellisieren, Wert und Wirksamkeit des Kollektivs hingegen zu glorifizieren; die zweite einschlägige Variante besteht — gemäß gewissen modifizierten Voraussetzungen hinsichtlich der leitenden Absicht der historischen Darstellung — darin, daß das Individuum entlastet wird, das Kollektiv jedoch verurteilt. Statt des Kollektivs könnte man auch die sozialökonomischen Verhältnisse, den Zeitgeist, die Sitten und Gebräuche und dgl. als Bezugspunkt für die Zurechnung von Lob und Tadel in der Historie einsetzen. In bestimmten monistischen Deutungen werden diese Faktoren nicht nur als die grundlegenden, sondern als die alleinigen Ursachen für die Erklärung historischer Ereignisse angesehen.

P. Gardiner widmet diesem Sachverhalt einige Aufmerksamkeit und zieht im Sinne der „individualistischen" Geschichtsbetrachtung vor allem die herabgeminderte Rolle des einzelnen in Betracht[32]. Es ist, wie schon ausgeführt wurde, nicht zu übersehen, daß die Prävalenz einer „kollektivistischen" Geschichtsdeutung dem einzelnen nicht nur im guten, sondern auch im schlechten seine Determination durch das „Allgemeine" bescheinigt und ihm dementsprechend auch einen Ablaß für seine Schuld unter Hinweis auf die Umstände zu gewähren in der Lage ist. Daraus folgerten eben — auch im Bereich der analytischen Geschichtsphilo-

---

[32] Vgl. dazu die einschlägigen, wenn auch in ihrer kritischen Absicht simplifizierenden Ausführungen von P. Gardiner: *1.17*, S. 110 f.

sophie — die Vertreter einer sogenannten humanistischen Historiographie, es müsse der Geschichtswissenschaft in erhöhtem Maße um die Rekonstruktion und Bewertung der Gesinnung des einzelnen gehen (vgl. *1.87*, 133).

Nun ist jedoch eine derartige Konzeption, die der Wirksamkeit des einzelnen zugewandt ist, gegen den Monismus gleich wenig gefeit wie die vorhin erwähnte. Wie M. White zu zeigen sucht, gerät ein der „aktionistischen" Betrachtungsweise *(„action approach")* verpflichteter Historiker leicht in Gefahr, wie ein Richter zu denken und mit seinen Warum-Fragen aufzuhören, wenn er die Gründe oder Motive für die Handlungsweise eines historischen Akteurs ausfindig gemacht hat. Er versucht es erst gar nicht, die Frage zu beantworten, ob nicht gelegentlich eine hinreichende Erklärung einer bestimmten Handlungsweise erst dadurch erreichbar sein könnte, daß er hinter die erkundeten Motive zurückfragt. Man erliegt als Historiker leicht einer legalistischen Betrachtungsweise des geschichtlichen Geschehens, gibt man sich mit der Annahme zufrieden, daß die Ursache, wonach man sucht, stets in den Termini von Motiven, Absichten oder Plänen erfaßbar sein müsse (vgl. *1.55*, 146 f.). Die Gefahren einer derartigen Betrachtungsweise sind gewissermaßen reziprok zu der vorhin charakterisierten monistischen Geschichtsdeutung: Entweder werden nämlich die Umstände oder das Kollektiv bagatellisiert und das Individuum verklärt, oder es wird — unter geänderten Interessen — das Individuum moralisch verurteilt und das Kollektiv entlastet. Das Individuelle, Singuläre figuriert in dieser Variante der Historiographie als Bezugspunkt für Lob und Tadel[33].

---

[33] Von jener gemischten Strategie, welche eine bestimmte Variante

Auf die pragmatische Relevanz, ja geradezu strategische Funktion von Bewertungsweisen in der Geschichtswissenschaft, welche scheinbar durch neutrale methodologische Erwägungen nahegelegt werden, macht E. H. Carr aufmerksam. In ideologiekritischer Absicht untersucht er den Zusammenhang von „Kausalitäten und Werten" und lehnt monistische Deutungen ab. Es sei einfacher, so meint Carr angesichts der Dominanz legalistischer Bewertungsgewohnheiten — etwa in den Arbeiten von C. V. Wedgwood, A. L. Rowse oder I. Berlin —, beispielsweise den Kommunismus das Geisteskind von Karl Marx zu nennen, als seinen Ursprung und Charakter zu analysieren, oder die bolschewistische Revolution der Borniertheit Nikolaus' II. zuzuschreiben, als ihre tief im Sozialen wurzelnden Gründe zu untersuchen, und dergleichen mehr (*2.12*, 46). Überhaupt dürfe nicht die oft ideologische Funktion der Tätigkeit derjenigen außer acht gelassen werden, die so feurig für die moralische Beurteilung des Individuums eintreten. Carr macht sich dabei zum Anwalt gewisser grundlegender Auffassungen Max Webers, etwa wenn er feststellt: „Die Deutschen von heute begrüßen es, wenn der Historiker mit der Brandmarkung von Hitlers persönlicher Ruchlosigkeit die moralische Beurteilung der Gesellschaft, die ihn hervorbrachte, geschickt umgeht. Die Russen, Engländer und Amerikaner schließen sich jederzeit gerne den Angriffen auf die Person Stalins, Neville

---

der pragmatischen Historiographie kennzeichnet, sei hier abgesehen, die ein Aphorismus von Wieslaw Brudzinski so treffend kennzeichnet: „Kollege X ist immer vorn: dann heißt es, wenn es ein Sieg war, er habe angeführt, und wenn es eine Niederlage war — man habe ihn als Geisel vorangetrieben." Wieslaw Brudzinski: Katzenjammer. Aphorismen. Hrsg. und aus dem Polnischen übersetzt von Karl Dedecius (edition suhrkamp 162), Frankfurt a. M. 1966.

Chamberlains oder McCarthys als Sündenbock für ihre kollektiven Missetaten an. Die positiven moralischen Urteile über Individuen können allerdings ebenso irreführend und unheilvoll sein wie die moralische Anklage. Mit dem Hinweis auf die edle Gesinnung einiger Sklavenbesitzer pflegte man sich um die Verdammung der Sklaverei als unmoralisch zu drücken. Max Weber verweist auf die ‚Sklaverei ohne Herren, in die der Kapitalismus den Arbeiter oder den Schuldner verstrickt', und folgert zu Recht, daß der Historiker die Institution und nicht die Individuen, die sie errichtet haben, moralisch beurteilen sollte" (*2.12,* 76 f.).
Carr liefert implizit auch eine wissenschaftsgeschichtliche Destruktion des in den zeitgenössischen Sozialwissenschaften allgemein einflußreichen „methodologischen Individualismus"; dieser proklamiert die Möglichkeit der Zurückführung historischer Ereignisse auf die individuelle psychische Disposition der daran beteiligten Individuen (vgl. dazu Kap. III, 4, b). „Früher", so führt Carr aus, „gaben sich die Biologen damit zufrieden, die verschiedenen Gattungen der Vögel, Landtiere und Fische in Käfigen, Aquarien und Schaukästen zu klassifizieren, ohne sich viel um die lebendige Kreatur in ihrer Beziehung zu ihrer Umwelt zu kümmern. Vielleicht haben sich die modernen Sozialwissenschaften von diesem primitiven Stadium noch nicht ganz freigemacht. Manche Leute unterscheiden zwischen der Psychologie als der Wissenschaft vom Individuum und der Soziologie als der Wissenschaft von der Gesellschaft" (*2.12,* 47). Der Vorrang, den viele Vertreter der zeitgenössischen Geschichtswissenschaft und der analytischen Geschichtsphilosophie der Betrachtung des Individuums in der Geschichte einräumen, wird von vielen in einer Form der Selbstanwendung als Akzentuierung ihrer eigenen Indi-

vidualität in bezug auf ihre gesellschaftliche Einbettung gedeutet. Ein Außerachtlassen der sozialen Umwelt des Individuums ist in beiden Fällen der Wissenschaft abträglich. Im Hinblick auf den zuletzt angesprochenen Sachverhalt meint daher Carr, „daß der Historiker, der sich seiner eigenen Situation aufs deutlichste bewußt ist, viel eher über sie hinausgelangt und so die Wesensunterschiede zwischen seiner eigenen gesellschaftlichen Umwelt und Sicht und der anderer Zeiten und Länder viel deutlicher erkennt als sein Kollege, der mit Stentorstimme von sich behauptet, er sei Individuum und nicht soziales Phänomen" (*2.12*, 44).

3. Wertungen und Kognitivität

Vorbemerkungen

Erst die Wertgesichtspunkte bringen es mit sich, daß das in bezug auf die logische Art der Betrachtungsweise indifferente Wirkliche sich in individuell „Bedeutungsvolles" und „Bedeutungsloses" spaltet (vgl. *1.50*, 226). Zwei antagonistische Auffassungen sind mit der Anerkennung dieses Sachverhaltes verknüpft. Der einen zufolge sei es nötig, die in Betracht stehenden Wertgesichtspunkte zu standardisieren. Sie ist stets der Gefahr ausgesetzt, in die Zeit vor dem Historismus zurückzufallen, indem sie entweder bestimmte moralisch-politische Interessen der Gegenwart als überhistorischen Maßstab für die Beurteilung historischer Ereignisse deklariert und (oder) jeder auf fehlerhafter Kenntnis der Realität beruhenden Wertauffassung gegenüber einen Ideologieverdacht proklamiert. Vertreter der anderen Anschauung kamen unter dem Eindruck unterschiedlichster historisch nachweisbarer Werthaltungen zur Überzeugung, daß diese Widersprüche, namentlich in moralisch-politischen Belangen, stets unüberbrückbar seien. Wie es nun einmal verschiedene moralisch-politische Überzeugungen gebe, so gebe es auch die unterschiedlichsten ihnen zugrundeliegenden Vorurteile; kein Mensch könne sich dieser völlig entledigen, und es sei eben das Geschick der Menschheit, in der Auseinandersetzung derartiger Vorurteile ihren Weg zu gehen. Dem entspricht es, wenn der Versuch, sozial relevante Handlungen anderer Epochen anders als bloß immanent wertend zu beurteilen, als anachronistische Vermessenheit disqualifiziert wird.

Vertreter der zuerst genannten Position übersehen zumeist, daß eine fehlerhafte Auffassung der Wirklichkeit, die der durch den jeweils herausgebildeten Wissensstand bedingten Begrenzung der Erkenntnismittel entspringt, von der Art des Irrtums ist und noch nicht von der Art einer negativ zu kennzeichnenden Ideologie. Andererseits neigen Vertreter der zweiten Auffassung in ihrem panideologischen Relativismus dazu, den Umstand zu ignorieren, daß gewisse historische Akteure anderer Epochen zu ihrer Zeit nicht so unangefochten und unkritisiert waren, wie es den holistischen Deutungen einer Kulturkreis- oder Volksgeist-Lehre entsprechen mag. Viele Weltanschauungen in Geschichte und Gegenwart tragen die Signatur des denkgeschichtlichen Regresses, und sie bleiben damit zurück hinter der bereits erreichten Einsicht, oder sie versperren sich gegen eine bereits erreichbare. Derartige im eigentlichen Sinn des Wortes ideologische Anschauungen — „ideologisch", weil gleichermaßen falsch wie durch spezifische soziale Interessen aufrechterhalten — sind durchaus kritisierbar. Der Kultivierung der Unwissenheit oder auch der

nur einseitig zugelassenen Information zum Zwecke einer Immunisierung der in Betracht stehenden Weltanschauung gilt dabei die Kritik namentlich der sozialpsychologischen Vorurteilsanalyse und der vor allem sozialökonomisch orientierten Ideologiekritik. Die einschlägigen kritischen Bemühungen sind älter als die dafür stehenden soeben erwähnten Namen. Nur wer diese latent vorhanden gewesenen kritischen Bemühungen angesichts der dominierenden Lebenspraxis und dem ihr korrespondierenden theoretischen Überbau der jeweils in Betracht stehenden Periode als sekundär oder unwesentlich betrachtet, kann zu einer Konstruktion homogener Epochen gelangen. Es versteht sich, daß die Schöpfer derartiger Konstruktionen ein kritisches Bewußtsein, das sich auf Werthaltungen der Vergangenheit richtet, gern als anachronistische Projektion der Lebensform des Kritikers auf Lebensformen der Vergangenheit zu depravieren bemüht sind.
Eine derartige Gegenkritik ist darüber hinaus zumeist bestrebt, im Rahmen einer „Zeitgeistforschung" die Entwicklung geistiger Phänomene als etwas sich bloß in den Köpfen der Denker Vollziehendes zu deuten. Der vorausgesetzte Separatismus zwischen geistigen Vorgängen und deren Bedingungen macht es ja auch so gut wie unmöglich, Erklärungen derartiger zeitgeistiger Phänomene anders vorzunehmen als im Sinne einer allein auf den Bereich des Denkens bezogenen „immanenten" Rekonstruktion von Stadien einer Ideengeschichte. Denn vom Ansatz her wird hier darauf verzichtet, jedes umfassende Umschlagen der Meinungen, wie etwa in der Geschichte der griechischen Philosophie, mit erschütternden Erfahrungen des allgemeinen Lebens zu verbinden. Es sollte jedoch dem historisch geschulten Betrachter möglich sein, zu sehen, daß eine Idee anders als nur

durch andere Ideen erklärbar ist, denen gegenüber sie sich im spirituellen Kampf durchgesetzt hat, auf daß sie dann als zeitgeistig-ideelles Signum von Epochen erscheint. *„Nothing succeeds like success"*, sagt ein englisches Sprichwort im Vertrauen auf die Natur bestimmter Massenwirkungen — und die rein immanentistische Erklärung *und* Bewertung, wie sie von bestimmten Geschichtsmethodologen empfohlen wird, ist weitgehend nichts anderes als ein Reflex der Ansicht, daß der Zeitgeist mit dem Erfolge geht. Eine damit verknüpfte faktographische Auffassung bestärkt in Hinsicht auf die Beurteilung vor allem zeitgeschichtlicher Sachverhalte offensichtlich nur die Dominanz einer faulen Vernunft: Weil der Zug der Ideen und der „Dinge" nach einem bestimmten Ziele zu gehen scheint, bildet sich ein großer Anhang, und dann wird, weil sich dieser Anhang gebildet hat, die einmal eingeschlagene Richtung länger beibehalten. Aber es sind gerade die partikulären Abweichungen von Zeittendenzen, die wir neben dem Zeitgeist als etwas davon nicht vollständig Absorbiertes betrachten müssen. Gegenüber dem Postulat der rein immanenten Beurteilung historischer Phänomene regt sich ein Gefühl des Ungenügens bei Vertretern einer — zumindest: auch — kritischen Geschichtswissenschaft. Ein besonderes Mittel, so erklärt man diesen gegenüber, den Tatsachen gerecht zu werden, bestehe darin, „daß man einen relativ geschlossenen Kreis von Kulturbestrebungen und -erscheinungen *an sich selbst* mißt, d. h. untersucht, ob, inwieweit und mit welchen Mitteln das angestrebte Ideal verwirklicht worden ist. Man prüft z. B., in welchem Maße und in welcher Weise die Geschichte einer Religion die in ihr liegenden Ideen festgehalten und ausgewirkt hat. Bei einer solchen Darstellung kann der eigene Standpunkt des Historikers zuweilen fast völlig in den Hintergrund treten" (*2.61, 280 f.*).

Nun geht es nicht darum, derartige Konsistenzanalysen in werttheoretischer Absicht zu ersetzen durch Exklamationen des Historikers, welche sein Gefühlsverhältnis zum untersuchten historischen Ereignis zum Inhalt haben. Gewiß ist nicht zu leugnen, daß es nach wie vor die Hauptaufgabe des Historikers ist zu sagen, „wie die Dinge waren und wie alles so gekommen ist" (Ranke). Es ist auch richtig, wenn darauf hingewiesen wird, der Historiker möge bei seiner Auswahl der historischen Ereignisse, welche er für erinnerungswürdig hält, nicht einseitig etwa die aus seiner Sicht als der menschlichen Gattung förderlich oder schädlich erscheinenden Tendenzen berücksichtigen. Es ist also richtig, wenn von ihm verlangt wird, zu zeigen, wie das Geschehene die Entwicklung des Menschengeschlechts — sei es positiv, sei es negativ — beeinflußt hat. Aber es erscheint als völlig unbegründet, vom Historiker eine Wertungsabstinenz insofern zu verlangen, als er sich des Urteils darüber enthalten soll, worin er eine positive oder negative Beeinflussung durch dieses Geschehen erblicke. Was im Hintergrund derartiger (durch „methodologische" Prohibition eliminierter) Charakterisierungen steht, sind jeweils Annahmen mit Bezug auf ein Idealbild der menschlichen Gemeinschaft und die Stellung des einzelnen in ihr. Soll es möglich sein, irgend etwas aus der Geschichte zu lernen, so muß die für einen derartigen Lernprozeß und für das damit verknüpfte Verhalten vorausgesetzte Zielfunktion artikuliert sein.

Aber, so lautet in diesem Zusammenhang eine besorgte und nicht von vornherein unplausible Frage, wird damit nicht das den Historiker bei seiner Tätigkeit leitende spezifisch wissenschaftliche Bemühen unterlaufen, in beständiger Annäherung ein Ideal zu verwirklichen: das Ideal einer bewußten und von subjektiven Wünschen unabhängigen Erkenntnis dessen, wie der Verlauf der geschichtlichen Ereignisse gestaltet ist? Sei nicht das Ideal, zu wahren Einsichten zu gelangen, prinzipiell gefährdet durch eine Berücksichtigung von Wertgesichtspunkten in bezug auf das historische Material — und zwar auch auf seiten derer, die es uns übermittelt haben? Es soll diese Frage erst im Abschnitt 3, c dieses Kapitels beantwortet werden, nachdem zunächst einmal die ihr zugrundeliegende Implikation: die strenge Disjunktion von wissenschaftlichem Diskurs und prinzipiell unwissenschaftlichen Raisonnements über Werthaltungen, als unhaltbar erkannt werden wird.

Unter den Wissenschaftlern soll, so heißt es allgemein, eine Theorie dann und nur dann akzeptiert werden, wenn sie „wahr" ist; wahr zu sein bedeutet in diesem Zusammenhang: in Übereinstimmung zu sein mit den beobachtbaren Fakten, die logisch aus der Theorie abgeleitet werden können. Nun war es nie so, daß *alle* Konklusionen, die aus einer Theorie gezogen wurden, mit den beobachtbaren Fakten übereinstimmten. Wir haben ferner zumeist nicht *eine* Theorie, die in völliger Übereinstimmung mit direkten oder indirekten Evidenzen ist, sondern verschiedene Theorien, die damit in partieller Übereinstimmung stehen. Die Gemeinschaft der Wissenschaftler war daher stets geneigt, Theorien nur dann zu akzeptieren, wenn eine große Anzahl von Fakten aus wenigen und einfachen Prinzipien abgeleitet worden war. Die Situation wird aber wesentlich komplexer, sofern mit (dem Kriterium der) „Einfachheit" nicht nur die Einfachheit des mathematischen Schemas, sondern auch die Einfachheit im Sinne einer nicht näher spezifizierten Kohärenz des gesamten Diskurses verstanden wird, innerhalb dessen einzelwissenschaftliche Theorien formuliert werden[34]. Dadurch kann nämlich plausibel werden, wie die Epikureische Physik und die Kopernikanische Astronomie aus moralischen Gründen abgelehnt wurden; wie Newtons Physik akzeptiert werden konnte als ein den Glauben an Gott unterstützendes Unternehmen, das diesen als einen unüberbietbar fähigen Ingenieur ausweisen sollte, nach dessen Plänen sich die gesamte kosmische Maschine bewegt; noch in unserem Jahrhundert wurde die Quantentheorie als Unterminierung des Determinationsprinzips und als eine Begründung des Glaubens an die Willensfreiheit gefeiert; auch die Biologie ist bis in unser Jahrhundert ein glänzendes Demonstrationsobjekt für die Interventionsfreudigkeit von wissenschaftelnden Politikern, Theologen und Pädagogen. Es kann daher nicht wundernehmen, daß die Auffassung, wonach jeder Einfluß von religiösen oder politischen Moralisten auf die Akzeptierung einer Theorie hinsichtlich ihrer Geltung als illegitim zu betrachten sei, einen heilsamen Effekt für den Erkenntnisfortschritt hatte. Die Bewertung der aus einer Theorie gezogenen Konsequenzen in moralischer Hinsicht habe nichts zu tun mit der Akzeptierung oder Verwerfung einer Theorie in kognitiver Beziehung.

An dieser Stelle sei allerdings ein mögliches Mißverständnis abgewehrt, dem zufolge die *heutigen* exakten Naturwissenschaften nicht durch Wertentscheidungen des Forschers oder dessen Parteinahme für ein sozialpolitisches Projekt etwa determiniert wären. Vielmehr

---

[34] Vgl. dazu Philipp G. Frank: The Variety for the Acceptance of Scientific Theories, in: Scientific Monthly, September 1954; wiederabgedruckt in: Louis Z. Hammer (Hrsg.): Value and Man. Readings in Philosophy, New York - St. Louis - San Francisco - Toronto - London - Sydney 1966, S. 265—272.

muß hier Alfred Stern zugestimmt werden, wenn er die Ansicht vertritt, „daß zumindest ein Teil des Mangels an Einmütigkeit unter den Vertretern der exakten Naturwissenschaften auf die Einflüsse ihrer verschiedenen sozialen Milieus und auf die gegenwärtige geschichtliche Konstellation zurückführbar ist. Denn ihre größten Meinungsverschiedenheiten äußern sich in der Auslegung jener wissenschaftlichen Daten, die soziale Probleme mit möglichen geschichtlichen Folgen in sich schließen" (2.66, 112 f.). Als Beispiel sei hier die Kontroverse zwischen Edward Teller und Linus Pauling mit Bezug auf die Frage der durch radioaktive Niederschläge hervorgerufenen Gefahren für menschliches Leben erwähnt. Die Annahme wäre jedenfalls irrig, daß sich Probleme der Ideologiekritik, worüber in einem späteren Abschnitt der vorliegenden Arbeit noch einiges zu sagen sein wird (Kap. III, 4, d), nur in Anbetracht von gesellschaftswissenschaftlichen Erörterungen stellten.

Während aber, so sagt man häufig, ethische Werthaltungen im Rahmen der exakten Wissenschaften erst in der Erörterung der Anwendung von wissenschaftlichen Theorien Platz fänden, so durchdringen in der Geschichtswissenschaft moralische Einstellungen bereits das ganze System von Theoriebildung und Erklärung. Rekonstruieren wir kurz die einschlägige Argumentation und untersuchen wir ihre gegen den „Objektivismus" in der Geschichtswissenschaft gerichteten Voraussetzungen. Vertreter des historischen Skeptizismus weisen mit guten Gründen darauf hin, daß Wertstandards seiner Zeit und subjektive Werthaltungen die Arbeit des Historikers beeinflussen, und sie schließen daraus, daß es keine historische Objektivität geben könne: Werthaltungen bestimmen, was der Historiker als verläßliche Evidenz betrachtet; sie beeinflussen die Beurteilung der Relevanz vergangener Ereignisse für die historische Entwicklung. In der Tat lassen sich, wie wir wissen, für diese Auffassung zahlreiche Belege anführen. So rühmte beispielsweise Droysen Mazedonien, weil er den zentralisierten Staat hochschätzte, und man könnte meinen, es wäre wichtiger, darauf zu achten, was er an Unrühmlichem nicht sagt, als nur darauf, was er sagt. Es ist auch nicht zu leugnen, daß in der historiographischen Praxis bestimmte Wertüberzeugungen immer schon in Verbindung mit Tatsachenaussagen vorliegen, also mit sachlichen Überzeugungen gleichsam verwoben sind. Aber dieser Umstand soll weder dazu führen, Wertungen — nach Art des „Objektivismus" — aus der Geschichtswissenschaft gewaltsam zu entfernen, noch soll er — im Sinne des Skeptizismus — zur Überzeugung Anlaß geben, daß das Vorliegen von Wertungen bestimmend dafür sei, daß sich in der Geschichtswissenschaft letztlich keine Objektivität erreichen lasse. Was die Ansicht der „Objektivisten" anlangt, so gilt es festzuhalten, daß der Versuch, Vorurteile dadurch ausrotten zu wollen, daß man Wertungen beiseite läßt, nur unsere Fähigkeiten hemmt, den Gehalt von Tatsachenaussagen zu diagnostizieren. Vorurteile werden nämlich oft gerade dann sehr wirksam, wenn die Wertungen — nicht als explizite und hinreichend konkretisierte Wertprämissen eingeführt — in den sogenannten „objektiven Fakten" verborgen bleiben. (Allerdings ist es für den Historiker schwierig, Wertprämissen aus historischen Darstellungen seiner Vorgänger herauszuschälen, weil deren Werturteile in Überzeugungen bezüglich faktischer Sachverhalte eingebettet sind: Jene Menschen, die uns das geschichtliche Material überlieferten, haben es ja selbst nach axiologischen Gesichtspunkten gesiebt und arrangiert.) Wir sind nach Maßgabe der Wertprämissen eines Historikers in der Lage, dessen spezifische „Schlagseite" zu diagnostizieren und die dementsprechend dargelegten Sachverhalte der intersubjektiven Kontrolle zugänglich zu machen. Die Historiker haben keinen Grund, sich in die Rolle von methodischen Irrationalisten drängen zu lassen. Sie müssen nur dazu kommen, Wertgesichtspunkten in ihren Darstellungen und dem dadurch bedingten Begriffsschema eine analoge Funktion zuzubilligen wie den Darstellungsformen der Geometrie in bezug auf die physikalischen Objekte. Die Historiker sind dann in einer Position, die mit der des Physikers vergleichbar ist, wenn dieser feststellt, daß bestimmte räumliche Zustände entweder in den Termini der Euklidischen oder der Nicht-Euklidischen Geometrie erfaßbar sind, daß sich auch über den Nutzen und Nachteil der einen oder der anderen Darstellungsweise mit Bezug auf eine bestimmte Problemsituation Definitives ausmachen läßt, daß es aber unmöglich ist, ohne *irgendein* Ordnungsschema diese räumlichen Zustände zu integrieren[35].

Das soll aber nicht heißen, daß — im Sinne eines falsch verstandenen Pluralismus (vgl. Kap. II, 3, b) — einer Willkür in der Auswahl der Ordnungsschemata oder „Bezugsrahmen" Tür und Tor geöffnet wäre: Wie der Physiker seine Beschreibungsformen, so kann auch der Historiker die axiologischen Voraussetzungen fremder oder eigener Darstellungen rational diskutieren. Bei aller faktischen Schwierigkeit spricht nämlich nichts für die prinzipielle Unmöglichkeit, explizit formulierte Wertprämissen im Lichte ihrer Voraussetzungen und Konsequenzen zu kritisieren. Die Unterscheidung zwischen einer Seinserfassung und einer Sollenszumutung

---

[35] Diese Analogie entnehme ich W. H. Werkmeister: The Basis and Structure of Knowledge, New York 1948, S. 327.

in der Weise, „daß auf der einen Seite die objektive, neutrale, uninteressierte und von jeder Willkür freie Erkenntnis steht, während wir auf der anderen radikal subjektive, dem Willen unterworfene, engagierte und daher nicht-neutrale Entscheidungen antreffen, so daß Erkenntnis und Engagement völlig auseinanderzufallen scheinen" (*1.1*, 58; vgl. auch *1.76*, 27 f.), ist eine Fiktion; die häufig vorliegende Gewöhnung an diese ist noch kein Geltungsgrund für ihre Richtigkeit. Wenn etwa — ob von Vertretern des ethischen Indifferentismus, oder des ethischen Voluntarismus — behauptet wird, daß die faktisch vorliegenden unterschiedlichen Bedürfnisse und die ihnen korrespondierenden werthaften „Einstellungen" als undiskutierbare „Letztgegebenheiten" anzusehen seien, so wird dabei zumeist außer acht gelassen, inwiefern die Artikulation der Bedürfnisse von verschiedenen Überzeugungen bezüglich faktischer Sachverhalte und inwieweit sie von verschiedenen Mutmaßungen über die Wahrscheinlichkeit von Zuständen oder Vorgängen abhängen. Es ist nicht hinreichend, zu zeigen, daß die „grundlegenden" ethischen Werturteile der Menschen verschieden sind, weil solche Unterschiede möglicherweise auch den Unterschiedlichkeiten und Unvollständigkeiten ihrer faktischen Überzeugungen zugeschrieben werden können. Gleichermaßen wäre es ein Fehlschluß, anzunehmen, daß in Anbetracht unterschiedlicher Handlungsweisen unterschiedliche Moralprinzipien vorliegen müßten. So mag eine bestimmte Handlungsweise zum Glück der einen Gesellschaft beitragen, aber, auf Grund andersartiger Randbedingungen, nicht zum Glück der anderen. Nicht das grundlegende Moralprinzip ist im Falle dieser in Betracht gezogenen Gesellschaften jeweils verschiedenartig, wenn in der Folge ein und dieselbe Handlungsweise in der einen Gesellschaft moralisch gebilligt, in der anderen aber verworfen wird. Nicht das Moralprinzip ist unterschiedlich, sondern die *Anwendungsbedingungen* des Prinzips differieren von einer Gesellschaft zur anderen. Von ethischem Relativismus zu sprechen erschiene in diesem Zusammenhang im selben Maße verfrüht, wie im Fall der Behauptung, es bestehe ein gravitationeller Relativismus, nur weil ein Stein zu Boden fällt und ein Ballon himmelwärts steigt; vielmehr sind beide Ereignisse Instanzen ein und desselben allgemeinen Gravitationsgesetzes. Erörterungen des ethischen Relativismus oder des Wertrelativismus allgemein erscheinen vielleicht im Kontext einer Theorie der Geschichtswissenschaft als deplaziert. Aber dieser Schein trügt; denn die Einsicht in die vermeintlich unhintergehbare Relativität der Wertgesichtspunkte war es, die auch viele Historiker entweder in elegische Weltflucht oder in missionarischen Dezisionismus getrieben hat.

a) Variabilität und Kontinuität

(1) In Analogie zum soeben Erwähnten hielt es bereits Wilhelm Dilthey im Verlauf seiner Bemühungen um eine Erforschung der verschiedenartigen strukturellen Zusammenhänge im Bereich der Geisteswissenschaften für möglich, daß hinter der Geschichte als dem Realisierungsbereich menschlicher Werte und hinter der Geschichtswissenschaft als ihrer Widerspiegelung — bei aller Unterschiedlichkeit der jeweiligen Ausdrucksformen — eine fundamentale Wissenschaft vom „menschlichen Wesen" zu liegen kommt; eine solche müßte auch spezifische Gesetzmäßigkeiten zu formulieren in der Lage sein. William H. Walsh formulierte in jüngster Zeit ähnliche Gedanken (vgl. *2.69*, 114 ff.). Die Crux

derartiger Annahmen, so könnte man vielleicht mit Bezug auf einschlägige Aspirationen von Geschichtsphilosophen meinen, sei darin zu sehen, daß es gerade der Zuwachs an historischem Wissen ist, der einschlägige Konzeptionen des menschlichen Wesens erweitert und verändert. Aber dies gilt auch für Annahmen über die Natur der Elementarteilchen und der Gestirne; und es ist nicht einzusehen, welche Gründe es geben soll, den Erkenntnisfortschritt gerade auf diesem Gebiet von vornherein begrenzen zu wollen.
Damit wird keineswegs der Tatbestand in seiner Bedeutsamkeit herabgemindert, daß wichtige Komponenten der individuellen Menschennatur, des vermeintlich ureigensten Wesens, weitgehend eine Resultierende des jeweiligen Sozialsystems darstellen. Das sind gewiß keine neuen Erkenntnisse. Hegel, Marx und Dilthey war einerseits die Überzeugung gemeinsam, daß die Totalität der Menschennatur nur in der Geschichte ist; andererseits jene, daß die Gesellschaft aus Individuen besteht, die Einheiten für sich, aber auch dem Kollektiven verbunden sind. Die Geschichte zeige uns die Menschen, wie sie unter anderen Bedingungen mit anderen Mitteln für Werte und Ideale gekämpft haben, die wir — auch wenn sie den unseren entgegengesetzt sind — schon deshalb verstehen können, weil auch für diese Menschen jene allgemeinen menschlichen Daseinsbedingungen bestanden haben, welche die Basis für eine rationale Rekonstruktion von Handlungen darstellen. Ungeachtet der dauernd wechselnden geschichtlichen Situationen, welche sowohl hinsichtlich der Formulierung als auch hinsichtlich der Realisierung von Idealen von größtem Einfluß sind, ist der Bestand elementarer menschlicher Daseinsbedingungen immerhin bestimmend dafür, daß wir bislang einige allgemeine anthro-

pologische Annahmen und Lehrsätze zu formulieren imstande sind. Diese gestatten es, unterschiedliche im Laufe der Geschichte entwickelte menschliche Projekte zu rekonstruieren — seien es solche aus der Geschichte der eigenen Kultur, seien es solche aus der Vergangenheit oder Gegenwart fremder Kulturen. Jacob Burckhardt bezeichnete in analogem Zusammenhang in der Einleitung zu seinen „Weltgeschichtlichen Betrachtungen" den „duldenden, strebenden und handelnden Menschen, wie er ist und immer war und sein wird", als Ausgangspunkt und Zentrum seiner Untersuchungen. Gerade die Anerkennung der historischen Variabilität nötigt uns dazu, jene *condition humaine*, die invariante Daseinsbedingung des Menschen, zu erforschen, welche dieser im Laufe seiner Entwicklung — sei es als einzelner, sei es im Kollektiv — zu ändern oder welcher er sich anzupassen suchte. Alfred Stern gab diesem Sachverhalt folgendermaßen Ausdruck: „Die geschichtlichen Situationen und die intellektuellen und moralischen Fähigkeiten der Menschen ändern sich. Was sich im Laufe der Geschichte nicht ändert, ist die Tatsache, daß der Mensch ein seines Daseins bewußtes Wesen ist, daß er in der Welt lebt, daß er handeln muß, um sich im Dasein zu erhalten, daß er liebt und haßt, sich fortpflanzt, krank wird, leidet, dem Leiden zu entrinnen sucht, daß er weiß, er müsse sterben, daß er den Tod fürchtet und ihn schließlich erleidet. Ich erblicke in dieser menschlichen Daseinsbedingung die *einzige Konstante in der Geschichte*" *(2.66,* 240). Vielleicht klingen derartige Bemerkungen dem einen oder dem anderen allzu belletristisch. Und doch bekräftigen einige Arbeiten die Annahme, daß eine theoretische Erfassung der nomologischen Zusammenhänge auch unserer elementaren existentiellen Daseinsbedingung zum Zwecke einer adäquaten Deutung des Fremdseelischen möglich und in Entwicklung begriffen ist[36]. Wichtige Vorarbeit zu einschlägigen zukünftigen Forschungen vermögen phänomenologische Studien über unser Affektleben zu leisten. In diesem Zusammenhang erschiene es etwa geboten, den Neid als negative Form des Imponiergehabens bei den Ohnmächtigen und das parvenumäßige Bramarbasieren als negative Form des Neides bei den Mächtigen sehen zu lernen — und damit an exemplarischen Fällen jenen Sinn für *Gleichheit* zu kultivieren, auf dessen Grundlage vor allem auch erst das historische Verstehen von *Außergewöhnlichem* möglich ist. (Auch Historiker unterliegen ja häufig der Versuchung, Ungleichheiten, duale Klassenverhältnisse etwa, als naturwüchsig hinzunehmen und vielleicht unter Hinweis auf die stets bestehenden funktionalen Autoritätsverhältnisse emotional zu neutralisieren. So richtig der Hinweis auf die Unausweichlichkeit funktionaler Subordination im Falle bestimmter arbeitsteiliger Produktionsweisen auch ist — er wird in dem Moment zur Ideologie, wo er zur Rechtfertigung einer historisch gewordenen Herrschaftsordnung herangezogen wird, zu deren Überwindung durch andere Formen relativ egalitärer und zugleich freiheitsfördernder Vergesellschaftung bereits

---

[36] Vgl. in diesem Zusammenhang etwa Leon Festinger: A Theory of Cognitive Dissonance, Evanston, Illinois 1957; Andrzej Malewski: Verhalten und Interaktion. Die Theorie des Verhaltens und das Problem der sozialwissenschaftlichen Integration (1. polnische Aufl. Warschau 1964), Tübingen 1967 (Die Einheit der Gesellschaftswissenschaften, Bd. 6); Hans L. Zetterberg: Social Theory and Social Practice, New York 1962; Bernard Berelson / Gary A. Steiner: Menschliches Verhalten. Grundlegende Ergebnisse empirischer Forschung (Human Behavior: An Inventory of Scientific Findings, 1964), dt. 2 Bde., Bd. 1: Forschungsmethoden / Individuelle Aspekte, Weinheim - Basel 1969; Bd. 2: Soziale Aspekte, Weinheim - Basel 1972.

Möglichkeiten bestehen. Den Sinn für diese Tatbestände zu wecken ist vor allem auch in Anbetracht von sozialmetaphysischen Rudimenten eines ständestaatlichen Denkens im „Hintergrundwissen" bestimmter Gesellschaftswissenschaftler vonnöten.)
(2) Einige Hinweise in Anbetracht der Möglichkeit einer Substanzialisierung des menschlichen „Wesens" sind im Zusammenhang dieser Erörterungen noch nötig. Heute erkennen wir — vor allem dank der Ethnologie und der vergleichenden Verhaltensforschung — die Verschiedenartigkeit der Menschen dadurch besser, daß wir ein klareres Bewußtsein davon gewonnen haben, was uns eint. Erst dieses Bewußtsein verhindert die Akzeptierung der Annahme einer prinzipiellen Ungleichheit der menschlichen Naturen. J. G. Herder darf als einer der Ahnherren jenes empirisch fundierten Glaubens an eine grundlegende Einheit der menschlichen Gattung betrachtet werden: „Du aber Mensch, ehre dich selbst. Weder der Pongo, noch der Longimanus ist dein Bruder; aber wohl der Amerikaner (d. i. der Indianer, d. V.), der Neger. Ihn also sollst du nicht unterdrücken, morden, stehlen: denn er ist ein Mensch wie du..."[37] Angesichts der Konsequenzen, die zur Zeit Herders aus der landläufig konstatierten Ungleichheit der Menschen gezogen wurden, hatte das für viele den Charakter eines unerhörten moralischen Imperativs. Herders Auffassungen verdienen — in weltweitem Maßstab gesehen — auch heute nicht nur rein historisches Interesse. David Hume scheint in Anbetracht seiner Auffassung vom Nutzen der Geschichtsschreibung im Prinzip nicht weit von Herders Absichten entfernt zu sein. So sah er

---

[37] Ideen zur Philosophie der Geschichte der Menschheit, 2 Bde., Berlin und Weimar 1965, Bd. 2, S. 250.

deren Hauptaufgabe darin, „die konstanten und allgemeinen Prinzipien der menschlichen Natur zu entdecken", indem sie uns die Menschen in aller Verschiedenartigkeit von Umständen und Bedingungen zeigt; sie soll uns dabei mit Material versorgen, um auf dieser Basis Einsicht in die regelmäßigen Zusammenhänge zu gewinnen, aus denen die menschlichen Handlungen und Verhaltensweisen entspringen[38]. Herders Gleichheits- und Humes Regularitätskonzeption dürfen nicht als trans- oder gar antihistorische Wesensontologien mißdeutet werden. Beiden Philosophen war die Überzeugung gemeinsam, daß dasjenige, was landläufig und jeweils temporär als Wesen oder Struktur des menschlichen Verhaltens — und zwar sowohl des individuellen als auch des kollektiven — angesehen wird, selbst eine Geschichte hat. Hinter die bloß phänomenalen einschlägigen Bilder müßten wir aber, vor allem gemäß der Herderschen Ansicht, zurückgehen, um im Zuge der Erkenntniserweiterung und Erkenntnisintensivierung ein fundiertes Wissen dessen zu erwerben, was die menschliche Gattung, bei aller Unterschiedlichkeit der Ausdrucksformen ihrer Arten, verbindet.

John H. Randall schenkt in seinen geschichtsphilosophischen Erörterungen über die genetische Methode und den historischen Determinismus (*1.47*, Kap. 3) der Gefahr eines biologistischen Mißverständnisses mit Rücksicht auf das Unternehmen einer für das historische Verstehen relevanten nomologisch orientierten Anthropologie seine besondere Aufmerksamkeit. Er weist darauf hin, daß mit dem menschlichen „Wesen" nicht allein der Reichtum möglicher Reaktionsweisen gemeint ist, mit

---

[38] Inquiry Concerning Human Understanding, Abschnitt VIII, Teil 1.

denen das neugeborene Kind ausgerüstet ist; und zwar gleich wenig wie etwa das Wesen eines Samenkorns nur die möglichen Aktivitäten der es konstituierenden chemischen Elemente darstellt. Dieses Wesen besteht, so meint Randall, in der Organisation dieser „Elemente", und das heißt: in der jeweiligen Menge organisierter Verhaltensweisen, die durch bestimmte Stimulierungen von seiten der sozialen Institutionen jener Gesellschaft aktualisiert werden, in welche das Kind hineingeboren wird; was nicht besagt, daß nicht umgekehrt diese in bestimmter Weise organisierten und aktualisierten Verhaltensweisen eine umgestaltende Wirkung auf jene Umstände auszuüben imstande wären, durch welche sie ursprünglich mitbestimmt wurden — wodurch wiederum neue Formen von Verhaltensweisen aktualisiert werden. Daher entspricht aber auch der jeweils temporären Organisation von Verhaltensweisen ein temporäres Bild des „Wesens" des Menschen, welches gleichwohl häufig als *das* Wesen des Menschen verallgemeinert wird. Dieser Begriff betrifft aber einen entwicklungsgeschichtlichen Tatbestand, er ist identisch mit der Darstellung der gesetzmäßigen Entwicklung eines Individuums als Repräsentanten der Gattung, welcher es angehört (*1.47*, 86). Der Allgemein- oder Wesens-Begriff wird oft mit Bezug auf das vorliegende Resultat einer Entwicklung, also einen „eidetisch" darstellbaren Sachverhalt, formuliert; das heißt: er betrifft die gesetzmäßigen Beziehungen der Elemente, also die Struktur (einer Klasse) von Gegenständen. Daß aber Strukturen ja nicht nur bestehen, sondern sich entwickeln und daß daher der strukturgesetzliche Zusammenhang durch einen entwicklungsgesetzlichen zu ergänzen ist, machten vor allem Darwin und Hegel hinsichtlich historischer Phänomene klar. Daher ist der Wesens-Begriff im vollen Sinne nur durch die *Betrachtung des Kontinuums eidetisch faßbarer temporärer Wesens-Bilder und durch die Darstellung der Verlaufsform dieser Strukturen* zu erfassen.

Was die strukturell-funktionale Betrachtung im Rahmen der Gesellschaftswissenschaften anlangt, so sind deren Vertreter — wie schon in anderem Zusammenhang gezeigt wurde — häufig in Gefahr, auf der Basis von gerade vorliegenden Daten Generalisierungen vorzunehmen und dabei die temporären Charakteristika ihres Winkels für solche der Welt zu halten, wenn sie, was häufig der Fall ist, im Verlauf ihrer Betrachtungen die entwicklungsgeschichtlichen Tatsachen ignorieren. Generalisierungen des Besonderen ersetzen bei ihnen häufig die theoretische Erfassung des Allgemeinen. Dagegen wird ein historisch-genetischer Zugang zum Verhalten von Individuen oder Gruppen Aufklärung über die Kräfte und Entwicklungsmöglichkeiten des in Betracht stehenden Individuums oder der in Betracht stehenden Gruppe *unter anderen als den jeweils gegenwärtigen Bedingungen* zu erhalten trachten, und damit auch einen Sinn für das Maß möglicher Handlungsalternativen. So schwer eine Bestimmung derartiger Wesensmerkmale auch fallen wird, so ist deren jeweils approximative Erfassung vor allem aus der Sicht des Historikers unter anderem schon deshalb unerläßlich, um analogisierende Deutungen im Rahmen historischer Rekonstruktionen entsprechend absichern zu können.

b) Kausalitäten und Werte

(1) Es mutet sonderbar an, daß in der geschichtsmethodologischen Literatur nach wie vor die Auffassung anzutreffen ist, wonach aus dem Umstand, daß der

Historiker eine Auswahl unter dem Datenmaterial treffen muß, nur ein skeptizistischer Schluß zu ziehen sei: daß nämlich die Geschichtswissenschaft als Ganze letztlich doch nur ein chaotisches Konvolut von wertbezogenen Deutungen sei. Im Fall dieser Ansicht wird auf bedeutsame Weise der Begriff der subjektiven Relevanz von historischen Daten — im Sinne des für den Historiker Interessanten — mit dem Begriff der sachlichen Relevanz derselben — im Sinne des für die Beschreibung oder für die Erklärung eines historischen Faktums Wesentlichen — identifiziert. Gewiß ist es richtig, wenn im Zusammenhang der Erörterung des Begriffs der „pragmatischen Erklärung" darauf hingewiesen wird, daß das, worauf jemand hinauswill, oft dafür bestimmend ist, was er als erklärend akzeptiert. So kann ja etwa jemand die Frage, warum ein bestimmtes Glas zerbrochen ist, entweder dadurch erklären, daß er darauf hinweist, daß es heruntergeworfen wurde, oder aber durch den Hinweis darauf, daß es aus zerbrechlichem Material ist; aber daraus folgt noch kein Subjektivismus der Erklärung. Worauf es in diesem Zusammenhang ankommt, ist nur die Kenntnis des Umstandes, was derjenige, der die eben erwähnte Frage stellte, von dem in Betracht stehenden Sachverhalt schon weiß und was nicht. Die sogenannten Konditionalisten — erwähnt sei hier etwa Max Verworn[39] — haben im Zusammenhang mit dem eben erwähnten methodologischen Tatbestand, und zwar in Anlehnung an Ansichten John Stuart Mills, dazu aufgefordert, auf die landläufig verwendete Bezeichnung „Ursache" für einen singulären Tatbestand überhaupt zu verzichten, und an

---

[39] Vgl. Max Verworn: Kausale und konditionale Weltanschauung, Jena ²1918.

dessen Stelle gleichrangige Bedingungen zu setzen, welche ja erst in ihrer Gesamtheit „die Ursache" dieses Ereignisses ausmachen. Es konnte bereits gezeigt werden, daß auch im Bereich der analytischen Geschichtsphilosophie derartige Auffassungen vertreten werden, wonach aus der Einsicht der auch in der Geschichtswissenschaft so gut wie immer bestehenden Unerfüllbarkeit mit Bezug auf die Rekonstruktion sämtlicher Bedingungen für das Eintreten eines Ereignisses ein Relativismus der Erklärung ableitbar sei. Spezifisch moralisch-politische Wertungen werden dabei als bestimmend für die Auswahl der relevanten Bedingungen angesehen. In der Folge erweist sich so der Skeptizismus in bezug auf das Wertmoment in historischen Darstellungen oft nur als das Präludium zu unbehinderten und unkontrollierbaren wertenden Bekenntnissen im Rahmen historischer Darstellungen.

In seiner sehr problembewußten Arbeit „Geschichte und Wahrheit" setzt sich Adam Schaff mit der Auffassung auseinander, daß wir, wenn wir die Ursachen irgendwelcher Ereignisse aufzählen, immer eine Auswahl zu treffen genötigt sind. Wenn er aber dann behauptet, daß wir uns dabei „von einem bestimmten Wertsystem leiten" lassen, „das die größere oder geringere ‚Wichtigkeit' der Begebenheiten, unter denen wir die Auswahl treffen, bestimmt" (2.62, 208); wenn er davon spricht, daß der Historiker ein bestimmtes „Ziel" als „gesellschaftlichen Auftrag auf sich nimmt" (2.62, 254); und wenn es dann heißt: „Wenn dieser Auftrag die Arbeit des Historikers organisiert, wird die Gefahr der Willkürlichkeit und Subjektivität der Material-Auswahl ausgeschlossen, die Arbeit des Historikers wird objektiv" (ebd.); ja, wenn davon die Rede ist, „daß man nur dann ‚objektiv' Geschichte schreiben kann, wenn man einen ‚parteiischen‘, ‚parteilichen‘, Standpunkt vertritt" (ebd.), — so sind derartige Auffassungen im höchsten Maße deutungsbedürftig. Denn durch diesen Argumentationsgang entsteht der Eindruck, als sollte bereits die durch den Historiker vollzogene Akzeptierung der grundlegenden faktisch vorliegenden Wertauffassungen desjenigen Sozialsystems, dem er angehört — und zwar eine Akzeptierung sogar ohne Diskussion der jeweiligen logischen und faktischen Implikationen des Akzeptierten —, hinreichend dafür sein, daß der jeweilige Historiker in seinen Darstellungen objektiv ist. Objektivität wäre aber damit geradezu bestimmbar als systembezogene Wertkonsonanz. Schaff ist mit diesen Auffassungen der Strömung des amerikanischen Präsentismus sehr nahe gerückt: Historisch relevant ist jenes Ereignis im Rahmen einer Darstellung oder im Rahmen des Explanans einer Erklärung, welches die Gesellschaft — mediatisiert durch den Historiker — dafür hält. Es soll diese Ansicht sowohl in bezug auf historische Beschreibungen als auch auf historische Erklärungen einer kurzen Erörterung zugeführt werden; sie ist vor dem Hintergrund der Ausführungen des 2. Abschnitts von Kapitel I zu sehen. Wenden wir zunächst unsere Aufmerksamkeit den historischen Erklärungen zu.

Obschon es die Aufgabe des Historikers ist, auszuwählen, so kann das, was im Rahmen des Explanans einer Erklärung als wichtig angesehen wird, nur im Sinne der kausalen Relevanz verstanden werden, soll die Darstellung des Historikers den elementarsten wissenschaftlichen Standards genügen können. Die Anführung eines Ereignisses oder eines Zustandes als Ursache erfordert deshalb nicht einen Bezug auf den subjektiven Bewertungs-Standard des Historikers, sondern auf die kausalen Verknüpfungen des in Betracht stehenden Sachverhalts mit anderen Ereignissen oder Zuständen. Morton White meinte, daß das Kriterium der historischen Wichtigkeit dessen „kausale Fruchtbarkeit" sei, nicht irgendwelche moralischen oder ästhetischen Gesichtspunkte (vgl. *1.132*). Diesem Kriterium soll im folgenden ein etwas präziserer Sinn gegeben werden, der an einem Beispiel von E. H. Carr entwickelt wird: Meier kehrt von einer Party, auf der er einen über den Durst getrunken hat, in einem Auto zurück, dessen Bremsen sich als defekt erweisen. An einer Haarnadelkurve, die für ihre Unübersichtlichkeit bekannt ist, überfährt er Schmidt, der gerade über die Straße geht, um sich Zigaretten zu kaufen. Schmidt ist auf der Stelle tot. Es stellen sich im Verlauf der Untersuchung der Ursachen des Unfalles folgende Fragen: Ist dieser der Trunkenheit des Fahrers zuzuschreiben? Oder waren die defekten Bremsen daran schuld? Oder lag es an der Haarnadelkurve? Oder aber war Schmidts Wunsch nach Zigaretten die Ursache für seinen Tod? Mit Bezug auf die letzte Frage kann — auch wenn dahinter noch so redliche Wertbekenntnisse eines Nichtrauchers liegen sollten — gesagt werden, daß der Hinweis auf eine derartige Ursache-Wirkung-Beziehung, welcher der fatalen Rolle des Zufalls in der Erklärung menschlicher Begebenheiten Aufmerksamkeit schenkt, insofern zurückzuweisen ist, als er für eine rationale Interpretation unbrauchbar ist. Eine rationale Interpretation, im Sinne des hier aktuellen Sinnes einer „kausal fruchtbaren" Erklärung, ist so gestaltet, daß sie potentiell auf andere Länder, andere Zeiten, und damit auf andere Umstände, angewendet werden kann; das besagt, daß ihr Verallgemeinerungen zugrunde liegen, aus denen man lernen kann. Ein Ereignis oder Zustand innerhalb des Explanans einer historischen Deutung ist also insofern kausal fruchtbar, als es sich mit einer Verallgemeinerung verknüpfen läßt, die dem Zweck dient, unser Verständnis zu erweitern und zu vertiefen. Deshalb kann Carr feststellen, daß sich im Falle des von ihm angeführten Beispiels die Annahme als sinnvoll erweist, „daß die Eindämmung der Trunksucht bei Fahrern oder eine striktere Kontrolle des Zustands der Bremsen oder eine Verbesserung der Straßenlage dem Zweck dienen könnte, die Zahl der Verkehrsunfälle zu verringern. Die Annahme jedoch, die Zahl der Verkehrsunfälle lasse sich dadurch reduzieren, daß man die Leute vom Zigarettenrauchen abhält, wäre gänzlich sinnlos" (*2.12*, 105).

William Dray führt nun gegen Ansichten von dieser Art ins Treffen, daß hierbei vorausgesetzt würde, daß alle Geschichtswissenschaft der Absicht nach erklärend ist und daß die antirelativistische Position im Falle der deskriptiven oder narrativen Geschichtswissenschaft weit weniger plausibel sei als für den Fall der erklärenden (vgl. *1.89*, 28 f.). Geschichtsmethodologen haben, so meint Dray, oft so argumentiert, daß alle Auswahl relativ zu einem Problem sein sollte; so als würde eine exakte Problemexposition und eine darauf bezügliche repräsentative historische Darstellung schon die Frage danach zum Verschwinden bringen, inwiefern für die Formulierung des Problems historischer Darstellungen selbst ästhetische oder moralische Werthaltungen konstitutiv sind. Denn ein Teil der Problematik in der deskriptiven Geschichtsschreibung sei es ja, herauszufinden, was ein erinnerungswürdiges Thema ist (vgl. *1.133*). Diese Frage, so meint Dray, ist im allgemeinen nicht gegenwärtig bei der Feststellung von „kausaler Fruchtbarkeit". Dray verweist exemplarisch auf das Vorwort von Herodots „Historien", wo davon die

Rede ist, die großen und bewundernswerten Taten der Griechen und Barbaren der Erinnerung der Nachwelt zu erhalten.

Diese Hinweise Drays machen auf eine Reihe wichtiger Tatbestände im Hinblick auf die Funktion der Historiographie aufmerksam. Zunächst ist es richtig, daß der narrative Aspekt der Geschichtswissenschaft keineswegs, wie es oft geschieht, als nebensächlich betrachtet werden darf. In der Tat sieht ja ein Erzähler oft mehr als ein auf ein bestimmtes Deutungsschema eingeschworener Rekonstruktionist historischer Wirkungszusammenhänge, der vielleicht nur eine bestimmte Hypothese mit seiner Darstellung konfirmieren möchte. Weiter ist Dray zuzustimmen, daß jede historische Beschreibung, von der Art Herodots etwa, eine Wiedergabe intentionaler Vorgänge, und zwar nach bestimmten Wertpräferenzen, darstellt. Aber das ist ja noch nicht das letzte Wort hinsichtlich der Probleme, welche sich auf die Richtigkeit historischer Darstellungen beziehen. Denn wir wissen ja zunächst einmal, daß wir — auch für den Fall, daß zwei Historiker denselben Wertstandpunkt beziehen und dasselbe Objekt einer Betrachtung unterziehen — doch häufig sagen können, daß die Darstellung des einen besser ist als die des anderen. Die Sache liegt hier nicht anders als im Falle von Erklärungen. War mit Rücksicht auf diese davon die Rede, daß sie uns, wenn sie als rational gelten sollen, zu fruchtbaren Verallgemeinerungen über Wirkungszusammenhänge führen, so kann auch im Hinblick auf historische Beschreibungen gesagt werden, daß sie zu fruchtbaren Verallgemeinerungen führen können: zwar nicht unmittelbar zu solchen von Wirkungszusammenhängen, wohl aber zu solchen, welche man als eine synoptische Schau von Grundstrukturen unserer Erfahrungsinhalte bezeichnen könnte. Verallgemeinerungen dieser Art wekken, um mit Kant zu sprechen, jene „Aufmerksamkeit, die mehr philosophisch und *architektonisch* ist: nämlich, die *Idee des Ganzen* richtig zu fassen und aus derselben alle... Teile in ihrer wechselseitigen Beziehung aufeinander... ins Auge zu fassen"[40]. In diesem Sinn sprechen wir ja auch von „Modellen" oder — in anderem Zusammenhang — von „idealtypisierenden" Darstellungen und vom unterschiedlichen Grad ihrer Adäquatheit, in welchem sie einen bestimmten in Betracht stehenden Gegenstand bzw. Forschungsbereich widerspiegeln. Aber es sollte dabei keineswegs übersehen werden, daß wir die Adäquatheit eines Modells primär nicht danach beurteilen, ob es bestimmte phänomenale Befunde etwa nach irgendeinem Gesichtspunkt der Ästhetik oder der Moral ordnet. Vor allem beurteilen wir sie danach, ob das Modell bestimmte Phänomene zu einem bestimmten Zeitpunkt so strukturiert, daß diese unter Zuhilfenahme bewährter Hypothesen zu einem anderen (früheren oder späteren) Zeitpunkt darstellbar, und das heißt erklärbar, werden; es involviert damit Angaben über Strukturen und vielleicht sogar über deren Verlaufsform. Diese kognitive Funktion von Modellen ist es, welche auch ein Kriterium zur Beantwortung der Frage abgibt, welche von zwei historischen Darstellungen eines gegebenen Sachverhalts besser ist, wenn beide konkurrierenden Darstellungen wahr in dem Sinne sind, daß sie beide aus ausschließlich wahren Aussagen zusammengesetzt sind. Die „architektonische Fruchtbarkeit" von Modellen müßte dabei an der „kausalen Fruchtbarkeit" der Erklärungen gemessen werden, die sie möglich machen. Dabei macht es keinen Unterschied,

---

[40] Kritik der praktischen Vernunft, Vorrede, 18.

ob wir an die Modelle von Ptolemäus und Kopernikus oder von Bossuet und Marx denken; allesamt lassen diese eine strukturierende Schau synchroner Phänomene gleichermaßen zu wie das Erfassen der Zusammenhänge ihrer diachronen Verlaufsform. „Verstehende" Schau von Strukturen und „erklärende" Erfassung ihrer Entwicklung sind nicht zu trennen. Wenn wir uns daran machen, die Beurteilung des Wertes einer Beschreibung oder einer Erklärung in kognitiver Hinsicht vorzunehmen, so sehen wir uns immer auf die Notwendigkeit der Berücksichtigung dieses komplementären Zusammenhangs zurückverwiesen.

(2) Ein weiterer wichtiger Gesichtspunkt, der oben zur Feststellung führte, daß mit der Konstatierung der Unausweichlichkeit von Wertungen in historischen Darstellungen in methodologischer Hinsicht noch nicht das letzte Wort gesprochen sei, ist folgendermaßen formulierbar: Die Wertungen, die den Historiker leiten, erfolgen auf der Grundlage bestimmter Überzeugungen von den Eigenschaften des bewerteten Sachverhalts; sie sind vor allem in bezug darauf weitgehend kritisierbar. Dieser Tatbestand gilt gleichermaßen für die Wertauffassungen, die den historischen Beschreibungen, wie denjenigen, die den historischen Erklärungen zugrunde liegen mögen. Wir wollen uns nunmehr im Hinblick auf diesen Sachverhalt einigen Bemerkungen William Drays zuwenden, welche dieser der charakteristischen Rolle von Werturteilen im Rahmen kausaler Erklärungen widmet (*1.89*, 29). Die Historiographie des amerikanischen Bürgerkriegs erscheint Dray als illustrativer Fall für das, worum es ihm geht. Die Historiker der Nordstaaten wie die Historiker der Südstaaten stimmen nach Dray darin überein, daß es viele Bedingungen gibt, ohne deren Bestehen der Bürgerkrieg nicht stattgefun-

den hätte; bezeichnen aber die Historiker der Südstaaten das, was sie als Aggression von Norden kennzeichnen, als Kriegsursache, so erblicken die Historiker der Nordstaaten diese Ursache darin, was sie als Intransingenz der Südstaatler bezeichnen. Die Kausalurteile, die von beiden Seiten vorgebracht werden, sind durch Konzeptionen dessen geleitet, was im Verhalten der Menschen als „vernünftig" zu bezeichnen ist, und was nicht, was zu billigen ist, und was nicht. Wo menschliche Handlungen auf dem Spiel stehen, ist die kausale Rekonstruktion, wie Dray meint, verbunden mit der Aufgabe, Verantwortlichkeit und Schuld festzustellen. Landläufig werde jedoch angenommen, daß die kausale Frage gegenüber der moralischen logische Priorität genieße. In dem von ihm angeführten Beispiel sei es aber, wie Dray meint, gerade umgekehrt; die kausale Diagnose hänge ab vom Werturteil und schließe es ein: „Werturteile gehen in die Historie ... ein, weil es das Begriffsschema des Historikers und die Fragen, die er im Zusammenhang damit stellt, erforderlich machen, daß er diese Werturteile trifft. Ob die Historie aber als eine Wissenschaft bezeichnet werden kann, ist keine Angelegenheit von großer Bedeutung" (ebd. S. 30). Der nahezu als heroisch zu bezeichnende Mut, mit dem Dray als Anwalt der von ihm so geschätzten Historie den Vorwurf der Unwissenschaftlichkeit in bezug auf diese zuläßt, macht eines deutlich: wie sehr dieser derzeit wohl namhafteste Vertreter der analytischen Geschichtsphilosophie selbst dem Anathema über Fragen des Wertgeschehens verpflichtet ist, welches der von ihm kritisierte logische Positivismus formulierte. Ganz im Sinne der emotivistischen Meta-Ethik erscheinen ihm Werturteile als nicht diskutierbar, und in der Folge auch letztlich nicht die oft auf ihnen basierende Konstruktion von

Hypothesen oder Annahmen, welche den Deutungen und Erklärungen zugrunde liegen.

Ein derartiger Defaitismus in bezug auf die Möglichkeit rationaler Argumentation über moralisch relevante Sachverhalte als Hilfsmittel der historischen Forschung ist nicht am Platz. Zunächst bietet sich bekanntlich die Möglichkeit einer Untersuchung der logischen Konsistenz der das Verhalten von historischen Akteuren leitenden Wertauffassungen. Man kann so, wie die Erfahrung zeigt, gegenüber gewissen Raubkriegstheoretikern etwa, welche die Ursachen des Zweiten Weltkrieges gemäß ihren sozialdarwinistischen Neigungen formulieren und sich auf eine Herrenmoral berufen, mitunter recht gut den ethischen Reziprozitätsgrundsatz anwenden — obwohl zugestanden werden muß, daß diese meist erst bei relativer Machtlosigkeit einverstanden sind, eine solche Argumentation als vernünftig anzusehen. — Weiter konnte im Zusammenhang früherer Ausführungen bereits die Forderung an den Historiker gerichtet werden, genau anzugeben, was an Kritik von empirischen Überzeugungen, worauf sich Werthaltungen gründen, in den in Betracht stehenden Zeiten — mit Bezug auf die Herrschenden oder welche Bezugsgruppe auch immer — schon vorgelegen ist; und welche Form der empirischen Kritik an dieser Basis von Werthaltungen durch die Bezugsgruppe dieser Kritik selbst *nachvollziehbar* war. Gibt es für diese Tatbestände positive Evidenzen — warum dann als Historiker unkritisch bleiben?! Nun sagt man oftmals, daß es zwar möglich sei, innerhalb eines gemeinsam akzeptierten Wertsystems, und das heißt: nach Maßgabe einer gemeinsamen axiologischen Präferenzskala, jemanden zur Revision einer Wertauffassung unter Hinweis auf falsch gedeutete empirische Sachverhalte zu bewegen. Dies ist etwa die

Auffassung von A. J. Ayer in seinem bekannten Buch „Language, Truth, and Logic". Dabei wird oft unterstellt, daß eine Diskussion von Wertsystemen selbst unmöglich sei. Was bei derartigen Mutmaßungen jedoch gerne ignoriert wird, ist der Umstand, daß ja auch Wertsysteme ihre Genese haben, wobei oftmals falsch gedeutete bzw. unzureichend erkannte (oder einstmals auch unzureichend erkennbare) faktische Tatbestände ganz bestimmte Präferenzen im subjektiven oder kollektiven Wertsystem zur Folge hatten.

Der Historiker wäre schlecht beraten, wenn er sich nur auf die Darstellung und die kausale Rekonstruktion der Werthaltungen zurückzöge, durch welche historische Subjekte in ihren Handlungen — etwa auch bestimmte Fachkollegen bei ihrer Arbeit — geleitet wurden. Gemäß einer derart abstinenten Einstellung würde man es wohl der Geschichte als einer hypostasierten Entität überlassen, wie sich das Wertgeschehen weiterentwickelt.

Kurz sei hier noch auf die Problematik der Beurteilung von Bewertungen aufmerksam gemacht. Bei der Attribuierung moralischer Eigenschaften durch Historiker verhält es sich nicht grundlegend anders als in bestimmten Fällen der Attribuierung nicht-moralischer Eigenschaften in den sogenannten exakten Tatsachenwissenschaften. Ein Vertreter derartiger Disziplinen äußert sich in bestimmten Kontexten etwa nicht mit Bezug auf objektive Eigenschaften von Dingen, ohne sicher zu sein, daß gewisse Beobachtungsbedingungen erfüllt sind. Ehe er zum Beispiel behauptet, daß etwas rot ist — und zwar daß es objektiv rot ist, im Unterschied dazu, daß es bloß rot erscheint —, vergewissert er sich, ob die Lichtverhältnisse normal sind. Er wird also nur dann sagen, daß ein bestimmtes Objekt wirklich rot ist, wenn es ihm unter bestimmten Bedingungen rot erscheint. Wenn nun aber ein anderer Beobachter erklärt, ein Objekt sei rot, nur weil er etwa die Standardbedingungen für die Beobachtung eines Objekts bzw. für die Attribuierung einer Farbqualität nicht kennt, so wird der um den Sachverhalt genau Bescheid Wissende nicht sagen, daß der andere Beobachter lügt, oder ihm von vornherein die wissenschaftliche Kompetenz bestreiten, auch wenn es stimmt, daß der Gegenstand nicht rot ist; dasselbe gilt für den Fall, daß sich der andere Beobachter mit Bezug auf das Vorliegen spezifischer Beobachtungsbedingungen getäuscht hat. Ganz analog liegen die Dinge im Falle der wertenden Beurteilung der Bewertungen von Historikern durch andere Fachvertreter. Wenn ein Historiker eine Bewertung des Verhaltens eines reichen Prassers gegenüber einem hungernden Lazarus vorlegt, die nicht negativ ist, weil er der Überzeugung war, Lazarus sei Diabetiker und die allein zur Verfügung stehenden Speisen seien für ihn unverträglich gewesen, so muß sich der andere, seinen Fachkollegen beurteilende Historiker dreierlei fragen: erstens, wie es mit der Diabetes von Lazarus bestellt ist bzw. war; zweitens, warum der Bewertende keine Kenntnis von dem Resultat der Untersuchung hatte, dem zufolge Lazarus nicht an Diabetes litt; und drittens — und das ist für die Bewertung der Bewertung der wesentliche Gesichtspunkt —, ob sich der beurteilte Historiker in den Besitz derartiger sachhaltiger Informationen *hätte bringen können*. Festzuhalten ist in diesem Zusammenhang, daß eine falsche Bewertung, welche auf falschen Überzeugungen beruht, die wiederum in der Nichterreichbarkeit relevanter Daten ihren Grund haben, wohl im kognitiven, nicht aber im moralischen Sinne negativ zu bewerten ist. Diese Thematik wird im Rahmen der Ausführungen zum Ideologieproblem noch einmal kurz erörtert werden (vgl. III, 4, d). — Man kann sehen, daß eine rationale Diskussion von Werthaltungen — wie sie oft historischen Darstellungen, Erklärungen, ja auch umfassenden Geschichtsinterpretationen zugrunde liegen — schwierig sein kann. Aber es macht einen großen Unterschied, ob man einen rationalen Diskurs über Werturteile als schwierig oder einfach als sinnlos ansieht. Im Gegensatz zu den Auffassungen der meta-ethischen Doktrinen der logischen Positivisten, welchen viele Vertreter der analytischen Geschichtsphilosophie verpflichtet sind, soll hier ein derartiges Unternehmen als ein schwieriges aufgefaßt werden.

(3) Die vorangegangenen Überlegungen erlauben — im Zusammenhang der Ausführungen in den Abschnitten 1 und 2 dieses Kapitels — eine vorläufige Antwort auf die für das Selbstverständnis des Historikers wichtige Frage: Was meinen wir damit, wenn wir einen Historiker wegen seiner Objektivität loben oder sagen, er sei objektiver als ein anderer? Zunächst — ehe versucht wird, darauf positive Antworten zu geben — sei klargestellt, daß eine Voraussetzung gegeben sein muß, damit diese Frage überhaupt als sinnvoll erscheint: Die Betonung der Rolle, die der Historiker mit Rücksicht auf unser Verständnis des geschichtlichen Prozesses spielt, darf nicht zur Ansicht verführen, Geschichte sei alles das, was als Historie vorliegt. „Aus dem Umstand, daß ein Berg, je nachdem unter welchem Blickwinkel man ihn betrachtet, unter verschiedenen Formen erscheint, folgt nicht, daß er objektiv betrachtet entweder überhaupt keine Form oder aber eine Unzahl an Formen hat. Ebensowenig folgt aus dem Umstand, daß die Interpretation eine notwendige Rolle bei der Erstellung geschichtlicher Fakten spielt und keine vorhandene Interpretation völ-

lig objektiv ist, daß eine Interpretation so gut wie die andere ist und die Fakten der Geschichte grundsätzlich nicht objektiv interpretiert werden können" (*2.12, 26 f.*). — Wenn wir einen Historiker objektiv nennen, so meinen wir damit zunächst einmal, daß er Aussagen präsentiert, die hinsichtlich ihres kognitiven Gehalts der intersubjektiven Kontrolle standhalten; weiter, daß er die Fähigkeit besitzt, sich jedenfalls so weit über die begrenzte Sicht seiner eigenen konstitutionell wie sozial bedingten Werthaltungen und die damit verbundenen Betrachtungsweisen zu erheben, daß er in der Lage ist zu sehen, daß und in welchem Ausmaß er dieser seiner spezifischen Situation verhaftet ist. Drittens verstehen wir unter der Objektivität eines Historikers, daß er die Fähigkeit besitzt, seine Darstellungen in einer Weise zu präsentieren, daß nicht die jeweiligen historischen Tatbestände in einem phänomenalistischen Bilderbuch ausgebreitet werden, sondern daß diese von ihm auf solche Weise auf die fundamentalen Gesetzmäßigkeiten des individuellen und sozialen Verhaltens projiziert werden, daß er zu einer tieferen und dauerhafteren Einsicht in die Vergangenheit verhilft, als es Historikern möglich ist, die sich und ihre eigene Zeit als letztlich unvergleichbar mit anderen Individuen und Epochen, und damit im eigentlichen Sinne als neuartig, verstehen.

Werner Stark bemerkt einmal in der ihm eigenen Art einer den verschiedenen theoretischen Vormeinungen der sozialwissenschaftlichen Tätigkeit gegenüber kultivierten permanenten Äquidistanz: „Wenn ein Geschichtsschreiber des 17. Jahrhunderts die Ursachen des Krieges diskutiert, spricht er in der Regel über feudale Titel, Ehekontrakte, fürstliche Stammbäume und dergleichen; wenn sich der Geschichtsschreiber des 20. Jahrhunderts aber mit diesem Thema befaßt, so treten ganz, ganz andere Faktoren in den Vordergrund, Rohmaterialien, der Zugang zur See, die Beherrschung von Absatzmärkten und andere Dinge dieser Art. Der ganze Forschungsinhalt also ist verschieden. — Die Hauptinteressen des älteren Historikers werden in aller Regel beinahe ebenso tief unter der Bewußtseinsschwelle des neueren Historikers liegen wie umgekehrt; und was der eine in seine Bücher tut, wird der andere aus ihnen fernhalten" (2.65, 88 f.). Nun kann es aber im Hinblick auf das Ideal einer objektiven historischen Darstellung nicht darum gehen, nach Art eines indifferentistischen Panideologismus das freie Spiel unterschiedlicher Auslegungsprinzipien und nomologischer Hypothesen ästhetisch zu goutieren. Es muß mit Rücksicht auf den von Stark erwähnten Sachverhalt gesehen werden, daß — und das hat nichts mit einer hypertrophen Fortschrittsmetaphysik zu tun — in den Erklärungen von Geschichtsschreibern des 17. Jahrhunderts eine Klasse von Faktoren als „letzte Ursachen" betrachtet wurde, welche etwa eine spätere ökonomisch orientierte Geschichtsbetrachtung als in ganz bestimmter Weise determinierte und ephemere Tatbestände nachweisen konnte. Stellt die eine Geschichtsbetrachtung nur eine Widerspiegelung der sozialen Regelmäßigkeiten eines begrenzten Raum-Zeit-Bereichs dar, so erklärt die andere eben diese Regelmäßigkeiten als „Derivate" von grundlegenderen Gesetzmäßigkeiten, welche etwa das Wechselverhältnis von individueller Motivation und sozialen Institutionen sowie von innerstaatlichen und zwischenstaatlichen Belangen bestimmen.

Je besser wir die allgemeine Menschennatur kennenlernen, je besser also unsere Theorien über das Verhalten des einzelnen, über das von Kollektiven und über die Formen der Vergesellschaftung — vor allem unter den Bedingungen unterschiedlicher Produktionsverhältnisse — sind, um so eher wird es mit deren Hilfe dem Historiker möglich sein, den Sinn für das Singuläre, für das Besondere zu wecken. Warum sollten wir uns aber scheuen, die eine Geschichtsauffassung gegenüber der anderen — jeweils nach Maßgabe der ihr zugrunde liegenden theoretischen Voraussetzungen — zu bevorzugen? Warum soll es der Historiker, der doch — schon der Not gehorchend — weitgehend auch Historiker der Historiographie ist, vermeiden, ein Werturteil bezüglich bestimmter Arten der Geschichtsschreibung zum Ausdruck zu bringen? Es kann sich ja für ihn nicht darum handeln, eine emotional-wertende Selbstbespiegelung zu kultivieren, vielmehr geht es um die Feststellung eines Elements im Erkenntnisfortschritt. Für die menschliche Selbsterkenntnis, zu welcher die Geschichtswissenschaft einen maßgeblichen Beitrag leistet, gilt dasselbe wie für jede andere Form unserer Wirklichkeitserkenntnis: Nur dadurch, daß wir die Irrtümer unserer Vorfahren als solche erkennen, gelangen wir dazu, was wir heute als unsere Wahrheiten betrachten. Es versteht sich dabei von selbst, daß auch wir einmal als Vorfahren angesehen werden.

4. Die Historie im Kontext allgemeinerer gesellschaftswissenschaftlicher Fragestellungen

Vorbemerkungen

Die praktische Bedeutsamkeit historischer Erkenntnis wird gelegentlich — und dies mit guten Gründen — darin erblickt, auf dem Wege über das Verständnis der historischen Subjekte unser eigenes Selbstverständnis zu artikulieren. Nur durch Erfüllung verschiedener Voraussetzungen kann die heutige Geschichtswissenschaft dieser Erwartung genügen. Deren Vertreter muß sich mit den Einsichten anderer Gesellschaftswissenschaften vertraut machen, muß den Standort der eigenen Disziplin im Rahmen umfassenderer methodologischer Einsichten in bezug auf die Gesellschaftswissenschaften orten und schließlich auch die Möglichkeit in Betracht ziehen, daß seine Tätigkeit ideologisch denaturiert wird. Von besonderer Wichtigkeit erscheint die Intensivierung der interdisziplinären Kooperation im Hinblick auf die Erforschung der Bedingungen und Ursachen historischer Aktionen. Die daraus entspringenden theoretischen Einsichten haben eine wichtige Funktion: Die Bewußtmachung der uns Menschen bislang oft unbewußt beherrschenden Determinanten verlagert diese in den Bereich des Objektivierbaren und Kalkulierbaren und bestimmt damit auf bedeutsame Weise unsere eigenen Erwartungen über das im weiteren Geschichtsverlauf Realisierbare. — Im Verlauf der Verfolgung dieser Direktive wird der Historiker, wie Asa Briggs in einem instruktiven Aufsatz zum Thema „Geschichte und Gesellschaft" zeigte *(2.9)*, etwa im Hinblick auf die politische Ökonomie zu einer neuartigen Beschäftigung mit Herrschaftsverhältnissen, mit der Erfahrung von Interessengruppen und mit der Theorie der politischen Entscheidungen angeregt; umgekehrt werden es Nationalökonomen gelegentlich begrüßen, ihre Theorien sowohl auf konkrete historische als auch auf gegenwärtige Situationen anwenden zu können (vgl. *2.71*). Von enormer Wichtigkeit für die Geschichtswissenschaft sind auch die Einsichten der Soziologie (vgl. *2.70*). Hinsichtlich der bekannten Unterscheidung zwischen der „idiographischen" Geschichtswissenschaft, die sich mit dem Besonderen und dem Einmaligen befaßt, und der „nomothetischen" Soziologie, die vom Allgemeinen und Wiederholbaren handelt, meint A. Briggs, daß sie den Gegebenheiten auf den beiden in Betracht stehenden Forschungsgebieten gar nicht mehr entspreche: „In der Praxis verallgemeinern Historiker oft, wenn sie z. B. von irgendeinem der Ismen, wie ‚Feudalismus', ‚Kapitalismus', ‚Industrialismus' oder ‚Imperialismus' sprechen — nebenbei ist es die Erforschung dieser Ismen und der Art und Weise, in der sie Wurzeln schlugen, die die verschiedenen ‚Sub-Historien' zusammenhält —, während Soziologen oft die Einzelheiten hervorheben, wenn sie über ‚Street Corner Society' oder ‚Union Democracy' schreiben, wie die Titel zweier bekannter amerikanischer Monographien lauten" (2.9, 59); etwas übertreibend könnte man in diesem Zusammenhang sagen, daß mit dem „Idiographischen" das historische Element in der Soziologie und mit dem „Nomothetischen" das soziologische Element in der Geschichtswissenschaft gekennzeichnet wird. Auch den Erkenntnissen der Psychologie und der Geographie gegenüber, um zwei weitere markante Beispiele zu nehmen, kann sich kein ernsthafter Historiker verschließen; und schließlich ist es die Kenntnis der Literatur, welche die Einsicht des Historikers in die Vergangenheit oder Gegenwart seiner eigenen Kultur und fremder Kulturen insofern erweitert und vertieft, als sie ihm das ganze Spektrum menschlicher Gefühle, der emotionalen Aufschwünge und Katastrophen, der Sehnsüchte und Resignationen, vor Augen führt.

a) Kritische und wertfreie Wissenschaft

In geschichtlichen Perioden, welche durch ein Gefühl des „Unbehagens in der Kultur" geprägt sind, geraten bestimmte Zeitgenossen mitunter in Versuchung, Vorschläge zur Therapie zu entwickeln, ohne noch die Diagnose zu kennen. In diesem Zusammenhang ist jene Einstellung von Interesse, die, auf Utopien zentriert, der Historie nur die Deskription des Status quo zuweist. Nun ist es richtig, daß Utopien der Motor der Geschichte sind, wie dies ja auch die Wissenschaftsgeschichte zu demonstrieren in der Lage ist, — ansonsten würde der Mensch nur Mechanismen der Anpassung an das zu entwickeln bemüht sein, was ohnehin der Fall ist; es geht hier also auch nicht darum, unbedacht jenen Warnern Rechnung zu tragen, die, unter Hinweis auf die Devise von der Politik als der Kunst des Möglichen, die Grenzen des Möglichen hinsichtlich der „Gegebenheiten" oder der „Sachzwänge" so eng bemessen, daß ihre Ausführungen geradezu als Begründung des politischen Opportunismus verstanden werden können.

Weit davon entfernt, die restringierende Funktion des an der Fiktion der Erkennbarkeit eines rein „Gegebenen" orientierten dogmatischen Positivismus in den Gesellschaftswissenschaften zu verniedlichen, soll in diesem Zusammenhang doch noch einiges Ergänzende mit Bezug auf die Attacke gegen die empirische Forschung gesagt werden, die unter dem Schlagwort des Antipositivismus geführt wird. Die bereits in früherem Zusammenhang kurz besprochene kritisierbare Auffassung des Positivismus, wonach Werturteile kognitiv irrelevant seien, hatte — in Anbetracht der Einsicht, daß ohne Wertungen überhaupt keine Veränderung möglich ist — auf seiten gewisser Kritiker eine Geringschätzung der empirischen Forschung zur Folge sowie die Vorstellung, daß Konformität eine immanente Eigenschaft von ihr sei. Unter positivistischen Vorzeichen trete, wie etwa Werner Hofmann meint, ein, was keineswegs im Konzept der Werturteilsfreiheit schlechthin beschlossen liege: Der sich des eigenen wertenden Urteils Enthaltende *rezipiere* die etablierten Wertungen. „Der ‚wertfrei' Arbeitende empfängt von anderswo sein Wertmaterial, zu dem er sich nun als einem für *ihn* fertigen ‚streng wissenschaftlich' verhält. So wird die Pädagogik zur Kunstlehre der Wert*vermittlung*, die Jurisprudenz zur Lehre von der Umsetzung von Werten in Verhaltens*normen*, die Nationalökonomie (namentlich die ‚angewandte') zur Lehre von den Mitteln *für* Ziele, über die sie selbst letztlich nicht befindet. Und hierbei bleibt dem einzelnen Forscher die reservatio mentalis möglich, daß man über die Wertsetzungen selbst auch anders denken könne, und das beste Gewissen eigener Unverantwortlichkeit" (*2.36*, 70). Es erscheint daher nicht verwunderlich, daß sich im Hintergrund gesellschaftswissenschaftlicher Forschungen eine Ideologie des Nichtbeteiligtseins an den Folgen einschlägiger Untersuchungen etablieren konnte, durch die sich nicht selten gewisse „Empiristen" von der gesellschaftlichen Verantwortung zu befreien suchten.

Nun muß aber nachdrücklich davor gewarnt werden, die empirische Forschung zum mechanizistischen Fetisch zu machen. Gewiß handeln die Menschen ihren Idealen gemäß, aber sie tun es meist nicht unter selbstgewählten Umständen und unter selbsterzeugten Überzeugungen mit Bezug auf diese Umstände. Daher kann gesagt werden, daß etwa auch eine im Sinne Max Webers wertfreie Wissenschaft erhebliche Bedeutung für die Wertorientierung und damit auch für die Bildung von Zielsetzungen und für die praktische Stellungnahme hat. Nicht, daß Entscheidungen aus Resultaten der empirischen Wissenschaft *ableitbar* wären; aber es gilt doch zu sehen, daß entscheidungsrelevante sachliche Überzeugungen, die für ursprüngliche Wertorientierungen grundlegend sind, aufgrund solcher Resultate *korrigierbar* sind und insofern Zielsetzung und Mittelwahl einer kritischen Untersuchung unter Verwertung empirischer Kenntnisse unterliegen (vgl. *1.77*).

Ein weiterer Hinweis ist hier am Platz. Oftmals hieß es, die Einsichten der empirischen Gesellschaftswissenschaften — und dies gilt in dem hier interessierenden Zusammenhang vor allem im Hinblick auf die Einsichten der sogenannten Zeitgeschichte — seien als bloße Deskriptionen des Status quo stets „systemaffirmierend", weil wertungsabstinent. Eine derartige Auffassung ist, wie I. S. Kon bemerkt, naiv. „Letzten Endes wird die ideologische Ausrichtung einer Forschung durchaus nicht durch ihren Gegenstand und nicht durch die Abstraktionsstufe bestimmt, auf der dieser Gegenstand untersucht wird ... Ein und dieselbe Forschungsarbeit beispielsweise über die Massenkommunikationsmittel oder die Propagandatechnik fördert, wenn sie sich an eine bestimmte Seite wendet, die Entwicklung wirkungsvoller Mittel der Menschenmanipulierung, richtet sie sich aber an das Publikum, dann hilft sie diesem, die mitgeteilten Informationen kritisch aufzunehmen" (*2.41*, 359 f.). Auch Alvin Gouldner bestreitet die These, wonach die empirischen Gesellschaftswissenschaften stets nur auf das Bestehende verschworen seien: „Die an der Macht befindlichen Männer sind nicht bloß Techniker, die nur um die Anwendung wirksamer Mittel zur Erreichung ihrer Ziele besorgt sind; sie sind auch Politiker, die an moralisch gefärbte Gebote und Sinnbilder gebunden sind und gleich allen anderen Menschen danach trachten, ein anständiges Bild von sich selber zu behalten. Wahrheiten, die mit ihren eigenen Vorstellungen von sich selber unvereinbar sind, sind demoralisierend und dementsprechend in diesem sehr realen Sinne keineswegs ‚nützlich' für sie."[41] Die Methode der wertfreien Analyse ist gerade für die „kritische" Gesellschaftswissenschaft unentbehrlich, da sie allen voreiligen Hinweisen auf Sachzwänge oder politische Unmöglichkeiten die Spitze abbricht und es dennoch gestattet, vor dem Hintergrund sachbezogener Kalkulation bestimmte Erwartungen zu wecken und einen Rahmen für darauf bezügliche Handlungen abzustecken. In diesem Sinne kann mit Kurt Lenk festgestellt werden, daß eine „wertneutrale" Gesellschaftswissenschaft im gleichen Maße darauf angewiesen ist, kritisch zu bleiben, wie umgekehrt die „kritische" Gesellschaftswissenschaft darauf, sich der methodischen Prinzipien wertneutraler Forschung zu bedienen, ohne dabei den eigenen Anspruch preiszugeben (*2.44*, 153).

b) Holismus und Individualismus

Eine wichtige Vorbedingung muß, wie bereits erwähnt wurde, neben anderen erfüllt werden, wenn eine Geschichtswissenschaft in praktischer Absicht effizient werden soll. Sie besteht in der beständigen Verbesserung der bisher in der Historiographie gepflogenen *methodologischen Prinzipien*. Erst damit wird es dem Historiker möglich, ein reflektiertes Verständnis der eigenen Tätigkeit zu gewinnen. Erforscht der Historiker den Menschen in der Geschichte, so erforscht der Methodologe der Geschichtswissenschaft den Historiker bei der Arbeit. Neben der Klärung und Überprüfung der Grund-

---

[41] Explorations in Applied Social Science, in: A. W. Gouldner / S. M. Miller (Hrsg.): Applied Sociology. Opportunities and Problems, New York - London 1965, S. 20; zitiert nach *2.41*, 360.

begriffe und Rechtfertigungsmethoden ist es vor allem die Systematisierung der empirischen Daten und die sich daran knüpfende Formulierung der Folgerungen, denen besondere Aufmerksamkeit geschenkt werden muß. Zwei Fragen sind es vor allem, mit welchen man sich in diesem Zusammenhang beschäftigt. Einmal die Frage, wie die Eigenschaften von Individuen gedeutet werden sollen: ob als Konstituenten jener sozialen Entitäten, die wir als Gruppen, Institutionen, Klassen oder Gesellschaften bezeichnen; oder ob sie, umgekehrt, als Derivate derselben aufgefaßt werden müssen. Ihr werden wir uns im folgenden zuwenden. Die andere Frage bezieht sich auf den alten Dualismus von methodologischem Rationalismus und Empirismus; dabei nimmt einerseits die Hypostasierung bestimmter Kategorien oder Denkformen durch eine Gruppe von Historikern, andererseits der Datenfetischismus einer anderen Gruppe von ihnen oft den Charakter eines Vorurteils an. Diese Frage soll in diesem Kapitel unter 4, c erörtert werden.

Auch der Historiker sieht sich oft auf ein Problem verwiesen, dessen unterschiedliche Behandlungsweise in den Gesellschaftswissenschaften vor allem in den letzten zwei Jahrzehnten zu einer richtigen Frontstellung zweier Schulen geführt hat: auf das Problem von Holismus und Individualismus. Statt des Ausdrucks „Individualismus" trifft man in der Literatur auch auf die Ausdrücke „Elementarismus" und „Atomismus". Die Diskussion in diesem Bereich war heftig und ist auch heute noch im Gange, obschon sich eine gewisse Konvergenz der Meinungen abzeichnet. Es genüge hier, auf John W. N. Watkins *(1.128, 1.129)*, Joseph Agassi *(1.75)*, Maurice Mandelbaum *(1.113, 1.114)*, Ernest Gellner *(1.94)* und May Brodbeck *(1.83)* hinzuweisen. William Dray

hat der einschlägigen Problemsituation einen differenzierten Handbuchartikel gewidmet *(1.90)*.
Charakteristisch für diese Diskussion ist, daß sich die jeweiligen Antagonisten zumeist so verstanden, als reduzierte der Individualismus die soziale Realität auf die Einstellungen und Handlungen der Individuen und als fetischisierte der Holismus das soziale Ganze, dessen Ursprung er nicht zu erklären vermöge. Wenn auch die liberaleren Vertreter der gegnerischen methodologischen Richtungen hinsichtlich dieser Problematik einander gelegentlich große Konzessionen machen, so läßt sich doch nicht leugnen, daß in den positiven Gesellschaftswissenschaften die beiden Positionen oft noch ziemlich unvermittelt nebeneinander bestehen; die erste der vorhin charakterisierten Tendenzen manifestiert sich in bestimmten Arbeiten des Sozialbehaviorismus, die zweite in der sogenannten strukturell-funktionalen Richtung, namentlich innerhalb der amerikanischen Soziologie.
Es erscheint zunächst nötig, den methodologischen Holismus vom ontologischen und den methodologischen Individualismus vom ontologischen zu unterscheiden. Ein *methodologischer Holist* ist der Überzeugung, daß soziale Entitäten — etwa Gruppen, Institutionen, Klassen und Gesellschaften — als ein Ganzes betrachtet werden müßten; und dies deshalb, weil diese sozialen Entitäten das Verhalten des Individuums beeinflussen und beschränken, wenn dieses seine Ziele verfolgt. So komme es dazu, daß diese sozialen Gebilde einzelne Individuen auf eine solche Weise kombinieren und in ihrer Verhaltensweise organisieren, daß sie sich dieser Makro-Entität entweder anpassen oder daß eine neue, veränderte entsteht; diese habe aber immerhin Makro-Eigenschaften, die von denjenigen unterschieden seien, welche die Summe oder den Mittelwert der Merkmale der in diesem sozia-

len Gebilde tätigen Individuen ausmachen. Darüber hinaus würden mit Bezug auf diese makrosoziologische Ebene ja die spezifisch gesellschaftswissenschaftlichen Fragen gestellt und entsprechende Gesetze und Theorien formuliert. — Ein *ontologischer Holist* ist dagegen der Auffassung, daß Gruppen, Institutionen, Klassen etc. die Individuen zu einer neuen Entität, zu einem Super-Individuum, formieren, an welchem teilzuhaben das Wesen und die eigentliche Realität des Individuums ausmache.

Es könnte nun scheinen, daß alle ontologischen Holisten methodologische Holisten sind, und umgekehrt. Dies ist jedoch keineswegs der Fall, wie auch die Vertreter des *methodologischen Individualismus*, wie etwa Watkins oder Agassi, gerne zugestehen. Diese fürchten aber gewissermaßen einen Flirt des methodologischen Holisten mit dem ontologischen Holismus, der ihrer Auffassung nach die Konsequenz haben könnte, daß den sozialen Ganzheiten Kräfte und Absichten zugesprochen werden; nur Individuen, nicht aber Ganzheiten sozialer Art — wie eben Gruppen, Institutionen, Klassen und Gesellschaften —, haben ihrer Meinung nach Absichten. Ganzheiten wie Individuen komme zwar gleichermaßen Realität zu. Haben jedoch soziale Entitäten limitierende und kanalisierende Wirkung, so haben Individuen Absichten und Ziele; stellen soziale Makro-Entitäten ein nicht-intentionales Geschehen dar, so entwickeln Individuen im Rahmen dieses Geschehens Einstellungen und realisieren ihre Intentionen. Eine Auffassung im Sinne eines methodologischen Individualismus von der soeben charakterisierten Art, wie ihn Agassi vertritt, steht aber in keinem Gegensatz zur Auffassung des methodologischen Holismus Mandelbaums oder Brodbecks etwa. Allesamt lehnen sie den ontologischen Holismus ab, gleichermaßen aber den *ontologischen Individualismus;* dieser besagt, daß die einzig realen Entitäten in der sozialen Welt die individuellen Personen seien, makrosoziale Entitäten seien nur unwirkliche Abstraktionen.

Diese Auffassung des ontologischen Individualismus ist gelegentlich verknüpft mit einer Variante des Psychologismus, die darauf hinausläuft, nicht mehr einen sozialen Raum gelten zu lassen, in dem man üblichermaßen die individuellen Entitäten ansiedelt, sondern Personen jeweils nur mehr im psychologischen Raum des anderen existieren zu lassen. Diese Konsequenz erinnert unmittelbar an jene subjektiv-idealistische Spielart des historischen Relativismus, welche weiter unten (III, 4, c) unter dem Titel des rationalistischen Vorurteils kurz besprochen werden soll. Nun scheint aber doch nach Ansicht einiger Kritiker auch eine bestimmte Spielart des methodologischen Individualismus gelegentlich in eine gewisse Nähe zur soeben erwähnten psychologistischen Denkweise zu kommen. Gemeint ist damit etwa die Ansicht von Watkins, welcher zwar nicht die Realität komplexerer sozialer Entitäten bestreitet und der den Vorwurf Gellners *(1.94)* zurückweist, wonach der methodologische Individualismus die Sozialwissenschaft auf eine Biographie großen Stils reduziere. Seiner Ansicht nach haben zwar soziale Makro-Strukturen keinen geringeren Realitätswert als die Individuen, wohl aber sind ihre Eigenschaften auf diejenigen der Individuen und auf die zwischen diesen wirksamen Gesetzmäßigkeiten zurückführbar; diese Eigenschaften der Individuen und die zwischen diesen bestehenden Beziehungen seien die letzten Konstituenten der sozialen Welt. Es handelt sich also nicht um einen ontologischen, wohl aber, wenn man so sagen will: um einen linguistischen

Reduktionismus. Mit Rücksicht darauf muß die methodologische Gegenposition der Holisten gesehen werden. Sie behaupten vor allem die *logische* Respektabilität des Gebrauchs von holistischen Kollektivbegriffen und „makroskopischen" Gesetzen — gleichgültig, ob es sich nun dabei um solche handelt, welche die Struktur komplexerer sozialer Entitäten betreffen, oder um solche, welche sich auf deren Entwicklung beziehen. So widersetzen sich die methodologischen Holisten — wie es scheint zu recht und jedenfalls im Sinne eines wissenschaftlichen Praktikabilitätsprinzips — der apriorischen Konklusion, daß wir das Ideal der Reduktion im Sinne bestimmter Vertreter des methodologischen Individualismus realisieren können, und dabei vor allem auch der diesen Schluß begleitenden Versuchung, alles zurückzuweisen, was hinter diesem Ideal zurückbleibt.

Marx erkannte bereits, daß die ihrem Wesen nach unpersönlichen sozialen Superstrukturen kein Eigenleben über den Köpfen der Individuen führen und wandte sich scharf gegen jede Reifikation eines sozialen Ganzen: „*Die Geschichte* tut *nichts,* sie ‚besitzt *keinen* ungeheuren Reichtum', sie ‚kämpft *keine* Kämpfe'! Es ist vielmehr *der Mensch,* der wirkliche, lebendige Mensch, der das alles tut, besitzt und kämpft; es ist nicht etwa die ‚Geschichte', die den Menschen zum Mittel braucht, um *ihre* — als ob sie eine aparte Person wäre — Zwecke durchzuarbeiten, sondern sie ist *nichts* als die Tätigkeit des seine Zwecke verfolgenden Menschen."[42] Andererseits ist nicht zu leugnen, daß sich die Gesellschaft, eine Gruppe, eine Institution, eine Klasse, nicht auf die Psychologie der sie konstituierenden Individuen und die

---

[42] F. Engels / K. Marx: Die heilige Familie oder Kritik der kritischen Kritik. Gegen Bruno Bauer und Konsorten (K. Marx / F. Engels, Werke Bd. 2), Berlin 1957, S. 98.

zwischen diesen obwaltenden Wechselwirkungsverhältnisse reduzieren lassen. Solche sozialen Makro-Strukturen bilden „einen besonderen sozialen Organismus, der in seiner Entstehung, seinem Funktionieren und seinem Übergang zu einer höheren Form, seiner Verwandlung in einen anderen sozialen Organismus, besonderen Gesetzen folgt"[43]. Dieser Sachverhalt hat einen für die historische Praxis höchst bedeutsamen Aspekt, was nämlich den logischen Status der sogenannten Kollektivtermini oder Gruppenbegriffe anlangt, die für soziale Ganzheiten, wie eben Klassen, Parteien, soziale Schichten, stehen. Aber man muß nicht allein an diese vor allem für die sogenannte politische Geschichtsschreibung relevanten Kollektivtermini denken. Dieselbe Schwierigkeit entsteht in Anbetracht von Ausdrücken wie „Renaissance" etwa, oder von anderen einschlägigen Typisierungen, von denen schon Ernst Cassirer meinte, daß in ihnen „eine Einheit der *Richtung*, nicht eine Einheit des *Seins* ... zum Ausdruck gebracht werden soll" (*2.13*, 73). Die Verwirrung in bestimmten nominalistischen Reduktionsprogrammen resultiert aus der Konfundierung von Reduktion und Bezeichnung im Falle der Kollektivtermini. Es ist zwar durchaus in Ordnung, die Individuen, deren Eigenschaften und Relationen als Referenten eines Kollektivterminus anzusehen; das Programm, einen derartigen Terminus auf das Verhalten einzelner Individuen zu reduzieren, welches ihm erst Bedeutung verleiht, ist jedoch unbegründet.

Bestimmte Vertreter des logischen Positivismus haben das Verständnis der Bedeutung von Begriffen davon ab-

---

[43] W. I. Lenin: Der ökonomische Inhalt der Volkstümlerrichtung und die Kritik an ihr in dem Buch des Herrn Struve (W. I. Lenin, Werke Bd. 1), Berlin 1961, S. 424 f.

hängig gemacht, inwiefern man bei deren Nennung auf unmittelbar Gegebenes hinweisen kann. Nun kann aber ein Begriff nicht, wie es das nominalistische Programm verlangt, extensional durch die Menge dessen ersetzt werden, was unter ihn fällt, ohne daß ein Auswahlkriterium für diese Menge vorausgesetzt wäre. Dieses Kriterium bildet den Inhalt des Begriffs, durch welchen erst der Umfang des Begriffs als die Menge dessen bestimmbar wird, was unter ihn fällt. Der Umfang eines Begriffs ist eine offene Menge, also eine solche, die nicht durch Aufzählung ihrer Elemente gebildet werden kann. Darum setzt die Extension eines Begriffs immer dessen Intension als eine definitorisch-konstruktive Festlegung voraus, mithin als etwas, das grundsätzlich über das vorliegende Einzelne hinausgeht. So wird ja etwa der Begriff einer sozialen Klasse in seiner Bedeutung nicht dadurch bestimmt, daß ein Durchschnitt aus den Verhaltensweisen der diese Klasse bildenden Individuen induktiv gewonnen wird, sondern er ist als ein Ordnungsbegriff zu verstehen; das heißt, daß etwa die Bedeutung des Klassenbegriffs funktional bestimmt wird durch die Stellung einer sozialen Schicht im System der gesellschaftlichen Produktion. Die gesellschaftlichen Verhältnisse in einer Klassengesellschaft kann man so etwa nicht dadurch bestimmen, daß man die strukturellen Unterschiede in der faktisch vorliegenden psychischen Verfassung der Mitglieder einer Gesellschaft rekonstruiert. Diese gesellschaftlichen Verhältnisse sind vielmehr funktionale, durch die soziale Lage dieser oder jener Person bedingte Beziehungen, nicht aber etwa ein „zeitgeistiger" Befund als die Summe der individuell-psychischen Besonderheiten der in Betracht stehenden Mitglieder der Gesellschaft. In diesem Sinne machte es Georg Lukács bereits in „Geschichte und Klas-

senbewußtsein" der sich konkret wähnenden bürgerlichen Geschichtswissenschaft zum Vorwurf, daß sie im empirischen Individuum und in seinem psychologischen Bewußtsein jenes Konkrete zu finden meint, worauf sie abzielt. Wo sie jedoch das Allerkonkreteste gefunden zu haben glaube, habe sie es gerade am weitesten verfehlt: nämlich „die Gesellschaft als konkrete Totalität". „Indem das Bewußtsein auf das Ganze der Gesellschaft bezogen wird, werden jene Gedanken, Empfindungen usw. erkannt, die die Menschen in einer bestimmten Lebenslage haben *würden*, wenn sie diese Lage, die sich aus ihr heraus ergebenden Interessen sowohl in bezug auf das unmittelbare Handeln wie auf den — diesen Interessen gemäßen — Aufbau der ganzen Gesellschaft *vollkommen zu erfassen fähig wären;* die Gedanken usw. also, die ihrer objektiven Lage angemessen sind" *(2.45, 222f.)*. Das „Klassenbewußtsein" als mögliche, durchaus nicht immer aktualisierte Reflexion auf die eigene gesellschaftlich-geschichtliche ökonomische Lage sei sonach zugleich eine klassenmäßig bestimmte *Unbewußtheit* über diese Lage. „Dieses Bewußtsein ist also weder die Summe noch der Durchschnitt dessen, was die einzelnen Individuen, die die Klasse bilden, denken, empfinden usw. . . . Diese Bestimmung setzt von vornherein die Distanz fest, die das Klassenbewußtsein von den empirisch-tatsächlichen, von den psychologisch beschreibbaren und erklärbaren Gedanken der Menschen über ihre Lebenslage trennt" *(2.45, 224)*.
Ein nominalistisches Reduktionsprogramm im Sinne des sozialwissenschaftlichen Psychologismus ist für den Fortschritt der Geschichtswissenschaft nicht fruchtbar. Denn dessen Vertreter scheinen gelegentlich, wie kontrastierend zu Lukács gezeigt werden könnte, nicht den Sinn von Ordnungsbegriffen zu verstehen; die Reduktions-

these wird aufgefaßt im Sinne eines faktographischen Psychologismus der Erklärung von Eigenschaften sozialer Superstrukturen aus den elementaren Eigenschaften der vergesellschafteten Individuen. Eine solche Reduktion ist aber oft nicht frei von zirkulären Schlüssen; so etwa, wenn die Eigenschaft eines Staatssystems, seinen Bürgern Sicherheit zu vermitteln, aus dem den Bürgern eigentümlichen Wunsch nach Sicherheit abgeleitet wird, — ohne daß dabei bedacht wird, in welchem Maße Form und Inhalt des Sekuritätsstrebens ein Produkt des bestehenden Staatslebens sind.

Obschon nicht bestritten werden kann, daß die sozialen Umstände nicht nur das einschränken, was die Menschen tun *können*, sondern auch bedingen, was sie tun *wollen*; und obwohl auch nicht in Abrede gestellt werden kann, daß ja auch die Rekonstruktion dieses Wollens nicht hinreicht, um dessen Konsequenzen zu erklären, da ja diese nicht allein von der Absicht abhängen, mit der die Aktion ausgeführt wurde, sondern von der Aktion selbst und den Umständen, unter denen sie erfolgte — trotz all dieser Tatsachen ist ein Reduktionismus noch immer lebendig, der seine Paradigmen im Bereich der exakten Naturwissenschaften zu finden vermeint. Diese Modelle sind jedoch nicht unbestritten. Wie Watkins meinte, entspricht das Prinzip des methodologischen Individualismus dem Prinzip des Mechanismus in der Physik. So sei es dem mechanistischen Prinzip entsprechend möglich, eine Erklärung komplexerer physikalischer Systeme in bezug auf die Position, die Masse, die elektrische Ladung der das System bildenden Elemente und mit Bezug auf die zwischen ihnen bestehenden gesetzmäßigen Beziehungen zu leisten. Ein Beispiel dafür sei die Erklärung der Makro-Eigenschaften eines Gases — seiner Temperatur zum Beispiel — als eine Resultierende der Mikro-Eigenschaften seiner Moleküle. Wie aber methodologische Holisten im Gegensatz dazu feststellen, ist die Ableitbarkeit von Makro-Gesetzen aus Mikro-Gesetzen — gleichgültig welcher Bereich der Forschung in Betracht steht — zum entscheidenden Teil eine empirische Frage. Gerade in Anbetracht von so exemplarischen Fällen wie der Reduktion der Chemie auf die Physik seien Kompositionsgesetze zusätzlich zu jenen allgemeinen Gesetzen der Mikro-Disziplin vonnöten, die die Art und Weise spezifizieren, in der sich das individuelle Verhalten von Elementen ändert, sobald der Elementenverband an Größe zunimmt; diese Kompositionsgesetze haben jedoch, so evident sie auch immer erscheinen mögen, einen empirischen Charakter. Dasselbe gelte für den Versuch einer Reduktion größerer sozialer Verbände auf Gesetze der Individualpsychologie: Wenn die Gesetze von komplexeren sozialen Phänomenen reduktiv auf Gesetze der Individualpsychologie bezogen werden, so würden ebenfalls erst einmal empirische Kompositionsgesetze gefunden werden müssen; eine derartige Reduktion könne aber niemals Sache einer apriorisch gültigen Korrespondenzregel und damit Sache einer Definition sein. In der Physik wie in den Sozialwissenschaften sei ein derartiger Apriorismus nicht am Platz. In der Physik würde ein mechanistischer Atomismus nicht der Entwicklung der Wellen- und Feldgleichungen, und damit wesentlichen neuen Einsichten der elektromagnetischen Theorie Rechnung tragen können; und mit Bezug auf die Erklärung individueller Handlungen, welche ja ein Element der Basis für die Reduktion der Eigenschaften größerer sozialer Verbände abgeben sollen, würden methodologische Individualisten genötigt sein, die Tatsache zu ignorieren, daß wir diese Erklärung oft nur dadurch leisten können, daß wir

Gesetze entwickeln, welche das individuelle Verhalten mit bestimmten Typen sozialer Bedingungen verknüpft (vgl. *1.90, 57* f.).
Für Vertreter der aktuellen Forschungspraxis auf dem Gebiete der Gesellschaftswissenschaften nimmt der Streit um den methodologischen Status von Kollektivbegriffen und Gesetzen, welche sich auf soziale Entitäten höherer Ordnung beziehen, gelegentlich den Charakter einer weltentrückten Scheinproblematik an. Im allgemeinen wird ein Vertreter der positiven Sozialwissenschaften wohl einer Ansicht zu dieser Streitfrage zuneigen, wie sie Igor S. Kon für die Geschichtswissenschaft formuliert hat: „Obwohl die Geschichte der Gesellschaft letztendlich aus den Handlungen der einzelnen Menschen entsteht, formen diese auf verschiedene Ziele gerichteten Handlungen ein bestimmtes, unabhängig vom menschlichen Bewußtsein existierendes *System* gesellschaftlicher Verhältnisse... Die Gesetze der gesellschaftlichen Entwicklung können nur im Durchschnitt geltende statistische Gesetze sein, die mit Notwendigkeit das Verhalten einer konkreten Gesamtheit, eines konkreten ‚Ensembles‘, eines Systems als Ganzes bestimmen, nicht aber zugleich die Besonderheiten des Verhaltens jedes einzelnen ‚Teilchens‘ vorherbestimmen" (*2.41,* 220 f.).
Vielleicht ist es aber gerade in Anbetracht des soeben angeführten Zitats empfohlen, sich abschließend jene (wenn man sie so nennen möchte: metaphysischen) Voraussetzungen kurz zu betrachten, von welchen aus die Vertreter der beiden antagonistisch erscheinenden methodologischen Positionen ihre Betrachtungen anstellen. Gerade mit Bezug auf die Gesetze der gesellschaftlichen Entwicklung, von denen in verschiedenen Zusammenhängen die Rede ist, können nämlich Vertreter des methodologischen Individualismus zeigen, daß

viele vermeintlich inappellable Gesetzmäßigkeiten des Sozialgeschehens nur Beschreibungen petrifizierter Verhaltensweisen darstellen, deren historische Entwicklung übersehen wird. Daher können Vertreter des methodologischen Individualismus darauf hinweisen, daß wir im Gegensatz zur irreführenden Redeweise, wonach der Mensch einem sozialwissenschaftlichen Gesetz entsprechend handelt, uns darauf besinnen sollten, daß ein Gesetz unseres Verhaltens von unserer Entscheidung abhängt, und nicht umgekehrt; denn dieses beschreibe ja nur, wie wir uns verhalten, es schreibe uns nicht das Verhalten vor. Wenn wir also Einsicht in die soziale Ganzheit durch Einsicht in die funktionale Abhängigkeit ihrer Struktur- und Bewegungsgesetze von der menschlichen Tätigkeit erlangt haben, so können wir nach Ansicht des methodologischen Individualisten das, was uns in der Phase eines naturwüchsigen Verhältnisses zu dieser sozialen Ganzheit als bedrückend und zwingend erscheint, ändern.

Aber — so könnte, bei aller Respektierung der Intention des methodologischen Individualisten, die Erwiderung des methodologischen Holisten darauf lauten — für die Erwerbung ebendieser Einsicht sind ja wiederum schon ganz bestimmte soziale Bedingungen vorausgesetzt; das heißt: Um überhaupt die Veränderbarkeit von sozialen Strukturen einsehen und auch bewirken zu können, ist eine ganz bestimmte Beschaffenheit dieser Sozialstrukturen selbst vorausgesetzt. Zu sagen, daß die sozialen Ursachen der Mediatisierung durch das individuelle Denken und der individuellen Reaktionsweise bedürfen, könne aber nicht auf die Akzeptierung der Voraussetzung hinauslaufen, daß nur diese mediatisierenden Instanzen als treibende Faktoren in der Geschichte anzusehen seien. Ein Bewußtsein von der Verursachung hebt ja, wie methodologische Holisten mit Recht feststellen können, nicht die Ursache auf. Oder mit anderen Worten: Die Ziele der Individuen richten sich nach deren subjektiver Deutung der Situation, in welcher sie diese Ziele formulieren, wobei die objektive Lage, in welcher sich die Individuen befinden, ihre darauf bezüglichen Deutungen mitbestimmt. Diese objektiven Bedingungen, die es Individuen gestatten, Einsicht in ihre Bedingtheit durch die Umstände sowie in die Veränderbarkeit derselben zu erlangen, sind aber auch dann objektive soziale Bedingungen, wenn sie im individuellen Bewußtsein in bestimmter Weise widergespiegelt werden. Eine Einsicht in deren Struktur und Wirkungsweise läßt sich jedoch nach Meinung der methodologischen Holisten nicht durch eine Kumulation individueller Situationsdeutungen in demoskopischer Manier gewinnen. Gemäß der von ihnen vertretenen gnoseologischen Position ersetzt die Demoskopie nicht die Erforschung der sozialen Realität, welche erst diejenigen Meinungen bildet, welche die Demoskopie sammelt.

Ein forschungstechnischer Vorschlag, welcher der Intention der Individualisten gleichermaßen entgegenkommt wie derjenigen der Holisten, könnte, diese Erörterungen abschließend, folgendermaßen formuliert werden: Will der Gesellschaftswissenschaftler die Veränderung sozialer Gebilde erklären, so soll er sich mit den Auffassungen des methodologischen Individualismus vertraut machen, will er aber die Veränderung der Eigenschaften von Individuen erklären, so ist er gut beraten, sich die Betrachtungsweise des methodologischen Holisten zu eigen zu machen. Verderblich wäre es jedoch — etwa für den Historiker —, sich die abstrakte und unvollständige Frage zu stellen, welche der beiden Betrachtungsweisen für die Erklärung historischer Veränderungen die relevante sei. Dieser Mangel an Präzision ist es, der gerade im Lager der Historiker auch heute noch die Entscheidung zwischen einer „individualistischen" und einer „kollektivistischen" Geschichtsschreibung erschwert. Man wird voraussagen dürfen, wie dies Richard von Mises mit Bezug auf den Streit über die Relevanz einschlägiger Gesichtspunkte hinsichtlich der Wirtschaftsführung getan hat (*1.40, 292*), daß auf einer späteren Entwicklungsstufe der ganze Gegensatz zwischen Individualismus und Kollektivismus bzw. Holismus so angesehen werden wird, wie heute etwa die Frage, ob alle Krankheiten durch Anwendung von kaltem oder von warmem Wasser zu heilen seien.

c) Rationalistische und empiristische Vorurteile

Teilweise im Zusammenhang mit dem soeben Erörterten stehen die folgenden Ausführungen zum Problem des rationalistischen und des empiristischen Vorurteils in bezug auf die Darstellungen der Geschichtswissenschaft.
(1) Im Hinblick auf die Funktionsweise des *rationalistischen Vorurteils* gilt es wieder, dem Umstand Rechnung zu tragen, daß das ermittelte Resultat in den Gesellschaftswissenschaften — als deren Spezialfall wird hier die Geschichtswissenschaft verstanden — in vieler Hinsicht von dem vom Forscher angewandten Auswahlprinzip abhängt, das seinen Darstellungen zugrunde liegt. Gewiß gilt nach wie vor, was Kant in seiner bekannten Wendung aus der Vorrede zur zweiten Auflage der „Kritik der reinen Vernunft" feststellte: „daß die Vernunft nur das einsieht, was sie selbst nach ihrem

Entwurfe hervorbringt, daß sie mit Prinzipien ihrer Urteile nach beständigen Gesetzen vorangehen und die Natur nötigen müsse, auf ihre Fragen zu antworten, nicht aber sich von ihr allein gleichsam am Leitbande gängeln lassen müsse." Und es ist weiter gewiß, daß wir nie Beobachtungen freimachen können von den theoretischen Elementen der Interpretation — daraus resultieren ja bestimmte Probleme der historischen Erklärung. Wenn wir die mögliche Vielfalt von Auslegungshypothesen in Anbetracht der Prävalenz einer einzelnen Theorie von vornherein außer acht lassen, so könnten wir geneigt sein, unsere eigenen Vereinfachungen mit nicht existierenden Einfachheiten im historischen Universum zu verwechseln. Eine dem theoretischen Pluralismus verpflichtete Auffassung ist dagegen, wie schon ausgeführt wurde, bemüht, die Möglichkeit mehrerer nicht-kontroverser Deutungen ausdrücklich in Betracht zu ziehen, um diese sodann hinsichtlich ihrer Reichweite und Erklärungskraft zu gewichten. Diese Ansicht hat nichts zu tun mit Auffassungen im Sinne eines theoretischen Indifferentismus (vgl. Kap. II, 3, b). Im Gegensatz dazu steht etwa Robin G. Collingwoods Überzeugung, daß der heilige Augustin die Geschichte unter dem Blickwinkel der frühen Christen, Tillemont unter dem eines Franzosen aus dem 17. Jahrhundert, Gibbon unter dem eines Engländers aus dem 18. Jahrhundert, Mommsen unter dem eines Deutschen aus dem 19. Jahrhundert betrachtet habe; daß aber die Frage, welches nun der richtige Blickwinkel war, keinen Sinn habe (vgl. *2.14*, Vorwort). Hier zeigt sich Collingwood als Anwalt des bekannten Diktums von Croce, daß nichts außerhalb des Denkens existiere (vgl. dazu *1.8,* 49 ff.). Wie im Falle vieler anderer Paradoxien besteht auch hier eine Ambiguität zwischen einer Tautologie und einer

Absurdität, wobei die erstere der letzteren eine gewisse Unangreifbarkeit zu verleihen scheint und mit Bezug auf die hier in Betracht stehende Vielfalt von untereinander kontroversen historischen Deutungen der Schluß gezogen wird, daß die eine so gut wie die andere sei.
Derartige Fehlschlüsse werden aber nicht nur von bestimmten Idealisten begangen. Sehr häufig wird ja das jeweilige individuell gegebene Wertsystem eines Historikers in einem mechanistischen Sinne als abbildende Widerspiegelung des jeweils bestehenden sozialen Bewußtseins aufgefaßt. Man kann leicht ersehen, wie eine derartige Geschichtsdeutung im Sinn eines mechanistischen Materialismus in der Nachbarschaft romantischer Volksgeist- und Zeitgeist-Lehren steht. Bestimmte Vertreter des Marxismus, namentlich solche aus der Schule des Ökonomismus (z. B. Bucharin), anerkannten gelegentlich außer den dominierenden sozialen Bedingungen keinerlei persönlichkeitseigene Merkmale. Jüngere marxistische Arbeiten zur Denk- und Persönlichkeitstheorie haben bedeutsame Änderungen dieser Ansichten bewerkstelligt (vgl. etwa 2.64). In ihnen wird dem Tatbestand Rechnung getragen, daß „äußere" Ursachen des Milieus und der kollektiven Bewußtseinslage nur mittelbar über die „inneren" Bedingungen einer Persönlichkeit wirken; damit wird zugleich, in Abkehr von einer relativ undifferenzierten Betrachtungsweise des Verhältnisses von „Basis" und „Überbau", dem Problem des subjektiven Faktors im Rahmen einer Analyse der Vermittlungsschichten hinsichtlich der in Betracht stehenden Korrelationsbereiche erhöhte Aufmerksamkeit gewidmet.
(2) Im Hinblick auf die Funktionsweise des *empiristischen Vorurteils* gilt es festzuhalten, daß die in der Soziologie und Historiographie ermittelten Meinungen

nicht als Ausdruck von Bedürfnissen und Werthaltungen den Status unhintergehbarer „Gegebenheiten" haben. Die Meinungsforschung ersetzt auch in der Historiographie, wie schon in anderem Zusammenhang erwähnt, nicht die Erforschung der sozialen Realität, die jedwede Meinung bildet und in ihrer Richtung bestimmt. An dieser Stelle sei kurz auf Konsequenzen eingegangen, welche sich unter Ignorierung dieses Sachverhalts in der Betrachtung des Sozialgeschehens einstellten. Gleichzeitig wird sich eine bedeutsame Konvergenz zwischen einer Spielart des Historismus und bestimmten zeitgenössischen Denkweisen herstellen lassen, welche — vor allem in Anbetracht gewisser Gepflogenheiten in der Nationalökonomie — am besten als „demokratische Ideologie" zu bezeichnen sind. Der frühe Historismus, der am ehesten als Kombination einer Wesensontologie (bezogen etwa auf „Volksgeister") mit einem Entelechieprinzip (als einer vorausgesetzten Entwicklung des Geschichtsprozesses auf ein mehr oder minder heilsgeschichtliches Telos hin) charakterisierbar ist, faßte etwa die Nationen als individualisierte Instanzen des „Weltgeistes" (später: des „Seinsgeschehens") auf, deren Sosein historisch notwendig sei. Wenn auch die teleologische Orientierung des Geschichtsprozesses in Frage gestellt ist, so wird doch auch heute — in unterschiedlichsten Gesellschaftssystemen — eine demokratische Ideologie praktiziert, welche die Dominanz der jeweiligen Bedürfnislage als (was immer das heißen mag) „ihrer Zeit gemäß" versteht und diese als unbefragte Größe in die jeweilige Sozialtechnologie einführt. Diese empirisch „gegebenen" Bedürfnisse, die als Bezugspunkte der politischen Zurechnung sakrosankt und damit jeder Kritik enthoben sein sollen, sind aber ebenso problematisch wie die Erfahrungen, auf welche der epistemologische Empirismus als letzte Fundamente zurückgreifen will.

Erst ein Sinn für diese Tatsachen schärft den Blick des Historikers etwa für die Verengung jener Betrachtungsweise, welche sich, namentlich unter der Ägide der neoklassischen Ökonomie[44], auf das Problem der „Bedürfnisbefriedigung" in solchem Maße konzentrierte, daß die Wandlungen der sozialen Machtstruktur außer acht bleiben konnten, von denen doch schließlich nicht nur die Art der Bedürfnisse, sondern auch die Art ihrer Befriedigung abhängt. Ein politisches System hat eine bestimmte Machtstruktur, welche die Realisierung der in ihr auftretenden Ziele dahingehend beeinflußt, daß sie das Verhalten der diese Ziele anstrebenden Personen gleichsam kanalisiert. Die Tendenz, die von diesen Personen proklamierten „Konsumbedürfnisse" etwa und die „wirtschaftlichen" Gebilde als Träger von Marktbeziehungen aus dem Kontext der Machtkonstellation isolieren zu wollen, kann zwar mit bestimmten praktischen Absichten konvergieren, durch welche die Konsumorientierung des ökonomischen Denkens legitimiert erscheinen mag — einer theoretischen Interpretation des Geschehens im Lichte der kausalen Analyse der Wandlung einer sozialen Machtstruktur wird sie nichtsdestoweniger nicht gerecht: „War die ökonomische Theorie bisher von der Annahme ausgegangen, Investition und Produktion würden mittels Marktmechanismus letzten Endes durch die Wünsche der Verbraucher gelenkt, so ist in wichtigen Wirtschaftszweigen heute eher das Gegenteil anzunehmen. Die Fiktion autonomer Präferenzsysteme bei den Konsumenten ist angesichts der jüng-

---

[44] Vgl. dazu Hans Albert: Marktsoziologie und Entscheidungslogik. Ökonomische Probleme in soziologischer Perspektive (Soziologische Texte, Bd. 36), Neuwied-Berlin 1967, Kap. 1, 4, 7, 8, 10.

sten gesellschaftlich-ökonomischen Entwicklung kaum noch aufrecht zu halten... Mit den subtilen Manipulationsmitteln einer differenzierten Bewußtseinsindustrie ausgestattet, sind sie in der Lage, Verhaltensweisen und Wünsche der Verbraucher ihren eigenen langfristigen Zielen anzupassen..."[45] Zum Zwecke der Kritik des empiristischen Mythos der inappellablen Bedürfnisse und Werthaltungen muß deren Entwicklungsgeschichte in Betracht gezogen werden, sollen diese nicht dort, wo ihre Bedingungen und Konsequenzen außer acht bleiben, substanzialisiert werden. Wo die jeweils dominierende Werthaltung bzw. Bedürfnislage „zeitgeistig" fatalisiert wird, entsteht darüber hinaus häufig der Eindruck, daß die dem Individuum gerade vorliegenden Normen die Verkörperung der notwendigerweise vernünftigen und effizienten Organisation des gesellschaftlichen und politischen Lebens sind. Mit der Auffassung, wonach die jeweils aktuelle Bedürfnislage der Mehrheit die Zielorientierung der Sozialtechnologie bestimme, ja sogar „Rationalität" inhaltlich definiere, geht als deren Negation oft ein Gewißheitsverlangen einher, das hinter der Bereitschaft zu erkennen ist, Totaldeutungen dichotom wertenden Charakters zu akzeptieren: da das Gegebene nicht in seiner Gesamtheit zu billigen sei, sei es insgesamt abzulehnen. Der Aufstand gegen spezifische Ziele rational organisierter gesellschaftlicher Verhältnisse schlägt in der Folge leicht um in eine Auflehnung gegen den Intellekt selbst und endet häufig in einem Irrationalismus, der gemeinsam mit bestimmten Zielen auch die allgemeinen Leistungen rationalen Problemlösungsverhal-

---

[45] Joachim Hirsch: Zur politischen Ökonomie des politischen Systems, in: G. Kress / D. Senghaas (Hrsg.): Politikwissenschaft. Eine Einführung in ihre Probleme, Frankfurt a. M. 1969, S. 190—214, S. 197 f.

tens diskreditiert. „Der Mensch, der den Glauben an den Verstand verliert und keinen Weg zur rationalen Lösung seiner Probleme sieht, fällt aber unweigerlich in Verzweiflung ...; typisch für ihn ist das Gefühl der Hilflosigkeit und Verwirrtheit, der Angst und Verbitterung. In individuell-psychologischer Beziehung resultieren daraus *Neurosen,* auf der sozialen Ebene aber kommt es zur spontanen anarchischen Auflehnung gegen alle und jegliche gesellschaftlichen Normen, gegen soziale Disziplin und Organisation als solche" (*2.41,* 342). Derartige Neurosen sowie Massenpsychosen werden in zunehmendem Maße Gegenstand des historischen Interesses.

d) Vom Wert der Ideologiekritik

Will ein Therapeut einen von falschen Situationsdeutungen Geplagten von seiner Verzweiflung befreien, so wird er ihm die Ursachen für seinen derzeitigen Zustand zu zeigen versuchen, aus dem der Patient zunächst keinen Ausweg sieht. Aus Sackgassen führt, wenn überhaupt etwas, nur der Weg zurück zum Ziel. Von ähnlichen Auffassungen ist der ideologiekritisch ambitionierte Historiker geleitet. Nicht allein der Nachweis fehlerhafter Annahmen und Verhaltensweisen ist sein Ziel, auch die Herkunft des Irrtums sucht er aufzuklären: „Es bedarf nicht nur der Erklärung, warum eine Auffassung unzutreffend ist, sondern auch, warum sie geglaubt wird" (*2.35,* 200). Oder, um diesen Sachverhalt mit den Worten Theodor Geigers auszudrücken: „Der Logiker und Erkenntnistheoretiker entscheidet zwischen richtigen und falschen Aussagen. Der Ideologiekritiker sucht die Gesetzlichkeiten, die hinter den falschen Aussagen walten" (*1.18,* 181 f.). Der Historiker — vertritt er die Auffassung, daß wir aus der Geschichte irgend etwas lernen können — ist genötigt, die Wege zu historisch relevantem fehlerhaftem Denken oder Handeln zu rekonstruieren. Wir lernen nicht nur aus den Fehlern, sondern vor allem daraus, wie sie zustande gekommen sind. Gewisse Schüler der hypothetiko-deduktiven Rechtfertigungslogik verweisen derartige Untersuchungen aus der „Logik der Forschung" in das Gebiet der Psychologie. Die Abweisung von Fragen zur „*ars inveniendi*" erfolgt unter Hinweis darauf, daß die Hypothesenbildung — je nachdem — in den Bereich des Genialen oder des Abstrusen, nicht aber in den der Logik zu liegen komme. Dieser Hinweis ist zwar deutlich, aber nicht immer adäquat.

Bleiben wir noch kurz bei dieser Thematik und nehmen wir zum Zwecke der Illustration einmal richtige Hypothesen der exakten Wissenschaft als Paradigmen. Wenn der Etablierung einer Hypothese durch aus ihr abgeleitete Vorhersagen eine Logik eigen ist, so auch der Entwicklung einer Hypothese. Um die Idee der Beschleunigung oder der allgemeinen Gravitation zu bilden, bedarf es natürlich eines Genies: eines nicht Geringeren als eines Galilei oder eines Newton. Aber das kann eben nicht besagen, daß die Überlegungen, die zu diesen Ideen führen, irrational, arational oder vorwissenschaftlich sind. Galilei kämpfte 34 Jahre, ehe er fähig war, die Hypothese von der konstanten Beschleunigung mit Überzeugung vertreten zu können. Lernen wir, so fragt Norwood R. Hanson[46], viel über Galileis physikalisches Denken, wenn wir unsere Analyse nur mit der genannten Hypothese als einer Basis für Deduktionen begin-

---

[46] Patterns of Discovery. An Inquiry into the Conceptual Foundation of Science, Cambridge 1958, Kap. IV.

nen? Und Hanson meint, der Wissenschaftstheoretiker müsse darauf mit „Nein" antworten. In der Tat erfolgt ja der alltägliche Prozeß der Ableitung von Beobachtungsaussagen aus Hypothesen erst, nachdem der Physiker sieht, daß seine Hypothese die eine Erklärung erheischenden vorliegenden Daten deckt. Auch Kepler wußte, daß er sein Ziel erreicht haben würde, wenn er jene einfachste Kurve gefunden haben wird, welche die verschiedenen von Tycho de Brahe vorgelegten Daten als das Explicans einschließt. Als er aber schließlich die Hypothese von der elliptischen Umlaufbahn des Mars gefunden hatte, war seine schöpferische Arbeit an diesem Problem beendet. Weitere Deduktionen hatten nur konfirmierenden Charakter, jeder Mathematiker konnte weitere Konsequenzen ableiten, die nicht in Tychos Aufstellung enthalten waren; es bedurfte nicht mehr des Genies eines Kepler, dessen Ideen über die Bewegung des Mars auf die Bewegung anderer Planeten zu übertragen.

Galilei und Kepler unterlagen im Verlauf ihrer Hypothesenbildung einer Reihe von Irrtümern. Weit entfernt davon, allen Arten von Fehlleistungen hier die Reverenz erweisen zu wollen, gilt es aber zu sehen, daß gewisse Irrtümer Stationen auf dem Weg zur Wahrheit darstellen. Für die Erlangung des *„know what"* genügt die Vermittlung von gesicherten Einsichten, für die Erwerbung des *„know how"* ist aber das Bemühen vorausgesetzt, aus Fehlern lernen zu wollen. Auch der Historiker, findet er nicht nur in einer narzißtischen Selbstbespiegelung im Lichte vergangener Fehlleistungen sein Genügen, macht sich diese Direktive zunutze. Für ihn haben der Entdeckungszusammenhang und der Begründungszusammenhang nicht als Alternativen Gültigkeit, sie sind für ihn durchaus verträglich und komplementär zueinander; die Berücksichtigung des einen ist für ihn kein Grund, das andere zu ignorieren. In diesem Sinne wurde bereits vorhin gesagt, daß es das Anliegen des Historikers sein kann, aus Irrtümern zu lernen, indem er sie genetisch rekonstruiert. Noch ein Hinweis ist hier am Platz: Aus einer solchen Genese kann er auch erst ermitteln, ob es sich im Falle der in Betracht stehenden Irrtümer um beabsichtigte oder unbeabsichtigte Fehler handelt. Wie der Richter, so muß ja auch der Historiker Aussagen- und Handlungszusammenhänge nicht nur im Lichte der Kategorien „wahr" und „falsch" gnoseologisch, sondern darüber hinaus auch im Hinblick auf „Wahrhaftigkeit" und „Unwahrhaftigkeit" moralisch beurteilen.

Wenn gerade in diesem Zusammenhang einer ideologiekritischen Geschichtsbetrachtung das Wort geredet werden soll, so ist dieses Unternehmen von vornherein gegen jenen Panideologismus abzugrenzen, der jegliche Annahme, von der sich sagen läßt, daß sie den Erwartungen von irgend jemandem nützlich ist, als „ideologisch" disqualifiziert. Mit anderen Worten: Es geht darum, nicht von vornherein einen Hiatus zwischen objektiver Erkenntnis und dem Denken mit gesellschaftlicher Tendenz zu proklamieren. „Ideologie-Charakter können nur unzutreffende Aussagen haben. Die Wahrheit ist niemals Ideologie, auch wenn sich an sie im allgemeinen Sinne ‚gesellschaftliche Interessen' heften mögen... Ideologien sind unzutreffende Auffassungen und Aussagen, an deren Entstehen, Verbreitung und Bewahrung sich *gesellschaftliche* Interessen... knüpfen" (*2.35*, 201 f.). Die allgemeine Signatur von Ideologien ist dabei, wie es einmal Werner Hofmann formulierte (ebd. 201), der *denkgeschichtliche Regreß;* sie bleiben allemal hinter der bereits erreichten Einsicht zurück oder

versperren sich gegen eine neue, bereits möglich gewordene. An die Kultivierung der Unwissenheit oder auch der nur einseitig zugelassenen Informationen kann sich freilich der gesellschaftlich nutzbare Irrtum schließen. „Das Ptolemäische System war ein begreiflicher Irrtum, bis Galilei und Kopernikus es widerlegten. Nach deren Entdeckungen hörte es auf, den guten Glauben für sich zu haben: seine weitere Verteidigung machte es zur Ideologie. Eine fehlerhafte Auffassung der Wirklichkeit, die aus der historischen Begrenzung des Objekts oder der Mittel der Einsicht entspringt, ist von der Art des Irrtums, noch nicht der Ideologie" (ebd. 200 f.).
Illustrieren wir diesen Sachverhalt an einem unserer Thematik näherstehenden Beispiel. Am 24. Oktober 1917 begann die von deutschen Truppenverbänden unterstützte österreichische Offensive an der Italienfront. Bei Karfreit und im Flitscher Becken durchbrachen die Angreifer die italienischen Stellungen schon am ersten Tag. Nach dem Fall von Udine und Görz standen Österreicher und Deutsche am ersten November von Tolmein bis zum Meer am Tagliamento. Die Verluste Italiens durch die Katastrophe von Karfreit betrugen nach österreichischen Angaben: rund 10 000 Gefallene, an die 30 000 Verwundete, 293 000 Gefangene, 3100 Geschütze, 1700 Minenwerfer. Österreich hatte seine Italienfront um 240 km verkürzt. — Aus der italienischen Historiographie der letzten 50 und insbesondere der letzten 20 Jahre ergeben sich namentlich folgende Karfreit-Interpretationen, wie sie einer einschlägigen Arbeit von Claus Gatterer zu entnehmen sind [47]:

---

[47] Die Besiegten von Karfreit, in: Das Fenster. Tiroler Kulturzeitschrift, Heft 5 (Sommer 1969), S. 320—326, 320 f.

„1. Die Niederlage war die Folge technisch-militärischer Fehler der Führung. Diese Version wird vor allem von jener demokratischen und sozialistischen Linken vertreten, die den Krieg — im Gegensatz zur Mehrheit der Arbeiter- und Bauernschaft — gewollt hatte.
2. Die Niederlage von Karfreit war die Folge der defaitistischen Propaganda des Papstes und der Sozialisten. Dies ist die Version der Nationalisten, der meisten Faschisten des rechtsliberalen Bürgertums. Danach hätten die Verurteilung des Krieges als ‚sinnloses Gemetzel' durch Papst Benedikt und die Erklärung des Sozialisten Treves im Parlament: ‚Der nächste Winter nicht mehr in den Schützengräben' die Kampfmoral unterminiert.
3. Die Niederlage von Karfreit war ein rein militärisches Faktum, ohne psychologische, soziale, politische Implikation; sie wurde durch den überraschenden Gasangriff, durch das schlechte Wetter, das die Beobachtung der Feindbewegung verhinderte, und durch die ‚Feigheit' einzelner Truppenteile verursacht. Keine moralische Krise also, ebensowenig aber Fehler der Führung. Diese Beschönigung bleibt offizielle Version der Militärs und breiter Kreise der Führungsschichten.
4. Karfreit war ein ‚Generalstreik' der Truppe, der Proleten und Bauern im Soldatenrock, hervorgerufen durch schlechte Führung, Fehlen von Mythen und Idealen, mangelnde Integration der proletarischen und agrarischen Massen in den Staat; schuld am Generalstreik sind ferner schlechte Versorgung und ‚Diktatur der Rechten' im Hinterland, Schikanen, Ermüdung und Terrorjustiz der Kriegstribunale an der Front. Die Version des linken, demokratischen ‚Populismus', der zumeist bürgerlichen ‚Volkstümler'." Am wichtigsten erscheint es jedoch, die Karfreit-Interpretation der sogenannten Öffentlichkeit in Betracht zu ziehen: „Man

akzeptiert Karfreit als ‚militärische Tatsache' und tröstet sich damit, daß letztlich jede Armee ihr Karfreit gehabt habe. Tiefere Ursachen, menschliche, soziale, wer wollte danach fragen? ‚Es war psychologisch und politisch nützlich und nötig, den Sinn von Karfreit... auf die militärische Niederlage zu beschränken!' lehrte Gioacchino Volpe, der Historiker der italienischen Rechten."[48] (Natürlich wissen auch Vertreter anderer politischer Couleur um derartige Nützlichkeiten.)
Der ideologiekritisch ambitionierte Historiker ist in Anbetracht solcher Deutungen empfindlich für die Möglichkeit, daß sich jemand einer irrigen Lehre auch dann noch bedient, wenn der Irrtum für jeden Unbefangenen als nachgewiesen gelten kann[49]. Er weiß, daß das unkritische Verhältnis zu einer kontroversen Frage meist auf latente Interesse-Beziehungen hinweist und betrachtet sein Geschäft in der genetischen Destruktion unbefragter Selbstverständlichkeiten[50]. Ein Versuch, derartige Verhältnisse in rationaler Rekonstruktion zu durchschauen, wird meist als Vorbehalt ihnen gegenüber angesehen. Er ist dies auch.

---

[48] Ebd. S. 320.
[49] Das heißt nicht, daß die Verbreitung einer Ideologie stets Unwahrhaftigkeit bei ihren Verbreitern notwendig voraussetze. Vielmehr können auch die einer Ideologie Unterworfenen zu deren Kolporteuren werden, wenn sie psychisch entsprechend konditioniert werden.
[50] Insofern ist durchaus N. A. Nikam zuzustimmen, wenn er erklärt: „The ethics of 'fact-finding' in history ought to say both what is meant by 'facts' and what is meant by 'finding' them... The ethics of 'fact-finding' in history ought to be the ethics of discovering the 'facts' of 'unrecorded' history..." (N. A. Nikam: The Neutrality of Science and the Ethical Evaluation of Fact Finding in History, in: La Comprehension de l'histoire. Entretiens de Jérusalem, 4—8 avril 1965, Jerusalem 1968, S. 41—44, 43 f.

5. Fehldeutungen und Selbstmißverständnisse der historischen Tätigkeit

a) Zum Argument des genetischen Fehlschlusses

Nicht nur ideologiekritische Erklärungen, sondern die historischen Erklärungen allgemein laufen Gefahr, als genetische Fehlschlüsse gedeutet zu werden (vgl. *1.100*). Es sei ein altes aristotelisches Vorurteil, so kann man hören, daß wir etwas erst kennen, wenn wir uns seinen Ursprung vergegenwärtigen. Dieses Argument ist legitim angesichts bestimmter Praktiken, kann aber nicht gegen sogenannte „genetische" Erklärungen pauschal gerichtet werden. Es gibt in der Tat verschiedenste Formen von genetischen Fehlschlüssen, auch in der Historiographie. Eine Art des genetischen Fehlschlusses besteht darin, daß ein Argument (in diffamierender oder apologetischer Absicht) mit Bezug auf den „psychologischen Typus" des Argumentierenden *bewertet* wird; oder mit Rücksicht auf dessen soziale Herkunft; oder mit Rücksicht auf dessen frühkindliche Lebensgeschichte. — Eine andere Form des genetischen Fehlschlusses besteht darin, daß eine triviale notwendige Bedingung für das Zustandekommen eines Arguments — wie komplex dieses immer sein mag — so präsentiert wird, als sei es auch die hinreichende Bedingung, um dieses Argument zu *erklären*. Vulgärmaterialisten tun etwa so, als sei der Ort im Rahmen der gesellschaftlichen Produktion, den ein Individuum einnimmt, mithin seine Klassenzugehörigkeit, allein schon konstitutiv dafür, welcher Wahrheitswert einem (vor allem soziale Sachverhalte betreffenden) Aussagensystem zugesprochen werden kann. (Von der „arischen Wissenschaft" sei hier erst gar nicht geredet.) Derartige Monismen in der Erklärung von

Resultaten sprachlichen, aber auch nicht-sprachlichen Verhaltens haben, wie sich zeigen läßt, oft nur die Funktion, jeweils eigene einschlägige Aspirationen zu legitimieren. Derartige Monismen sind gelegentlich fruchtbar geworden, weil sie Neues in den Blick rückten, aber nicht, weil sie das Ganze sehen lehrten.

Auch seriösen historischen Ausführungen gegenüber werden prinzipielle Einwände angeführt. So heißt es, die Geschichtswissenschaft unterliege häufig einem genetischen Fehlschluß von der Art, daß die Erklärung eines X (eines Arguments oder einer Handlung) die zeitliche Ordnung der Ereignisse, die zu X führen, mit der logischen Ordnung konfundiere, in der X entwickelt werden müsse. Die historische Entwicklung auf X hin müsse stets unterscheidbar sein von der logischen Entwicklung auf X hin. Die eine bestehe aus kontingenten Schritten, die auf X hinauslaufen, die andere bestehe aus „notwendigen" (analytischen) Schritten von Ereignis zu Ereignis oder von Argumentationsstufe zu Argumentationsstufe, die sicherstellen, daß X der Fall sein mußte. Der angeführte Einwand entspringt wohl der Meinung, daß es sich bei der Historiographie um Annalistik handle. Dazu sei nur kurz festgestellt, daß die meisten Arbeiten in der Geschichtswissenschaft (von Chroniken abgesehen) nicht streng faktisch sind, und zwar genausowenig, wie die meisten Arbeiten in der Philosophie (von der symbolischen Logik abgesehen) streng analytisch sind. Große Historiker, auch solche der Wissenschaft — etwa Duhem und Koyré —, arbeiten auf einer Ebene analytischer Einsicht, die sie weit hinaushebt über jene Antiquitätensammler, mit denen sich die Vorstellung von Historiographie so häufig verknüpft.

Ein Einwand gegen genetische Fehlschlüsse bei intentionalen Erklärungen sei hier noch berücksichtigt. Wie die

Wirkungen eines Arguments (oder auch eines Dinges) nie eindeutige Rückschlüsse auf Form und Struktur dieses Arguments (Dinges) zulassen, so sei, sagt man, analog dazu die objektive Analyse des theoretischen Gehaltes eines Arguments logisch zu unterscheiden von der Absicht des Argumentierenden. Dieser Einwand ist richtig, aber nicht jede intentionale Deutung ist deshalb ein genetischer Fehlschluß. Die Devise: „Was immer du gewollt hast — die Wahrheit oder Falschheit deiner Aussage steht hier in Betracht", ist nämlich inquisitorischer, als sie vielleicht gemeint ist. So kann nur vorgegangen werden, wenn bereits ein Konsens über die Zielsetzung einer wissenschaftlichen Erörterung und über die dafür geltenden Wahrheitsbedingungen vorausgesetzt werden kann. Man muß sich aber zunächst einmal über die Pragmatik (Intention) einer Untersuchung Klarheit verschaffen, um sodann die „Adäquatheit" der Wahrheitsbedingungen beurteilen zu können. Zumeist bleibt der Zusammenhang von leitender Absicht oder Problemstellung und der Formulierung von oft nur temporär gültigen Wahrheitsbedingungen für Problemlösungsversuche unklar; dies ist wohl ein Hauptcharakteristikum der sog. szientistischen Wissenschaftskonzeption. Wir wissen jedoch, daß sowohl die Feststellung der Adäquatheit einer Problemexposition als auch des Zutreffens einer Behauptung meist den Parameter der Zeit mit Bezug auf die jeweils bestehenden Bedingungen voraussetzt. So kann ein und derselbe Satz unter den einen Bedingungen wahr, unter anderen aber falsch sein. Wer „wahr" aber (im Gegensatz zu „bewährt" und „verifiziert") als ein *zeitunabhängiges* Prädikat verstanden wissen will, wird es vielleicht — obschon dies nicht viel mehr als eine in bestimmten Kontexten nützliche terminologische Unterscheidung ist — vorziehen zu sagen, dieser Satz sei zu einem gewissen Grad unbestimmt oder vieldeutig. In diesem Sinne ist Arthur Pap zu verstehen, wenn er sagt: „Wenn ... die Forderung, alle Wahrheit als bloß ‚relativ' oder ‚bedingt' zu betrachten, bedeutet, daß wir der *Unbestimmtheit* unserer Aussagen, auch der wissenschaftlichen, eingedenk sein sollen, dann braucht man sie nicht als sinnlos zu verlachen. So könnte man z. B. sagen, der Satz ‚Wasser dehnt sich unterhalb 4 Grad Celsius bei fortschreitender Kühlung aus' sei sowohl wahr als auch falsch, je nach den Druckbedingungen; wahr bei normalem Luftdruck, falsch bei abnormalem Luftdruck" (*1.42*, 64).

Diese Denkweise entspricht derjenigen des Historikers, und dieser Art genetischer Rekonstruktion kommt große Bedeutung zu, vor allem in Anbetracht der Dominanz strukturell-funktionaler Denkformen in den Gesellschaftswissenschaften. Gerade im Hinblick auf Auffassungen des soziologischen Funktionalismus kann nämlich gesagt werden, daß dessen Vertreter sich meist nicht der Unbestimmtheit ihrer Theorien bewußt sind. Wie der Satz „Wasser siedet bei 100° C" wahr oder falsch ist, je nach den Bedingungen des Luftdrucks, so sind auch die Aussagen dieser Theoretiker nicht invariant mit Bezug auf spezifische historische Bedingungen. Strukturell-funktionale Theorien werden aber eben oft so betrachtet, als seien sie keine Quasi-, sondern universelle Theorien, und gewinnen darüber hinaus häufig eine ideologische Funktion (vgl. *1.61, 1.106a*). So gilt es, die Möglichkeit in Betracht zu ziehen, daß für Theorien des Sozialverhaltens Wahrheit proklamiert wird, obwohl die bei ihrer ersten Formulierung gegebenen Bedingungen nicht mehr bestehen.

Diese Betrachtungen seien mit einem Hinweis auf die

Bewertungen der Handlungen oder Aussagen historischer Akteure in moralischer Absicht abgeschlossen. Gerade im Hinblick darauf kann der Historiker nicht umhin, genetisch-intentional zu deuten, um nicht dem *effektorischen Fehlschluß,* und damit dem Anachronismus in der Weise zu unterliegen, daß die Bewertung von Handlungsfolgen, welche doch durchaus unbeabsichtigt eingetreten sein können, auf die ihnen zeitlich vorangehenden Gesinnungen projiziert wird. Ignoriert der Historiker diese Aufgabe, so beraubt er die Vergangenheit ihres Eigengewichtes und verleiht dadurch seinen Darstellungen oft nur den Charakter unreflektierter affektiver Reaktionen.

b) Über Determination und Freiheit

(1) Philosophische Überlegungen in Hinsicht auf das historische Geschehen waren einerseits stets von bestimmten Annahmen geleitet, welche das Ausmaß der Beeinflußbarkeit von historischen Vorgängen durch die Zielsetzungen und die darauf bezüglichen Handlungen von Individuen und Gruppen betreffen, andererseits von Annahmen mit Bezug auf das Ausmaß der Beeinflußbarkeit dieser Zielsetzungen bzw. Handlungen. Sehr häufig wurden die Inhalte dieser grundlegenden Überzeugungen zum Gegenstand heftiger Kontroversen im Rahmen geschichtsphilosophischer Lehrmeinungen. Die einschlägigen Erörterungen im Bereich der analytischen Geschichtsphilosophie beziehen sich auf eine Analyse der „Notwendigkeit" historischer Ereignisse innerhalb der Lehrmeinungen des sogenannten „wissenschaftlichen Determinismus". Betrachtungen über die Rolle des Schicksals oder der Vorsehung in der Geschichte nehmen im Bereich der analytischen Geschichts-

philosophie keinen Platz ein; wohl aber, wie bereits im Zusammenhang der Ausführungen des II. Kapitels gezeigt wurde, solche über das Problem des Historizismus, das sich nach Meinung bestimmter Autoren sogar unausweichlich aufdränge, wenn man das Determinationsprinzip ernst nimmt (vgl. *1.4*).

Viele Kritiker des Historizismus sind auch strenge Kritiker jedes Versuches, Determinanten des menschlichen Verhaltens im Rahmen der Geschichtswissenschaft in Betracht zu ziehen. Mit derartigen Untersuchungen werde nur der Glaube an die menschliche Freiheit dadurch untergraben, daß selbst im Falle von spontanen Entscheidungen versucht würde, kausale Beziehungen herzustellen. Diese Kritiker sind auch im Besitz einer außerordentlich engen Konzeption dessen, was ein deterministisches System darstellt. Denn im allgemeinen wird von ihnen die deterministische Devise im Sinne der Behauptung verstanden, daß alle Ereignisse, natürlich auch solche des Sozialbereichs, im Prinzip mit absoluter Präzision vorhergesagt werden könnten. Nun sind aber die Ausdrücke „determiniert" und „vorhersagbar" keineswegs in ihrer Bedeutung äquivalent. Denn wären sie synonym, so wäre es absurd anzunehmen, daß etwas zwar theoretisch unvorhersagbar sein kann, dennoch aber determiniert ist. Wie schon E. Nagel bemerkte, ist es kein ernsthafter Einwand gegen den Determinismus, daß Ereignisse unvorhersagbar sind (vgl. *1.41*, 592 bis 606; *1.64*). Es wäre ja einigermaßen sonderbar, würde man etwa nur auf Grund des Umstandes, daß wir gegenwärtig unfähig sind, Ort und Termin des nächsten Erdbebens zu antizipieren, zur Ansicht gelangen, daß es für das Eintreten von Erdbeben keine notwendigen und hinreichenden Bedingungen gebe. Somit dürfen wir also annehmen, daß es determinierende Bedingungen

sowohl dafür gibt, was geschehen ist, als auch dafür, was geschehen wird. (Diese Annahme steht aber eben nicht im Widerspruch zur Tatsache, daß Vorhersagen in den Sozialwissenschaften indefiniter Natur sind, insofern sie uns nicht die Zukunft in der Weise vorhersagen, daß alle Handlungsweisen, bis auf eine einzige mögliche, ausgeschlossen werden; sie gestatten uns vor allem nur, eine große Anzahl logischer Möglichkeiten zu eliminieren.)
Ein anderes Argument gegen die deterministische Devise beruft sich auf das teleologische Moment im Rahmen rationaler Erklärungen. Es sucht den Grund für seine Geltung in der Tatsache, daß das durch einen intentionalen Akt angestrebte Ziel in der Zukunft liegt, woraus geschlossen wird, daß ein zukünftiges Ereignis einen gegenwärtigen Zustand verursache. Die Motive, so heißt es, wirken *a fronte*, die Ursachen *a tergo*. Dementsprechend würden Motivationsanalysen der Freiheit unseres Handelns gerecht, während Kausalanalysen nur deren Notwendigkeit betonen. Diese bildhafte Deutung ist aber, wie bereits bemerkt wurde, keineswegs zutreffend.
Wir sehen uns in diesem Zusammenhang auf ein Problem verwiesen, welches, unter anderen Auspizien, Gegenstand von Betrachtungen in Kapitel I, 4 war. Wie Morris R. Cohen im Zusammenhang von Erörterungen der Anwendbarkeit des Kausalprinzips auf die Geschichte bemerkte, sei die Kontroverse zwischen den Anhängern der kausalen Erklärung und den Anhängern der teleologischen ein vorzügliches Beispiel dafür, wie sich eine Differenz von Betrachtungsweisen und Interessengesichtspunkten zur falschen Überzeugung von einander ausschließenden Alternativen hochstilisieren läßt (vgl. *1.8*, 121 ff.). Obwohl es für die Annahme keinen logischen Grund gibt, daß das, was schon Aristoteles in

bezug auf die Art und Weise der Erforschung seelischer Phänomene das eine Mal als physikalische Erklärung (in den Termini physiologischer Prozesse) und das andere Mal als dialektische Erklärung (in den Termini von Absichten oder Zielen) bezeichnete, einander ausschließende Verfahren seien, so gibt es für die Frontenbildung im Rahmen der einschlägigen Diskussion doch sehr starke psychologische Gründe. Diese betreffen die Frage, ob nicht der Hinweis auf die rein physiologischen — letztlich physikalischen — Ursachen unserer Handlungen von seiten der Anhänger der kausalen Betrachtungsweise einer Degradierung der menschlichen Persönlichkeit auf den Rang einer Maschine oder bestenfalls einer animalischen Existenz gleichkomme. Es ist an dieser Stelle jedoch abermals festzuhalten, daß, gemäß dem heutigen Verständnis von Kausalität, der Charakter einer kausalen Erklärung nicht von einem bestimmten Gegenstandsbereich abhängig ist, auf den sich diese bezieht. Daher ist es völlig in Ordnung, wenn etwa auch von einem Motiv gesagt wird, daß es die kausale Ursache eines bestimmten Handlungsresultats sei. Erklärungen verlangen, wie bereits festgestellt wurde, Gesetze, und wenn es Gesetze über Motive und Zielsetzungen gibt, so gibt es auch keinen Grund, warum Motive oder Ziele nicht als Ursachen im Rahmen kausaler Erklärungen figurieren können sollen (vgl. Kap. I, 4 und II, 2).

Das Prinzip des Determinismus als elementares regulatives Prinzip jeder Wissenschaft ist auch für den Historiker, will dieser wissenschaftlich tätig sein, unumgänglich. Ein Ereignis soll dabei im strengen Sinne als determiniert gelten, wenn es ein anderes Ereignis oder eine Gruppe von solchen gibt, die eine notwendige und hinreichende Bedingung für dessen Eintreten dar-

stellen. Im Blick auf die Kritiker des Determinationsprinzips in der historischen Forschung bzw. in der Geschichte selbst muß darauf hingewiesen werden, daß es zwar extrem schwierig ist, in diesem Sinne zu erklären, warum ein bestimmtes Individuum oder ein bestimmtes Kollektiv in einer bestimmten Situation gerade so gehandelt hat, wie dies konstatierbar ist; daß aber das Determinationsprinzip in der Geschichtswissenschaft ja nicht deshalb als odiös anzusehen ist, weil die Erklärungen der Historiker, was ihre Stringenz anlangt, oft unbefriedigend sind. Ein regulatives Prinzip ist nicht dadurch zu widerlegen, daß es nicht sofort und nicht in jedem Fall zum gewünschten Erfolg führt. Im vollen Bewußtsein des Sachverhalts, daß die vollständige Angabe der notwendigen und hinreichenden Bedingungen für das Zustandekommen bestimmter Handlungen und der ihnen vorgängigen Absichten oft ein unerfüllbares Ideal ist, wendet sich der Historiker seiner Aufgabe zu. Dabei leitet ihn die Einsicht, daß einerseits das, was die Menschen tun, nicht stets von ihren vorgängigen Absichten und Motiven abhängt und daß andererseits diese Absichten und Motive selbst prinzipiell einer kausalen Erklärung zugeführt werden können. Eine derartige Annahme ist vor allem dann von Wichtigkeit, wenn es als sinnvolles Unternehmen betrachtet wird, uns in fortschreitendem Maße von jenen Illusionen und Zwangsvorstellungen zu befreien, von denen das historische Geschehen bisher weitgehend bestimmt wurde. Die Historie kann durch die Vermittlung der Einsicht in deren Entstehen zur Aufklärung darüber verhelfen, wie wir derartige Illusionen verhindern können.
(2) Eine Variante der Kritik an der Anwendung des Determinationsprinzips in der Geschichtswissenschaft und an der damit verknüpften Absicht, intentionales

Verhalten bei Bedarf im selben Maße unter Hinweis auf nichtintentionale Sachverhalte kausal zu erklären wie umgekehrt, begründet ihre Einwände auf dem angeblich von den „Kausalisten" ignorierten Unterschied von bewußten Handlungen und Reflexhandlungen. Dies geschieht in der Absicht, die kausale Erklärung zwar in bezug auf Aktionen, welchen kein intentionaler Charakter zukommt, zuzulassen, intentionale Handlungen aber auf eine kategorial andere Stufe zu stellen, der nur teleologische Erklärungen adäquat seien; eine intentionale Deutung einer Handlung im eigentlichen Sinne des Wortes sei zu unterscheiden von einer kausalen Erklärung eines Reflexes, welcher nur die Reaktion oder Antwort eines Organismus auf einen Stimulus darstelle. Werde so im einen Fall — eben durchaus nicht „kausalistisch" — etwa verständlich gemacht, warum jemand seine Hand hebt, so werde im anderen Falle bloß erklärt, warum sich die Hand von jemandem in eine bestimmte Richtung bewegt; nehme die eine Deutung Bezug auf den teleologischen Einfluß der Absichten eines in Betracht stehenden Akteurs, so nehme die andere Bezug auf den kausalen Einfluß etwa der Stimulationen seines Nervensystems. Für die Geschichtswissenschaft hatte diese Unterscheidung insofern Bedeutung, als sehr häufig — wie etwa auch bei Georg Henrik von Wright — die Rekonstruktion der Absichten und ihres Wirkungszusammenhanges mit intendierten Handlungsresultaten als genuin historische Erklärung betrachtet wurde, während andere Formen der („kausalen") Rekonstruktion im Prinzip Sache anderer Einzelwissenschaften seien (vgl. *1.57*, Kapitel IV, v. a. 136 ff.). In Anbetracht solcher Auffassungen muß aber nachdrücklich festgestellt werden, daß dabei zumeist übersehen wird, in welcher Weise und in welchem Maße ja auch Absichten und

Motive selbst den Charakter von Reaktionen und Reflexen — wenn auch komplexerer Art — haben. Die Formulierung bestimmter Absichten und die vorgängig erfolgte Kalkulation angesichts verschiedener möglicher Ziele sind selbst Formen der Reaktion auf die Umstände. Wir wissen ja, daß ein bewußtes Individuum eben diffiziler und subtiler konditioniert werden muß, um einen gewünschten Reflex in Form von bewußten Entscheidungen an den Tag zu legen. Es wäre verfehlt, das spezifisch Menschliche im Rahmen historischer Erklärungen dadurch bestimmen zu wollen, daß man freie Entscheidungen und die Formulierung der sich daran knüpfenden Absichten aus dem Determinationskonnex herausnimmt.

Es besteht natürlich ein wesentlicher Unterschied zwischen „materiellen" und „geistigen", natürlichen und gesellschaftlichen Systemen: Der Unterschied liegt darin, „daß man es bei der Gesellschaft mit Menschen zu tun hat und daß die gesellschaftlichen Gesetze Gesetze über das Verhalten der Menschen sind. Die Natur, zumindest die unbelebte Natur lernt nichts. Das Spiel der Verwandlung von Möglichkeit in Wirklichkeit ist bei Elementarteilchen immer das gleiche. Elementarteilchen werden nicht klüger. Ein gesellschaftliches Gesetz kann jedoch von Menschen bewußt angewandt werden. Dann führt es nicht willkürlich und beliebig von der Möglichkeit zu irgendeiner den Zwecken der Menschen, die das Gesetz anwenden, eventuell äußerst unerwünschten Wirklichkeit... Deshalb ist es möglich, aus der Geschichte zu lernen" (*2.38*, 85 f.). Der angeführte Unterschied hat nicht darin seinen Grund, daß nur materielle Systeme determiniert und damit kausal erklärbar wären, geistige jedoch nicht. Eine derartige Ansicht ist verfehlt; nichtsdestoweniger war sie im Rahmen des auch für geschichtsphilosophische Überlegungen bedeutsamen Problems der Willensfreiheit höchst wirksam. Bestimmte Vertreter der Willensfreiheit im Lager der zeitgenössischen Geschichtsphilosophie scheinen noch immer der bereits von Spinoza, Hume und Kant und in der jüngeren Vergangenheit etwa von Alfred J. Ayer *(1.80)* kritisierten Vorstellung anzuhängen, als befände sich das „Geistige" irgendwie in der Gewalt des „Materiellen". Dabei wird, wie bereits in anderem Zusammenhang erwähnt wurde, die Korrelation zwischen beiden Bereichen nicht erkannt. Dieser Umstand erweist das Überleben einer animistischen Konzeption von Kausalität, in der alle kausalen Beziehungen nach der Vorstellung gestaltet sind, als übe eine Person über eine andere eine Herrschaft aus, als gnoseologischen Anachronismus. Man geht nicht fehl in der Annahme, daß sich dahinter eine Zwei-Substanzen-Metaphysik verbirgt, der das Bild einer unglücklichen *„anima"* entspricht, welche heftig versucht, sich den Klauen eines übermächtigen *„corpus"* zu entwinden. Es scheint nötig, sehen zu lernen, daß menschliches absichtgeleitetes Handeln nicht deshalb als „unfrei" zu kennzeichnen ist, nur weil es *irgendeine* Ursache hat. Wie schon David Hume wußte, ist die Charakterisierung einer Handlung als einer unfreien vielmehr erst dann am Platz, wenn das Verhalten eine *besondere* Art von Ursache hat; im Hinblick darauf ist aber nicht die Kausalität oder Determination der Freiheit gegenüberzustellen, sondern der Zwang. Aus der Tatsache, daß etwa mein Verhalten erklärt werden kann, indem es unter irgendein Gesetz subsumierbar ist, folgt jedoch keineswegs, daß ich unter Zwang handle. Daß menschliches Verhalten *erklärbar* sei, ist alles, was das regulative Prinzip des Determinismus verlangt.

(3) Die deterministische Devise im Sinn der vorhin erwähnten Art ist auch im Bereich der Geschichtswissenschaft und der ihr korrespondierenden Geschichtsmethodologie von großer Bedeutsamkeit. Denn aus der Einsicht in Determinationsbeziehungen des menschlichen Verhaltens resultieren auch für die historische Praxis wichtige Änderungen gegenüber der Phase eines unreflektierten Verhaltens des Historikers in und zu seiner Umgebung. Ein wesentlicher Grundzug, welcher die Kausalität in der menschlichen Geschichte gegenüber der Kausalität in der unbewußten Natur unterscheidet, ist in der Fähigkeit des Menschen zu sehen, aufgrund der Erklärung von Teilen der Vergangenheit und der Voraussicht von Teilen der Zukunft sein Verhalten in der Gegenwart zu ändern; oder allgemeiner und etwas lax formuliert: Die Ansichten der Menschen darüber, was geschieht, gehen selbst unter die Ursachen dessen ein, was geschehen wird. Dies gilt vor allem für die Einsicht in die Gesetzmäßigkeiten unserer moralischen Überzeugungen und des ihnen entsprechenden Verhaltens. Wir werden so etwa unser moralisches Verhalten durch die Proklamation von Einsichten in dessen bisher konstatierbare gesetzmäßige Zusammenhänge ändern und damit die Erforschung neuer einschlägiger Zusammenhänge initiieren; dies zeigt gerade, daß wir — entgegen den Befürchtungen bestimmter Gegner des Determinationsprinzips — durch die Formulierung kausaler Zusammenhänge hinsichtlich unseres moralischen Verhaltens weder unfrei noch amoralisch werden. Im Gegenteil: Erst unter der Voraussetzung der Einsicht in Determinationsbeziehungen wird uns jene Form bewußter Gestaltung der gesellschaftlichen Verhältnisse möglich, welche eine notwendige Bedingung für die Bemessung moralischer Verantwortung ausmacht. Wird

zugestanden, daß das ökonomische Verhalten in gewisser Hinsicht mit unserem moralischen in Zusammenhang steht, so kann man daher auch uneingeschränkt E. H. Carr zustimmen, wenn er — durchaus im Sinne der wohlverstandenen Hegelschen Devise von der Freiheit als Einsicht in die Notwendigkeit — eine Vorbedingung der Befreiung vom ökonomischen Druck in der Planbarkeit des ökonomischen Geschehens erblickt, welche natürlich die Erfassung nomologischer Zusammenhänge in diesem Bereich zur Vorbedingung hat: „der Übergang von der Unterwerfung unter objektive, ökonomische Gesetze, die sich trotz ihrer angeblichen Rationalität der menschlichen Kontrolle entzogen, zum Glauben an die Kapazität des Menschen, sein wirtschaftliches Schicksal durch bewußtes Handeln zu steuern, scheint mir einen Fortschritt in der Anwendung der Vernunft auf die menschlichen Angelegenheiten darzustellen, eine größere Fähigkeit im Menschen, sich selbst und seine Umgebung zu verstehen und zu beherrschen — und das würde ich, wenn es sein müßte, durchaus mit dem altmodischen Wort Fortschritt bezeichnen" (*2.12*, 139).
Dagegen sagt man oft, daß zwar die Natur, nicht aber die Spontaneität im Sozialbereich beherrschbar sei. Wo die Einsicht in Determinationsverhältnisse und damit die notwendige Bedingung für verantwortete Planung fehlt, ist aber Fatalismus nicht mehr weit. Martin Walser weist so etwa auf das weitgehend unterentwickelte Bewußtsein von der Machbarkeit des wirtschaftlichen Verlaufs unter kapitalistischen Produktionsbedingungen hin: „Man hört ... Nachrichten über Währungskrisen, Auf- oder Abwertungen, Diskonterhöhungen, als handle es sich um den Wetterbericht. Wie beim Wetter soll man denken, daß man allenfalls ein bißchen Einsicht in den Verlauf erwerben, aber daß

man das Wetter natürlich nicht machen kann."[51] Dieser sozialkulturelle Tatbestand ist in eminentem Maße sozialökonomisch bestimmt: der Resignation auf dem Gebiete der gesellschaftswissenschaftlichen Erkenntnis entsprechen ökonomische Interessen, welche sich unter der Voraussetzung einer einschlägig kultivierten Lethargie optimal realisieren lassen. Gerade dort, wo besonders lautstark die Freiheit des einzelnen gegen die Planung der Gesellschaft ausgespielt wird, wird oft bereits die jeder Planung vorgängige Einsicht in Determinationsverhältnisse als „mechanistisch" desavouiert. Diese bei uns oft auch wissenschaftspolitisch wirksam gewordene Auffassung konnte dies zumeist deshalb in solchem Umfange werden, weil sie den Befürchtungen gewisser auch für das wissenschaftliche Geschehen maßgeblicher außerwissenschaftlicher Interessengruppen entsprach. Bei deren Vertretern sind Befürchtungen in der Richtung am Werk, daß die Formulierung von Determinationsbeziehungen hinsichtlich ökonomisch-politischer Sachverhalte eine Umstrukturierung individueller Verhaltensweisen nach sich ziehen könnte, welche ihren Interessen gegenüber kontrovers ist — und damit gegenüber den Interessen derjenigen, die weitgehend das Ausmaß bestimmen, bis zu welchem sich die Öffentlichkeit über die Reichweite ihrer „Selbstdetermination" bewußt zu werden vermag. Dementsprechend wird im öffentlichen Bewußtsein auch die Auffassung verfestigt, daß die Geschichte — in bezug auf ihre ökonomischen Aspekte und, indirekt, in bezug auf den gesamten sozialen Wandel — nichts anderes darstelle als eine Folge von zufälligen Entscheidungen ein-

---

[51] Martin Walser: Heimatbedingungen, in: Die Zeit. Wochenzeitung für Politik, Wirtschaft, Handel und Kultur, Nr. 9 (1972), S. 14.

zelner; so scheinen denn also bestimmte unvorhersehbare Koinzidenzen, wie sie eben „die Zeitläufte" mit sich bringen, für das Wohl und Wehe einer Gesellschaft bestimmend zu sein.

Diese derzeit mitunter auch von Vertretern der analytischen Geschichtsphilosophie akzeptierte Commonsense-Deutung schlägt sich in der Historiographie in einer sehr verbreiteten Fetischisierung des Zufalls nieder, für welche etwa J. B. Bury mit seinem Werk „Later Roman Empire" ein gutes Beispiel abgibt, wenn er — worauf W. H. Dray hinweist (*1.88*, 376) — im Untergang des Römischen Reiches gleichsam eine Laune des Geschicks in Gestalt einer Unzahl von Singularitäten erblickt, welche er darzustellen bemüht ist. Der dem Determinationsprinzip verpflichtete Historiker wird sich dagegen bemühen, nach den Ursachen und Gesetzmäßigkeiten Ausschau zu halten, welche für die vielen Zufälle maßgeblich sind. Eine Einsicht in derartige Zusammenhänge zu erwerben, ist für jede Konzeption von Verantwortlichkeit außerordentlich wichtig, und daher auch für das lebenspraktische Verhalten. Es läßt sich zeigen, daß eine deterministische Position weit davon entfernt ist, die Idee der (moralischen) Verantwortlichkeit zu unterminieren, vielmehr ist sie zu deren rechtem Verständnis unabdingbar vorausgesetzt. Die Imputierung von Verantwortung ist nämlich eine Imputierung von Absichten (Intentionen) und von Wissen um die (kausalen) Folgen dadurch bewirkter Handlungen. Der Historiker — ist er bestrebt, im Hinblick auf die Handlungen der ihn interessierenden Individuen oder Gruppen Werturteile zu treffen — ist sonach genötigt, sich zum Prinzip des Determinismus zu bekennen; vollends dann — und das übersehen paradoxerweise gerade die moralisierenden Vertreter eines indeterministischen

Prinzips —, wenn er bemüht ist, die moralische Verantwortung historischer Subjekte für ihre jeweilige charakterliche Verfassung zu beurteilen. „In welcher Weise aber kann ich für meinen Charakter verantwortlich sein? Doch sicher nur in der Weise, daß zwischen dem, was ich jetzt tue, und dem, was ich früher getan habe, eine kausale Verknüpfung besteht. Nur so läßt sich die Aussage rechtfertigen, daß ich mich selbst zu dem gemacht habe, was ich bin" (*1.80*, 513).
Das Prinzip der durchgehenden Determination lähmt sonach das Handeln keineswegs, sondern ist eine Voraussetzung seines Bestehens und seiner moralischen Beurteilbarkeit. Absichten, Motive, Handlungen, freie Entscheidungen sind darum nur in einer kausal determinierten Welt möglich. Das ist, worauf Nicolai Hartmann in seiner Analyse des teleologischen Denkens aufmerksam gemacht hat (*2.32*, vor allem Kapitel 7), eine ganz einfache Folgerung, wenn man einmal begriffen hat, was es mit der Auswahl „geeigneter Mittel" für einen Zweck auf sich hat. Es ist als Restbestand einer Metaphysik des Vernunftidealismus anzusehen, wenn auch im Bereich der Geschichtsphilosophie — selbst der analytischen, wie wir sahen — gelegentlich der Ansicht Ausdruck verliehen wird, daß die Kausaldetermination jede Selbsttätigkeit des Menschen lähmen müsse. Auch W. H. Dray bildet mit Rücksicht darauf keine Ausnahme, wenn er — im Gegensatz zu nomologisch fundierten Erörterungen auf dem Gebiet der Geschichtswissenschaft — einer „humanistisch orientierten Historiographie" das Wort redet (*1.87*, 132 f.). Eine Restauration eines neuen Idiographismus unter moralischen Vorzeichen wäre aber ein unseliges und ein letztlich wohl selbst den Ambitionen gewisser seiner Befürworter gegenüber weitgehend kontroverses Unternehmen. Eine

Einsicht in die gesetzmäßige Bedingtheit von Motiven und Handlungen historischer Subjekte zu erwerben, ihre Determinanten kennenzulernen ist von Wichtigkeit, gerade wenn man sich einer humanistischen Geschichtsbetrachtung befleißigen will. Denn es ist für die Geschichtswissenschaft unerläßlich, den Determinanten in der Geschichte nachzuspüren, soll es möglich sein, irgendwie aus der Geschichte zu lernen.

Schlußbemerkungen

> Das also ist die höchste Funktion der Philosophie: Begründung, Rechtfertigung, kritisches Bewußtsein, organisierende Kraft, die alles gegenständliche Denken, alle Wertbestimmungen und Zwecksetzungen ergreift. Der so entstehende gewaltige Zusammenhang ist bestimmt, das menschliche Geschlecht zu leiten. Die Erfahrungswissenschaften der Natur haben die äußere Welt umgestaltet, und nun ist die Weltepoche angebrochen, in welcher die Wissenschaften der Gesellschaft auf diese selber steigenden Einfluß gewinnen.
>
> *Wilhelm Dilthey,* Zur Weltanschauungslehre („Traum")

> Eine Verpflichtung ergibt sich aus dem potentiellen Einfluß, den wir auf den Lauf der Ereignisse ausüben können. Wo erreichbares Wissen einen anderen Ausgang hätte herbeiführen können, ist Ignoranz eine Todsünde.
>
> *Alfred N. Whitehead,* The Aims of Education

Es seien hier noch kurz einige Betrachtungen einerseits über die Funktion der Geschichtswissenschaft für die gesellschaftswissenschaftliche Praxis und andererseits über die Funktion einer methodologischen Reflexion für das Selbstverständnis der Tätigkeit des Historikers angestellt. Es sollte daraus noch einmal ersichtlich werden können, in welchem Umfang derartige vermeintlich „rein theoretische" Fragestellungen und die Versuche ihrer Beantwortung sowohl von wissenschafts- wie auch von lebenspraktischer Bedeutung sind.

(1) Eine gelegentlich in zweifacher Richtung kultivierte Isolation des Historikers läßt sich aus mehreren Arbeiten zur Theorie der Geschichtswissenschaft unschwer rekonstruieren: einmal gegenüber seiner Umwelt, zum anderen aber auch gegenüber den Nachbardisziplinen. Heute stimmt man in der einschlägigen Literatur der schon etwa von C. G. Hempel und E. Nagel geäußerten Ansicht zu, daß viele der den Erklärungen in der Geschichtswissenschaft — ob bewußt oder nicht bewußt — zugrunde gelegten deterministischen und statistischen Regelmäßigkeiten aus allen möglichen anderen Wissenschaftsbereichen stammen, wie zum Beispiel der Psychologie, der Ökonomie, der Soziologie. Und doch fand bis in die jüngste Vergangenheit ein permanenter Streit zwischen Soziologen und Fachhistorikern statt. So erscheinen etwa James C. Malin — wie den deutschen Idiographen der Jahrhundertwende — die Geschichtswissenschaft und die Sozialwissenschaften von generalisierender Art als miteinander unverträglich, da sich die Geschichte der Beschreibung des Einmaligen verpflichtet habe, während sich etwa die Soziologie um die Feststellung von Gesetzmäßigkeiten bemühe (*2.46*, 6). Zwar machen sich nunmehr die Vertreter der Geschichtswissenschaft und der generalisierenden Sozialwissenschaften — namentlich der Soziologie — nicht mehr wechselseitig die Entbehrlichkeit der jeweils anderen Disziplin zum Vorwurf, und es mangelt nicht an Befürwortern eines Komplementaritätsverhältnisses, das in einer Historisierung der Soziologie und einer Soziologisierung der Historie ihren Ausdruck finden soll (vgl. *2.43*). Aber dennoch durchzieht der Gegensatz von idiographischer und nomothetischer Denkweise — in sublimierter

Form — auch heute noch viele englischsprachige Arbeiten zur Theorie der Geschichtswissenschaft[52]. Diese methodologische Kontroverse, die mit den Namen Hempel und Dray verknüpft ist, wurde erst in jüngster Zeit durch synthetisierende Bemühungen in ihrer Schärfe gemildert, nachdem die in den beiden antagonistischen Positionen involvierten Ansprüche auf methodologische Unverträglichkeit gelegentlich schon früher in ihrer Geltung teilweise relativiert worden waren (vgl. *1.55, 1.57*). Dem hier angesprochenen Sachverhalt sollen die folgenden Bemerkungen gelten.

Nehmen wir einmal an, daß es möglich sei, im Verlauf der Erklärung eines einzelnen historischen Ereignisses eine vollständige Deduktion vorzunehmen, das heißt eine Ableitung des zu erklärenden Sachverhalts aus relevanten nomologischen Hypothesen und Anfangsbedingungen — würde das besagen, daß nur solche Beweise die Bezeichnung „historische Erklärung" verdienen? Keineswegs, denn es ist nicht zu leugnen, daß auch sogenannte singuläre Kausalaussagen erklärende Funktion haben. Wenn zum Beispiel gesagt wird, daß der Angriff auf Pearl Harbour erfolgte, weil die Japaner aus ihrer Isolation auszubrechen suchten, so will derjenige, der diese Aussage formuliert, damit einen bestimmten unklaren Tatbestand aufklären. Wenn eine derartige Erklärung — vorausgesetzt, sie blieb kritischen Einwänden gegenüber resistent — bei den Historikern respektiert wird, so wird sie diese Wertschätzung nicht deshalb einbüßen, bloß weil sie nicht sofort mit der einen oder anderen allgemeinen nomologischen Hypothese zu verbinden ist. Vielmehr ist im Hinblick auf diese Sach-

---

[52] Vgl. etwa als Vertreter der „idiographischen" Richtung Arthur C. Danto *(1.10)*, als Vertreter der „nomothetischen" Richtung Robert Stover *(1.53)*.

lage einem Tatbestand Rechnung zu tragen, dem Leon J. Goldstein unzweideutig Ausdruck verliehen hat: „Die theoretischen Probleme entstehen durch genaue Prüfung der historischen Erklärung und durch Konzentration auf die Beziehungen, die in ihr akzentuiert werden. Wenn die Formulierung von Theorien in einem gewissen Sinne zu einer umfassenderen Formulierung der historischen Erklärung führt, so bedeutet das jedoch keinesfalls, daß die besondere historische Erklärung in irgendeiner Weise von geringerem Wert ist. Wie nämlich die Erklärung durch die Theorie gerechtfertigt wird, wird die Theorie durch die Erklärung unterstützt" (*1.96a*, 303). Die Erörterungen der logischen Rekonstruktionisten vom Schlage Poppers, Hempels oder Nagels beruhen ja selbst nur auf der Unterscheidung derjenigen Erklärungen, welche Historiker anbieten, von nomologischen Hypothesen, welche (neben der exakten Angabe von Anfangsbedingungen) vonnöten sind, um solche Erklärungen zu *rechtfertigen*.

Und doch bleiben noch Fragen mit Bezug auf bestimmte Vertreter eines nomothetischen Rigorismus. Die eine Frage bezieht sich auf die Forderung nach Allgemeingültigkeit der zur Rechtfertigung von Erklärungen herangezogenen Gesetzesaussagen. Gemeint ist damit, daß diese sich nicht auf einmalige Objekte beziehen und nicht den Charakter von Quasi-Gesetzen haben dürfen; als Hypothesen von raum-zeitlich limitierter Geltung hätten solche nur den Status von Ad-hoc-Hypothesen unterschiedlicher Reichweite. Die zweite Frage bezieht sich auf die häufig getroffene methodologische Konvention, daß wir es nur dann mit einer Gesetzesaussage zu tun hätten, wenn diese zu einer Theorie gehört bzw. aus dieser ableitbar ist. Was zunächst die methodologische Restriktion des Ausdrucks „Gesetz" mit Bezug auf

Hypothesen universeller Art anlangt, so ist ausdrücklich — in Übereinstimmung etwa mit M. White (*1.55*, 47 bis 53) — festzuhalten, daß ein Gesetz betreffend einen singulären Tatbestand, etwa ein Gesetz über Hitler oder ein Gesetz über Europa, im vollen Sinne des Wortes ein Gesetz wäre; auch viele unserer als universell erachteten Naturgesetze gelten wohl nicht in jedem galaktischen System und beziehen sich auf ein singuläres Objekt. Was für die Reichweite einer Gesetzesaussage gilt, gilt aber in einer bestimmten Hinsicht auch für den Grad ihrer Wahrscheinlichkeit. Mit anderen Worten: Wie es ein Ideal ist, zu universellen Gesetzen mit stets erweiterter Anwendbarkeit zu kommen, so ist es auch das Ideal der Wissenschaft, probabilistische Hypothesen tunlichst durch solche strikt deterministischer Art ersetzen zu können. Derartige Postulate haben eine eminent heuristische Funktion. Deshalb kann aber auch aus ihnen nicht schon die Ansicht abgeleitet werden, daß der Historiker vage Regeln im Verlauf der Rekonstruktion von Ereignissen prinzipiell meiden müsse. In derartigen „Folgerungen" kommt eine theoretische Megalomanie zum Ausdruck: Der Wunsch nach Theorien von großer Reichweite und hoher Erklärungskraft ist häufig der Vater von derzeit unrealisierbaren Gedanken, die nur dem Versuch gleichen, den zweiten Schritt vor dem ersten zu tun. Und insofern ist — bei allen im Laufe der vorangegangenen Ausführungen vorgebrachten Bedenken im Hinblick auf bestimmte Thesen dieses Autors — W. H. Dray beizupflichten, wenn er sagt: „Wenn der Historiker keine präzise ‚Regel' benutzt, dann muß wenigstens eine vage ‚Regel' gefunden werden; wenn kein universelles Gesetz verfügbar ist, dann *muß* ein eingeschränktes angenommen werden" (*1.12*, 57).
Was die zweite der vorhin erwähnten offenen Fragen

anlangt, jene, welche sich auf die Ableitbarkeit von Gesetzen aus anderen Gesetzen bzw. Theorien bezieht, so soll zunächst nur festgestellt werden, daß beispielsweise Galileis Fallgesetz heute zwar aus anderen Gesetzen der Physik ableitbar ist, daß es aber nicht dessen Ableitbarkeit ist, welche es zu einem Gesetz macht (vgl. *1.106*, 106). Im übrigen basiert dieses Ableitbarkeitspostulat auf der Annahme einer strengen Disjunktion von empirischen (das heißt induktiv durch Erfahrung gewonnenen) und theoretischen (das heißt aus anderen Gesetzen deduktiv abgeleiteten) wissenschaftlichen Gesetzen. Dabei bleibt aber meist außer Betracht, daß dieser Unterschied nur ein quantitativer ist und sich nur auf den Grad ihrer Begründung bezieht.

Hier soll nun noch die Frage gestellt werden, ob es überhaupt sinnvoll ist, anzunehmen, daß sich die idiographische Forschungsintention durch die nomothetische völlig ersetzen läßt, und zwar selbst für den Fall, daß wir im Besitze universeller Gesetze des historischen Geschehens oder des historisch relevanten menschlichen Verhaltens wären. Man kann auch diese Frage im Sinne einer Komplementaritätsthese beantworten, zumal kein allgemeines Gesetz alle empirischen Bedingungen zu erfassen vermag. Vergegenwärtigen wir uns in diesem Zusammenhang die Absichten des psychologischen Reduktionismus, um an diesem Beispiel gelegentlich feststellbare „nomothetische" Prätentionen einer repräsentativen nomologischen Sozialwissenschaft hinsichtlich der historiographischen Praxis abwägen zu können. G. C. Homans bemerkt mit Bezug auf die hier angesprochene Sachlage und im Hinblick auf das fundamentale Gesetz der Verhaltenspsychologie: „Eine bestimmte Art von Belohnung kann für einen einzelnen Menschen oder für die Mitglieder einer Gruppe wertvoll sein, eine ganz andere Art aber für einen anderen Menschen oder für eine andere Gruppe. Und da das Streben nach verschiedenen Belohnungen oft unterschiedliche Handlungen erforderlich macht, kann das, was die beiden Menschen oder Gruppen tun, verschieden sein. Aber der Lehrsatz ‚Je wertvoller die Belohnung, um so häufiger oder wahrscheinlicher die Handlung, die diese Belohnung erhält' gilt für beide" (*1.24,* 46). Homans' Ausführungen verschaffen Klarheit darüber, daß wir zwar in diesem allgemeinen Lehrsatz der Verhaltenspsychologie nur wenige Variablen haben, daß diese aber in den verschiedenen Handlungen der Individuen verschiedene Werte annehmen. Die damit zum Ausdruck gebrachte Schwierigkeit ist beispielhaft für jede Form der generalisierenden Sozialwissenschaften. Denn die gleichen generellen Hypothesen veranschaulichen das Verhalten verschiedener Menschen, welches im Laufe der Zeit zu ganz unterschiedlichen Resultaten führt; zu zeigen, wie dies der Fall ist, setzt eine Fülle von Einzelfallstudien bzw. idiographischem Material voraus. Natürlich genügt es oft nicht nur, zu zeigen, daß und wie im Laufe der Zeit menschliches Verhalten zu ganz unterschiedlichen Resultaten führt, man wird auch zeigen, warum dies so ist; und es mag sein, daß man im Verlauf derartiger Rekonstruktionen bestimmter signifikanter Grundzüge ansichtig wird, die es gestatten, eine von Vertretern der analytischen Geschichtsphilosophie meist als „metaphysisch" oder „spekulativ" qualifizierte Klasse von grundlegenden Faktoren des sozialen Wandels ausfindig zu machen. Mit deren Hilfe ist es erst möglich, bestimmte bisher in der Geschichte nachweisbare Sequenzen von sozialen Phänotypen als verständlich erscheinen zu lassen, und im Anschluß daran auch bestimmte wissenschaftliche Prognosen mit Bezug auf zukünftige Möglichkeiten zu formulieren. Aber auch für den Fall, daß sich eine derartige Entwicklungstheorie der historischen Veränderung formulieren läßt, welche etwa das oben erwähnte verhaltenspsychologische Grundgesetz als ein ableitbares dadurch erweist, daß sie erklärt, warum sich die Werte der Variablen dieses Gesetzes ändern, so ist dennoch keineswegs die Aufgabe des traditionellen Historikers als obsolet zurückzuweisen; dies scheinen bestimmte radikale Nomologen erhofft zu haben, wenn sie die narrative Komponente der Historie als durch soziale Gesetzeswissenschaften ersetzbar betrachteten. Denn kein Sozialwissenschaftler wird je in der Lage sein, die Verallgemeinerungen, an denen er interessiert ist, zu entdecken oder zu konfirmieren, ohne auf die narrative Komponente in den Darstellungen des Historikers Bezug zu nehmen. Diese sind ja komplexer als die Darstellung von Sachverhalten entsprechend einer bestimmten vorherrschenden Erklärungsgewohnheit. Der nomologisch ambitionierte Sozialwissenschaftler wird dadurch erst in die Lage versetzt, genauer zu sehen, welche Seiten der in Betracht stehenden Sachverhalte sich mit der Änderung bestimmter Bedingungen ändern, und in welchem Grade, und welche nicht. Hauptsächlich aus diesem Grunde wird die Transformation der Geschichtswissenschaft in eine Gesetzeswissenschaft psychologischer, soziologischer oder ökonomischer Provenienz — trotz der einschlägigen Aspirationen der Positivisten des 19. Jahrhunderts und gewisser physikalistischer Sozialwissenschaftler von der Art Otto Neuraths — nicht möglich sein. Die nomologischen Sozialwissenschaften können nämlich der historischen Fragestellung gleich wenig entraten wie umgekehrt eine mit Wissenschaftsanspruch auftretende Historie der nomologischen Denkweise.

Gewiß, erst auf der Basis der nomologischen Denkweise wird es dem Historiker möglich, den Sinn für Individuelles und Singuläres zu kultivieren. Aber dieser Umstand darf nicht zur Annahme verleiten, daß allein dieser Bestand an Generalisationen das Wesen der Historie bestimme, obschon sich jene Methodologen der Geschichtswissenschaft, welche nur die Rechtfertigungslogik meinen, wenn sie von Wissenschaftslehre sprechen, oft ausschließlich darauf beziehen. Morton White formulierte zur Kennzeichnung dieses Tatbestandes ein treffendes Gleichnis: „So groß auch die Differenzen sind, die zwischen den Menschen bestehen, so hindert uns dieser Umstand nicht, sie zu durchleuchten, um die Skelettstruktur festzustellen, die jeder einzelne von ihnen hat. Natürlich würden wir einen Röntgenologen als verrückt betrachten, der im Verlauf der Entdeckung dieser Struktur zum absurden Schluß gelangte, daß die Menschen nichts sind als Skelette. Und in ganz gleicher Weise würden wir einen Logiker der Erzählung (i. e. der historischen, d. V.) als verrückt ansehen, der im Verlauf der Entdeckung von deren Struktur zum Schluß käme, daß erzählende Berichte nichts anderes sind als logische Konjunktionen bestimmter Arten von Aussagen" (*1.55*, 220 f.). Eine Methodologie, welche auf der Basis einer allen Wissenschaften gemeinsamen Rechtfertigungslogik nicht dazu führt, deren Unterschiede deutlich herauszuarbeiten, muß als ungenügend betrachtet werden; die „Skelettierung" sollte recht eigentlich den Sinn für die Konstatierung von zwischen den einzelnen Disziplinen bestehenden Unterschieden wecken.

Diese Situation ist unmittelbar einer als mangelhaft erkannten Auffassung analog, die von Historikern und Geschichtsphilosophen schon einmal vertreten wurde. Was nämlich das eigentliche Verdienst des Historismus gegenüber der rationalistischen Aufklärungsphilosophie ausmacht, ist der Nachweis und die Kritik von deren Gleichgültigkeit gegenüber der Geschichte. Indem nämlich der Rationalismus all das betonte, was *allen* Menschen *gemeinsam* ist — namentlich die Vernunft — hatte er das vernachlässigt, wodurch sich die Menschen voneinander unterscheiden. Er verabsäumte es, die irrationalen Kräfte und die besonderen Wesenszüge der Kulturen und Nationen zu sehen, welche sich in deren Entwicklung manifestieren. Erst die romantische Geschichtsschreibung und Geschichtsphilosophie — und das macht deren Vorzug aus und nicht die in ihrer Degenerationsphase erfolgte Verklärung des Okkulten — lehrte das zu sehen, wodurch sich die *verschiedenen* Menschen *unterscheiden,* und ermöglichte durch sorgfältige differenzierende Beschreibung die spätere Erforschung der für diese Unterschiedlichkeit bestimmenden Bedingungen. Somit kann die vorsätzliche Beachtung und sorgfältige Beschreibung von Unterschieden — und dies gilt sowohl für die Geschichtswissenschaft als auch, im übertragenen Sinn, für die Wissenschaftslehre — eine wesentliche Vorarbeit für deren spätere Erklärung sein; sie kann nämlich einen wertvollen Beitrag für die Auffindung neuer Allgemeinheiten darstellen, welche der Erklärung der Besonderungen zugrunde liegen. Hinsichtlich der lebenspraktischen Bedeutung einer derartigen Zielsetzung der geschichtswissenschaftlichen Praxis sei hier darauf hingewiesen, daß sie durch Vorarbeiten zum Zwecke eines wechselseitigen Verständnisses des Besonderen auf seiten verschiedener Individuen, Gruppen und Völker einen Beitrag dazu zu leisten imstande ist, das Ausmaß an exotischem Empfinden in Anbetracht von zunächst als völlig unverständlich betrachteten Sachverhalten zu reduzieren. So kann sie — im Verein mit anderen, nomologisch orientierten Gesellschaftswissenschaften — einen Beitrag zur Eindämmung von Affekten und Fehlformen des Verhaltens gegenüber dem Fremdartigen leisten, und damit eine Hilfe für die Weltorientierung darstellen.

(2) Es ist für den Historiker — dies sollten namentlich die Ausführungen im III. Kapitel klargemacht haben — undenkbar, ohne Werturteile irgendeine umfassendere Übersicht zu geben. Das Arbeitsorgan des Historikers ist kein blanker Spiegel; er muß das Entfernte zusammenholen, das Verworrene ordnen, das Bedeutende herausheben, das in den Schatten Gestellte erhellen. Es mag für einen Historiker oft als unmöglich erscheinen, objektiv zu bleiben und nicht seinen Hoffnungen oder Befürchtungen in einer entsprechenden Färbung der Fakten oder in einer bereits jede kognitive Dissonanz unterbindenden Selektion der Daten Ausdruck zu geben. Gemäß einem bestimmten Verständnis von intellektueller Redlichkeit sollte er sich bemühen, etwa nationale Schranken oder irgendwelche Gruppeninteressen dadurch zu „transzendieren", daß er wie ein guter Kartograph seine eigenen magnetischen Abweichungen und seine Perspektiven bekanntgibt. Er hat sonach die Aufgabe, sich kritisch seine Wertungen, Darstellungsweisen, Forschungstechniken und Erklärungsebenen bewußtzumachen und sie mit dazu alternativen zu konfrontieren, um so aufzuhören, durch deren unreflektierte Akzeptierung ihr Gefangener zu sein. Wenn er aber weiterhin überzeugt ist von der Notwendigkeit, daß die Historie immer neu geschrieben werden muß, so aus der keineswegs im Lager der Wissenschaft auf ihn allein zutreffenden Einsicht heraus, daß er stets einen Komplex von Forschungstechniken und theoretischen Annahmen zu gebrauchen genötigt ist, welcher sich mit dem Wandel

seiner Erfahrungen und dem Erkenntnisfortschritt ändert.

Im Zusammenhang mit dem eben Erwähnten steht die Forderung nach einer Historisierung der Geschichtswissenschaft selbst. Mit anderen Worten: Es wird in Zukunft darum gehen, wieder in höherem Maße die *Geschichte der Historiographie* zu aktivieren. Sie ist die Voraussetzung für das Gelingen einer Selbstbetrachtung des Historikers, welche es ihm ermöglicht, insofern durch Analogisierung zu ermessen, bis zu welchem Ausmaß er selbst seiner Situation verhaftet ist, als er die soziale Einbettung der Tätigkeit von Fachgenossen in der Vergangenheit untersucht. Er ist dadurch in der Lage, gelegentlich erhobene Allgemeinheitsansprüche hinsichtlich der Beschreibung, Erklärung und Bewertung historischer Sachverhalte in bezug auf die Beobachtungsbedingungen des jeweiligen Historikers zu relativieren.

Wenn vorhin schon die Rede davon war, daß die Tätigkeit des Historikers, wie des Gesellschaftswissenschaftlers allgemein, selbst als ein soziales Geschehen zu begreifen ist, so ist sie dies in doppeltem Sinne: Einerseits kann es sehr wohl sein, daß ein Gesellschaftswissenschaftler durch die Veröffentlichung seiner Ergebnisse oder auch nur seiner Annahmen, die durch ihn beschriebene Situation verändert; andererseits ist bereits die Interessenperspektive seiner Darstellungen oftmals eng mit den Anliegen seiner eigenen Generation verbunden. Als in der Phase des Imperialismus des 19. Jahrhunderts die Bildung des staatlichen Apparats und nationale Konsolidierungsbestrebungen das Hauptthema der Zeitgeschichte waren, rückten die meisten Historiker die Staatstätigkeit unter dem Gesichtspunkt des „Primates der Außenpolitik" in den Mittelpunkt ihrer Forschung.

Heute hingegen, da wirtschaftliche und soziale Entwicklung eines der Hauptinteressengebiete bilden, machen sich die Historiker daran, unter der Perspektive der politischen Ökonomie für sie (meist) völlig neue Bereiche der Vergangenheit zu erforschen. Diesem doppelten Aspekt der geschichtswissenschaftlichen Tätigkeit als eines sozialen Geschehens entspricht das, was E. H. Carr als die dualistische und reziproke Funktion der Geschichtswissenschaft bezeichnete: „Sie soll unser Verständnis für die Vergangenheit im Lichte der Gegenwart und für die Gegenwart im Licht der Vergangenheit fördern" (*2.12*, 105).

Man hat in diesem Zusammenhang eine wichtige Funktion der Geschichtswissenschaft darin erblickt, in Kooperation mit anderen Gesellschaftswissenschaften einen Code zu entwickeln, der uns die Hieroglyphen der Gegenwart aufzulösen hilft und Schlüsse auf die Zukunft zuläßt. Es wäre jedoch völlig verfehlt anzunehmen, daß uns die Geschichtswissenschaft einen Schlüssel zur Erkenntnis eines historischen Endzustandes liefert. Damit wäre ja nur, wie Friedrich Engels bemerkte, „die Unendlichkeit der intellektuellen Welt nach Wirklichkeit wie Möglichkeit erschöpft und damit das vielberühmte Wunder der abgezählten Unzahl vollzogen" (*2.26*, 81). Und doch scheinen Annahmen von der soeben kritisierten Art gelegentlich die Hoffnungen bestimmter „Finitisten" auf sozial- und geschichtsphilosophischem Gebiet zu beflügeln. Gerade Engels hat nie einem utopischen Zeitalter der Problemlosigkeit Vorarbeit geleistet; er war sich bewußt, daß auch die Formulierung und Funktionsbestimmung der von ihm mitkonzipierten sozialpolitischen Ideen nicht eine abgeschlossene Sache ist und vor allem unter der Voraussetzung der weltweit erfolgten Sozialisierung der Produktionsmittel in ein ganz neues Stadium treten muß. Dem entspricht es, wenn Hartwig Berger bemerkt: „Auch die Prinzipien des Historischen Materialismus sind keine sozial freischwebende Methode. Sie wurden in einer bestimmten historischen Phase der antikapitalistischen Arbeiterbewegung in der praktischen Zielsetzung entwickelt, gesellschaftliche Ausbeutung und Herrschaftsverhältnisse insgesamt zu beseitigen. Es darf daher nicht ausgeschlossen werden, daß derselben Zielsetzung unter anderen historischen Bedingungen andere Prinzipien der Deutung gesellschaftlicher Lebensformen gerecht werden" (*2.8,* 137).

Gegen die Überzeugung, daß es möglich sei, aus der Geschichte zu lernen, und damit gegen die Überzeugung, daß es sinnvoll sei, ihr eine lebenspraktische Bedeutung beizumessen, richtet sich gelegentlich der Vorwurf, daß diese nur unter der Voraussetzung der Uniformität des Geschichtsverlaufs aufrechterhalten werden könne. Gegen diese Meinung muß jedoch festgehalten werden, daß es gerade das historische Bewußtsein ist, welches das naturwüchsige Verhältnis der „ewigen Wiederkehr des Gleichen" destruierte und dem Neuen in der Geschichte Platz geschaffen hat. „Ein Grund dafür, daß sich die Geschichte selten wiederholt, wenn ihre Träger Leute mit historischem Bewußtsein sind, liegt darin, daß die *dramatis personae* bei der zweiten Vorstellung die Lösung von der ersten her kennen und daß ihre Handlungsweise durch dieses Wissen beeinflußt wird" (*2.12,* 69). Der Nutzen der Beschäftigung mit der Geschichte kann niemals darin erblickt werden, daß sie uns — im Sinne historizistischer Aspirationen — Einblick in den vermeintlich unausweichlichen Gang des Weltgeschehens verschafft, auf daß wir uns diesem rechtzeitig anzupassen in der Lage wären; vielmehr kann er, wie Georg

Klaus und Hans Schulze bemerkten, mit dem Nutzen verglichen werden, den die Analyse der besten Schachpartien, die im Laufe der Geschichte des Schachspiels von den bedeutendsten Schachmeistern gespielt wurden, für einen heute tätigen Schachmeister bzw. für den Aufbau einer modernen Schachtheorie hat (*2.38*, 80 f.). Als Vermittlung von Kenntnissen über historisch wirksam gewordene Denk- und Handlungsweisen, welche weitgehend alternativ zu unseren Formen von Erkennen und Handeln sind, kommt der Geschichtswissenschaft oft emanzipatorische Funktion zu, da sie uns Lösungen, die wir vielleicht als durch Sachzwänge determiniert ansahen, als weitgehend historisch bedingt vor Augen führt. Sie soll, wie W. J. Mommsen meint, „nicht wirkliche Gegenwelten konstruieren, sondern die... Bedingtheiten menschlichen Handelns durch Faktoren wie etwa Klassenschichtung, Eigentumsverhältnisse, Herrschaftsstrukturen nachweisen" (*2.55*). Und doch sollte der Tatbestand nicht außer acht gelassen werden, daß der Historiker als Kompagnon des Gesellschaftstheoretikers für diesen, der auch gleichsam Architekt des Möglichen sein sollte, wertvollste Vorarbeiten zu leisten imstande ist, zumal sein Sensorium für Kontinuitäten hinter allem augenfälligen Wandel ihn dazu prädestiniert, zu erkennen, daß die vermeintlich größte Variabilität und Änderungsbereitschaft, gerade im Falle der konservativsten Sozialsysteme, oft nur die Funktion hat, diese in ihrer Struktur gleichbleiben zu lassen.

Im Verlauf einer derartigen philosophischen Selbstbesinnung der Geschichtswissenschaft auf ihre Ziele hin, welche stets durch eine Analyse der werthaften und logischen Implikationen ihrer Tätigkeit in erkenntniskritischer Absicht erweitert werden muß, resultiert erst eine realitätsgerechte Einschätzung der Relevanz der Tätigkeit des Historikers innerhalb des jeweiligen Sozialgefüges. Diese besteht gemäß unserem derzeit herausgebildeten Verständnis darin, hinsichtlich der kollektiven Bewußtseinsbildung ihren Beitrag zu leisten, daß die jeweils gegenwärtige Gesellschaft lernt, ihres eigenen Zustandes und ihrer Möglichkeiten bewußt zu werden, indem sie sich vor dem Hintergrund ihrer eigenen Vergangenheit wie auch derjenigen andersartiger Kulturen in Perspektive sieht. Die Geschichtswissenschaft vermag der Versteinerung bestehender sozialpolitischer oder sozialkultureller Verhältnisse vorzubeugen, indem sie deren Entwicklung rekonstruiert. Der Aufweis des entwicklungsgeschichtlichen Aspekts sozialer Ordnungen und der ihnen entsprechenden sozialpolitischen Doktrinen kann dazu beitragen, Selbstverständlichkeiten als solche zu erkennen und damit in Frage zu stellen. Viele Mythen sind nämlich erst dadurch entstanden, daß wir uns nicht beizeiten darum kümmern konnten, oder — was Gegenstand einer aufklärerischen Kritik ist — daß wir es einfach unterließen, uns darum zu kümmern, wie sie überhaupt dazu werden konnten. Und wenn es auch stimmt, daß uns die historisierende Retrospektive die Sicht darauf verstellt, was auf uns von vorne zukommt, so ist es sicher im selben Maße richtig, daß uns durch eine Tilgung des historischen Bewußtseins die Mythisierung bestehender Ordnungen und Verhaltensweisen von hinten überfällt.

Bibliographie

Jede Zuordnung von Autoren zu Schulen oder methodologischen Richtungen stößt auf Schwierigkeiten. Dies gilt wohl gelegentlich auch für die im folgenden vorgenommene Einteilung, obschon diese vorsätzlich ziemlich grobmaschig gehalten ist.

Die Autoren der unter (1.) figurierenden Arbeiten sind im allgemeinen der analytischen Richtung verpflichtet. Auch Autoren, welche als Vorläufer der analytischen Methodologie anzusehen sind, werden mitunter in dieser Rubrik angeführt. Die unter (2.) und (3.) angeführte Literatur stammt von Autoren, die im allgemeinen einer nicht-analytischen Richtung zuzuzählen sind.

Darstellungen der analytischen Geschichtsphilosophie — jedenfalls bestimmter Themen und Autoren — finden sich in sehr vielen der unten angeführten Bücher, Artikel und Aufsätze; besonders hervorgehoben seien an dieser Stelle: *1.13, 1.52, 1.57, 1.84, 1.91, 1.112, 1.130, 1.135, 2.19, 2.40, 2.43, 2.62, 2.66.*

Das wichtigste Publikationsorgan, welches viele Arbeiten von Geschichtsphilosophen analytischer Provenienz enthält, ist die Zeitschrift „History and Theory. Studies in the Philosophy of History", S'Gravenhage 1961 ff., die von G. H. Nadel herausgegeben wird.

Ausführliche Bibliographien zu Problemen der Geschichtsphilosophie sowie der Methodologie der Gesellschaftswissenschaften allgemein enthalten folgende der nachstehend angeführten Arbeiten: *1.27, 1.59, 1.59a, 1.63, 1.66a, 1.91, 2.40 II, 2.63, 3.104.*

1. Ausgewählte geschichtsphilosophische und geschichtsphilosophisch relevante Literatur analytischer Provenienz

a) Bücher

1.1 Albert, H.: Traktat über kritische Vernunft (Die Einheit der Gesellschaftswissenschaften, 9), Tübingen 1968.
1.2 —: Plädoyer für kritischen Rationalismus (Serie Piper, 10), München 1971.
1.3 —: Konstruktion und Kritik. Aufsätze zur Philosophie des kritischen Rationalismus, Hamburg 1972.
1.4 Berlin, I.: Historical Inevitability, London 1954.
1.5 Braithwaite, R. B.: Scientific Explanation, Cambridge 1953.
1.6 Brecht, A.: Politische Theorie. Die Grundlagen politischen Denkens im 20. Jahrhundert. Stellenweise revidierte und ergänzte deutsche Ausgabe. (Aus dem Amer.) Tübingen 1961.
1.7 Brown, R.: Explanation in Social Science, London 1963.
1.8 Cohen, M. R.: The Meaning of Human History (The Paul Carus Lectures, 6), La Salle, Ill. ²1961.
1.9 Cohen, P. S.: Modern Social Theory, London 1968.
1.10 Danto, A. C:. Analytical Philosophy of History, London 1965.
1.11 Donagan, A./Donagan, B.: Philosophy of History, New York-London 1965.
1.12 Dray, W. H.: Laws and Explanation in History, ¹1957, London 1964.
1.13 —: Philosophy of History, Englewood Cliffs, N. J. 1964.
1.14 van Dyke, V.: Political Science: A Philosophical Analysis, Stanford 1960.
1.15 Essler, W. K.: Wissenschaftstheorie II. Theorie und Erfahrung, Freiburg-München 1971.
1.16 Gallie, W. B.: Philosophy and the Historical Understanding, London 1964.

1.17 Gardiner, P.: The Nature of Historical Explanation, ¹1952, London 1962.
1.18 Geiger, Th.: Ideologie und Wahrheit, Stuttgart-Wien 1953.
1.19 —: Arbeiten zur Soziologie. Methode — Moderne Großgesellschaft — Rechtssoziologie — Ideologiekritik. Ausgewählt und eingeleitet von Paul Trappe (Soziologische Texte, 7), Neuwied a. Rh.-Berlin 1962.
1.20 Gibson, Qu.: The Logic of Social Inquiry, London 1960.
1.21 Gomperz, H.: Über Sinn und Sinngebilde, Verstehen und Erklären, Tübingen 1929.
1.22 Grünwald, E.: Das Problem der Soziologie des Wissens, Wien-Leipzig 1934; Nachdruck Hildesheim 1967.
1.23 Helmer, O./Rescher, N.: On the Epistemology of the Inexact Sciences (US Air Force Project Rand, R-353), Santa Monica 1960.
1.24 Homans, G. C.: Was ist Sozialwissenschaft? (The Nature of Social Science, New York 1967), dt. Köln-Opladen 1969.
1.25 Hook, S.: Der Held in der Geschichte. Eine Untersuchung seiner Grenzen und Möglichkeiten, Nürnberg 1951.
1.26 Isaak, A. C.: Scope and Methods of Political Science. An Introduction to the Methodology of Political Inquiry, Homewood/Ill. 1969.
1.27 Jarvie, I. C.: Concepts and Society, London-Boston 1972.
1.28 Juhos, B.: Das Wertgeschehen und seine Erfassung (Monographien zur philosophischen Forschung, Bd. XVIII), Meisenheim a. G. 1956.
1.29 v. Kempski, J.: Brechungen. Kritische Versuche zur Philosophie der Gegenwart, Reinbek 1964.
1.30 Körner, St.: Grundfragen der Philosophie (What is Philosophy? London 1969), dt. München 1970 (List Taschenbücher der Wissenschaft, Bd. S 1641).
1.31 Kraft, V.: Erkenntnislehre, Wien 1960.

1.32 —: Die Grundlagen der Erkenntnis und der Moral (Erfahrung und Denken, 28), Berlin 1968.

1.33 MacIver, R. M.: Social Causation, Boston 1952.

1.34 Mandelbaum, M.: The Problem of Historical Knowledge. An Answer to Relativism, New York 1938.

1.35 Mazlish, B.: The Riddle of History. The Great Speculations from Vico to Freud, New York-London 1966.

1.36 Meiland, J. W.: Scepticism and Historical Knowledge, New York 1965.

1.37 Merton, R. K.: Social Theory and Social Structure, [1]1949, revised and enlarged edition, New York 1957.

1.38 Mill, J. St.: System der deduktiven und induktiven Logik 3 (Gesammelte Werke, 4), Neudruck der Ausgabe Leipzig 1886, Aalen 1968.

1.39 v. Mises, L.: Theory and History, London 1957.

1.40 v. Mises, R.: Kleines Lehrbuch des Positivismus. Einführung in die empiristische Wissenschaftsauffassung, Den Haag 1939.

1.41 Nagel, E.: The Structure of Science, New York 1961.

1.42 Pap, A.: Analytische Erkenntnistheorie, Wien 1955.

1.43 Perelman, Ch.: Raisonnement et démarches de l'historien, Bruxelles [2]1964.

1.44 Popper, K. R.: Logik der Forschung, [1]1935, 2. erw. Aufl. Tübingen 1966 (Die Einheit der Gesellschaftswissenschaften, 4).

1.45 —: Die Offene Gesellschaft und ihre Feinde, 2 Bde. (Sammlung Dalp 84/85), Bd. 1: Der Zauber Platons, Bern 1947; Bd. 2: Falsche Propheten, Bern 1958.

1.46 —: Das Elend des Historizismus. (Aus dem Engl.) Tübingen 1965 (Die Einheit der Gesellschaftswissenschaften, 3).

1.47 Randall, J. H., jr.: Nature and Historical Experience. Essays in Naturalism and the Theory of History, New York [2]1959.

1.48 Russell, B.: Unpopular Essays, London-New York 1950.

1.49 —: History as an Art, London 1954.

1.50 v. Schelting, A.: Max Webers Wissenschaftslehre. Das logische Problem der historischen Kulturerkenntnis — Die Grenzen der Soziologie des Wissens, Tübingen 1934.

1.51 Schlick, M.: Allgemeine Erkenntnislehre (Naturwissenschaftliche Monographien und Lehrbücher, Bd. 1), Berlin 1918.

1.52 Stegmüller, W.: Probleme und Resultate der Wissenschaftstheorie und Analytischen Philosophie, Bd. I, Kap. VI (S. 335—427): Historische, psychologische und rationale Erklärung.

1.53 Stover, R.: The Nature of Historical Thinking, Chapel Hill 1967.

1.53a Topitsch, E.: Sozialphilosophie zwischen Ideologie und Wissenschaft, Neuwied - Berlin ²1966.

1.54 Weber, M.: Gesammelte Aufsätze zur Wissenschaftslehre, Tübingen ³1968.

1.54a Weingartner, P.: Wissenschaftstheorie, I: Einführung in die Hauptprobleme, Stuttgart - Bad Cannstatt 1971.

1.55 White, M.: Foundations of Historical Knowledge, New York - London 1965.

1.56 Winch, P.: Die Idee der Sozialwissenschaft und ihr Verhältnis zur Philosophie (1. engl. Aufl. 1958), Frankfurt a. M. 1966.

1.56a Wohlgenannt, R.: Was ist Wissenschaft? (Wissenschaftstheorie, Wissenschaft und Philosophie, 2), Braunschweig 1969.

1.57 v. Wright, G. H.: Explanation und Understanding, London 1971.

b) Aufsatzsammlungen
   (enthalten mitunter Beiträge nicht-analytischer Art)

1.58 Adorno, Th. u. a.: Der Positivismusstreit in der deutschen Soziologie, Neuwied ²1970 (Soziologische Texte, 58).

1.59 Albert, H. (Hrsg.): Theorie und Realität. Ausgewählte

Aufsätze zur Wissenschaftslehre der Sozialwissenschaften, 2. veränd. Aufl. Tübingen 1972.

1.59a Brodbeck, M. (Hrsg.): Readings in the Philosophy of the Social Sciences, New York - London 1968.

1.60 Cahnman, W. J./Boskoff, A. (Hrsg.): Sociology and History. Theory and Research, New York - London 1964.

1.61 Demerath III, N. J./Peterson, R. A. (Hrsg.): System, Change, and Conflict. A Reader on Contemporary Sociological Theory and the Debate Over Functionalism, New York - London 1967.

1.62 Dray, W. H. (Hrsg.): Philosophical Analysis and History, New York - London 1966.

1.63 Gardiner, P. (Hrsg.): Theories of History. Readings from Classical and Contemporary Sources. Ed. with Introduction and Commentary by —, ¹1959, New York - London 1967.

1.64 Hook, S. (Hrsg.): Determinism and Freedom in the Age of Modern Science, New York 1958.

1.65 —: Philosophy and History. A Symposium, New York 1963.

1.66 Kiefer, H. E. / Munitz, M. K. (Hrsg.): Mind, Science, and History, Albany 1970.

1.66a Krimerman, L. I. (Hrsg.): The Nature and Scope of Social Science. A Critical Anthology, New York 1969.

1.67 Lerner, D. (Hrsg.): Cause and Effect. The Hayden Colloquium on Scientific Method and Concept, New York - London 1965.

1.68 MacKenzie, N. (Hrsg.): Führer durch die Sozialwissenschaften (1. engl. Aufl. 1966), mit einer Einführung für die deutsche Ausgabe von H. P. Bahrdt und einer kommentierten Bibliographie zu den Sozialwissenschaften in Deutschland (Sammlung Dialog, 34), München 1969.

1.69 Meyerhoff, H. (Hrsg.): The Philosophy of History in Our Time. An Anthology Selected and Edited by —, New York 1959.

1.70 Nadel, G. H. (Hrsg.): Studies in the Philosophy of History. Selected Essays from *History and Theory* (The Academy Library/TB 1208 J), New York 1965.

1.71 Nash, R. H. (Hrsg.): Ideas of History, 2 Bde., New York 1969.

1.72 Perelman, Ch. (Hrsg.): Les catégories en histoire, Bruxelles 1969.

1.73 Der Positivismusstreit in der deutschen Soziologie: siehe unter Adorno, Th. W.

1.74 Topitsch, E. (Hrsg.): Logik der Sozialwissenschaften, Köln-Berlin 1965 (Neue Wissenschaftliche Bibliothek, 6).

c) Artikel und Aufsätze

1.75 Agassi, J.: Methodological Individualism, in: British Journal of Sociology 11 (1960), S. 244—270.

1.76 Albert, H.: Die Idee der kritischen Vernunft, in: Club Voltaire I (1963), S. 17—30; wiederabgedruckt in: *1.2*, 11—29.

1.77 —: Theorie und Praxis. Max Weber und das Problem der Wertfreiheit und der Rationalität, in: Ernst Oldemeyer (Hrsg.): Die Philosophie und die Wissenschaften. Festschrift für Simon Moser, Meisenheim 1967; wiederabgedruckt in: *1.3*, 41—73.

1.78 —: Theorie, Verstehen und Geschichte. Zur Kritik des methodologischen Autonomieanspruchs in den sogenannten Geisteswissenschaften, in: Zeitschrift für allgemeine Wissenschaftstheorie 1 (1970), S. 3—23; wiederabgedruckt in: *1.3*, 195—220.

1.79 —: Hermeneutik und Realwissenschaft. Die Sinnproblematik und die Frage der theoretischen Erkenntnis, in: *1.2*, 106—149.

1.80 Ayer, A. J.: Freiheit und Notwendigkeit (Freedom and Necessity, in: A. J. Ayer: Philosophical Essays, London 1954), dt. in: R. Wisser (Hrsg.): Sinn und Sein.

Ein philosophisches Symposion, Tübingen 1960, S. 509 bis 520.

1.81 Barraclough, G.: Scientific Method and the Work of the Historian, in: E. Nagel, P. Suppes, A. Tarski (Hrsg.): Logic, Methodology and Philosophy of Science. Proceedings of the 1960 International Congress, Stanford 1962, S. 584—594.

1.82 Berlin, I.: The Concept of Scientific History, in: History and Theory I (1960); wiederabgedruckt in: *1.62*, 5—53.

1.83 Brodbeck, M.: Methodological Individualisms: Definition and Reduction, in: Philosophy of Science 25 (1958), S. 1—22.

1.84 Cohen, J.: Philosophy of History, in: The Philosophical Quarterly 2 (1952), S. 172—186.

1.85 Cohen, P. S.: The Very Idea of a Social Science, in: I. Lakatos / A. Musgrave (Hrsg.): Problems in the Philosophy of Science (Proceedings of the International Colloquium in the Philosophy of Science, London 1965, vol. III), S. 407—423.

1.86 Dray, W. H.: The Historian's Problem of Selection, in: E. Nagel, P. Suppes, A. Tarski (Hrsg.): Logic Methodology and Philosophy of Science. Proceedings of the 1960 International Congress, Stanford 1962, S. 595 bis 603.

1.87 —: The Historical Explanation of Actions Reconsidered, in: *1.65*, 105—135.

1.88 —: Determinism in History, in: P. Edwards (Hrsg.): The Encyclopedia of Philosophy, New York - London 1967, Bd. 2, S. 373—378.

1.89 —: History and Value Judgments, in: P. Edwards (Hrsg.): The Encyclopedia of Philosophy, New York - London 1967, Bd. 4, S. 26—30.

1.90 —: Holism and Individualism in History and Social Science, in: P. Edwards (Hrsg.): Encyclopedia of Philosophy, New York - London 1967, Bd. 4, S. 53—58.

1.91 —: Philosophy of History, in: P. Edwards (Hrsg.):

The Encyclopedia of Philosophy, New York - London 1967, Bd. 6, S. 247—254.
1.92 —: On Importance in History, in: *1.66*, 251—269.
1.92a Frankel, Ch.: Explanation and Interpretation in History, in: Philosophy of Science 24 (1957); wiederabgedruckt in: *1.63*, 408—427.
1.93 Gallie, W. B.: Explanations in History and the Genetic Sciences, in: Mind 64 (1955); wiederabgedruckt in: *1.63*, 386—402.
1.94 Gellner, E.: Explanations in History, in: Proceedings of the Aristotelian Society, Supp. Vol. 30 (1956); wiederabgedruckt unter dem Titel „Holism versus Individualism in History and Sociology", in: *1.63*, 489—503.
1.95 —: The New Idealism — Cause and Meaning in the Social Sciences, in: I. Lakatos/A. Musgrave (Hrsg.): Problems in the Philosophy of Science, Amsterdam 1968; dt. in: *1.59*, 87—112.
1.96 Goldstein, L. J.: Daten und Ereignisse in der Geschichte (Evidence and Events in History, in: Philosophy of Science 29 [1962]), dt. in: *1.59*, 263—288.
1.96a —: Theory in History, in: Boston Studies in the Philosophy of Science IV, Dordrecht 1969, dt. in: *1.59*, 289—315.
1.97 Gomperz, H.: The Concept of History, in: H. Gomperz: Philosophical Studies, Boston 1953, S. 212—222.
1.98 Goudge, T. A.: Causal Explanation in Natural History, in: The British Journal for the Philosophy of Science 9 (1958).
1.99 Gruner, R.: Understanding in the Social Sciences and in History, in: Inquiry 10 (1967), S. 151—163.
1.100 Hanson, N. R.: The Genetic Fallacy Revisited, in: American Philosophical Quarterly 4 (1967), S. 101 bis 113.
1.101 Hempel, C. G.: The Function of General Laws in History, in: The Journal of Philosophy 39 (1942); oft wiederabgedruckt, u. a. in: *1.63*, 344—356.
1.102 —: Rational Action, in: Proceedings and Addresses of

the American Philosophical Association XXXV (1961 bis 1962).

1.103 —: Explanation in Science and in History, in: R. G. Colodny (Hrsg.): Frontiers of Science and Philosophy, Pittsburgh 1962, dt. unter dem Titel: Wissenschaftliche und historische Erklärungen, in: *1.59*, 237—261.

1.104 —: Deductive-nomological *vs.* Statistical Explanation, in: H. Feigl et al. (Hrsg.): Minnesota Studies in the Philosophy of Science, vol. III, Minneapolis 1962, 98—169.

1.105 —: Reasons and Covering Laws in Historical Explanation, in: *1.65*, 143—163.

1.106 Hospers, J.: What is Explanation? in: Journal of Philosophy XLIII (1946), wiederabgedruckt in: A. Flew (Hrsg.): Essays in Conceptual Analysis, New York 1956, S. 94—119.

1.106a Jarvie, I. C.: Limits to Functionalism and Alternatives to it in Anthropology, in: D. Martindale (Hrsg.): Functionalism in the Social Sciences, Philadelphia 1965, S. 17—34.

1.107 Joynt, C. B./Rescher, N.: The Problem of Uniqueness in History, in: History and Theory I (1961).

1.108 Kelsen, H.: Kausalität und Zurechnung, in: Archiv für Rechts- und Sozialphilosophie 46 (1960), S. 321—333.

1.109 Lipton, M.: Begriffe, Methoden und Werte (aus dem Engl.), in: *1.68*, 242—279.

1.110 Lynd, H. M.: The Nature of Historical Objectivity, in: The Journal of Philosophy XLVII (1950), S. 29 bis 43.

1.111 Mandelbaum, M.: Some Neglected Philosophic Problems Regarding History, in: The Journal of Philosophy XLIX (1952).

1.112 —: Concernig Recent Trends in the Theory of Historiography, in: The Journal of History of Ideas XVI (1955).

1.113 —: Societal Facts, in: British Journal of Sociology 6 (1955); wiederabgedruckt in *1.63*, 476—488.

1.114 —: Societal Laws, in: British Journal for the Philosophy of Science 8 (1957), S. 211—224.

1.115 —: Historical Explanation: The Problem of 'Covering Laws', in: History and Theory I (1961).

1.116 —: Historicism, in: P. Edwards (Hrsg.): The Encyclopedia of Philosophy, New York - London 1967, Bd. 4, S. 22—25.

1.117 Mazlish, B.: On Rational Explanation in History, in: *1.65*, 275—285.

1.118 Nagel, E.: Types of Causal Explanation in Science, in: *1.67*, 11—32.

1.119 Nielsen, K.: Rational Explanations in History, in: *1.65*, 296—324.

1.120 Nowell-Smith, P. H.: Rezension: W. H. Dray „Laws and Explanation in History", in: Philosophy 34 (1959), S. 170—172.

1.121 —: Historical Explanation, in: *1.66*, 213—233.

1.122 Passmore, J.: Explanation in Everyday Life, in Science, and in History, in: History and Theory I (1961); wiederabgedruckt in: *1.70*, 16—34.

1.123 Popper, K. R.: Selbstbefreiung durch das Wissen, in: *2.59*.

1.124 Rescher, N.: Are Historical Explanations Different?, in: N. Rescher: Scientific Explanation, New York - London 1970, S. 147—162.

1.125 Scriven, M.: Truisms as the Grounds for Historical Explanations, in: *1.63*, 443—475.

1.126 —: New Issues in the Logic of Explanation, in: *1.65*, 339—361.

1.127 Tumin, M. M.: Einstellungen und Verhalten, in: Vorurteile. Ihre Erforschung und ihre Bekämpfung (Politische Psychologie, 3), Frankfurt a. M. 1964, S. 72—80.

1.128 Watkins, J. W. N.: Ideal Types and Historical Explanations, in: H. Feigl/M. Brodbeck (Hrsg.): Readings in the Philosophy of Science, New York 1953, S. 723 bis 743.

1. 129 —: Historical Explanation in the Social Sciences, in:

British Journal for the Philosophy of Science 8 (1957); wiederabgedruckt in: *1.63*, 503—514.

1.130 —: Philosophy of History, in: *2.39*, 158—176.

1.131 Weingartner, R.: Historical Explanation, in: P. Edwards (Hrsg.): The Encyclopedia of Philosophy, New York - London 1967, Bd. 4, S. 7—12.

1.132 White, M.: Toward an Analytic Philosophy of History, in: M. Farber (Hrsg.): Philosophic Thought in France and the United States, Buffalo 1950.

1.133 —: The Logic of Historical Narration, in: *1.65*, 3—31.

1.134 Winch, P.: Understanding a Primitive Society, in: American Philosophical Quarterly I (1964), S. 307 bis 324.

1.135 Witt-Hansen, J.: Methodology of History, in: R. Klibanski (Hrsg.): Contemporary Philosophy. A Survey, Bd. IV, Firenze 1971, S. 243—249.

2. Zitierte geschichtsphilosophische und geschichtsphilosophisch relevante Literatur nicht-analytischer Provenienz

2.1 Apel, K.-O.: Szientismus oder transzendentale Hermeneutik, in: *3.25*, I, 105—144.

2.2 —: Szientistik, Hermeneutik, Ideologiekritik. Entwurf einer Wissenschaftslehre in erkenntnisanthropologischer Sicht, in: *3.47*, 7—44.

2.3 —: Transformation der Philosophie, 2 Bde., Frankfurt a. M. 1973.

2.3a Barg, M. A.: Die Strukturanalyse in der historischen Forschung (aus dem Russ.), in: Sowjetwissenschaft/ Gesellschaftswissenschaftliche Beiträge, Jg. 1966, S. 194 bis 205.

2.4 Beard, Ch. A.: Written History as an Act of Faith, in: The American Historical Review XXXIX (1934), S. 219—231.

2.5 —: That Noble Dream, in: The American Historical Review XLI (1935/36), dt. unter dem Titel „Dieser edle Traum", in: *2.67,* 323—337.

2.6 Becker, C. L.: Everyman his Own Historian, in: The American Historical Review XXXVII (1932), S. 221 bis 236.

2.7 —: What are Historical Facts?, in: The Western Political Quarterly VIII (1955); Nachdruck in: *1.69,* 120—137.

2.8 Berger, H.: Erfahrung und Gesellschaftsform. Methodologische Probleme wissenschaftlicher Beobachtung, Stuttgart - Berlin - Köln - Mainz 1972.

2.9 Briggs, A.: Geschichte und Gesellschaft, in: *1.68,* 48 bis 68.

2.10 Burckhardt, J.: Weltgeschichtliche Betrachtungen. Über Geschichtliches Studium, Darmstadt 1970 (Gesammelte Werke, IV).

2.11 Carlyle, Th.: Über Helden, Heldenverehrung und das Heldentümliche in der Geschichte (1. engl. Aufl. 1841), Leipzig 1901.

2.12 Carr, E. H.: Was ist Geschichte? (1. engl. Aufl. 1961), Stuttgart 1963 (Urban-Bücher, 67).

2.13 Cassirer, E.: Zur Logik der Kulturwissenschaften. Fünf Studien, Darmstadt ²1961.

2.14 Collingwood, R. G.: The Idea of History, Oxford 1946 (dt. Stuttgart 1955: Philosophie der Geschichte).

2.15 Commager, H. St.: Is There a „Philosophy of History"?, in: *1.66,* 300—318.

2.16 Cornforth, M.: Marxistische Wissenschaft und antimarxistisches Dogma (engl. 1968), Frankfurt a. M. 1970.

2.17 Croce, B.: Theorie und Geschichte der Historiographie und Betrachtungen zur Philosophie der Politik. Unter Zugrundelegung der Übertragung v. Enrico Pizzo. Nach der 3., verm. Aufl. bearb. und übers. v. Hans Feist und Richard Peters, Tübingen 1930 (Ges. Philos. Schriften in deutscher Übertr., I. Reihe, 4. Bd.).

2.18 —: Die Geschichte als Gedanke und als Tat. (Aus dem

Ital.) Einführung v. Hans Barth, Bern 1944 (Mensch und Gesellschaft, I).

2.19 Destler, Ch. McA.: Some Observations on Contemporary Historical Theory, in: The American Historical Review LV (1950).

2.20 Dewey, J.: Logic: The Theory of Inquiry, New York 1949.

2.21 Dilthey, W.: Der Aufbau der geschichtlichen Welt in den Geisteswissenschaften (Gesammelte Schriften, Bd. 7), Leipzig - Berlin 1927.

2.22 —: Die geistige Welt. Einleitung in die Philosophie des Lebens (Gesammelte Schriften, Bd. 5), Leipzig - Berlin 1924.

2.23 —: Weltanschauungslehre. Abhandlungen zur Philosophie der Philosophie (Gesammelte Schriften, Bd. 8), Leipzig - Berlin 1931.

2.24 Droysen, J. G.: Historik. Vorlesungen über Enzyklopädie und Methodologie der Geschichte. Hrsg. v. Rudolf Hübner, ¹1937, München ³1958.

2.25 Engels, F.: Die Entwicklung des Sozialismus von der Utopie zur Wissenschaft, in: Marx / Engels: Werke (= MEW) 19, Berlin 1962, S. 177—228.

2.26 —: Herrn Eugen Dührings Umwälzung der Wissenschaft („Anti-Dühring"), in: MEW 20, Berlin 1962, S. 1—303.

2.27 —: Ludwig Feuerbach und der Ausgang der klassischen deutschen Philosophie, in: MEW 21, Berlin 1962, S. 259—307.

2.28 Faber, K.-G.: Theorie der Geschichtswissenschaft (Beck'sche Schwarze Reihe, Bd. 78), München 1971.

2.29 Fain, H.: Between Philosophy and History. The Resurrection of Speculative Philosophy of History within the Analytic Tradition, Princeton, N. J. 1970.

2.30 Gottschalk, L.: Understanding History. A Primer of Historical Method, New York 1950.

2.31 —: The Historian's Use of Generalization, in: The State of the Social Sciences. Papers presented at the

25th Anniversary of the Social Research Building. Univ. of Chicago, Nov. 10—12, 1955, Ed. by L. D. White, Chicago 1956.

2.31a Gulyga, A. W..: Über den Charakter des historischen Wissens (aus dem Russ.), in: Sowjetwissenschaft/Gesellschaftswissenschaftl. Beiträge, Jg. 1963, S. 38—51.

2.31b Gurewitsch, A. J.: Allgemeines Gesetz und konkrete Gesetzmäßigkeit in der Geschichte (aus dem Russ.), in: Sowjetwissenschaft/Gesellschaftswissenschaftliche Beiträge, Jg. 1966, S. 177—193.

2.32 Hartmann, N.: Teleologisches Denken, Berlin 1951.

2.33 Hedinger, H.-W.: Theorienpluralismus in der Geschichtswissenschaft, in: Der Methoden- und Theorienpluralismus in den Wissenschaften (Studien zur Wissenschaftstheorie, Bd. 6), S. 229—258.

2.34 Hegel, G. W. F.: Vorlesungen über die Philosophie der Geschichte (Sämtliche Werke. Jubiläumsausgabe in zwanzig Bänden, 11. Bd.).

2.35 Hofmann, W.: Wissenschaft und Ideologie, in: Archiv für Rechts- und Sozialphilosophie 53 (1967), S. 197 bis 213.

2.36 —: Vom Werturteil in der Gesellschaftslehre, in: W. Hofmann: Universität — Ideologie — Gesellschaft. Beiträge zur Wissenschaftssoziologie (edition suhrkamp, 261), Frankfurt a. M. 1968, S. 67—81.

2.37 Horkheimer, M.: Zum Begriff des Menschen heute, in: Wesen und Wirklichkeit des Menschen. Festschrift für Helmuth Plessner. Hrsg. v. K. Ziegler, Göttingen 1957; wiederabgedruckt in: M. Horkheimer: Zur Kritik der instrumentellen Vernunft. Aus den Vorträgen und Aufzeichnungen seit Kriegsende. Hrsg. v. A. Schmidt, Frankfurt a. M. 1967, S. 177—202.

2.38 Klaus, G./Schulze, H.: Sinn, Gesetz und Fortschritt in der Geschichte, Berlin 1967.

2.39 Klibanski, R. (Hrsg.): Philosophy in the Mid-Century. A Survey, III: Values, History and Religion, Firenze 1961.

2.40 Kon, I. S.: Die Geschichtsphilosophie des 20. Jahrhunderts. Kritischer Abriß. (Aus dem Russ.) Berlin 1964. — Bd. I: Die Geschichtsphilosophie der Epoche des Imperialismus. — Bd. II: Philosophie und Geschichtsschreibung. Geschichtsphilosophische Fragen der heutigen bürgerlichen Historiographie.

2.41 —: Der Positivismus in der Soziologie. Geschichtlicher Abriß, Berlin 1968.

2.41a Kossolapow, W. W.: Die Tatsache als Grundlage wissenschaftlicher Kenntnis (aus dem Russ.), in: Sowjetwissenschaft / Gesellschaftswissenschaftliche Beiträge, Jg. 1967, S. 826—841.

2.42 Kröber, G. (Hrsg.): Der Gesetzesbegriff in der Philosophie und den Einzelwissenschaften, Berlin 1968.

2.43 Leff, G.: History and Social Theory, London 1969.

2.44 Lenk, K.: Werturteilsfreiheit als Fiktion, in: W. Hochkeppel (Hrsg.): Soziologie zwischen Theorie und Empirie (sammlung dialog, 39), München 1970, S. 145 bis 153.

2.45 Lukács, G.: Geschichte und Klassenbewußtsein, ¹1923, Neuwied - Berlin 1968 (Werke, Bd. 2, S. 161—517).

2.46 Malin, J. C.: On the Nature of History, Lawrence / Kansas 1954.

2.47 Mannheim, K.: Historismus, in: Archiv für Sozialwissenschaft und Sozialpolitik, Bd. 52 (1924), S. 1—60; wiederabgedruckt in: *2.50*, 246—307. [⁵1969.

2.48 —: Ideologie und Utopie, ¹1929, Frankfurt a. M.

2.49 —: Ideologische und soziologische Interpretation der geistigen Gebilde, in: *2.50*, 388—407.

2.50 —: Wissenssoziologie. Auswahl aus dem Werk, eingel. und hrsg. v. K. H. Wolff (Soziologische Texte, Bd. 28), Berlin - Neuwied 1964.

2.51 Marković, M.: Social Determinism and Freedom, in: *1.66*, 284—299.

2.52 Marx, K.: Kritik der politischen Ökonomie, in: Marx / Engels: Werke (= MEW) 13, Berlin 1964, S. 3—160 und 615—642.

2.53 Marx, K. / Engels, F.: Deutsche Ideologie, in: MEW 3, Berlin 1962, S. 9—438.
2.54 —: Manifest der kommunistischen Partei, in: MEW 4, Berlin 1964, S. 459—493.
2.55 Mommsen, W. J.: Geschichte wird wieder wichtig, in: Die Zeit. Wochenzeitung für Politik, Wirtschaft, Handel und Kultur, Nr. 18 (1973), S. 60.
2.56 Myrdal, G.: Das Wertproblem in der Sozialwissenschaft. Mit einer Einführung und einem Anhang von P. Streeten (engl. 1958), Hannover 1965.
2.57 Namier, L. B.: Avenues of History, London 1952.
2.58 v. Ranke, L.: Über die Epochen der neueren Geschichte. Vorträge, dem Könige Maximilian II. von Bayern gehalten. Gedächtnisausgabe zum 100. Jahrestag der Abhaltung der Vorlesungen, Darmstadt 1954.
2.59 Reinisch, L. (Hrsg.): Der Sinn der Geschichte, München 1961.
2.60 Riess, L.: Historik. Ein Organon geschichtlichen Denkens und Forschens, Bd. I, Berlin - Leipzig 1912.
2.61 Sawicki, F.: Geschichtsphilosophie (Philosophische Handbibliothek, II), Kempten 1922.
2.62 Schaff, A.: Geschichte und Wahrheit. (Aus dem Poln.) Wien - Frankfurt - Zürich 1970.
2.63 Seiffert, H.: Einführung in die Wissenschaftstheorie, II. Geisteswissenschaftliche Methoden: Phänomenologie — Hermeneutik und historische Methode — Dialektik, ^{1}1970, München ^{2}1971 (Beck'sche Schwarze Reihe, 61).
2.64 Sève, L.: Marxismus und Theorie der Persönlichkeit (1. franz. Aufl. Paris 1972), Berlin 1972.
2.65 Stark, W.: Die Wissenssoziologie. Ein Beitrag zum tieferen Verständnis des Geisteslebens, Stuttgart 1960.
2.66 Stern, A.: Geschichtsphilosophie und Wertproblem (1. engl. Aufl. Den Haag 1962), München - Basel 1967.
2.67 Stern, F. (Hrsg.): Geschichte und Geschichtsschreibung. Möglichkeiten, Aufgaben, Methoden. Texte von Voltaire bis zur Gegenwart. Hrsg. und eingel. v. —, München 1966 (1. engl. Aufl. Cleveland/Ohio 1956).

2.68 Thorndike, L.: Whatever was, *was* right, in: American Historical Review 61 (1956).

2.69 Walsh, W. H.: An Introduction to Philosophy of History, ¹1951, 3. rev. Aufl. 1967.

2.70 Wehler, H.-U. (Hrsg.): Geschichte und Soziologie (Neue Wissenschaftliche Bibliothek, 53), Köln 1972.

2.71 —: Geschichte und Ökonomie (Neue Wissenschaftliche Bibliothek, 58), Köln 1973.

2.72 Windelband, W.: Geschichte und Naturwissenschaft (Straßburger Rektoratsrede 1894), in: W. Windelband: Präludien. Aufsätze und Reden zur Einführung in die Philosophie, 2. Bd., Tübingen 1911, S. 136—160.

3. Weitere ausgewählte geschichtsphilosophische und geschichtsphilosophisch relevante Literatur nicht analytischer Provenienz

3.1 Adorno, Th. W.: Thesen über Tradition, in: Ohne Leitbild. Parva Aesthetica, Frankfurt a. M. 1967, S. 29 bis 41.

3.2 Anderle, O. F.: Theoretische Geschichte. Betrachtungen zur Grundlagenkrise der Geschichtswissenschaft, in: Historische Zeitschrift 185 (1958), S. 1—54.

3.3 Antoni, C.: Vom Historismus zur Soziologie, Stuttgart o. J.

3.4 Apel, K.-O.: Das Verstehen. Eine Problemgeschichte als Begriffsgeschichte, in: Archiv für Begriffsgeschichte (1955), S. 142—199.

3.5 Aron, R.: Dimensions de la conscience historique, Paris 1961 (Recherches en science humaine, 16).

3.6 —: Introduction à la philosophie de l'histoire. Essai sur les limites de l'objectivité historique, Paris 1938.

3.7 Barth, H.: Wahrheit und Ideologie, Zürich 1945.

3.8 Bauer, G.: ‚Geschichtlichkeit'. Wege und Irrwege eines Begriffs, Berlin 1963 (Die kleinen de-Gruyter-Bände, 3).

3.9 Baumgartner, H. M.: Kontinuität und Geschichte. Zur Kritik und Metakritik der historischen Vernunft, Frankfurt a. M. 1972.

3.10 Becker, C. L.: Progress, in: Encyclopedia of Social Sciences, vol. XII, New York [13]1959.

3.11 Bellmann, R. / Laitko, H.: Methode und Methodologie der wissenschaftlichen Erkenntnis. Bemerkungen zum Begriff, in: Laitko, H. / Bellmann, R. (Hrsg.): Wege des Erkennens. Philosophische Beiträge zur Methodologie der naturwissenschaftlichen Erkenntnis, Berlin 1969.

3.12 Bernal, J. D.: Die Wissenschaft in der Geschichte, Berlin 1967.

3.13 Bernheim, E.: Lehrbuch der historischen Methode und der Geschichtsphilosophie, [1]1889, Leipzig [5/6]1908, Nachdruck: New York 1960.

3.14 Berr, H. / Febvre, L.: History, in: Encyclopedia of the Social Sciences, vol. VII, New York [13]1959.

3.15 Besson, W. (Hrsg.): Geschichte. Mit einer Einleitung v. H. Rothfels, [1]1961, Frankfurt a. M. 1969 (Das Fischer Lexikon, 24).

3.16 Betti, E.: Allgemeine Auslegungslehre als Methodik der Geisteswissenschaften. (Aus dem Ital.) Tübingen 1967.

3.17 —: Die Hermeneutik als allgemeine Methodik der Geisteswissenschaften, Tübingen 1962 (Philosophie und Geschichte, 78/79).

3.18 Bloch, M.: Apologie pour l'histoire ou Métier d'historien, Paris 1952 (Cahiers des Annales, 3).

3.19 Bobinska, C.: Historiker und historische Wahrheit. Zu erkenntnistheoretischen Problemen der Geschichtswissenschaft. (Aus dem Poln.) Berlin 1967.

3.20 Boeckh, A.: Enzyklopädie und Methodenlehre der philologischen Wissenschaften. Hrsg. v. E. Bratuscheck. Erster Hauptteil. Formale Theorie der philologischen Wissenschaft. Unv. reprogr. Nachdruck der 2., v. R. Klussmann besorgten Aufl., Leipzig 1886, Darmstadt 1966.

3.21 Bollhagen, P.: Soziologie und Geschichte, Berlin 1966.
3.22 Bollnow, O. F.: Das Verstehen. Drei Aufsätze zur Theorie der Geisteswissenschaften, Mainz 1949.
3.23 v. Brandt, A.: Werkzeug des Historikers. Eine Einführung in die historischen Hilfswissenschaften, ¹1959, Stuttgart ⁵1969 (Urban-Bücher, 33).
3.24 Braudel, F.: Histoire et Science Sociales. La Longue Durée, in: Annales XIII (1958); dt. in: *2.70*, 189—215.
3.25 Bubner, R. / Cramer, K. / Wiehl, R.: Hermeneutik und Dialektik. Aufsätze I: Methode und Wissenschaft, Lebenswelt und Geschichte. Aufsätze II: Sprache und Logik, Theorie der Auslegung und Probleme der Einzelwissenschaften, Tübingen 1970.
3.26 Diwald, H.: Das historische Erkennen. Untersuchungen zum Geschichtsrealismus im 19. Jahrhundert, Leiden 1955 (Zeitschrift für Religions- und Geistesgesch., Beih. 2).
3.27 Engel, J.: Analogie und Geschichte, in: Studium Generale 9 (1956), S. 96—107.
3.28 Engelberg, E.: Parteilichkeit und Objektivität in der Geschichtswissenschaft, in: Zeitschrift für Geschichtswissenschaft 17 (1969), S. 74—79.
3.29 — (Hrsg.): Probleme der Geschichtsmethodologie, Berlin 1972.
3.30 Febvre, L.: Combats pour l'histoire, Paris 1953.
3.31 Fleischer, H.: Marxismus und Geschichte, Frankfurt a. M. 1969 (edit. suhrkamp, 323).
3.32 Gadamer, H.-G.: Wahrheit und Methode. Grundzüge einer philosophischen Hermeneutik, ¹1960, 2. Aufl. durch einen Nachtrag erw., Tübingen 1965.
3.33 —: Hermeneutik und Historismus, in: Philosophische Rundschau 9 (1962), S. 241—276.
3.34 —: Kleine Schriften, Bd. I, Tübingen 1967.
3.35 Gerber, U. (Hrsg.): Hermeneutik als Kriterium der Wissenschaftlichkeit? Der Standort der Hermeneutik im gegenwärtigen Wissenschaftskanon (Loccumer Kolloquien, 2), Loccum 1972.

3.36 Geschichte und Klassenbewußtsein heute. Diskussion und Dokumentation. F. Cerutti, D. Classen, H.-J. Krahl, O. Negt, A. Schmidt, Amsterdam 1971.

3.37 Goldmann, L.: Gesellschaftswissenschaften und Philosophie, Frankfurt a. M. 1971.

3.38 Gramsci, A.: Il materialismo storico e la filosofia di Benedetto Croce (Opere, 2), Torino ^{8}1966 (deutsche Auswahl in: A. Gramsci: Philosophie der Praxis. Eine Auswahl, hrsg. und übers. v. Ch. Riechers, Frankfurt a. M. 1967, S. 129—181).

3.39 Grundlagen der marxistisch-leninistischen Philosophie, 2., nach der 2. russ. Ausgabe durchges. Aufl., Frankfurt a. M. 1972.

3.40 Habermas, J.: Zur Logik der Sozialwissenschaften, Tübingen 1967 (Philosophische Rundschau, Beih. 5); erw. Nachdruck 2. Aufl. Frankfurt a. M. 1971 (edit. suhrkamp, 481).

3.41 —: Erkenntnis und Interesse, in: J. Habermas: Technik und Wissenschaft als ‚Ideologie‘, Frankfurt a. M. 1968, S. 146—168.

3.42 Hampl, F.: Geschichte als Wissenschaft, in: Praelectiones Brixinenses, Padova 1968, S. 7—22.

3.43 Hedinger, H.-W.: Subjektivität und Geschichtswissenschaft. Grundzüge einer Historik, Berlin 1969 (Historische Forschungen, 2).

3.44 Heidegger, M.: Sein und Zeit, Halle 1927.

3.45 Henrichs, N.: Bibliographie der Hermeneutik und ihrer Anwendungsbereiche seit Schleiermacher, Düsseldorf 1968.

3.46 Heppener, S./Wrona, V.: Die materialistische Geschichtsauffassung — wissenschaftliche Grundlage der marxistisch-leninistischen Theorie des Sozialismus, in: Deutsche Zeitschrift für Philosophie 17 (1969), S. 33 bis 72.

3.47 Hermeneutik und Ideologiekritik. Mit Beiträgen von K.-O. Apel, C. v. Bormann, R. Bubner, H.-G. Gadamer, H. J. Giegel, J. Habermas, Frankfurt a. M. 1971.

3.38 Heussi, K.: Die Krisis des Historismus, Tübingen 1932.
3.49 Hintze, O.: Soziologie und Geschichte. Gesammelte Abhandlungen zur Soziologie, Politik und Theorie der Geschichte. Hrsg. und eingel. v. G. Oestreich, 2. erw. Aufl., Göttingen 1964.
3.50 —: Zur Theorie der Geschichte (Gesammelte Abhandlungen, Bd. 2), hrsg. v. F. Hartung, Leipzig 1942.
3.51 Holz, H. H.: Utopie und Anarchismus. Zur Kritik der kritischen Theorie Herbert Marcuses, Köln 1968.
3.52 Horkheimer, M.: Geschichte und Psychologie, in: M. Horkheimer: Kritische Theorie, Bd. 1, hrsg. v. A. Schmidt, Frankfurt a. M. 1968, S. 9—30.
3.53 Huizinga, J.: Im Bann der Geschichte. Betrachtungen und Gestaltungen, Amsterdam 1942.
3.54 —: Geschichte und Kultur. Gesammelte Aufsätze. Hrsg. und eingel. v. K. Köster, Stuttgart 1954 (Kröners Taschenausgabe, 215).
3.55 Iggers, G. G.: Deutsche Geschichtswissenschaft. Eine Kritik der traditionellen Geschichtsauffassung von Herder bis zur Gegenwart (1. engl. Aufl. 1968), München 1971.
3.56 Jakubowski, F.: Der ideologische Überbau in der materialistischen Geschichtsauffassung, Nachdruck Frankfurt a. M. 1968.
3.57 Kamlah, W.: Utopie, Eschatologie, Geschichtsteleologie. Kritische Untersuchungen zum Ursprung und zum futurischen Denken der Neuzeit, Mannheim 1969 (BI-Hochschultaschenbücher, 461/461a).
3.58 Kaufmann, F.: Geschichtsphilosophie der Gegenwart, Berlin ¹1931. Unv. reprogr. Nachdruck, Darmstadt 1967 (Libelli, XXV).
3.59 Klaus, G.: Spezielle Erkenntnistheorie. Prinzipien der wissenschaftlichen Theorienbildung, Berlin 1965.
3.60 Klibanski, R./Paton, H. J. (Hrsg.): Philosophy and History, New York 1963.
3.61 Kofler, L.: Geschichte und Dialektik, Hamburg 1955.

3.62 —: Zur Geschichte der bürgerlichen Gesellschaft, Neuwied-Berlin ³1966.
3.63 Kon, I. S.: Fragen der Theorie der Geschichtswissenschaft in der modernen bürgerlichen Geschichtsschreibung, in: Zeitschrift für Geschichtswissenschaft 7 (1959), S. 973—1001.
3.63a —: Der Neopositivismus und die Logik der Geschichtswissenschaft. (Aus dem Russ.) In: Sowjetwissenschaft / Gesellschaftswissenschaftliche Beiträge, Jg. 1964, S. 385 bis 410.
3.64 Korsch, K.: Die materialistische Geschichtsauffassung. Eine Auseinandersetzung mit Karl Kautsky ¹1929; Nachdruck Frankfurt a. M. 1971.
3.65 Koselleck, R.: Kritik und Krise. Ein Beitrag zur Pathogenese der bürgerlichen Welt, Freiburg i. Br. ¹1959, ²1969.
3.66 Landgrebe, L.: Phänomenologie und Geschichte, Darmstadt 1968.
3.67 Lee, D. E. / Beck, R. N.: The Meaning of ‚Historicism‘, in: The American Historical Review LIX (1954).
3.68 Lehmbruch, G.: Einführung in die Politikwissenschaft. Unter Mitarbeit v. Frieder Naschold und Peter Seibt, Stuttgart 1967.
3.69 Lenk, K. (Hrsg.): Ideologie. Ideologiekritik und Wissenssoziologie. Hrsg. und eingel. v. —, ¹1961, Neuwied-Berlin ³1967 (Soziologische Texte, 4).
3.70 Lévi-Strauss, C.: Strukturale Anthropologie. (Aus dem Franz.) Frankfurt a. M. 1967.
3.71 Ley, H.: Zum Klassencharakter der Funktion von Wissenschaft, in: Deutsche Zeitschrift für Philosophie 18 (1970), S. 1250—1269.
3.72 Litt, Th.: Das Allgemeine im Aufbau der geisteswissenschaftlichen Erkenntnis, Leipzig ¹1941, Groningen ²1959 (Acta Paedag. Ultrajectina, XVI).
3.73 —: Philosophie und Zeitgeist (Wissenschaft und Zeitgeist, 1), Leipzig ²1935.
3.74 Löwith, K.: Gesammelte Abhandlungen. Zur Kritik der geschichtlichen Existenz, Stuttgart 1960.

3.75 —: Weltgeschichte und Heilsgeschehen. Die theologischen Voraussetzungen der Geschichtsphilosophie. (Aus dem Engl.) ¹1953, Stuttgart ⁴1961 (Urban-Bücher, 2).
3.76 Lorenz, K.: Elemente der Sprachkritik. Eine Alternative zum Dogmatismus und Skeptizismus in der Analytischen Philosophie, Frankfurt a. M. 1970.
3.77 Lukács, G.: Schriften zur Ideologie und Politik. Ausgew. und eingel. v. P. Ludz, Neuwied-Berlin 1967 (Soziologische Texte, 51).
3.78 Marcuse, H.: Ideen zu einer kritischen Theorie der Gesellschaft, Frankfurt a. M. 1969 (edit. suhrkamp, 300).
3.79 Marrou, H.-I.: De la connaissance historique, Paris 1954; dt. Übers.: Über die historische Erkenntnis. Welches ist der richtige Gebrauch der Vernunft, wenn sie sich historisch betätigt? Freiburg/München 1973 (Alber-Broschur Philosophie).
3.80 —: La philosophie de l'histoire, in: *2.39*, 177—188.
3.81 Marwick, A.: The Nature of History, London 1970.
3.82 Marx, K.: Der Achtzehnte Brumaire des Louis Bonaparte, in: MEW 8, Berlin 1960, S. 111—207.
3.83 Meier, H. / Schmidt, W.: Geschichtsbewußtsein und sozialistische Gesellschaft. Beiträge zur Rolle der Geschichtswissenschaft, des Geschichtsunterrichts und der Geschichtspropaganda bei der Entwicklung des sozialistischen Bewußtseins, Berlin 1970.
3.84 Meinecke, F.: Die Entstehung des Historismus, 2 Bde., ¹1936, hrsg. und eingel. v. C. Hinrichs, Stuttgart 1959 (Werke, Bd. III).
3.85 —: Zur Theorie und Philosophie der Geschichte. Hrsg. und eingel. v. E. Kessel, Stuttgart ²1965 (Werke, Bd. IV).
3.86 Methoden der Sozialwissenschaften. Dargestellt von Eberhard Fels, München-Wien 1967 (Enzyklopädie der geisteswissenschaftlichen Arbeitsmethoden, 8. Lfg.).
3.87 Mommsen, W. J.: Die Geschichtswissenschaft jenseits des Historismus, Düsseldorf 1971.
3.87a Müller, M.: Erfahrung und Geschichte. Grundzüge

einer Philosophie der Freiheit als transzendentale Erfahrung, Freiburg/München 1971.
- *3.88* Neusüss, A. (Hrsg.): Utopie. Begriff und Phänomen des Utopischen. Hrsg. und eingel. v. —, Neuwied/Berlin 1968 (Soziologische Texte, 44).
- *3.89* Nietzsche, F.: Vom Nutzen und Nachteil der Historie für das Leben (Unzeitgemäße Betrachtungen. Zweites Stück), in: Werke in drei Bänden. Hrsg. v. K. Schlechta, I. Bd., München 1954.
- *3.90* Nipperdey, Th.: Bemerkungen zum Problem einer historischen Anthropologie, in: Die Philosophie und die Wissenschaften. Festschrift für Simon Moser, Meisenheim/Glan 1968, S. 350—370.
- *3.91* —: Kulturgeschichte, Sozialgeschichte, historische Anthropologie, in: Vierteljahresschrift für Sozial- und Wirtschaftsgeschichte 55 (1968), S. 145—164.
- *3.92* Oiserman, T. I.: Determinismus und Freiheit, in: Deutsche Zeitschrift für Philosophie 19 (1971), S. 1460 bis 1470.
- *3.93* Opgenoorth, E.: Einführung in das Studium der neueren Geschichte. Mit einem Geleitwort v. W. Hubatsch, Braunschweig 1969.
- *3.94* Plechanow, G. W.: Über materialistische Geschichtsauffassung, Berlin 1946.
- *3.95* Plessner, H.: Zwischen Philosophie und Gesellschaft. Ausgewählte Abhandlungen und Vorträge, Bern 1953.
- *3.96* v. Ranke, L.: Politisches Gespräch. Mit einer Einführung v. F. Meinecke, München-Leipzig 1924.
- *3.97* v. Renthe-Fink, L.: Geschichtlichkeit. Ihr terminologischer und begrifflicher Ursprung bei Hegel, Haym, Dilthey und Yorck. Göttingen 1964 (Abhandlungen der Akademie der Wissenschaften in Göttingen. Philol.-Hist. Klasse, 3. Folge, Nr. 59).
- *3.98* Richter, F./Wrona, V.: Theoretische Grundfragen der Geschichte der marxistisch-leninistischen Philosophie, in: Deutsche Zeitschrift für Philosophie 19 (1971), S. 344—363.

3.99 Rickert, H.: Die Grenzen der naturwissenschaftlichen Begriffsbildung. Eine logische Einleitung in die historischen Wissenschaften. 5., verbess., um einen Anhang und ein Register verm. Aufl., Tübingen 1929.

3.100 Ritter, J.: „Fortschritt", in: Historisches Wörterbuch der Philosophie, Bd. 2, Basel - Stuttgart 1972, Sp. 1032 bis 1059.

3.101 Rothacker, E.: Die dogmatische Denkform in den Geisteswissenschaften und das Problem des Historismus, Mainz - Wiesbaden 1954 (Akademie der Wissenschaften und der Literatur. Abhandlungen der Geistes- und Sozialwissenschaftl. Klasse, Jg. 1954, H. 7).

3.102 —: Mensch und Geschichte. Studien zur Anthropologie und Wissenschaftsgeschichte, Bonn 1950.

3.103 Rüsen, J.: Wahrheit und Methode in der Geschichtswissenschaft, in: Philosophische Rundschau 18 (1971), S. 268—289.

3.104 Sandkühler, H. J.: Praxis und Geschichtsbewußtsein. Studie zur materialistischen Dialektik, Erkenntnistheorie und Hermeneutik (edit. suhrkamp, 529), Frankfurt a. M. 1973.

3.105 Schieder, Th.: Geschichte als Wissenschaft. Eine Einführung, ¹1965, 2., überarb. Aufl., München - Wien 1968.

3.106 Schmidt, A.: Geschichte und Struktur. Fragen einer marxistischen Historik, München 1971.

3.107 Schnädelbach, H.: Erfahrung, Begründung und Reflexion. Versuch über den Positivismus, Frankfurt a. M. 1971.

3.107a —: Geschichtsphilosophie nach Hegel. Die Probleme des Historismus, Freiburg - München 1974 (Kolleg Philosophie).

3.108 Schulin, E.: Zukunftsforschung vom Standpunkt des Historikers, in: TUB-Zeitschrift der Technischen Universität Berlin, 2. Jg. (1970), S. 179—186.

3.109 Schulz, G. (Hrsg.): Geschichte heute. Positionen, Tendenzen und Probleme, Göttingen 1973.

3.110 Schulze, H.: Bürgerliche Geschichtsschreibung zwischen

Historismus und historischem Materialismus, in: Argument 70 (1972), S. 125—141.
- *3.111* Simmel, G.: Vom Wesen des historischen Verstehens, Berlin 1918.
- *3.112* —: Die Probleme der Geschichtsphilosophie. Eine erkenntnistheoretische Studie, ⁵1923.
- *3.113* Spranger, E.: Der Sinn der Voraussetzungslosigkeit in den Geisteswissenschaften (Sitzungsberichte der preußischen Akademie der Wissenschaften, Philosophisch-Hist. Klasse, Jg. 1929), Nachdruck Darmstadt 1963.
- *3.114* v. Srbik, H.: Geist und Geschichte vom deutschen Humanismus bis zur Gegenwart, 2 Bde., München-Salzburg 1950/51.
- *3.115* Stiehler, G.: Geschichte und Verantwortung. Zur Frage der Alternativen in der gesellschaftlichen Entwicklung, Berlin 1972.
- *3.116* Theunissen, M.: Gesellschaft und Geschichte. Zur Kritik der kritischen Theorie, Berlin 1969.
- *3.117* Timpe, D.: Alte Geschichte und die Fragestellung der Soziologie, in: Historische Zeitschrift 213 (1971), S. 1 bis 12.
- *3.118* Tomberg, F.: Basis und Überbau. Sozialphilosophische Studien, Neuwied-Berlin 1969.
- *3.119* Troeltsch, E.: Der Historismus und seine Probleme. Erstes Buch: Das logische Problem der Geschichtsphilosophie, ¹1922 (Ges. Schriften, Bd. 3), Neudruck Aalen 1961.
- *3.120* Wach, J.: Das Verstehen. Grundzüge einer Geschichte der hermeneutischen Theorie im 19. Jahrhundert, 3 Bde., Tübingen 1926—1933.
- *3.120a* Wagner, F.: Geschichtswissenschaft, Freiburg/München ¹1951, ²1966 (Orbis Academicus, Bd. I/1).
- *3.121* —: Die Analogie als Methode kritischen Verstehens, in: Studium Generale 8 (1955), S. 703—712.
- *3.122* —: Moderne Geschichtsschreibung. Ausblick auf eine Philosophie der Geschichtswissenschaft, Berlin 1960 (Erfahrung und Denken, 4).

3.122a Wagner, F.: Der Historiker und die Weltgeschichte, Freiburg / München 1965.
3.123 Wehler, H.-U.: Zum Verhältnis von Geschichtswissenschaft und Psychoanalyse, in: Historische Zeitschrift 208 (1969), S. 529—554.
3.124 Wittram, R.: Anspruch und Fragwürdigkeit der Geschichte. Sechs Vorlesungen zur Methodik der Geschichtswissenschaft und zur Ortsbestimmung der Historie, Göttingen 1969 (Kleine Vandenhoeck-Reihe, Bd. 297 bis 299).
3.125 —: Das Interesse an der Geschichte. Zwölf Vorlesungen über Fragen des zeitgenössischen Geschichtsverständnisses, ¹1958, Göttingen ³1968 (Kleine Vandenhoeck-Reihe, Bd. 59—61).
3.126 Wolff, K. H.: The Sociology of Knowledge and Sociological Theory, in: L. Gross (Hrsg.): Symposium on Sociological Theory, Evanston 1959.
3.127 Wolfram, H.: Die Aktualität der mittelalterlichen Geschichte, in: Antidosis. Festschrift für Walther Kraus zum 70. Geburtstag. Hrsg. v. R. Hanslik, Albin Lesky, H. Schwabl, Wien - Köln - Graz 1972, S. 458—476.

Personenregister

Im Personenregister sind die bibliographischen Angaben auf den Seiten 354—380 nicht berücksichtigt.

Adorno, T. W. 187
Agassi, J. 293, 295
Albert, H. 29, 159, 310
Alexander I., Kg. v. Jugoslawien 216
Aptheker, H. 42
Aristoteles 14, 63, 95, 147, 325
Augustinus 307
Austin, J. L. 95
Ayer, A. J. 281, 330

Bach, J. S. 179
Barnave, J. 74
Barruel, Abbé 74
Bauer, B. 297
Beard, C. A. 26
Becker, C. L. 26, 41, 238
Benedikt XV. 317
Berelson, B. 266
Berger, H. 350
Bergmann, G. 187
Berlin, I. 27, 181, 199, 231, 250
Blalock, H. M. 192
Bossuet, J. B. 278
Boyle, R. 227
Brentano, F. 50
Briggs, A. 287 f.
Brodbeck, M. 293, 295
Brudzinski, W. 250
Bucharin, N. I. 308
Buckle, H. T. 101
Burckhardt, J. 21, 265
Bury, J. B. 334

Cäsar 171
Carlyle, T. 247 f.
Carnap, R. 146
Carr, E. H. 14, 16, 45, 52, 216, 232 f., 241, 245 f., 250—252, 274 f., 332, 349
Cassirer, E. 145 f., 148, 298
Cato 171
Chamberlain, N. 251
Cohen, M. R. 27, 325
Cohen, P. 59, 82, 117 f., 133
Collingwood, R. G. 31, 114 f., 307
Commager, H. S. 25, 81
Comte, A. 101
Cornforth, M. 32, 229, 231
Cortez, H. 115
Croce, B. 31, 307

Danto, A. C. 27, 67, 80, 174, 176, 197 f., 222, 339
Darwin, C. R. 158, 269
Dedecius, K. 250
Destler, C. McA. 41
Dewey, J. 87, 95
Dilthey, W. 21, 31, 68, 102, 105, 113, 117, 121, 124, 132, 145, 152, 263 f., 337
Dray, W. H. 27, 31, 105, 109 bis 111, 115, 124 f., 160, 174, 176, 180 f., 197 f., 243, 275 f., 279, 293, 334 f., 339, 341
Droysen, J. G. 25, 260

Duhem, P.-M. 320
Dyke, V. van 203

Eddington, A. 24 f.
Einstein, A. 63
Engels, F. 76 f., 128, 151, 225, 231 f., 297, 349
Epikur 258
Euklid 261

Feigl, H. 29, 186
Festinger, L. 266
Feyerabend, P. K. 29
Fichte, J. G. 101
Fisher, H. A. L. 76 f., 245
Forsthoff, E. 22
Fourier, C. 101
Frankel, C. 76 f.
Franz Ferdinand, Erzhzg. v. Österreich 245
Fugger 123

Galilei 313 f., 316, 342
Gallie, W. B. 174 f.
Gardiner, P. 27, 56, 80, 116, 139, 213, 245, 248
Gatterer, C. 316
Geiger, T. 312
Gellner, E. 293, 296
Geulincx, A. 143
Gibbon, E. 74, 307
Gneist, R. 119
Gössler, K. 38
Goldstein, L. J. 340
Goodman, N. 157
Gottschalk, L. 246
Goudge, T. A. 174 f., 194
Gouldner, A. W. 31, 291 f.
Gras, N. S. B. 42
Grimm, J. 119
Grimm, W. 119
Gulyga, A. W. 80
Gurewitsch, A. J. 79 f.

Hanson, N. R. 313 f.
Hartmann, N. 128, 335

Hedinger, H.-W. 217
Hegel, G. W. F. 14, 31, 125, 189, 191, 235, 264, 269, 332
Heidegger, M. 219
Helvetius, C. A. 101
Hempel, C. G. 26 f., 110, 120, 160, 163—166, 168, 180—182, 188, 196, 205, 338—340
Herder, J. G. 222, 267 f.
Herodot 119, 275 f.
Hirsch, J. 311
Hitler, A. 209, 250, 341
Hodges, H. A. 31
Hofmann, W. 289, 315
Holbach, P. H. D. de 101
Homans, G. C. 172—174, 226, 228, 342 f.
Homeyer, K. G. 119
Horowitz, I. L. 31
Hospers, J. 141, 165
Hume, D. 267 f., 330
Husserl, E. 50

James, W. 25
Jastrow, J. 71
Jungfrau Maria 90

Kant, I. 67, 101, 143, 151, 277, 306, 330
Kennedy, J. F. 157
Kepler, J. 314
Klaus, G. 96, 99, 351
Körner, S. 81, 94, 143
Kolakowski, L. 7
Kon, I. S. 116, 214, 226, 291, 303
Kopernikus 63, 258, 278, 316
Kossolapow, W. W. 63
Koyré, A. 320
Kraft, V. 29
Kress, G. 311
Künzli, A. 38

Lamprecht, K. 101
Larson, H. M. 42

Lenin, W. I. 123, 298
Lenk, K. 292
Linné, C. von 158
Lipton, M. 177
Livius 120
Ludwig XIV. 155
Lukács, G. 299 f.
Luther, M. 182, 205
Lynd, H. M. 240

Mach, E. 50, 136
MacIver, R. M. 244
Malewski, A. 266
Malin, J. C. 338
Mandelbaum, M. 140, 181, 215 f., 242, 293, 295
Mannheim, K. 98, 100
Marie Antoinette 62
Marx, K. 7, 38, 76 f., 128, 158, 224 f., 227 f., 230—232, 250, 264, 278, 297
Mazlish, B. 242
McCarthy, J. 251
McClosky, H. 187
McTaggart, J. McT. E. 140
Merton, R. K. 228 f.
Mill, J. S. 25, 210, 244, 271
Miller, S. M. 292
Mills, C. W. 31
Mises, R. von 152, 175, 306
Mommsen, T. 74, 307
Mommsen, W. J. 12, 351
Montesquieu, C. de 22, 246
Moore, G. E. 28
Müllenhoff, K. 119
Mussolini, B. 209

Nadel, G. H. 353
Naess, A. 69
Nagel, E. 27, 154, 168, 181, 209, 324, 338, 340
Namier, L. B. 41
Napoleon 140, 181
Narr, W.-D. 204
Naschold, F. 204

Nero 74
Neurath, O. 344
Newton, I. 63, 258, 313
Nielsen, K. 93, 95 f., 111, 124
Nietzsche, F. 235
Nikam, N. A. 318
Nikolaus II. 250
Nowak, S. 192

Pap, A. 136—138, 322
Passmore, J. 182
Pauling, L. 259
Peirce, C. S. 95
Platon 14, 147
Plinius 120
Poincaré, H. 176
Popper, K. R. 14 f., 26 f., 29, 32, 37, 77, 160, 163, 181, 222 bis 226, 229—231, 233, 340
Ptolemäus 63, 278, 316

Raffael 146 f.
Randall jr., J. H. 67, 268 f.
Ranke, L. von 25, 50, 126, 256
Read, C. 41
Reichenbach, H. 21 f.
Rescher, N. 85
Rickert, H. 102
Rieß, L. 119, 170
Roscher, W. 119
Rowse, A. L. 250
Runciman, W. G. 203
Russell, B. 28, 41, 50, 168

Sadovskij, V. N. 39
Saint-Simon, C. H. 101
Savigny, F. K. von 119
Schaff, A. 220 f., 272 f.
Schlick, M. 142—144, 147
Schulze, H. 96, 99, 351
Scriven, M. 111, 115, 164—166
Searle, J. R. 113
Seiffert, H. 178—180
Senghaas, D. 311
Sokrates 182

Spinoza, B. 143, 330
Stalin, J. W. 250
Stark, W. 72 f. 284 f.
Stegmüller, W. 110
Steiner, G. A. 266
Stern, A. 219, 223, 259, 265
Stover, R. 339
Strabo 120
Struve, P. 298

Tacitus 120
Taine, H. 47
Teller, E. 259
Thorndike, L. 222
Tillemont, S. Le N. de 307
Toulmin, S. E. 24
Toynbee, A. J. 76 f., 222
Treves, C. 317
Tuke, B. 181
Tumin, M. M. 68
Tuttle, H. N. 31
Tycho de Brahe 314

Verworn, M. 271

Volpe, G. 318

Walser, M. 332 f.
Walsh, W. H. 31, 45, 56, 136, 263
Watkins, J. W. N. 293, 296, 301
Weber, M. 80, 106, 250 f., 290
Wedgwood, C. V. 250
Weingartner, R. 161
Werkmeister, W. H. 261
Wewel, M. 16
White, M. 20, 27, 46, 71, 80, 91, 93, 100 f., 169, 222, 243 f., 249, 274, 341, 345
Whitehead, A. N. 337
Winch, P. 128 f., 131
Windelband, W. 57, 102, 152
Wittgenstein, L. 28, 71, 95, 128
Wright, G. H. von 27, 136, 164 bis 167, 328

Young, G. M. 76 f.

Zetterberg, H. L. 266
Zilsel, E. 136

Sachregister

Absichten 116 ff., 121 f.
Ästhetizismus 42, 220 f.
Anachronismus 125, 233, 254
Annalistik 45, 47, 320
Antimetaphysik 22, 29, 102
Antipositivismus 289
Atomismus 149, 293, 302
Auswahl 33, 49 f.

Bedeutsamkeit, siehe Relevanz
Bedingungen (siehe auch
  Ursache)
  hinreichende B. 174 ff., 192 ff.
  notwendige B. 174 ff., 192 ff.,
  230
  notwendige und hinreichende
  B. 193 f., 326
Bedürfnisse 310 f.
Begriff 298 f.
  deskriptive und normative
  B.e 30
  Klassenbegriffe (Kollektiv-
  begriffe) 297 f., 303
Begründungszusammenhang 37,
  39, 314
Behaviorismus 104, 294
Beobachtung 30, 85
Beschreibung 27, 50 f., 53, 58,
  62 f., 70, 240
Bewußtsein, historisches 350 ff.

Chronistik 45
Context of Discovery, siehe
  Entdeckungszusammenhang
Context of Justification, siehe
  Begründungszusammenhang

Covering Law Theory, siehe
  Theorie

Daten 20, 50 ff., 60 ff., 237, 243,
  271, 293
Demoskopie 305
Determination, siehe Kausalität
Determinismus 258, 323 ff.
Dezisionismus 38, 60, 62, 72,
  215, 241
Dialektik 189 ff.
Disposition 115, 195 f.
Dogmatismus 132, 142, 218,
  225, 242, 289
Dualismus 121, 147

Egalitarismus, theoretischer,
  siehe Indifferentismus
Einheitswissenschaft 86, 101
Einmaliges, siehe Singularität
Elementarismus, siehe Atomismus
Empirismus 22, 25 f., 32, 55, 62,
  95, 102, 148, 242, 290, 308 ff.
Entdeckungszusammenhang
  36 f., 314
Entideologisierung 11
Entpolitisierung 11
Entscheidungstheorie 111
Erklärung 26, 58, 65 f., 164 ff.,
  182 ff., 314
  rationale E. 104 ff., 196
  nicht-rationale E. 104 ff.
  kausale E. 27, 133 ff., 140 ff.,
  184 ff., 325 ff.
  funktionale E. 184 ff.

genetische E. 163, 174, 182 f., 205 ff., 319
intentionale E. 27, 103 ff., 114 ff., 133 ff., 140 ff., 196 ff., 320 ff.
dispositionelle E. 195 f.
funktionalistische E. 103, 202 ff.
teleologische E. 138, 200 ff., 325 ff.
pragmatische E. 271
deduktiv-nomologische E. 164 ff.
induktiv-probabilistische E. 166 ff., 177, 209
E.sskizze 163, 177 f.
E.en und Wertgesichtspunkte 243 ff., 270 ff.
Verstehen und E., siehe Verstehen
Erwartung 30
Essentialismus 100 f.
Evolutionstheorie 83 ff.

Fakten 20, 45 ff., 52 ff., 58 ff., 237 f., 243, 260
Faktographie 55, 159, 255
Falsifikation 84
Fatalismus 231
Fehlschluß
  effektorischer F. 199 f., 323
  genetischer F. 38, 319 ff.
Fortschritt 221 f., 332
Freiheit (siehe auch Willensfreiheit) 191, 199, 266, 323 ff., 332

Ganzheiten 295, 304
Gegebenheiten 262, 289, 309, 311
Geistiges 329 f.
Generalisierung 53 f., 57, 59, 66, 153, 157, 164, 270
Geographie 288   [120
geographische Bedingungen

Geschichte
  Bedeutungen von „G." 18
  Entwicklungsgesetze der G., siehe Gesetze
  Natur und G. 120 f.
  Reinterpretation der G. 87 ff.
  Variablen des historischen Geschehens (siehe auch Ursache) 49, 77, 124 f., 225, 227
  Ziel der G. 19 f., 225
Geschichtsbetrachtung
  ahistorische G. 11 ff.
  genetisch-diachrone G. 15, 189 ff.
  funktionalistisch-synchrone (strukturell-funktionale) G. 13, 15, 189 ff., 322
  klassenspezifische G. 72, 83, 88
  humanistische G. 248 ff., 335
  individualistische G. 306
  kollektivistische G. 248 ff., 306
  (zeit)immanente G. 126, 254 f.
Geschichtsphilosophie
  Hauptarten der G. 19 ff.
  analytische G. 9 f., 19 ff., 26 ff., 178 ff. und passim 178 ff. und passim
  spekulative (metaphysische) G. 20 f., 32, 41, 80
  amerikanische und englische G. 31 f.
Geschichtswissenschaft (siehe auch Geschichtsbetrachtung)
  Charakteristik der G. 18 f.
  erzählende oder narrative G. 27, 58, 174 ff., 182 ff., 197 f., 206 f., 275 ff., 344
  Funktion der G. 47 f., 349 ff. und passim
  Logik der G. (Geschichtslogik) 20, 31

Sprachanalyse der G. 32, 129
Theorie der G. 19, 23
Geschichte der G. 348 f.
amerikanische und englische
  G. 25 f.
Gesetze, Gesetzmäßigkeiten
  (siehe auch Theorie)
Historische G. (Entwicklungs-
  G.) 19 ff., 23, 79 f., 155 f. 202,
  223, 226 f.
  G. nicht-historischer Pro-
  venienz in der Geschichts-
  wissenschaft 23, 119 f., 154 ff.
  deterministische und pro-
  babilistische (statistische) G.
  23, 27, 160 ff., 228, 341
  Koexistenz- und Sukzessions-
  G. 185 f., 188
Gleichheit 266 ff.
Grund (siehe auch Ursache)
  Handlungsg. 115 ff., 122 ff.
  Realgründe 160
  Vernunftgründe 160

Handlungsregeln 105, 108
Harmonie 204
Heilsgeschehen 77, 80
Hermeneutik 113, 129, 135, 179
Heuristik 38, 40, 50, 94, 228
Historiographie, siehe
  Geschichtswissenschaft
Historismus 21, 24, 132, 135,
  159, 252, 309, 345 f.
Historizismus 77, 202, 208,
  222 ff., 324, 350
Holismus 201 f., 204 f., 294
  methodologischer H. 294 ff.
  ontologischer H. 98, 294 f.
Hypothese 53, 57 ff.

Idealismus 31, 56, 129 ff., 241
Ideologie 253 f.
  I. und Irrtum 253, 312 ff.
Ideologiekritik 35, 37, 42, 101,
  250, 252 ff., 259, 312 ff.

Idiographie 57 ff., 93 ff., 152 f.,
  172 f., 184, 287 f., 335, 339,
  342 ff.
Illusion 125 ff.
Imperialismus 131, 348
Indifferentismus
  ethischer I. 262
  theoretischer I. 213 ff., 307
Individualismus
  methodologischer I. 251,
  295 ff.
  ontologischer I. 296 f.
Individualität 88, 103, 248 ff.,
  285
Intentionstiefe 69, 165
Interaktion, siehe Wechsel-
  wirkung
Interdependenz, siehe
  Korrelation
Interesse 35 f., 40, 49, 348
Interpretation 50 ff., 60 ff.,
  67 ff., 76 ff., 126, 212
Invarianzfaktor 63 f.

Kapitalismus 96 f., 99, 251,
  332 f.
Kausalität (siehe auch Ursache)
  46, 136 ff., 168 ff., 175,
  184 ff., 325 ff.
  kausale Fruchtbarkeit 10,
  92 f., 274 ff.
  kausale Determination 136 ff.,
  140, 156
  funktionale Determination
  136 ff., 140
Klassen 266
  K.bewußtsein 299 f.
  K.kampf 102
  K.lage 36
  Arbeiterklasse 38
  k.lose Gesellschaft 84, 232
  k.spezifische Geschichtsbetrachtung, siehe Geschichtsbetrachtung
Kollektiv 248 ff., 285

Kolonialismus 131
Konditionalismus 271
Konservativismus 22, 351
Konstrukt 30, 60
Korrelation 142 ff., 176 f.
Korrespondenzregeln 73
Kovarianz, siehe Korrelation
Kunst 41, 146 f.

Lebensform 128 ff.
Literatur 288
Logik
   Forschungslogik 20, 36 f. 313
   Geschichtslogik, siehe
     Geschichtswissenschaft
   Rechtfertigungslogik, siehe
     Rechtfertigung

Marxismus (siehe auch
   Materialismus, Historischer)
   38
Materialismus 31
   Historischer M. 31 f., 82 ff.,
   350
Materielles 329 f.
Menschennatur 263 ff.
Metaphysik 22, 28 f., 101, 220
Modell 277 f.
Monismus 41, 49, 115 ff., 147 f.
Motiv 56, 115 f., 121 f., 126 f.,
   133 ff., 140 ff., 325 ff.

Natur, siehe Geschichte
Naturalismus 104
Neopositivismus 9, 26, 31
Neurosen 312
Nominalismus 299 f.
Nomothetik 57 ff. 93 ff., 112,
   152 f., 172 f., 287 f., 339 ff.
Notwendigkeit 157, 191, 230,
   323, 332

Objektivismus 54, 260
Objektivität 26, 32, 35, 54, 87,
   236 ff., 259 f., 283 f.

O. und Wahrheit 35 f., 236 f.
Ökonomie
   ökonomische Bedingungen 55,
     118, 121 ff.
   politische Ö. 287
   neoklassische Ö. 310
Opportunismus 127, 289
Optimierung 96 f.

Panideologismus 253, 285
Parallelismus 143
Parteilichkeit 38, 220, 273
Phänomenologie 50 f., 104
Physikalismus 140 ff.
Pluralismus 41, 49, 75, 101, 147,
   261
   theoretischer P. 40, 56, 94,
     214 f., 217 f., 307
   dogmatischer P. 95
Politik 289
Polymorphie 64
Popper-Hempel-Schema, siehe
   Covering Law Theory
Positivismus 30, 62, 134, 289,
   344
   logischer P. 29 f., 35, 81, 152,
     279, 298
   positivistische Meta-Ethik
     279 ff.
Präsentismus 273
Pragmatik 30, 41, 69, 93 f., 236,
   321
Pragmatismus 25 f., 94, 127
Produktionsverhältnisse 83 ff.,
   97
Produktivkräfte 83 ff., 97
Prognose 223 f., 226, 228 ff., 343
Psychologie 288
Psychologismus 35, 37, 39, 300 f.
Psychophysik 143, 147

Qualität und Quantität 142 f.
Quantität, siehe Qualität
Quellen, historische, siehe Daten

Rationalisation 98 f, 108 f., 293, 306 ff.
Rationalismus 24
Rationalität 14, 105 ff., 122, 311, 332
  Wertrationalität 106 f.
  Zweckrationalität 106 f.
Recht 22
Rechtfertigung (logische) 20, 340
  R.logik (Methodologie der R.) 20, 37, 39, 42, 152 ff., 345
Reduktionismus 300 ff., 342
Reflexhandlungen 328 f.
Relativismus (siehe auch Indifferentismus) 37, 41, 131, 214, 222, 239, 242, 253, 263, 272, 275, 296
Relativität 49, 149, 245, 321 f.
Relevanz 34, 48, 51, 67 f. 92 f., 218, 242, 247, 271, 273
Repräsentativität 91 ff., 98 f., 275
Rezeptionsbedingungen 69 ff., 94

Sachzwänge 12, 289, 292, 351
Seinsverbundenheit 98
Singularität 152 ff., 159, 172, 181, 238, 245 f., 339
Sinn 66 ff., 70, 89 ff., 120, 123 ff., 133 ff., 236 ff.
  S. und Wahrheit 126 f., 236
Sinnesdaten 30, 71
Sinnkriterium 29
Situationsdeutung 122 f.
Sozialisierung 83 ff.
Sozialismus 96 f., 99
Soziologie 287 f., 338
Soziologismus 40
Sprache
  phänomenale S. 117
  Raum-Zeit-S. (physikalische S.) 35, 117, 145 f.
  Sprachanalyse der Geschichtswissenschaft, siehe Geschichtswissenschaft
  Sprachspiel 130 ff.
  Funktionen der S. 145 f.
Subjektivismus 214, 271
Substanzialisierung 119, 267
Systemaffirmation 291

Tatsachen, siehe Fakten
Theorie (siehe auch Gesetze) 45, 53 ff., 58 ff., 153, 155 ff., 257 f.
  Covering Law Theory 158 f., 160 ff. und passim
  metaphysische oder spekulative T.n der Geschichte 75 ff., 86 f., 89 ff., 100
  probabilistische oder statistische T.n 156 f.
  Quasi-T. 13, 103, 155 ff., 158, 322
  T. der historischen Entwicklung 19, 23 f.
  T. der Geschichtswissenschaft 19, 23
  T. der natürlichen Auswahl, siehe Evolutionstheorie
Totalität 300
Typisierung 80, 277

Überbauphänomene 83 ff.
Universalgeschichte 78
Ursache 28, 56, 116, 140, 169 f., 175, 184 ff., 210 f., 216 f., 244 ff., 271 f.
  U. und Anlaß 247
  Bedingungen und U.n 246, 272
Utopie 289, 349

Variablen (siehe auch Ursache)
  endogene und exogene V. 121 ff.
  V. des historischen Geschehens, siehe Geschichte
Verallgemeinerung, siehe Generalisierung

Verantwortlichkeit 334 f.
Vergesellschaftung, siehe
 Sozialisierung
Verstehen 104 f., 242
 V. und Erklären 117, 120 ff.,
 123 ff., 128 f., 278
Voluntarismus 42, 220 f., 262
Voraussetzungslosigkeit 55, 61,
 240
Vorurteil 240, 253 f.

Wahrhaftigkeit 315, 318
Wahrheit 35, 38, 219, 257 f.,
 315, 321 f.
 W. und Sinn, siehe Sinn
Wahrnehmung (siehe auch
 Beobachtung) 240 f.
 äußere und innere W. 113 ff.
Wechselwirkung 142 ff.
Wertproblem
 Wertgesichtspunkte 33 f., 42
 Kritik von Wertauffassungen
  28, 35, 239 f., 252 ff., 347 f.
 Erklärungen und Wert-
  gesichtspunkte, siehe
  Erklärung
 Wertfreiheit (Wertneutralität)
  288 ff.
 Naturwissenschaften und W.
  258 f.
 Bewertung von Bewertungen
  281 ff.
Wesen 68 ff., 100, 200 f., 263 f.,
 267 ff.
Widerspiegelung 75, 83
Willensfreiheit 27, 330 ff.
Wissenschaftsseparatismus 86
Wissenssoziologie 72, 100

Zeitgeist 135, 254 f., 299, 308,
 311
Zeitgeschichte 89
Zufall 49, 157 f., 171, 245 f.,
 333 f.

Alber-Broschuren zur Philosophie aus Forschung und Lehre

Karl Acham: Analytische Geschichtsphilosophie

Gellért Béky: Die Welt des Tao

Günther Bien: Die Grundlegung der politischen Philosophie bei Aristoteles

Hubert Hendrichs: Modell und Erfahrung

Hans-Ulrich Hoche: Handlung, Bewußtsein und Leib

Norbert Hoerster: Utilitaristische Ethik und Verallgemeinerung

Wolfram Hogrebe: Kant und das Problem einer transzendentalen Semantik

Harald Holz: Philosophie humaner Praxis in Gesellschaft, Religion und Politik

Fernando Inciarte: Eindeutigkeit und Variation

Henri-Irénée Marrou: Über die historische Erkenntnis

Luis Noussan-Lettry: Spekulatives Denken in Platons Frühschriften. Apologie und Kriton

Cornelis Anthonie van Peursen: Wirklichkeit als Ereignis

Otto Pöggeler: Hegels Idee einer Phänomenologie des Geistes

Otto Pöggeler: Philosophie und Politik bei Heidegger

Grau/Fetscher/Pöggeler/Ilting: Probleme der Ethik — zur Diskussion gestellt

Heinrich Rombach: Strukturontologie. Eine Phänomenologie der Freiheit

Richard Schaeffler: Religion und kritisches Bewußtsein

Werner Schneiders: Die wahre Aufklärung

Jörg Splett: Gotteserfahrung im Denken

Jörg Splett: Die Rede vom Heiligen

Fridolin Wiplinger: Der personal verstandene Tod

In der Studienreihe „Kolleg Philosophie"
sind bisher erschienen:

Karl Bormann, Platon
Jan M. Broekman, Strukturalismus
Wilhelm K. Essler, Wissenschaftstheorie. I: Definition und Reduktion — II: Theorie und Erfahrung — III: Wahrscheinlichkeit und Induktion
Heribert Fischer, Meister Eckhart
Helmut Fleischer, Marx und Engels
Lutz Geldsetzer, Allgemeine Bücher- und Institutionenkunde für das Philosophiestudium
Franz von Kutschera und Alfred Breitkopf, Einführung in die moderne Logik
Franz von Kutschera, Einführung in die Logik der Normen, Werte und Entscheidungen
Eike von Savigny, Analytische Philosophie
Herbert Schnädelbach, Geschichtsphilosophie nach Hegel
Alfred Schöpf, Augustinus
Venanz Schubert, Plotin
Andreas von Weiss, Neomarxismus

In Vorbereitung:

Hans Michael Baumgartner (Hrsg.), Schelling
Günter Bien, Die praktische Philosophie des Aristoteles
Günter Dux, Sozialphilosophie
Wilhelm K. Essler, Wissenschaftstheorie
   IV: Erklärung und Kausalität
Max Forschner, Rousseau
Gerd-Günther Grau, Nietzsche
Rudolf Haller, Wittgenstein
Klaus Hammacher, Descartes
Klaus Jacobi, Nikolaus von Kues
Nikolaus Lobkowicz, Analytische Ethik
Ludger Oeing-Hanhoff, Thomas von Aquin
E.-W. Orth, Philosophie — Wissenssoziologie oder Wissenschaftstheorie?
E.-W. Orth, Neukantianismus
Friedrich Rapp, Analytische Philosophie der Technik
Frithjof Rodi, Dilthey
Peter Schneider, Rechtsphilosophie
Paul Janssen und Elisabeth Ströker, Husserl
Wilhelm Teichner, Kant
Gerd Wolandt, Ästhetik